개정2판

경찰학총론

김형중 · 김순석 · 김양현 · 정의롬 · 조상현

청목출판사

머리말

경찰학은 경찰윤리, 경찰역사, 경찰행정법, 경찰행정학 등의 다양한 학문적 이론과 경찰실무지식이 요구되는 종합학문적인 성격을 가지고 있다. 이처럼 경찰학은 구성 자체가 여러 가지 학문체계로 이루어져 학생들이 접근하기가 그리 쉽지만은 않다는 점을 문제점으로 들 수 있다. 특히 경찰행정법과 경찰행정학의 차이점은 무엇인가라는 명제와 관련하여서는 선뜻 이해하기가 그리 쉬운 일은 아니다. 『경찰행정법』은 「국민의 권익」을 보호하는 데 치중하는 편이고, 『경찰행정학』은 「막대한 자원이 투입되는 행정의 합리화」에 치중한다고 할 수 있다. 따라서 두 개의 학문은 외형상이나 또는 내용적으로 상호 모순된다고 볼 수 있다. 그러나 「법의 존중」 자체가 「행정효율성」의 한 요소임에는 틀림이 없다. 따라서 법(경찰행정법)은 행정을 담당하는 공무원에게 요구되는 최소한의 도덕이기 때문에 반드시 지켜져야 할 규범이다. 이런 이유 등으로 경찰학에서는 두 개의 학문을 상호보완·연계하는 차원에서 내용상 포함시켜야 하는 당위성이 있는 것이다. 그럼에도 불구하고 경찰학은 정상과학으로서 학문성이나 정체성을 확보하고 있다고는 보기가 어렵고, 정상과학으로서의 학문성을 위한 이론개발 단계 수준에 있다고 보아야 할 것이다.

경찰학은 크게 경찰활동이나 경찰조직에 대한 이론적 접근들의 총체인 경찰학총론과 경찰실무 전반에 관한 경찰학각론으로 大別해 볼 수 있다.

최근 경찰학총론 부분에서는 외국경찰의 역사와 제도 그리고 경찰행정법 분야 등에서 수정되고 보완될 부분 등이 상당수 발생되었다. 따라서 기존에 출간되었던 경찰학총론에서 불필요한 것은 과감하게 삭제하고 학생들에게 일목요연하고 이해하기 쉽도록 내용자체를 재구성하였다. 그럼에도 불구하고 그 구성자체가 이질적이고 방대하기 때문에 공부하는 과정에서 오는 막막함과 이론적 불체계성에서 오는 혼란이 있을 수 있다. 따라서 경찰학을 공부하는 학생들은 부분적 내용을 이해하기 위해 시간을 소비하기보다는 먼저 「전체」의 파악에 주력해야 할 것이다. 즉 경찰학총론 전체를 하나의 단위로 삼든지, 아니면 각 단원을 하나의 단위로 삼아서 각 단위에 대한 개괄적 내용을 먼저 정리하고 그 후 반복적인 학습을 통해 세부적인 내용을 보완해 나가는 것이 효과적일 것이다. 다시 말하면 첫째, 각 단원을 기준으로 내용을 이해하고, 둘째, 이해된 내용을 정리하고, 셋째, 꼭 필요한 부분을 암기하는 순으로 공부하는 것이 바람직하다고 본다.

공부에는 왕도(王道)가 없다. 봄이 오면 여름·가을·겨울이 오듯이 봄 다음에 바로 가을이나 겨울이 바로 오지 않는다는 사실이다. 따라서 공부는 순리에 따라 기초를 닦으면서 기출문제를 푸는 방식으로 접근하여야 한다. 이런 맥락에서 기본서 이해가 다른 무엇보다도 중요하다는 점을 강조하고 싶다.

끝으로 저자와 함께 이 책을 나오기까지 학문적 고락을 함께 해준 부산외국어대 정의롬 교수, 신라대 김순석·김양현 교수, 동서대 조상현 교수께 감사의 마음을 전하며, 본서의 향후 진일보한 발전을 위해 앞으로도 애써 주시길 당부드린다. 특히 청목출판사 유성열 대표님께도 다시 한번 이 자리를 빌어 감사의 말씀을 드리면서……

2020년 2월
해송정에서
저자 김 형 중

차 례

제2편 경찰철학

제3편 경찰사학(警察史學)

제4편 경찰행정법

제1편

경찰학의 개관

제 1 장　경찰학의 이론적 기초

제 2 장　경찰의 기본적 임무 및 수단

제 1 장

경찰학의 이론적 기초

제 1 절 경찰학의 이해

Ⅰ. 경찰학의 의의 및 기원

경찰학(police science 또는 police studies)은 무엇인가? 경찰학은 경찰현상을 다루는 학문으로써 경찰활동이나 경찰조직에 대한 지식의 총체라고 정의할 수 있다. 여기서 학문적이라고 하는 것은 철학적·사학적·법학적·행정학적, 기타 경험과학적 분야를 망라한다.[1)]

경찰학이라는 용어가 등장한 것은 1756년 독일의 관방학자인 유스티(J. H. Justi)의 저서에서 찾아볼 수 있다. 그러나 그 당시의 경찰학이라고 하는 것은 내무행정 전체를 대상으로 한 것으로, 국가의 목적을 수행하는 데 필요한 절대주의적 국가권력을 기초지우는 학문으로서 성립한 것이다.[2)] 따라서 오늘날에 말하는 학문성을 인정하기 어렵고, 그 후속적인 연구는 행정법의 영역으로 넘어갔다는 점에서 진정한 의미에서의 경찰학이라고는 볼 수 없다.

경찰학에 대한 외국의 연구현황을 보면,

---

1) 경찰대학, 『경찰학개론』, 서울:광문당. 2006. p. 50.
2) 배철효 외, 『경찰학개론』, 서울:대영문화사, 2007. p. 67.

1) 일본의 경우는 1901년경 궁국충길(宮國忠吉)이 경찰감옥전서 3호에서 경찰학을 총론과 각론으로 편제하여 출간함으로써 경찰학으로써 기본체제를 갖추었고,
2) 미국은 형사사법학 또는 경찰행정학의 한 분야로 연구가 시작되었다.
3) 영국은 19세기 초반부터 범죄학의 한 분야로 경찰에 관한 학문적 연구가 시작되었고,
4) 독일의 경우는 독자적인 연구가 아니라 법학 또는 행정법의 일분야로 연구가 되고 있다.

Ⅱ. 경찰학의 학문적 성격

1. 경험과학의 한 분과학문으로서의 경찰학

경험과학은 우리가 이 세계 속에서 경험하게 되는 사물과 사실에 관한 옳은 명제들, 즉 경험적 진리들의 체계라고 할 수 있다. 따라서 경찰학은 사회생활 속에서 경험하게 되는 치안과 관련된 현상들에 대한 경험적 명제들을 취급하는 학문이므로, 경험과학으로 분류된다.[3)]

2. 사회과학의 한 분과학문으로서의 경찰학

경험과학은 인문과학 · 자연과학 · 사회과학으로 나뉘어지며, 경찰학은 사회과학에 속한다. 사회과학은 사람들의 여러 사회적 행위들에 관한 진리탐구를 목표로 삼는 학문영역으로, 사회학 · 지리학 · 정치학 · 경제학 · 심리학 · 법학 · 행정학 · 경영학 · 교육학 · 가정학 등이 이에 해당된다.[4)] 따라서 경찰학은 사회생활의 안전과 관련된 측면을 다루기 때문에, 사회과학의 한 분과학문이라고 볼 수 있다.

3. 실용학문 · 응용학문으로서의 경찰학

경찰학은 공공의 안녕 · 질서에 위해를 초래하는 범죄나 무질서와 관련된 문제를

---

3) 김상호 외, 『경찰학개론』, 서울:법문사, 2006. p. 23.
4) 상게서.

해결하기 위한 지식체계라는 측면에서 실용학문이다. 또한 경찰학은 순수한 기초과학이 아니라 기초적인 분과학문들이 이루어 놓은 이론과 지식을 응용하여 경찰행정과 관련된 문제해결에 필요한 이론이나 기법을 정립하는 학문이라는 점에서, 응용학문이다.[5)]

4. 경찰학의 과학성과 기술성

경찰학은 과학성과 기술성의 양면성을 가지고 있다.

1) 과학성

경찰학은 경찰행정현상을 객관적·논리적으로 설명하고 예측하기 위한 이론을 연구하여 체계적인 이론체계를 구성하는 것을 추구하는 점에서, 과학성을 중시하는 학문이라고 볼 수 있겠다.

2) 기술성

경찰학 연구에는 객관적 분석(과학성)뿐만 아니라 많은 가치문제나 인간관계의 복잡성 등이 개입될 수밖에 없다. 따라서 경찰학은 현실적 문제를 해결하고 실현하기 위하여 경찰활동 그 자체를 진단하고 처방하는 문제해결활동으로서의 성격을 가질 수밖에 없다. 이런 의미에서 경찰학은 문제해결지향성·처방성·실천성·명령성 등을 내포하는 기술적 성격을 지니게 된다.[6)]

3) 과학성과 기술성과의 조화

경찰학연구의 발전을 위해서나 경찰행정현상문제처방 등 실천적 필요성을 위해서는 과학과 기술 중 어느 것도 경시될 수 없다. 따라서 경찰학은 과학성과 기술성 두 가지 성격의 조화가 절실히 요구된다.

---

5) 조철옥, 전게서, 2007. pp. 42-43.
6) 백완기, 『행정학』, 서울:박영사, 1997. p. 14.

제 2 절 경찰개념의 형성 및 변천

Ⅰ. 경찰개념의 형성

1. 대륙법계 경찰개념과 영미법계 경찰개념

1) 대륙법계 경찰개념

경찰[7])이란 무엇인가 하는 개념문제는 국가에 따라 시대에 따라 그 양상을 달리하기 때문에, 각 국가마다 경찰개념 자체도 상이하다. 경찰개념은 대륙법계 경찰개념과 영미법계 경찰개념이라는 양대 경찰개념으로 형성되어 왔다. 대륙법계에서는 경찰이 주로 왕권강화를 위한 수단으로 사용되었으며, 그 때문에 경찰은 국가 혹은 왕을 대신하여 국민에게 명령·강제하는 권력적 작용을 주로 수행하였다. 따라서 대륙법계 국가는 경찰개념을 국가통치권적 차원에서 접근하여 공공의 안녕과 질서유지를 목적으로 하는데 주안점을 두게 됨으로, 현대의 국가경찰체제를 확립시켰다. 이런 맥락에서 본다면 대륙법계 국가의 경찰과 시민의 관계는 권력실행적 관계이며, 그 역할과 지위 및 규범은 수직적 관계에서 설정되었다고 볼 수 있다.

2) 영미법계 경찰개념

영미법계는 사회구성원 스스로가 범인을 체포할 수 있는 전통에서 경찰이 유래하였다. 따라서 영미법계 국가는 경찰개념을 자경치안(自警治安)사상에서 접근하여 국민의 생명·신체·재산의 안전과 보호를 기본이념으로 두고, 현대의 자치경찰체제를 탄생시켰다. 그렇기 때문에 영미법계 국가의 경찰개념은 주권자인 시민에게 봉사하는 기능과 역할면을 중심으로 형성되었고, 경찰과 시민은 대립관계가 아니라 비례관계 즉, 수평적인 협력관계로 파악된다.

---

7) 경찰개념의 한자적 의미를 살펴보면 경찰(警察)의 경(警)은 '경계하다' '주의하다'라는 의미이고, 찰(察)은 '살피다'라는 말과 거의 일치하므로 '경찰'은 경계하여 살피는 것을 말한다. 반면 사전적 의미로써 경찰개념은 국가사회의 공공질서와 안녕을 보장하고 국민의 안전과 재산을 보호하는 일 또는 그런 일을 하는 조직이라고 정의되고 있다. 따라서 경찰개념의 한자적 의미와 사전적 의미를 종합하면 경찰은 "사회 공공의 질서유지와 국민의 안전과 재산을 보호할 목적으로 경계하여 살피는 일을 하는 조직"이라고 정의할 수 있다.

2. 대륙법계와 영미법계 개념의 상호보완

제2차 세계대전 이후 독일과 일본 등 대륙법계 국가들은 미국을 중심으로 한 승전국들의 민주주의 사상에 입각한 경찰제도를 수용하게 되었다. 그 결과 대륙법계와 영미법계 사이의 경찰의 역할에 대한 개념적 차이는 그 간격이 점점 줄어들고 있다. 예컨대, 영미법계의 시민중심적인 인권옹호경찰 또는 봉사경찰이라는 역할이 대륙법계 국가에서도 도입되어 경찰활동의 중요한 요소로 자리매김하게 되면서, 양자는 상호보완적으로 절충・조화를 이루어 나가고 있다.

3. 한국의 근대경찰 개념

한국의 근대적 경찰 개념은 독일・프랑스 등 대륙법계 경찰개념을 바탕으로 한 일본의 경찰제도를 이어받아 최초로 형성되었으며, 해방 이후로는 지속적으로 영미법계의 영향을 받아왔다.

이처럼 우리나라의 종래의 경찰개념은 주로 유럽대륙의 전통과 사상을 반영한 경찰개념을 중심으로 논의가 이루어져 왔고, 그 이후 지속적으로 영・미의 경찰이념이 접목되어지면서 대륙법계통과 영미법계통의 경찰개념이 융합・조화되어 운영되고 있다.

Ⅱ. 경찰개념의 변천과정

1. 대륙법계 국가의 경찰개념

본서에서 대륙법계 경찰개념의 변천과정을 위주로 서술하는 이유는 우리나라의 경찰개념이 주로 대륙법계 경찰개념에 기초하고 있기 때문이다.

대륙법계 경찰개념은 고대→중세→경찰국가시대→법치국가시대로 넘어가면서, 그때마다 의미있는 변천을 이루어 내었다.

1) 고대・중세의 경찰개념

(1) 경찰이라는 용어는 라틴어 politia, 그리스어의 politeia에서 유래하는 것으로,

도시국가(polis)에 관한 일체의 정치, 특히 헌법을 가리키는 말이었다. 경찰이라는 용어가 처음으로 사용되기 시작한 것은 15세기 말부터였다. 중세독일에서는 종래 봉건제후의 통치권으로서 재판권·입법권·과세권 등이 인정되고 있었는데, 이러한 영주고권의 체제에 공공질서와 복리를 위한 특별한 통치권으로서의 경찰권이 접목되기에 이르렀다.

(2) 16세기경이 되면서 유럽에서의 경찰개념은 통상적으로 교회행정을 제외한 일체의 국가행정을 경찰이라고 하여, 경찰권은 절대주의적 국가권력의 기초가 되었다. 따라서 경찰은 결국 세속적인 사회생활의 질서를 공권력에 의해 유지하는 작용을 의미하게 되었다. 그러나 이때까지도 유럽의 경찰권은 여전히 일반 행정으로부터 분리되지 않은 상태였다.

2. 경찰국가시대의 경찰개념

1) 경찰개념의 양적감소

유럽에서는 17세기와 18세기말에 와서 교회권력이 약화되었고 반면 국가권력은 점차 강화되었으며, 결국에는 절대군주가 군림하였던 중앙집권적 국가가 등장하였다. 이 때 국가작용의 분화가 요청되면서 국가작용 전체를 의미하던 경찰로부터 사법(司法)[8]·행정·군정(軍政)·재정 등이 분리되었다. 따라서 경찰국가시대의 경찰은 사회공공의 안녕과 복지에 직접적으로 관계되는 내무행정(內務行政)만을 뜻하는 것으로 축소되기에 이르렀다.

2) 경찰개념의 질적 강화

(1) 전제군주 하에서는 경찰개념이 양적으로는 내무행정을 의미하는 것으로, 한정되기에 이르렀다. 그러나 내무행정에 관한 국가의 임무는 더욱 확대되어 오히려 질적으로는 강화되었다. 따라서 경찰은 단순히 소극적인 치안유지를 위한 작용뿐만 아니라, 국민의 공공복리를 위한다는 미명하에 필요하다면 개인의 윤리적·종교적인 생활까지도 국가의 강제력을 동원해서 실현할 수 있다고 생각하였다.[9]

---

8) 1648년의 웨스트팔리아조약(Treaty of Westphalia)에 의하여 사법행정이 경찰에서 분리되었고, 또한 군정, 곧이어 재정마저 경찰로부터 제외되었다.

9) 경찰국가를 간혹 복리국가라고 부르는 것은 그 때문이다.

(2) 그 결과 경찰은 국왕의 절대적인 권력에 복종하지만, 국민에 대해서는 포괄적인 권한에 근거하여 재판통제도 받지 않고 일방적으로 국민의 권리관계에 간섭하고 지배하였다. 그리고 이러한 강제력으로 대표되는 무제한적인 국가권력이 이른바 경찰이었고, 이런 의미에서 절대국가를 경찰국가라고 부르기도 한다.

3. 법치국가시대의 경찰개념

1789년 프랑스혁명을 계기로 절대왕정은 삼권분립과 법치주의로 대체되기 시작했다. 이러한 자유주의 법치국가의 권력분립사상은 경찰국가시대에 인정되던 적극적인 복리경찰을 경찰개념에서 제외하고, 일반통치권에 근거하여 국민에게 강제·명령하는 권력적 작용인 경찰권을 제한하려는 노력으로 나타났다. 경찰권을 제한하려는 노력은 "경찰의 소극적 목적으로의 제한"이라는 역사적 사실로 나타났다.

1) 경찰권의 소극적 목적으로의 전환과정

"경찰권의 소극적 목적으로의 제한"은 판결이나 법령입법 등의 여러 계기를 통해 점진적으로 이루어졌다.

① 1794년 프로이센 일반란트법

경찰에 관한 최초의 실정법으로 알려져 있는 1794년의 프로이센 일반란트법은 "공공의 평온·안녕 및 질서를 유지하고 또한 공중 및 그의 개개 구성원들에 대한 절박한 위험을 방지하기 위하여 필요한 조취를 취하는 것이 경찰의 직무"라고 규정하고 있다.[10] 따라서 경찰의 임무는 공공의 안녕·질서의 유지와 절박한 위험방지 작용에 한정되었다고 볼 수 있다. 그러나 그 후 프랑스 혁명의 이념과 실제에 대한 반동으로 이러한 규정은 실현되지 않았고 다시 과거의 경찰국가로 회귀되었다.[11]

② 1795년 프랑스의 경죄처벌법(輕罪處罰法)

경찰의 직무를 소극목적에 한정되어야 한다는 주장은 1795년 프랑스의 경죄처벌법전에서도 찾아볼 수 있다.

경죄처벌법은 "경찰은 공공의 질서, 자유, 재산 및 개인의 안전의 보호에 임한다"라고 규정하고 있어 경찰의 직무를 「소극목적」에 한정하고 있다(경죄처벌법

10) 김동희, 『행정법 Ⅱ』, 박영사, 2009, p.187.
11) 홍정선, 『경찰행정법』, 박영사, 2007, p.7.

제16조).

③ 1850년 프로이센 경찰행정법

1794년 프로이센 일반란트법에서는 경찰의 직무를 위해의 방지 · 제거를 위한 소극적 작용에 한정하였다. 그러나 이후 경찰개념은 다시 확대되어 독일경찰은 질서유지를 위한 위험방지라는 명분아래 19세기 전반까지는 소극적 질서유지작용 뿐만 아니라, 복지증진작용(예컨대, 영업경찰 · 건축경찰 등)도 경찰의 직무범위에 포함시켰다. 이러한 점은 1882년의 크로이츠베르크 판결에서 분명해진다.

④ 1882년의 크로이츠베르크판결

크로이츠베르크 판결은 베를린의 크로이츠베르크언덕에 있는 전승기념비에의 조망을 위해 주변토지에 대한 건축물의 높이제한과 관련된 베를린 경찰청장이 발한 법규명령에 대한 것이었다. 즉, 베를린 경찰청장이 발한 명령은 복지의 증진을 목적으로 하는 것이므로, 법률적으로 무효라고 선언하였다. 따라서 이 판결은 1794년 프로이센 일반란트법 이후의 여러 입법과정을 통해 경찰의 직무를 소극목적에 한정했음에도 불구하고, 여전히 「공공의 복지증진을 위한 적극적 목적」까지도 경찰의 임무로서 유효하게 보는 관념을 배제하는 선언이었다. 그 결과 경찰의 임무는 「소극적 위험방지」에 한정된다고 하는 경찰개념의 정립에 결정적인 전기를 마련하는 계기가 되었다.

⑤ 1931년 프로이센 경찰행정법

1931년에 프로이센 경찰행정법은 경찰직무의 범위가 소극목적에 한정된다는 경찰개념을 최초로 법제도화하였으며, 이렇게 정해진 경찰개념이 서구 여러 나라의 경찰개념으로 정착되기에 이르렀다.

⑥ 2차 세계대전 이후 경찰개념과 비경찰화

㉠ 소극목적의 경찰개념은 나치정권의 등장과 함께 경찰권을 중앙집권적인 국가경찰화시키는 등 광범위한 질서임무를 수행하는 것으로 대폭 범위가 확대되었다. 그러나 제2차 세계대전이 끝난 후 연합국은 점령정책의 일환으로 경찰의 탈나치화 · 탈군사화 · 비정치화 · 민주화 · 지방분권화를 추진하였다. 따라서 종래의 국가경찰을 다시 주경찰로 회복시키고, 생명과 재산의 보호, 범죄예방과 검거 이외의 모든

협의의 행정경찰사무(예컨대, 영업경찰 · 건축경찰 · 보건경찰 등) 등을 다른 관청의 분장사무로 이관되는 비경찰화가 이루어졌다.

㉡ 그 결과 소극목적으로 축소된 경찰개념은 1986년 독일연방 및 주의 통일경찰법표준안, 즉 경찰은 공공의 안녕 또는 질서에 대한 위험방지를 그 임무로 한다는 규정을 통하여 오늘날까지 그대로 계승 유지되고 있다.

2) 법률에 의한 행정의 원리

법률에 의한 행정의 원리는 국민의 권리의무에 관계되는 경찰작용을 행할 경우에는 국민의 대표기관인 국회에서 제정한 법률에 따라야 한다는 원칙을 말한다. 이 시기에 경찰권의 발동은 어느 분야보다도 '법률에 의한 행정의 원리'를 따를 것이 요구되었다. 또한 법률 또는 법규를 근거로 반드시 경찰권이 행사되어야 한다는 이론이 정립되었다.

제 3 절 경찰의 개념구분과 분류

Ⅰ. 경찰의 개념구분

1. 개설

경찰개념의 형성은 크게 두 가지 측면에서 살펴볼 수 있다. 하나는 대륙법계 경찰개념과 영미법계 경찰개념으로 대별하여 그 변천과정을 고찰하는 것이고(이미 앞에서 기술하였다), 또 하나는 경찰작용의 성질에 따라 실질적 의미의 경찰과 형식적 의미의 경찰로 분류하는 전통적 입장에 따른 접근방법이다.

경찰을 규범적 강제작용 측면에서 한정하여 보는 전통적 입장에 따르면, 경찰이란 '사회공공의 안녕과 질서를 유지하기 위하여 일반통치권에 의거하여 국민에게 명령 · 강제하는 권력적 작용'이다. 우리나라의 경우 국가의 질서 유지기능을 위하여 '프로이센적 경찰개념',[12] 즉 서구적 의미의 경찰개념이 도입된 것은 갑오개혁 이후

12) 1794년 「프로이센 일반주법(一般州法)」, 1931년 「프로이센 경찰행정법」에 정해진 경찰개념이

의 일이다. 전통적 입장에서 경찰의 개념은 실질적인 면과 형식적인 면의 두 가지 측면에서 살펴볼 수 있는데, 이 두 개념은 상호배타적인 개념이 아니라 각각 각자의 고유한 부분도 가지고 있지만 공통부분도 가지고 있다.

2. 실질적 의미의 경찰

1) 의의

(1) 실질적 의미의 경찰이란 '사회 공공의 안녕과 질서를 유지하기 위하여 일반통치권에 근거하여 국민에게 명령·강제하는 권력적 작용'이라고 정의할 수 있다.[13] 본래, 실질적 의미의 경찰개념은 실제 경찰기관의 담당업무와는 관계없이 경찰작용의 성질에 착안하여 학문상으로 정립된 개념이다.[14] 여기서 「실질적 작용」이라는 말은 「사회 공공의 안녕과 질서유지를 목적으로」, 「일반통치권에 근거하여」, 「국민에게 명령·강제함으로써 국민의 자유를 제한」하는 것을 의미한다. 따라서 실질적 의미의 경찰에는 그 자체가 하나의 독립행정부문을 형성하여 일반 공안유지에 해당하는 경찰고유의 업무인 보안경찰 외에, 다른 일반행정기관에 속하는 행정작용 중에서도 실질적 의미의 경찰작용에 속하는 것도 포함된다(예컨대, 위생경찰·건축경찰·철도경찰 등).

(2) 우리나라의 경우 경찰법 제3조 제7호와 경찰관 직무집행법 제2조 제7호의 "공공의 안녕과 질서유지"라는 용어는 실질적 의미의 경찰개념을 표현한 것이라고 볼 수 있다.

2) 실질적 의미의 경찰개념의 요소

실질적 의미의 경찰은 경찰의 목적(사회공공의 안녕과 질서유지를 직접적인 목적으로), 법적 근거(일반통치권에 근거하여), 수단(명령·강제함으로써 국민의 자유를

서구 여러 나라의 경찰개념으로 정착되기에 이르렀다. 1931년 「프로이센 경찰행정법」제14조는 "경찰행정청은 현행법의 테두리 안에서 공공의 안녕 또는 질서를 위협하는 위험으로부터 공중 또는 개인을 보호하기 위하여 성실한 재량에 따라 필요한 조치를 취하지 않으면 안 된다"고 규정하고 있다.

13) 박윤흔, 『최신행정법강의(하)』, 박영사, 2001, p. 284.

14) 실질적 의미의 경찰개념은 독일의 행정법학에서 창안된 것으로, 경찰법상의 일반조항을 근거로 「경찰관청의 포괄적 수권」과 「행정에 대한 법치국가적 요청」을 조화시키기 위해서 구성되었다.

제한)이라는 측면에서 다른 행정작용으로부터 구별될 수 있는 특성을 가진다. 이러한 세 가지 요소를 구체적으로 설명하면 다음과 같다.

(1) 경찰의 목적

① 의의

경찰은 사회공공의 안녕과 질서를 유지하고, 그에 대한 위해방지를 제거하는 것을 목적으로 한다.[15] 따라서 공공의 안녕과 질서를 위협하는 위해가 발생할 충분한 가능성이 있거나 발생한 경우 이외에는 경찰권이 개입할 여지가 없으며, 이는 바로 경찰목적의 소극성을 잘 나타내주고 있는 것이다.

② 구별

㉠ 사법경찰 혹은 수사경찰은 범인체포와 공소제기 및 유죄판결을 직접 목적으로 하고 있는 것이지, 사회공공의 안녕과 질서유지를 직접 목적으로 하고 있는 것은 아니다. 따라서 사법경찰 혹은 수사경찰은 '실질적 의미의 경찰'에 속하지 않는다.

㉡ 군정(軍政)·재정(財政) 등은 국가목적적 작용[16]에 속한다. 사회공공의 안녕과 질서유지를 목적으로 하는 사회목적적 작용인 경찰과는 구별된다.

(2) 법적 근거(경찰권)

① 의의

경찰권이란 일반통치권이 직접 사회공공의 안녕·질서를 유지하기 위하여 국민에게 명령·강제하는 권력을 말한다. 경찰권은 국가의 일반통치권에 의한 작용이므로 법률에 특별한 규정이 없는 한, 일반통치권에 복종하는 자는 자연인·법인·내국인·외국인을 막론하고 경찰권에 복종하여야 한다.

② 구별

㉠ 법정경찰이나 의원경찰은 일반통치권에 근거하지 않고, 특별권력관계에 기초하여 조직사회의 내부질서를 목적으로 하는 특별경찰이다. 따라서 '실질적 의미의

15) 김형중, 『경찰행정법』, 수사연구사, 2005, pp. 59-66.

16) 국가목적적 작용 중에는 권력으로 개인에 대하여 명령·강제하는 예가 적지 아니하나(예컨대, 밀수입을 단속하는 재정권의 작용, 군항 구역내에서의 항공이나 측량 등을 금지 제한하는 군정권의 작용 등), 이들 작용이 직접목적으로 하는 바는 국가나 공공단체의 조직을 유지하고 그 외 대외적인 관계를 처리하며, 국가의 존립에 필요한 국방·재정을 확보하는 데 있다. 따라서 사회공공의 안녕과 질서유지를 직접목적으로 하는 경찰과는 구별된다.

경찰'에 속하지 않는다.

㉡ 또 법정경찰이나 국회경찰(의원경찰)[17]은 보통경찰기관에 의해서 수행되는 것이 아니므로, 형식적 의미의 경찰에도 속하지 아니한다.

(3) 경찰의 수단

경찰은 권력으로써 개인에게 명령하고 강제함으로써 자연적인 자유를 제한하는 작용이다. 권력적 작용은 주로 경찰하명(경찰처분)·경찰허가·경찰강제 등을 수단으로 한다. 따라서 비권력적 작용은 제외된다. 예컨대, 순찰, 교통정보제공, 지리안내, 수난구호활동 등은 권력적 작용이 아니기 때문에, 이러한 활동들은 '실질적 의미의 경찰'의 활동이 아니다. 왜냐하면 경찰의 활동이 권력적 작용으로 간주될 수 있을 때 실질적 의미의 경찰활동이라 할 수 있으며, 비권력적 작용으로 간주된다면 실질적 의미의 경찰활동이라고 할 수 없기 때문이다.

3. 형식적 의미의 경찰

1) 의의

(1) 형식적 의미의 경찰은 정부조직법이나 경찰법 등의 실정법적 근거에 기초한 경찰활동을 의미한다. 따라서 형식적 의미의 경찰개념은 제도상·실정법상 개념이라 할 수 있으며, 보통경찰기관[18]에서 직무상 행하는 모든 작용을 말한다. 그러나 형식적 의미의 경찰 가운데에는 성질상 경찰이라고 볼 수 없는 작용도 적지 아니하다.[19]

예컨대, 주취자 보호·미아 보호·유실물의 보관·교통정리·순찰·지리교시 등과 같은 비권력적 사실행위 등을 들 수 있다. 이처럼 형식적 의미의 경찰은 「권력적 작용」으로서의 행위뿐만 아니라(실질적 의미의 경찰활동), 법집행과 서비스 등과 같

---

17) 국회경찰(의원경찰)은 국회안의 질서를 유지하기 위하여 국회의원, 방청인 기타 국회안에 있는 자에 대하여 일정 사항을 명령하고 강제하는 작용이나 기관을 말한다. 국회경찰권(의회경찰권)은 국회법상 경호권(질서유지권)이라 하여 국회의장이 행사할 수 있는 고유권한으로, 국회의 경호를 위해 국회에 경위를 두도록 규정되어 있다(국회법 제143조).

18) 보통경찰기관이라 함은 경찰법상의 경찰조직에 해당되는 기관을 말한다. 예컨대, 생활안전경찰, 수사경찰, 형사경찰, 경비경찰, 교통경찰, 정보경찰, 보안경찰, 외사경찰 등은 모두 형식적 의미의 경찰에 속한다.

19) 경찰이 하고 있는 서비스적 활동은 실질적 의미의 경찰개념으로는 도저히 설명할 수 없는 경찰활동이고, 다만 형식적 의미의 경찰개념으로만 설명이 가능하다.

은 비권력적 작용도 당연히 포함된다.

(2) 반면, 경찰기관이 아닌 다른 기관이 수행하는 건축경찰활동·철도경찰활동·위생경찰활동 등은 형식적 의미의 경찰에 속하지 않는다.

2) 형식적 의미의 경찰개념의 범위

(1) 형식적 의미의 경찰개념이 왜 필요한가? 그것은 형식적 의미의 경찰개념(제도적 의미의 경찰)이 위험방지 임무 외에 법규상 부여된 그 밖의 다른 행정활동(예컨대, 청소년 보호활동·범죄수사 등)도 수행하고 있기 때문이다. 따라서 형식적 의미의 경찰개념은 제도적 의미의 경찰의 사무와 관련하여 중요한 의미를 갖는다. 이런 맥락에서 형식적 의미의 경찰개념의 범위를 어디까지 할 것인지의 문제는 오로지 그 나라의 입법정책에 속하는 문제이다.

(2) 우리나라의 형식적 의미의 경찰개념 범위(경찰법 제3조, 경찰관직무집행법 제2조)

① 우리나라 「경찰법」 제3조(경찰의 사명), 「경찰관직무집행법」 제2조(경찰관의 직무범위)를 보면 그 범위를 알 수 있다.

우리나라의 실정법상 경찰의 사명(형식적 의미의 경찰)은 일반 공공의 안녕과 질서의 유지 그리고 범죄의 진압 및 수사를 업무로 하는 사법경찰로 제한하고 있다. 따라서 범죄의 수사 등 이른바 사법경찰이라고 불리는 경찰활동은 형식적 의미의 경찰에만 속하고, 실질적 의미의 경찰개념에는 속하지 않는다.

② 경찰작용은 경찰기관이 아닌 다른 행정기관에 의해 그 행정분야에서 생길 수 있는 사회공공의 안녕과 질서에 대한 위해를 예방하고, 현실적으로 발생한 위해를 제거하기 위하여 행하여지는 경우가 있다. 예컨대, 위생경찰·산업경찰·철도경찰·건축경찰[20] 등이 그것이다. 이러한 경찰작용은 형식적 의미의 경찰에 속하지 아니하나, 실질적 의미의 경찰에는 포함된다.

4. 실질적 의미의 경찰개념과 형식적 의미의 경찰개념의 상호관계

실질적 의미의 경찰이란 '사회공공의 안녕과 질서를 유지하기 위하여 일반통치권

20) 건설교통부장관이 행하는 건축행정은 건축물의 대지, 구조, 설비의 기준 및 용도 등을 규제함으로써 적극적으로 공공복지의 증진을 도모함을 목적으로 하지만, 이에 수반하여 보안상 또는 위생상 유해하다고 인정되는 건축물의 철거를 명하는 등 이른바 건축경찰권도 행사한다.

에 의거하여 국민에게 명령·강제하는 권력적 작용'을 말하며, 학문상으로 정립된 개념이다. 따라서 경찰의 역사는 실질적 의미의 경찰이 모태가 되고, 형식적 의미의 경찰은 그 모태를 바탕으로 역사발전과 사회변화에 따라 변천되면서 진화되고 제도화되었다고 볼 수 있다. 이런 이유 때문에 형식적 의미의 경찰은 시대마다 나라마다 그 구체적인 모습이 다르고, 형식적 의미의 경찰개념의 범위를 어디까지 할 것인지의 문제는 오로지 그 나라의 입법정책에 속하는 문제로 귀결되는 것이다. 실질적 의미의 경찰과 형식적 의미의 경찰의 상호관계를 도표화하면 다음과 같다.[21]

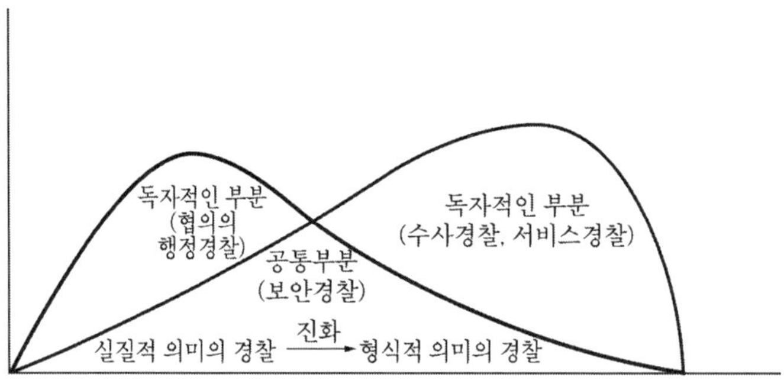

〈도표 1-1〉 실질적 의미의 경찰개념과 형식적 의미의 경찰개념의 변천

〈도표 1-1〉에 의하면 실질적 의미의 경찰과 형식적 의미의 경찰개념의 공통부분에 속하는 것은 경찰고유의 업무인 보안경찰이다. 반면 실질적 의미의 경찰에 속하지만 형식적 경찰에 속하지 않는 것은 협의의 행정경찰이다.

Ⅱ. 경찰의 분류

경찰은 여러 가지 관점에서 분류할 수 있는데, 그 주요한 것을 살펴보면 다음과 같다.

1. 행정경찰(行政警察)과 사법경찰(司法警察)

행정경찰과 사법경찰의 구별은 삼권분립의 사상에 투철했던 프랑스에서 확립된 개념이다. 1795년 프랑스 경죄처벌법 제18조는 "행정경찰은 공공질서유지·범죄예

21) 이황우 외, 『경찰학개론』, 서울 : 한국형사정책연구원, 2006, p. 13.

방을 목적으로 하고, 사법경찰은 범죄의 수사 · 체포를 목적으로 한다"고 규정하고 있는데, 여기에서 행정경찰과 사법경찰의 구별이 처음으로 법제도화되었다.

1) 의의

(1) 행정경찰

행정경찰은 실질적 의미의 경찰개념을 토대로 이루어진 광의의 행정경찰을 의미한다. 광의의 행정경찰은[22] 사회공공의 안녕과 질서유지를 그 직접 목적으로 하고, 범죄예방을 주임무로 한다. 따라서 행정경찰은 국가일반통치권에 의거한 명령 · 강제라는 수단에 의해 국민의 자연적 자유를 제한하는 작용이다. 이런 측면에서 본다면 환경경찰 · 산림경찰 · 위생경찰 등도 행정경찰에 포함된다.

(2) 사법경찰

사법경찰은 범죄를 수사하고 범인을 체포하는 것 등을 목적으로 하고, 그 직무는 형사소송법에 의하여 수행되는 형사사법권의 작용이다. 따라서 행정경찰과는 구별되는 개념이다. 사법경찰은 흔히 수사경찰이라 부르며, 경찰기관의 사법경찰관 · 검찰청의 수사관 등이 이에 해당한다.

2) 한국

우리나라는 조직법상으로 행정경찰과 사법경찰로 구분되어 있지 않으며, 보통경찰기관이 양 사무를 모두 담당하고 있다. 그러나 적용 법률에 있어서는 대륙법계를 따른다고 할 수 있다. 즉, 행정경찰은 공공의 안녕과 질서유지를 위한 행정권의 작용이기 때문에 행정법규의 적용을 받고, 경찰청장의 지휘 · 감독하에 직무를 수행한다. 반면 사법경찰은 형벌권의 작용이기 때문에 형사소송법의 적용을 받고, 검사의 지휘에 의해 직무를 수행한다.

2. 보안경찰(保安警察)과 협의의 행정경찰

사법경찰에 대응한 행정경찰은 광의의 개념이며, 이러한 광의의 행정경찰은 다시

22) 광의의 행정경찰은 보안경찰과 협의의 행정경찰(예컨대, 건축경찰, 철도경찰, 관세경찰, 위생경찰 등은 대륙법계에서는 원래 경찰의 사무에 속했지만, 비경찰화 과정을 거치면서 경찰사무에서 제외된 것들을 말함)을 포함하는 개념이다. 광의의 행정경찰은 그대로 실질적 의미의 경찰개념과 일치할 뿐만 아니라 대륙법계의 경찰개념과도 일치한다.

보안경찰과 협의의 행정경찰로 나누어진다. 이 구별은 19세기 독일에서 유래한 것으로,[23] 경찰업무의 독자성에 따른 구분이라 볼 수 있다.

1) 보안경찰

보안경찰은 보통경찰기관의 소관사무와 같이 사회공공의 안녕과 질서를 유지하기 위하여 다른 종류의 행정작용을 수반함이 없이 오직 경찰작용만을 독립하여 행하는 것을 말한다. 예컨대, 교통·풍속·집회·결사·전당포·위험물 단속 등에 관한 경찰작용 등이 이에 해당된다.

2) 협의의 행정경찰

협의의 행정경찰은 경찰이라는 명칭이 붙지 않은 행정기관에 의한 위해방지 작용을 말한다. 즉, 다른 행정작용에 수반하여 그 행정 분야에서 생길 수 있는 사회공공의 안녕·질서에 대해 위해를 예방하고 현실적으로 발생한 위해를 제거하기 위하여 행하여지는 것을 말한다. 예컨대, 위생경찰·산업경찰·철도경찰·관세경찰·건축경찰 등이 이에 해당된다.

3) 우리나라의 경우

2차대전 후 독일의 대다수의 주(州)에서는 이른바 '비경찰화 내지 경찰행정의 분산화'가 이루어져, 협의의 행정경찰은 보통경찰기관의 소관사항에서 제외되어 각 주무행정청의 소관사항으로 전환되었다. 우리나라의 경우도 시기상으로 다소 늦지만 독일과 마찬가지의 과정을 거쳤다. 이런 점에 착안하여 보안경찰에 대응한 협의의 행정경찰이라는 개념은 따로 세분해서 인정할 실익이 없다고 하여, 협의의 행정경찰을 경찰개념에 포함시키지 않는 견해도 있다.[24]

3. 예방경찰과 진압경찰

경찰권 발동의 시점을 기준으로 한 분류로써, 이 분류는 행정경찰과 사법경찰의 분류와 거의 일치한다.

---

23) 한귀현 역, 『일본경찰법』, 한국법제연구원, 2003, p.7.

24) 한견우, 『현대행정법 Ⅱ』, 연세대학교출판부, 2000, p.307 ; 박윤흔, 『최신행정법강의(下)』, 박영사, 1988, p.284.

1) 예방경찰

예방경찰이란 경찰상의 위해의 발생을 방지하기 위한 권력적 작용을 말한다. 예컨대, 타인에게 해를 끼칠 우려가 있는 정신착란자 · 주취자(酒醉者)를 보호조치 하는 것 등이 이에 해당한다.

2) 진압경찰

진압경찰은 이미 발생된 범죄를 제지 · 진압 · 수사하고, 피의자를 체포하는 권력적 작용으로 사법경찰과 일치한다. 다만 「경찰법」 제3조 '경찰의 임무'와 「경찰관 직무집행법」 제2조의 '진압'은, 특히 집단적 범죄 등에 대한 강력한 예방작용을 의미함과 동시에 사법적 수사와도 관련된다. 따라서 예방경찰과 진압경찰의 양자를 모두 포함하고 있다.[25]

4. 평시경찰과 비상경찰

평시경찰과 비상경찰은 사회공공의 안녕 · 질서에 대한 장해 · 위험의 정도와 투입되는 경찰기관을 기준으로 한 분류이다.

1) 평시경찰

평시경찰은 일반경찰기관이 일반경찰법규에 의하여 행하는 경찰작용을 말한다. 사회공공의 안녕과 질서의 유지는 일반경찰기관에 의하여 행하여지는 것이 원칙이다.

2) 비상경찰

비상경찰은 전국 또는 지방에 비상사태가 발생하여 계엄이 선포된 경우에 예외적으로 군대가 사회공공의 안녕과 질서를 유지하는 경우를 말하는 것이다. 비상경찰 또는 계엄경찰이라고 부른다.

5. 고등경찰과 보통경찰

이 구별은 프랑스 법에서 유래하는 것으로서, 고등경찰과 보통경찰은 경찰에 의하여 보호되는 법익의 가치를 기준으로 한 분류이다.

---

25) 김형중, 행정경찰기능에 관한 법, 제도사적 연구, 법학박사학위논문, 2004, p.15.

1) 고등경찰

고등경찰은 처음에는 사회적으로 특히 고도의 가치 있는 법익을 보호함을 목적으로 하는 경찰을 의미하였으나, 나중에는 국가조직의 근본을 위태롭게 하는 행위(예컨대, 비밀결사 · 비밀집회 · 사상 · 종교 · 언론 · 출판 등)를 방지함을 목적으로 하는 경찰, 즉 정치경찰을 의미하게 되었다. 우리나라에서는 일제식민지시대에 악명높은 고등경찰 활동이 대단히 활발하였으나, 미군정기에 폐지되었다.

2) 보통경찰

보통경찰은 개인의 생명 · 신체 · 재산 등을 보호하기 위하여 행하는 경찰작용을 말한다. 예컨대, 교통 · 풍속 · 범죄예방 등과 같이 사회공공의 안녕과 질서유지를 위한 경찰작용을 의미한다.

6. 국가경찰과 자치체경찰

1) 개설

경찰유지의 직권(조직 · 인사 · 경비부담 등)이 국가에 있는지, 지방자치단체에 있는지를 표준으로 한 분류이다.

국가경찰은 국가가 설치하고 관리하며, 그 권한과 책임이 국가에 귀속되는 경찰제도를 말한다. 즉, 경찰유지를 위한 경찰조직권 · 경찰인사권 · 경찰경비 부담권을 국가(중앙정부)가 가지는 경찰제도이다.[26]

자치체경찰은 지방자치단체가 설치 · 관리하고, 그 권한과 책임이 지자체에 귀속되는 경찰제도를 말한다. 영국 및 미국 등은 원칙적으로 자치체경찰제도를 채택하고 있다.

2) 국가경찰과 자치체경찰의 비교

오늘날 각국의 경찰제도는 프랑스 · 독일 · 일본 등을 중심으로 한 대륙법계와 영국 · 미국을 중심으로 한 영미법계로 크게 구분된다. 대체로 대륙법계는 국가경찰을, 영미법계는 자치경찰제를 채택하고 있으나 어느 정도 혼용되고 있는 것이 일반적이다. 예컨대, 국가경찰의 전형이라고 할 수 있는 독일이나 프랑스에도 자치경찰제를

26) 김남진, 『행정법 Ⅱ』, 법문사, 2001, p.243.

가미하고 있는 것 등을 들 수 있다. 국가경찰과 자치체경찰의 특징과 장단점을 도표화해 보면 다음과 같다.

〈도표 1-2〉 국가경찰과 자치체경찰의 특징과 장단점 비교[27)]

구 분	국가경찰	자치체경찰
사 명	국민의 보호와 국가적 질서유지	국민의 보호와 사회공공의 안녕과 질서유지
권한과 책임의 소재	국가	지방자치단체
조 직	중앙집권적이고 관료제이며, 단일화된 명령체계	자치단체별 지방분권적 조직체계
수 단	사회공공의 안녕과 질서를 유지하기 위하여 명령, 금지나 강제라는 권력적 수단을 사용함	국민의 자유와 권리를 철저히 보호하는 선에서 권력적 수단보다 비권력적인 면을 중시함
장 점	① 국가권력을 배경으로 강력하고 광범위한 집행력을 가짐 ② 조직체로서 전국 공통이므로 비상시 통일적인 운영의 묘를 살릴 수 있고, 기동성과 능률성을 발휘할 수 있음 ③ 타 행정부문과의 긴밀한 협조·조정이 원활함	① 인권보장과 민주성이 보장되어 주민에 의한 민주경찰행정이 구현됨 ② 주민에 대한 경찰의 책임감이 높음 ③ 지방의 특수성, 창의성이 보장됨 ④ 주민과 일체감이 형성되고 주민협력이 활성화됨 ⑤ 경찰행정에 많은 자원 배분
단 점	① 각 지방의 특수성과 창의성이 저해됨 ② 지방행정에 적합한 치안행정 수립 곤란 ③ 주민과의 친밀도가 떨어지며 관료화될 우려 ④ 경찰 본연의 업무 이외의 타행정업무에 이용	① 전국적인 협조와 조정이 곤란함 ② 전국적으로 집행력과 기동력이 약화될 우려 ③ 토착세력이 경찰행정 개입으로 경찰부패 초래

3) 한국

(1) 연혁

우리나라는 고종 31년(1894년) 갑오개혁기에 들어서면서 독립된 경찰관청인 포도청이 역사적으로 소멸되고, 동시에 근대적 의미의 한국경찰이 탄생하였다. 1948년 8

27) 김형중, 『경찰행정법』, 경찰공제회, 2008, pp.395-397.

월 15일 대한민국 정부가 수립·선포되고, 법률 제1호인 「정부조직법」 제14조에 "경찰체제를 내무부의 1국(一局)으로서 치안국(治安局)을 둘 것"을 규정함으로써 대한민국 국립경찰이 시작되었다. 이러한 국(局)체제는 1975년 치안국이 치안본부로 개편된 후, 1991년에 「경찰법」이 제정됨으로써 종래 내무부의 보조기관이었던 치안본부가 내무부의 외청으로 독립되었다. 그리고 지방경찰청도 시·도지사의 보조기관에서 독립된 관청으로 승격[28]되었다. 1998년 2월 종래의 내무부가 총무처와 합쳐 행정자치부로 바뀌면서, 경찰은 내무부의 외청에서 행정자치부의 외청으로 전환되었다. 이후 일련의 변천과정을 거치면서 오늘에 이르고 있다.

(2) 경찰제도

① 국가경찰제도

대륙법계에서는 대체로 국가경찰제도를, 영미법계에서는 자치경찰제를 채택하고 있다. 우리나라는 제주특별자치도의 자치경찰을 제외하고는 중앙집권적인 국가경찰제도를 채택하고 있다.

② 경찰의 사명

우리나라 「경찰법」 제3조 및 「경찰관직무집행법」 제2조는 국민의 생명·신체 및 재산보호, 범죄예방·진압 및 수사, 경비·요인경호 및 대간첩작전수행, 치안정보의 수집·작성 및 배포, 교통의 단속과 위해의 방지, 외국 정부기관 및 국제기구와의 국제협력 기타 공공의 안녕과 질서유지를 경찰의 직무범위로 규정하고 있다. 따라서 우리나라의 형식적(제도적) 경찰의 사명은 일반 공공의 안녕과 질서의 유지, 그리고 사법경찰(司法警察)로 국한되어 있다.

7. 질서경찰과 봉사경찰

경찰서비스의 질과 내용을 기준으로 질서경찰과 봉사경찰로 분류하는 경우도 있다.

---

28) 1991년 경찰청이 내무부의 외청으로 독립될 때까지 우리의 중앙경찰조직은 독립 이후 40년 이상 관청(官廳)으로서의 지위도 없이 내무부의 일개 보조기관에 불과하였다.

1) 질서경찰

질서경찰은 주로 경찰력을 1차 수단으로 하여 사회공공의 안녕과 질서유지를 위한 법집행을 주로 하는 경찰을 말한다.

2) 봉사경찰

봉사경찰은 목적면에서 질서경찰과 동일하면서도 1차 수단이 강제력이 아닌 계몽·지도·서비스를 통하여 법집행을 하는 경찰을 말한다. 그러나 이 봉사경찰도 순수한 서비스 활동이 있는가 하면(청소년지도·교통안내·교통정보의 제공), 2차적으로 강제가 전제되어 법집행을 해야 하는 활동이 있다. 예컨대, 물에 빠진 사람을 구하려고 해도 나오지 않을 때에는 강제로 구인해야 하는 등 생명과 재산의 보호, 질서유지의 목적을 위해 강제적 방법으로도 해결하는 특징을 지니고 있다.

제 2 장 경찰의 기본적 임무 및 수단

제 1 절 경찰의 기본적 임무

Ⅰ. 개설

우리나라의 경찰법 제3조(국가경찰의 임무)는 ① 경찰은 국민의 생명·신체 및 재산을 보호하고, ② 범죄의 예방·진압 및 수사, ③ 경비·요인경호 및 간첩작전의 수행, ④ 치안정보의 수집 작성 및 배포, ⑤ 교통의 단속과 위해의 방지, ⑥ 외국정부기관 및 국제기구와의 협력, ⑦ 기타 공공의 안녕과 질서유지를 그 임무로 한다."고 규정하고 있다. 즉 국민의 생명·신체 및 재산을 보호하고, 공공의 안녕과 질서에 대한 위험의 방지가 경찰의 임무라고 할 수 있다. 그러나 법문(法文)상 국민의 생명·신체 및 재산의 보호가 강조되고 있기는 하나, 실상 이것은 공공의 안녕 개념속의 한 가지 요소를 이루는 것이라고 볼 수 있다. 따라서 궁극적으로 공공의 안녕과 질서에 대한 위험의 방지가 경찰의 기본적 임무라고 할 수 있다. 이러한 경찰의 기본적 임무를 달성하기 위하여 경찰은 구체적인 활동을 통해 「공공의 안녕·질서에 대한 위험방지」, 「범죄의 수사」, 「서비스」의 세 가지 기본적 임무에 충실하여야 한다.[1]

1) 김형중, 전게서, p.402.

Ⅱ. 공공의 안녕 · 질서를 유지해야 할 임무

1. 공공의 안녕

공공의 안녕이라 함은 불확정개념으로 방대하고, 추상적이고, 다의적(多義的)인 개념이다. 따라서 한마디로 정의를 내리기가 쉽지 아니하나, "국가의 법질서와 공공시설 및 개인의 생명 · 신체 · 재산 · 자유 · 명예 등에 대하여 어떠한 침해도 없는 상태를 말한다"고 정의할 수 있다.[2] 이런 맥락에서 보면 경찰은 객관적 법질서 전체의 보호, 국가 · 공동체의 존립과 기능, 그리고 개인의 법익이 침해당하지 않도록 보호해야 할 의무가 있다.

1) 법질서의 불가침성

어떠한 경우에도 객관적 법질서 전체가 침해당하지 않아야 된다는 것이 법질서의 불가침성이다. 객관적 법질서 전체의 보호는 공공의 안녕의 가장 핵심적인 요소이며, 공법규범(公法規範)의 보호가 그 핵심을 이룬다. 공법규범의 침해는 언제나 공공의 안전을 침해하는 것으로 본다. 따라서 공공의 이익이 보호되면, 결국 법질서 전체도 보호를 받게 되는 것이다.

2) 국가의 존립 · 기능성 보호 임무로서 사회목적적 작용

(1) 공공의 안녕과 관련하여 경찰도 국가의 존립을 보호해야 한다. 군(軍)이 적국과의 관계에서 국가의 존립을 보호하는 국가목적적 작용이라면, 경찰은 사회 공공과 관련하여 국가의 존립을 보호할 의미가 있는, 즉 사회목적적 작용이라는 점에서 다르다. 국가존립과 관련하여 「형법」은 내란죄와 외환죄를 규정하여 처벌하고 있다.

(2) 경찰은 이러한 국가존립에 대한 침해를 미리 방지하기 위하여 범죄 예비 · 음모의 단계에서부터 사전예고적 정보 · 보안 · 외사활동 등의 임무를 수행하고 있다. 또한 의회 · 법원 · 정부 · 행정기관 · 지방자치단체 · 공공영조물 등의 국가 · 공동체

2) 서정범 역, 『독일경찰법론』, 세창출판사, 2001, p. 28.

및 그 기관의 존립과 기능을 보호하는 데도 주력해야 하는 것이 경찰의 기본적 직무이다.[3]

3) 개인의 권리와 법익의 보호

(1) 개인의 법익보호와 관련하여 개인적 법익이 사법상(私法上)의 문제로 나타나는 경우에 경찰이 적극적으로 개입할 수 있는가가 문제시된다. 예컨대, 사법(私法)상의 금전채권이 변제되지 않고 있는 경우, 채권의 존재와 강제집행의 결정은 일반법원의 권한에 속한다. 따라서 법원에 제소를 통하여 구제받을 수 있는 경우와 같이 다른 구제수단이 있는 때에는 경찰개입의무가 발생하지 않는다(보충성의 원칙). 그러나 효과적인 보호의 시기를 놓쳐 권리가 무효가 될 우려가 있을 때에만 경찰의 개입여지가 있을 수 있다.[4] 다만, 이 경우에도 경찰의 원조는 잠정적 보호에 국한되어야 하며 최종적인 규제를 취해서는 안된다. 그 이유는 최종적인 보호는 법원을 통해 권리와 법익을 보호받아야 하기 때문이다.

(2) 한편, 개인적 법익에 대한 위험이 동시에 「형법」이나 「행정법」 등의 공법규범을 위반한 경우에는 보통 공공의 안녕에 대한 위험[5]으로 취급되며, 그러한 행위에 대하여는 경찰권이 직접 개입할 수 있다. 특히 이러한 위법행위가 형법이나 특별형법의 구성요건을 충족했을 경우에는 수사법정주의에 의해 경찰은 수사에 착수해야 한다.

2. 공공의 질서

1) 공공질서의 의의

공공질서의 개념은 절대적인 것이 아니며 시대에 따라 변화하고 유동적인 불확정개념으로서, 개념 그 자체가 비판받기도 한다. 공공질서라 함은 당해 시대의 지배적

3) 김형중, 전게서, p. 403.
4) 독일 브레멘 주(州)의 「경찰법」 제1조 제2항은 "사적(私的)인 권리들의 보호는 사법상(私法上)의 보호(재판상의 보호)를 적시에 구할 수 없고, 경찰의 도움 없이는 권리의 실현이 좌절되거나 중대한 어려움에 처할 경우에 한해서만 본 법에 따른 경찰의 임무에 속한다"고 규정하고 있다.
5) 명예훼손죄, 업무상비밀누설죄 등의 친고죄의 경우나, 폭행죄·협박죄 등과 같은 반의사불벌죄와 같이 비록 공공의 안녕에 대한 위험으로 취급되더라도, 경찰은 상대방의 고소나 처벌의사가 없는 한 경찰권을 발동할 수 없게 된다. 따라서 이 경우에는 경찰활동이 제약을 받을 수밖에 없게 된다.

인 윤리와 가치관을 기준으로 판단할 수밖에 없다. 따라서 그것을 준수하는 것이 시민으로서 원만한 국가공동체생활을 영위하기 위한 필수불가결한 전제조건이 된다. 이런 맥락에서 보면 공공질서에 대한 개념은 각 개인의 행동에 대한 불문규범(不文規範)의 총체를 의미한다.

2) 불문규범의 성문규범화

공공질서라는 개념은 포기되어야 한다는 견해도 제기되고 있다. 그러나 현실적인 경찰의 활동영역에서 공공질서라는 개념에 의해 위험방지나 위해제거가 요구되는 사례들이 다양하게 발견되고 있다. 이런 경우 입법자가 입법을 하기 전에는 공공의 질서개념에 의존하는 것만이 새로운 위험에 대처할 수 있다(예컨대, 나체쇼·음란전화채팅서비스·스와핑 등). 그럼에도 불구하고 오늘날 공공질서와 관련되어 위험방지를 위해 경찰권이 발동되는 사례는 점차 축소되는 경향을 보이고 있으며, 새로운 사례들이 등장과 동시에 대부분 성문화된 개별법이 제정되어 규제되고 있다.[6]

3. 위험방지 임무

1) 위험의 개념

'위험'이란 가까운 장래에 공공의 안녕 또는 질서에 침해 내지 손해발생 가능성이 개별적으로 충분히 존재하는 상태를 말한다. '위험'이란 개념은 불확정개념이면서도 객관적 경험개념이다. 경찰은 정상적인 평균적 인간의 판단으로 볼 때 손해(보호법익에 대한 현저한 침해)나 더 나아가서는 위험의 한계를 넘었다고 보여질 때, 경찰의 개입여지가 생긴다. 위험에는 구체적 위험과 추상적 위험이 있다.[7]

2) 위험의 종류

위험발생 여부에 대한 판단기준은 일반적 경험법칙이다. 경찰은 구체적인 사안이 경찰개입의 요건에 해당되는 위험인가를 정상적인 평균적 인간의 건전한 상식에 의해 판단해야 한다.

---

6) 조철옥, 『경찰학개론』, 대영문화사, 2008, p. 150.
7) 김형중, 『경찰학총론』, 청목출판사, 2009, p. 49.

(1) 구체적 위험

구체적인 개개의 사안에 있어 가까운 장래에 손해발생의 충분한 가능성이 존재하는 경우이다. 따라서 경찰권 발동의 근거가 된다. 현실적으로 구체적 위험이 존재하면 「경찰관직무집행법」제5조(위험발생의 방지)등의 규정에 의하여 필요한 조치를 취할 수 있다.

예컨대, 야간에 운전자가 인적이 전혀 없는 도로에서 교통신호를 준수하지 않은 경우, 혹은 구체적인 경우에 그로 인하여 교통상의 장해가 발생할 수 있다는 것에 대한 고려 없이 주차금지표지판을 무시하는 경우 등은 구체적 위험의 가능성이 존재하는 상태라고 보아야 한다. 이 경우 경찰은 위험을 방지하고 침해를 제거해야 한다.

(2) 추상적 위험

추상적 위험은 특정한 행위 혹은 상태를 일반적·추상적으로 살펴볼 때, 손해가 발생할 충분한 개연성이 있다는 결론에 도달하는 경우에 존재한다. 즉, 추상적인 위험은 가설적 위험을 의미한다. 문제가 되는 것은 추상적 위험의 경우에도 경찰권을 발동할 수 있느냐이다. 현실적으로 범죄예방을 위한 도보순찰이나 교통사망사고 예방을 위한 경찰의 활동은 구체적 위험상황이 아니라, 미래에 발생할 가능성이 있는 가설적 상황이다. 이러한 가설적 상황은 추상적 위험에 해당한다.[8] 따라서 경찰권의 발동은 구체적 위험 내지 적어도 추상적 위험이 가능하다고 예견될 때 가능하다고 하겠다.

3) 위험에 대한 인식의 판단착오와 경찰의 조치

경찰행정법상 경찰관이 위험에 대한 인식의 판단착오(경찰기관이 인식한 사실과 실제로 존재하는 사실이 불일치한 경우)로 경찰권을 발동하였을 경우에, 그 정당성을 확보할 수 있을까 하는 문제이다.

위험에 대한 인식과 관련하여 ① 외관상위험, ② 오상위험, ③ 위험혐의 등의 개념이 문제시된다.

---

8) 김형중, 전게서, p.50.

(1) 외관상위험

외관상위험이란 경찰공무원이 그가 개입하는 시점에서 합리적으로 판단하여 위험의 존재를 인식하였을 경우에는, 현실적으로 손해가 발생할 염려가 없었다는 것이 사후에 밝혀진 경우에라도 그 위험의 존재를 인정해야 하는 것을 말한다. 예컨대, 경찰관이 순찰 중에 범죄용의자로 보이는 자가 칼을 빼어들고 분노에 찬 표정으로 접근하는 자를 보았을 경우, 경찰은 그에 개입하여 예상되는 습격을 저지하기 위하여 칼을 든 자를 제압할 수 있다. 이 경우에 '습격'은 단지 영화촬영을 위한 것임이 사후에 밝혀진다고 하더라도 경찰개입의 적법성에는 아무런 문제가 없다. 따라서 이 경우 경찰의 위험방지 조치는 원칙적으로 적법하다.[9]

(2) 오상위험(誤想危險)

오상위험은 위험이 아니다. 오상위험이란 실제로 위험이 존재하지 않음에도 불구하고, 경찰관이 객관적인 주의의무를 게을리 하여 위험이 존재하는 것으로 잘못 판단한 경우이다. 예컨대, 앞의 예(例)에서 '습격'은 주변에 '촬영 중 접근금지'라고 적힌 표지판이 설치되어 있다거나, 카메라가 눈에 잘 보이는 곳에 설치되어 있어서 합리적으로 판단하였을 때, 경찰관이 단지 영화촬영장면에 불과하다는 것을 분명히 알 수 있는 경우라면 오상위험에 불과하다. 따라서 오상위험에 대한 경찰개입은 위법한 행위가 되어 손해배상이나 손실보상의 문제가 발생할 수도 있다.[10]

(3) 위험의 혐의

위험의 혐의란 경찰관이 위험이 있다고 판단할 근거를 갖고 있기는 하지만, 그것이 불충분할 뿐만 아니라 위험이 존재하지 않을 수도 있다는 것을 스스로 알고 있는 경우를 의미한다.[11] 이 때 경찰관은 위험의 존재여부에 관하여 '사실관계의 확인'이나 '위험의 존재를 확인하기 위한 조치'를 취할 수 있으나, 위험혐의의 존재만으로 위험방지 조치까지 나아가는 것은 위법한 행위가 될 수 있다.

9) 서정범 역, 전게서, p. 49.
10) 서정범 역, 전게서, pp. 49-50.
11) 김성수, 『개별행정법』, 2005, pp. 468-469.

4) 장해(障害)

(1) 경찰작용은 위험이 존재할 때에만 허용되는 것이 아니다. 경찰작용은 위험이 실현되었을 때, 즉 공공의 질서의 개념에 포함되는 사회규범에 대한 침해가 발생하여 계속되고 있는 경우에는 경찰권 발동의 충분한 근거가 된다. 장해의 제거를 위한 조치는 협의의 위험방지를 위해 행해지는 예방적인 조치와는 달리 진압적이다. 그 같은 장해가 형벌 법규에 저촉되는 경우에는 경찰은 행정경찰적 활동뿐만 아니라, 범죄의 수사를 위해서도 활동할 수 있다.

(2) 결국 경찰권은 사회공공의 안녕질서가 인위적·물적 또는 자연작용[12]에 의하여 파괴되는 위해가 발생하지 않는 경우에는 발동되지 못한다. 이러한 경찰의 소극목적을 위한 작용은 결국 경찰권 한계의 문제로 귀결된다. 경찰권의 한계를 일탈하여 복리증진 문제와 관련하여 적극적으로 경찰권이 발동되는 경우에는 위법이 된다.

Ⅲ. 범죄의 수사

1. 법적근거

범죄수사와 피의자의 체포와 같은 활동은 사법경찰작용으로서의 성질을 가지며, 수사경찰의 주된 임무이다. 현행 「경찰법」제3조(국가경찰의 임무) 및 「경찰관직무집행법」제2조(직무의 범위)에서는 각각 범죄의 진압 및 수사를 경찰의 임무로 규정하고 있다. 또한 검사는 「형사소송법」제196조(사법경찰관리)의 규정에 의하여 수사에 관한 사법경찰관리를 지휘 감독하는 수사권한을 부여받고 있다.

12) 공공의 안녕과 질서에 대한 위해의 원인은 그것이 범죄와 같이 사람이 행위에 의한 것인지, 가옥의 붕괴와 같이 인공의 물건의 상태에 의한 것인지, 화재·홍수와 같이 자연의 상태에 의하여 발생한 공공의 안녕과 질서에 대한 위해의 것인지는 문제가 되지 않는다. 경찰은 위험을 초래한 경찰책임자가 사람이든 자연현상이든 묻지 않고 발생한 위험을 방지할 임무를 지고 있다.

2. 경찰편의주의 원칙의 형태와 법정주의 원칙

행정상의 경찰권 행사는 "경찰편의주의 원칙"의 형태로 규정되어 있는 경우가 대부분이다. 「경찰관직무집행법」과 다양한 개별법에 의해 경찰권 발동은 "~할 수 있다"라는 편의주의 원칙의 형태로 규정되어 재량권을 부여하고 있다. 반면 사법작용으로서 수사권 행사는 형사소송법 각조가 "~한다"라고 규정함으로써 법정주의(法定主義)원칙을 천명하고 있다. 따라서 수사경찰관은 행정상의 경찰권 행사와는 달리 범죄의 수사·진압을 할 것인가 말 것인가를 결정할 재량이 없으며, 범죄행위가 있는 경우 원칙적으로 수사를 해야 할 의무가 발생한다.

Ⅳ. 서비스

1. 우리나라 경찰의 기본적 임무는 위험의 방지와 범죄수사가 전통적인 사명이다. 그러나 오늘날은 이러한 전통적인 사명 이외에도 중요한 임무로 부과되고 있는 것이 바로 경찰서비스이다.

2. 경찰서비스는 영미법계의 영향을 가장 강하게 받은 것 중의 하나로써, 현대경찰의 기본적 임무 중에서도 핵심적인 위치를 차지하고 있다. 예컨대, 교통정보의 제공·인명구조·어린이 교통안전교육 등의 서비스 작용은 비권력적 작용으로서 법적 근거를 요하지 않는다. 이처럼 국민이 경찰에게 바라는 대민서비스 활동은 날로 증가하는 추세를 보이고 있다. 문제는 경찰이 대민서비스 활동을 활발하게 한다고 하여, 이러한 경찰작용이 복리작용을 행한다고 말하기는 어렵다. 왜냐하면 이러한 경찰서비스는 기본적으로 위험으로부터의 보호를 위한 것이지, 적극적으로 개인의 권익을 향상·증대시키는 것은 아니기 때문이다.[13]

13) 홍정선, 전게서, p.13.

제 2 절 경찰의 수단

Ⅰ. 개설

경찰은 기본적 임무를 수행할 때 「권력적 수단」, 「비권력적 수단」, 「범죄수사를 위한 수단」을 사용할 수 있다. 경찰은 권력으로써 개인에게 명령하고 강제하여, 자연적인 자유를 제한하는 작용이다. 주로 경찰하명(경찰처분) · 경찰허가 · 경찰강제 등을 수단으로 한다. 그러나 경우에 따라서는 경찰상 행정지도(계몽 · 권고 · 조언 · 관련정보제공) 등 기타 여러 비권력적 수단도 아울러 사용하고 있다.

Ⅱ. 권력적 수단

경찰은 사회 공공의 안녕과 질서를 유지하기 위하여 명령 · 금지 · 강제와 같은 권력적 수단을 사용함을 특징으로 한다. 즉, 경찰기관은 위험을 방지하거나 경찰위반상태를 제거하기 위하여 일반통치권에 근거하여 명령 · 강제함으로써, 경찰에게 주어진 임무를 수행한다.

1. 명령과 강제

경찰은 경찰하명과 경찰강제 등을 주로 사용하여 경찰 목적을 달성한다.

1) 경찰명령

경찰명령이란 법령 또는 경찰처분(행정처분)에 의하여 개인에게 일정한 작위(作爲) · 부작위(不作爲) · 수인(受忍) · 급부(給付)의 의무를 과하는 경찰하명과 개인에게 과하여진 의무를 특정한 경우에 해제하는 행위(경찰허가 · 경찰면제) 등을 총칭하는 개념이다.

2) 경찰강제

경찰강제란 개인의 신체·재산·가택 등에 대하여 실력을 가함으로써 사실상 일정한 상태를 실현시키는 사실행위를 말한다.

3) 기타

이외에도 경찰에게 허용된 확인(예컨대, 운전면허시험의 합격·불합격의 결정), 또는 공증(예컨대, 면허증의 교부 등) 등을 통하여 경찰에게 주어진 임무를 수행한다.

2. 경찰의무발생과 책임

1) 경찰의 명령이 발해지면 개인에게는 경찰의무가 발생하게 된다. 따라서 경찰의무를 실현해야 할 경찰책임자는 공공의 안녕과 질서에 대한 위험 또는 경찰위반의 상태를 방지하고 제거해야 될 의무가 발생한다. 경찰의무의 실현은 1차적으로는 경찰명령을 통한 경찰책임자의 작위·부작위·수인(受忍)에 의하여 이루어지고, 2차적으로는 재정적 책임 즉, 급부에 의해서 이루어진다.[14] 예컨대, 고장난 차를 도로에 방치함으로써 도로교통에 위험을 야기한 자가 경찰책임자가 되는 것이며, 따라서 그 책임자에게 경찰명령이 발해지고 그에 따라 고장난 차량을 견인할 의무가 발생하게 된다. 그러나 기술적인 이유라든지, 또는 그 책임자가 현장에 없을 경우에는 경찰이 제3자의 원조를 요청하여 차량견인 조치를 시킨 후에, 경찰책임자에게 재정적 책임을 부과할 수 있다.

2) 경찰은 위와 같은 권력적 수단이나 권한을 사용하여 경찰목적을 달성시키는 경우에도 그 직무 수행에 필요한 최소한도 내에서 경찰권을 행사하여야 하며, 그 권한을 남용하여서는 아니된다.

Ⅲ. 비권력적 수단

경찰은 오늘날 범죄행위와는 직접적인 연관이 없는 기타의 다양한 기능을 담당할

14) 김형중, 전게서, p. 409.

것을 요구받고 있다. 경찰의 이런 활동은 명령과 강제력을 수반하는 1차적 수단이 아니라, 교통안내·청소년선도·일상적인 교통관리·방범순찰·지리안내·권고 등 수많은 비권력 수단에 의해 이루어지고 있다.

Ⅳ. 범죄수사를 위한 수단

1. 종래의 경찰활동은 주로 사후대응적이고 범인검거와 같은 사법활동에 주력해 왔다. 「형사소송법」은 경찰의 범죄수사활동과 관련하여 여러 가지 수단을 규정하고 있는데, 임의수단을 원칙으로 하고 강제수단은 예외적으로 허용하고 있다.

2. 범죄수사를 위하여 행사할 수 있는 강제수단으로는 체포·구속·압수·수색 등 영장에 의한 수사를 들 수 있고, 각각에 대해서 요건·기간 등이 엄격히 법으로 규정되어 있다. 따라서 이를 위반할 경우에는 위법 수사의 문제가 발생되고, 경찰관은 형법상의 직권남용죄 등으로 처벌되거나, 국가배상법상 배상책임의 대상이 될 수 있다.[15] 그러므로 경찰은 임의수단이나 강제수단을 불문하고 합리적이고 합법적인 최소한의 수단을 사용하여 수사목적을 달성하고, 동시에 사람의 인권도 존중할 수 있도록 하여야 한다.

제 3 절 경찰의 권력적 기초(경찰권)

Ⅰ. 개설

경찰권은 국가의 일반통치권에 의한 작용이므로, 법률에 특별한 규정이 없는 한 일반통치권에 복종하는 자는 자연인·법인·내국인·외국인을 막론하고 경찰권에 복종하여야 한다.

15) 김형중, 전게서, pp. 409-410.

Ⅱ. 경찰권의 귀속

1. 우리나라의 경찰권은 제주특별자치도를 제외하고는 자치체경찰은 인정하지 않고 국가적 공권임을 원칙으로 하고 있다. 따라서 중앙집권적 국가경찰로 존재하고 있다.

2. 영미법계의 경우에 경찰권은 자치행정의 일환으로 자치체경찰에 의하여 행하여지고 있지만, 그 권력은 국가의 일반통치권에서 유래된 것으로 보고 있다. 또한 경찰의 고유한 수사권한을 경찰의 주임무로 부여하여, 범죄수사를 중요한 법집행의 한 방편으로 인정하고 있다.

3. 우리나라의 경우 「경찰법」이나 「경찰관직무집행법」상에 수사를 경찰의 사무관할의 범위로 명백히 인정하고 있다. 그럼에도 불구하고 경찰의 범죄 수사 활동은 경찰권[16]과는 달리, 「형사소송법」에서 수권(授權)하고 있는 수사권한에 의한 경찰활동으로 규정하고 있다. 그 결과 검사에 의한 지휘가 허용되는 등 일정한 제한을 받고 있다. 따라서 넓은 의미에서의 경찰권은 일반통치권에 기초를 둔 작용인 기존의 '경찰권'과 「형사소송법」에서 수권하고 있는 수사권한에 의한 경찰활동인 '수사권'을 포괄하는 개념이라고 할 수 있다.

Ⅲ. 구별개념

경찰권은 일반통치권에 기초하고 있는 점에서, 특별권력에 기초하고 있는 의원경찰이나 법원경찰과 구별된다.

1. 의원경찰

국회의 가택권에 근거하여 국회내부의 질서를 유지하기 위한 내부질서유지권을 말한다. 의원경찰의 범위는 국회의원이나 방청인을 대상으로 한다는 점에서, 일반국민을 대상으로 하는 경찰권과 구별된다.

---

16) 「형사소송법」에서 수권(授權)하고 있는 수사권한에 의한 경찰활동은 경찰권(예컨대, 경찰처분이나 의무위반에 대한 강제집행・즉시강제 등)과는 전혀 성질을 달리한다.

2. 법원경찰

법원의 가택권에 근거하여 법원내부의 질서를 유지하기 위한 법정질서유지권을 말한다. 법원경찰의 범위는 당사자·변호인·방청인 등을 대상으로 한다는 점에서, 일반국민을 대상으로 하는 경찰권과 구별된다.

Ⅳ. 넓은 의미의 경찰권(경찰권과 수사권)

1. 경찰권의 대상

1) 경찰권이라 함은 국가의 일반통치권에 의한 작용이기 때문에, 경찰하명(경찰처분) 또는 경찰강제의 대상은 법률에 특별한 규정이 없는 한 통치권에 복종하는 모든 자가 대상이 된다. 따라서 자연인·법인(法人)[17]·내국인·외국인을 막론하고 경찰권에 복종하여야 한다. 다만 외국인인 경우 치외법권이 인정되거나 조약상의 특례가 있는 경우에는 경찰권의 대상이 되지 않는다.[18]

2) 경찰법규는 일반국민 또는 주민을 그 규율대상으로 하는 것이 원칙이다. 문제는 행정기관이나 행정주체가 경찰의무를 위반한 경우, 경찰권이 발동될 수 있는가이다. 이와 관련하여 행정기관이나 행정주체도 사인(私人)과 같은 지위에서 사업을 경영하고, 물건을 관리하는 사법적(私法的) 활동을 하는 경우에는 경찰권의 발동이 허용된다고 보는 것이 통설적 견해이다. 다만, 경찰의무 위반에 대한 제재로서의 벌칙은 성질상 행정기관이나 행정주체에 적용될 수 없기 때문에, 그 행위자인 공무원을 처벌하거나 징계할 수밖에 없다.

---

17) 법인의 경우에는 양벌규정이 적용된다. 따라서 법인을 구성하는 자연인에게 경찰의무를 과할 수 있을 뿐만 아니라, 법인 자체에 경찰책임을 인정하여 위험방지에 대한 책임을 부과할 수 있다.

18) 예컨대, 국가원수·외교사절(대사 및 로마교황대사·공사 및 로마교황공사·변리공사·대리공사 그리고 영사도 일정한 범위에서 치외법권이 인정됨). 외국 군대 및 외국 군함·기타 최근에는 국제사법 재판소의 재판관·유엔사무총장·전문기관 사무국의 수뇌자·국제하천위원회위원 등에게 일정한 범위의 치외법권이 인정되고 있다.

2. 수사권의 대상

1) 원칙

수사권이라 함은 「형사소송법」에 의거 범죄사실을 조사하고 범인 및 증거를 발견·수집·보전하기 위한 경찰의 권한을 말한다. 경찰의 수사권은 자연인·내국인·외국인이든 상관없이 발동될 수 있다. 그러나 성질상 체포나 구속 같은 행위는 법인에게는 적용될 여지가 없고, 다만 압수수색의 경우에는 가능하다. 이처럼 경찰권이나 수사권은 모든 사람에게 적용되는 것이 원칙이다.

2) 예외

(1) 국내법적으로는 대통령의 형사상 특권(헌법 제84조)·국회의원의 불체포특권(헌법 제44조) 등이 있다.

(2) 국제법적으로는 외교사절의 면책특권·SOFA규정에 의한 공무집행 중의 미군 범죄·미군 당국이 동의하는 경우가 아니면 시설 또는 구역 내에서 사람이나 재산에 관한 압수·수색·검증을 할 수 없는 것 등을 들 수 있다.

제 4 절 경찰의 관할

Ⅰ. 개설

경찰의 관할이란 "경찰의 권한이 미치는 범위"를 의미한다. 경찰의 관할은 크게 「사물관할」, 「인적관할」, 「지역관할」로 나누어진다.

Ⅱ. 사물관할

1. 의의

경찰의 사물관할이라 함은 경찰이 처리할 수 있고, 또 처리해야 하는 사무내용의 범위를 말한다.[19] 경찰의 사물관할은 경찰조직법인 경찰법·경찰작용법인 경찰관직무집행법에서도 이에 대하여 규정하고 있다.

2. 법적 의미 및 사물관할의 범위

1) 경찰의 사물관할은 경찰권이 발동될 수 있는 범위를 설정한 것이다. 이는 사물관할의 범위를 벗어나는 분야에는 경찰이 개입할 수 없다는 점에서 그 법적 의미를 가진다고 할 것이다.

2) 「경찰법」제3조(국가경찰의 임무)와 「경찰관직무집행법」제2조(직무의 범위)는 경찰의 사물관할에 해당한다. 따라서 우리나라의 경찰의 업무범위는 범죄수사에 관한 임무를 포함하고 있으나, 협의의 행정경찰의 업무범위는 제외하고 있다. 특히 사물관할의 범위 중 가장 중요한 것은 궁극적으로 공공의 안녕과 질서유지에 귀결이 되는데, 여기에는 위험방지뿐만 아니라 서비스영역까지도 포함됨은 물론이다.

Ⅲ. 인적관할

1. 의의

인적관할이란 넓은 의미의 경찰권이 어떤 사람에게 적용되는가의 문제이다. 경찰권은 원칙적으로 모든 사람, 즉 자연인·법인·내국인·외국인 모두에게 적용된다.

2. 예외

국내법과 국제법에서는 예외적으로 넓은 의미의 경찰권이 적용되지 않는 사람들을 규정하고 있다.

1) 국내법적으로 경찰권의 적용대상이 되지 않는 사람들

(1) 대통령

"재직 중 내란죄 및 외환죄 이외의 사유"로는 소추당하지 아니한다. 이것은 달리 말하면, 대통령은 "내란죄 및 외환죄의 사유"가 있으면, 경찰권의 적용대상에 포함

19) 김남현 외, 『경찰행정법』, 경찰공제회, 2000, p. 44.

된다는 것을 의미한다.

(2) 국회의원

국회의원은 "현행범인인 경우를 제외하고는 회기 중 국회의 동의 없이 체포 또는 구금되지 아니하며(헌법 제44조 불체포특권)", "국회에서 직무상 행한 발언과 표결에 관하여 국회 외에서 책임을 지지 아니한다(헌법 제45조 면책특권)"고 하여 경찰권의 적용대상에서 제외시키고 있다.

2) 국제법적으로 적용대상이 되지 않는 사람들

(1) 비엔나협정(외교특권)

① 원칙

외국원수 및 그의 수행원 · 대사 · 공사 등은 치외법권을 가진다. 외교관의 신체는 불가침이다. 외교관은 어떠한 형태의 체포 또는 구금도 당하지 아니하며, 원칙적으로 접수국의 통치권에 복종하지 않는다.[20] 따라서 외교사절은 접수국의 경찰권으로부터 면제된다는 것이 통설이므로, 원칙적으로 경찰의 명령이나 규칙은 외교사절을 구속하지 않는다.

② 예외

예외적으로 경찰강제가 허용되는 경우가 있는데, 즉 긴급방어나 긴급사태의 상황이 존재할 경우가 그러하다. 예컨대, 대사관소속원이 임무를 벗어나 다른 사람들을 무력으로 습격하거나, 또는 음주운전을 하면서 교통법규를 난폭하게 위반할 경우, 경찰은 무조건적으로 긴급방어조치를 취할 수 있다.

(2) 한미행정협정(SOFA)

한미행정협정에 의하면 미합중국 군대의 구성원 · 군속(합중국의 국적을 가진 민간인으로서 대한민국에 있는 합중국군대에 고용되거나 근무하는 자) · 미군 · 미군군속의 배우자 및 21세미만의 자녀 등은 공무집행중 발생한 범죄와 관련하여, 재판상 특혜를 받는다.[21]

---

20) 김형중, 『경찰학각론』, 형지사, 2009, p. 419.
21) 한미행정협정(SOFA) 제1조, 제1조 4항, 다항 참조.

Ⅳ. 지역관할

1. 의의

넓은 의미의 경찰권이 발동될 수 있는 지역적 범위를 말하며, 토지관할이라고도 한다. 원칙적으로 대한민국내의 모든 영역이 지역관할에 포함되지만, 예외적으로 몇 가지 일정한 한계가 있다.

2. 경찰관청이 지역관할의 한계

1) 해양

원칙적으로 해양경비안전본부(2014년 해양경찰청에서 변경)는 해양에서의 경찰사무에 대하여 관할권을 가진다. 따라서 일반경찰은 육상에서의 경찰사무를 관할함에 그친다. 이것은 종래의 해양경찰청이(1991년 개청) 경찰청 소속에서 해양수산부 소속으로 변경되면서(1996년) 관할범위에 관한 조정이 이루어진 결과이다.

2) 철도

경찰청과 철도청간의 수사업무한계협정(1993년)을 통해 경찰권 발동에 관한 협정을 체결하였다. 이 협정에 의하면 원칙적으로 열차 및 역구내에서 발생한 현행범인은 철도청에서, 그리고 비현행범인은 경찰에서 처리하되, 살인・화재・변사사건 등은 철도청의 협조의뢰가 있을 때에만 경찰이 처리하도록 되어 있다. 따라서 경찰권 발동이 양 행정관청간의 협정에 의하여 제한을 받고 있다.

3) 국회 및 법정 내부

국회 회의장 내부와 법정 내부의 관할권은 경찰이 아니라, 각각 국회의장과 재판장에게 있다. 따라서 국회 안에 현행범인이 있을 때에는 경찰관은 이를 체포한 후, 의장의 지시를 받아야 한다. 또한 재판장의 경찰관 파견요청이 있는 경우에도 법정 내외의 질서유지에 관하여는 재판장의 지휘를 받아야 한다.

4) 치외법권지역

외교공관과 외교관의 개인주택은 국제법상 치외법권 지역이므로, 불가침의 대상이다. 관사에 대한 불가침에 준하여 외교사절의 승용차·보트·비행기 등 교통수단도 불가침의 특권을 갖는다. 따라서 외교사절의 요구나 동의가 없는 한, 경찰은 직무수행을 위하여 불가침의 대상이 되는 곳에 들어갈 수 없는 것이 원칙이다.[22]

5) 미군 영내

(1) 한미행정협정(SOFA)은 미군 시설 및 구역내부 경찰권에 관한 구체적인 규정을 두고 있다. 미군 당국은 그 시설 및 구역 내에서 범죄를 행한 모든 자를 체포할 수 있고, 미군 당국이 동의한 경우 대한민국 경찰도 중대한 죄를 범한 현행범인을 시설 및 구역 내에서 체포할 수 있다.

(2) 다만, 미군 당국이 동의하는 경우가 아니면 시설 또는 구역 내에서 사람이나 재산에 관하여, 또는 시설 및 구역내외를 불문하고 미국재산에 관하여 압수·수색 또는 검증을 할 수 없다.[23]

22) 김남현 외, 전게서, pp. 45-48.
23) 한미행정협정 제22조 10항 (가) 및 (나)에 관한 합의의사록 제1호 참조.

제2편

경찰철학

제 1 장　경찰의 기본개념

제 2 장　경찰윤리

제 1 장

경찰의 기본이념

제1절 개 설

경찰철학은 오늘날 우리 현실에 왜 경찰이 필요한가라는 명제에 대한 철학적 배경을 의미한다. 이에는 경찰이 조직으로서 추구해야 할 경찰이념론의 분야(경찰의 기본가치)와, 그리고 경찰관 개개인의 갖추어야 할 바람직한 신념과 태도를 논하는 경찰윤리학의 분야로 나눌 수 있다. 경찰이념론은 경찰조직의 가치를, 경찰윤리론은 경찰구성원들의 가치를 논한다는 점에서 완전히 독립적인 것이 아니고 상호의존적이다. 따라서 경찰의 기본이념은 경찰관 개개인의 신념체계로서 경찰윤리의 바탕이 되어야 하고, 또한 이념간의 충돌이 발생할 경우 종국적으로는 각 경찰관의 윤리의 문제로 귀결된다는 점에 유념할 필요가 있다.1)

제2절 경찰의 이념(경찰조직의 가치)

경찰의 기본이념은 경찰이 경찰조직으로서 추구해 나가야 할 기본가치의 방향을 제시하는 것들이다. 경찰의 기본이념은 1) 민주주의, 2) 법치주의, 3) 인권존중주의,

1) 배철효 외, 『경찰학개론』, 서울: 대영문화사, 2007. p. 73.

4) 정치적 중립주의, 5) 경영주의 등 모두 다섯 가지가 있는데, 이러한 경찰의 기본이념들은 각각 서로 독립적이지 않고 서로 연관되어 있다.

1. 민주주의

1) 의의

경찰조직이 추구해야 할 첫 번째 가치는 민주주의이다. 민주주의 이념은 헌법상의 기본이념으로 모든 국가 활동의 가장 근본적인 가치다. 경찰작용은 일반통치권에 근거하여 국민에게 명령·강제하는 권력적 작용이다. 따라서 국민의 자유와 권리를 침해할 가능성이 높기 때문에, 법적 근거를 요한다. 이런 의미에서 경찰의 조직과 경찰작용은 민주주의적 기본원리에 적합하여야 한다.

2) 근거

(1) 민주주의 정신이 경찰의 첫째 기본이념이 되어야 한다는 점은 헌법 제1조(주권재민의 원칙) "대한민국은 민주공화국이며 주권은 국민에게 있고 모든 권력은 국민으로부터 나온다"고 규정하고 있다. 이는 모든 국가권력은 주권자인 국민에게서 유래된다는 것을 시사해 주고 있다. 즉, 경찰권은 국민에게 있고, 경찰 권력은 국민으로부터 나온다는 것을 의미한다. 따라서 경찰의 존재가치는 국민의 개개인의 자유와 권리를 보호하기 위한 것이다. 그러기 때문에 경찰권은 권력 자체를 위하여서가 아니라, 경찰권을 위임한 국민을 위하여 행사되어야 한다.

(2) 경찰이념으로서의 민주성은 헌법 제1조·동 제7조 제1항(경찰공무원은 국민전체에 대한 봉사자)·정부조직법상의 경찰조직법률주의·경찰법·경찰공무원법·행정절차법 등에 명문화되어 있다.

2. 법치주의(法治主義)

1) 권력적 작용

법치주의란 법의 통치를 의미한다. 따라서 국민의 자유와 권리를 제한하고 의무를 과하는 모든 활동은 법률로써만 가능하다. 경찰활동은 국민의 권리와 자유를 침해하는 정도가 높을수록 엄격한 법치주의의 제약을 받는데, 이것은 두 가지 의미에서 국민의 자유와 인권을 보장해 주는 효과를 나타낸다. 첫째, 경찰권이 법적 근거

없이 발동되거나, 또는 법적 수권에 의해 경찰권이 행사되었더라도 미리 정해진 범위와 한계를 벗어나면 위법한 것이 된다. 둘째, 법률은 경찰의 위법적 작용으로 국민의 기본권이 침해된 경우, 사법적 구제를 받을 수 있도록 규정하고 있다.

2) 비권력적 작용

국민의 자유와 권리를 제한하지 아니하고 국민에게 의무를 과하지 아니하는 비권력적 작용으로서의 경찰활동은 반드시 법적 수권을 요하지 않는다(예컨대, 교통정보제공 · 순찰 등).

3. 인권존중주의

1) 근거

(1) 헌법

헌법 제10조는 "모든 국민은 인간으로서의 존엄과 가치를 가지고 행복추구권을 가지며, 국가는 개인이 가지는 불가침의 기본적 인권을 확인하고 이를 보장할 의무를 진다"고 선언하고 있다. 아울러 "국민의 자유와 권리는 헌법에 열거되지 아니한 이유로 경시되어서는 안된다(헌법 제37조 1항)"고 하여, 혹시 누락되었을 기본권마저도 보장받을 수 있도록 안전장치를 마련하고 있다.

(2) 법률(경찰법)

경찰은 이러한 이념을 바탕으로 그 직무를 수행할 때 헌법과 법률에 따라 국민의 자유와 권리를 존중하여야 하며(경찰법 제4조), 그 권한을 행사함에 있어 직무수행에 필요한 최소한도의 범위 내에서 행사되어야 하며 이를 남용하여서는 아니 된다(경찰관 직무집행법 제1조 제2항).

따라서 경찰은 경찰자신의 직무수행과정에서 인권에 대한 침해가 없어야 할 뿐만 아니라, 국민 개개인의 인권의 불가침성을 보호해야 할 의무가 있다.

2) 경찰비례의 원칙

(1) 의의

경찰비례의 원칙은 경찰의 직무수행으로 인한 인권침해를 방지하고, 인권의 불가침성을 보호하기 위한 원칙을 말한다. 따라서 경찰권의 발동은 사회질서 유지를 위하여 묵과할 수 없는 장해발생 또는 장해발생의 직접적인 위험을 제거하기 위하여 필요한 경우에만 발동할 수 있으며, 또한 필요한 최소한도의 범위 내에서 발동되어야 한다. 경찰비례의 원칙은 「헌법」제37조 제2항(자유권리제한)에서 도출되는 헌법원리이고, 경찰관직무 집행법 제1조 제2항은 이를 구체화한 것이다.

(2) 내용

① 법률은 인권존중주의를 관철시키기 위해 "비례성의 원칙"을 강조하고 있다. 비례성의 원칙은 목적달성을 위해 어떤 수단을 선택할 때, 목적과 수단과의 관계가 정당하고 균형 잡힌 관계에 있어야 된다는 것을 의미한다.[2)]

② 비례의 원칙은 3가지 구성요소로 이루어져 있으며, 이 중 하나의 요소라도 충족되지 않으면 비례의 원칙에 위반된 것으로 본다. 이에는 적합성의 원칙·필요성의 원칙·상당성의 원칙이 있다.

4. 정치적 중립주의

1) 경찰의 정치적 중립성은 법률이 정하는 바에 의하여 보장되며(헌법 제7조 제2항), 경찰은 국민전체에 대한 봉사자로서 공정 중립을 지켜야 한다(경찰법 제4조)고, 헌법과 법률에 그 기본정신과 원칙이 명시되어 있다.

2) 경찰은 특정정당 기타 정치단체의 이익이나 이념을 위해 활동하여서는 아니되며, 오로지 주권자인 전체국민과 국가의 이익을 위하여 활동하여야 한다.[3)] 이런 측면에서 경찰의 정치적 중립주의는 공무원의 신분보장과 밀접한 관계가 있으며, 우리나라가 직업공무원제도를 채택하는 이유도 여기에 있다(국가공무원법 제68조).

5. 경영주의

1) 의의

경영주의라는 개념은 원래 이윤을 추구하는 사기업의 이념으로, 효율성이나 생산성의 원칙에 기초하여 결정하고 행동한다. 공익을 추구하는 우리나라 경찰도 이러한 경영주의 이념을 채택할 필요가 있다. 그러나, 경찰의 경영주의는 이윤의 추구가

---

2) 비례의 원칙은 "과잉조치금지의 원칙"이라고도 하는데, 이것은 "참새를 잡기 위해 대포를 쏘아서는 안 된다"는 격언으로 표현되기도 한다.

3) 경찰대학, 『경찰학개론』, 서울: 광문당, 2006. p. 36.

아닌 효율성 · 생산성 · 능률성 등 조직관리의 측면에서 도입되어야 하는 개념이라는 점을 또한 명심하여야 한다.

2) 경영주의 이념의 구체적 내용

경찰행정에 적용되어야 할 경영주의 이념의 구체적인 내용은 다음과 같은 측면에서 살펴볼 필요가 있다. 첫째, 경찰에게 주어진 임무를 달성하기 위한 생산성을 공유하고 있어야 한다. 둘째, 경찰은 생산성의 극대화를 위한 조직구조를 지향하여야 한다. 즉, 불필요한 부서의 폐지나 통폐합 등을 통하여 임무수행에 가장 적합한 조직구조인지, 또 지휘계층의 비대화와 중복 여부 등을 분석 · 평가하여 좀더 나은 구조적 변경을 끊임없이 추구하여야 한다. 셋째, 인력과 예산 및 장비는 적정하게 배분되어야 한다. 즉, 도시와 농촌별로 치안수요도 달라지므로 인력과 예산 · 장비 등도 획일적으로 배분되어서는 안될 뿐 아니라, 효율적인 관리 등을 통하여 낭비를 줄이고 생산성(효율성)을 확대할 의무가 있다. 넷째, 경찰력의 동원규모도 적정한 선에서 관리할 수 있도록 하여야 한다. 범죄발생 등 경찰인력의 투입상황 시에도 책임회피식 과대동원이니 과대투입에 따른 낭비요소는 없는지에 대한 검토 등이 필요하다. 즉, 경제성 있는 인력 운영 등이 필요하다.

제 2 장

경찰윤리

제 1 절 경찰과 윤리

1. 경찰윤리기준

1) 의의

왜 경찰관에게 다른 공직자보다 경찰윤리가 더 필요하며 강조되어야 하는가?. 경찰윤리는 개별 경찰관의 올바른 신념과 태도를 말한다. 경찰은 단속과 규제 등 그 업무의 성격상 시민들의 생활에 많은 영향을 미치는 역할을 수행하고 있다. 경찰은 다양한 법집행과정에서 권한남용이나 부패의 오류를 범할 수도 있고, 수사과정에서 피의자에 대한 인권침해가 문제시되기도 한다. 이런 연유 등으로 시민들은 경찰의 규제와 단속 그리고 법집행과정에서의 문제점 등에 대해 대부분 저항하고 반감을 가지거나, 심지어 적대감을 표명하기도 한다. 때문에 시민사회는 경찰관에게 더 높은 윤리수준을 요구하고, 시민단체나 지역주민의 여론을 통해 경찰을 끊임없이 감시하고 있는 것이다.

2) 경찰관의 윤리수준(행동기준)

(1) 법규범

경찰관의 행동기준에서 맨 먼저 떠오르는 것은 법규범이다. 경찰의 업무수행 행위는 당연히 문제 해결을 위한 것이다. 경찰이 당면한 문제해결을 하기 위한 규범으로서 가장 강력한 것은 「법」이라고 말할 수 있다. 정당한 법이 요구하는 바는 윤리도 요구한다.[1] 정상적인 국가에서는 법은 최소한의 윤리에 해당한다.[2]

(2) 도덕률(행위규범)

도덕률은 경찰관의 지켜야 할 가장 근원적인 행위규범으로서, 개인의 양심으로 대표되는 개인윤리 · 사회윤리 · 직업윤리를 모두 포함한다. 이런 의미에서 과연 경찰관이라는 직업은 어느 행위기준에 따라서 행동하는 것이 바람직한가 하는 것이 중요한 과제 중의 하나이다.

경찰관은 구체적 행위를 통해 평가받는 직업이다. 따라서 구체적인 업무수행 행위나 사생활은 직관이나 상황의 적합성의 작용에 의해 판별되는 「옳음」의 차원에서 준수되어야 할 것이다. 예컨대, 부부싸움 사건 신고를 받고 출동한 경찰관이 형사사건으로 다루지 않고는 이 사건이 제대로 해결되지 않을 상황인데도, 가정문제라고 해서 사건처리를 방관한다든가, 부부간의 적절한 대화에 의해 조용하게 끝날 수 있는 상황인데도, 끝까지 형사절차에 의한 사건으로 처리하겠다고 고집하는 것은 상황에 대한 적합성이 없는 것이다. 이 경우 경찰관이 업무수행은 「옳은 행위」라는 평가를 받지 못할 것이다.[3]

(3) 도덕적 지표(경찰윤리헌장)

경찰관이 업무수행 시에 지켜야 할 도덕적 지표로서 경찰윤리헌장을 들 수 있다. 경찰윤리헌장은 경찰관의 행위에 대하여 어느 정도 구체적으로 명시하고 있다는 점에서, 중요한 윤리기준이 된다. 따라서 도덕률, 정의관, 경찰헌장 등은 경찰관의 행위규범으로서의 윤리기준이 된다.[4]

---

1) 윤리와 법을 대립시켜 생각할 이유는 없으며, 사회적 문제 해결에서 윤리는 법보다 더 넓은 범위를 담당한다는 차이가 있을 뿐이다. 인간의 행위규범으로서의 윤리는 명령성, 금지성, 예절과 관습 등의 형식으로 나타나기도 한다. 반면 법률은 이러한 윤리질서가 국가적 권위에 의해 강제성을 부여받은 대표적인 사회윤리이다.
2) 김태길, 『윤리학』, 서울:박영사, 2002. pp. 450-451.
3) 조철옥, 『경찰윤리학』, 서울:대영문화사, 2005. pp. 297-324.
4) 조철옥, 상게서, p. 290.

(4) 업무수행태도와 윤리기준

경찰은 법집행 권한을 국민으로부터 위임받았다는 점을 명심하여야 한다. 따라서 경찰은 ① 공공의 신뢰, ② 국민의 생명과 신체의 안전에 대한 우선적 고려, ③ 냉정하고 객관적인 업무수행 자세 등을 중요한 윤리기준으로 삼아야 한다.

2. 경찰윤리 확립의 필요성

1) 행정윤리 확립의 이유

행정윤리가 확립되어야 하는 데는 몇 가지 이유가 있다. 첫째, 「행정권의 강화」로 인해 현대 행정이 점차적으로 『권력화와 정치화」의 경향을 띠어가고 있고, 둘째, 행정조직이 관료제의 비대화로 인해 권위주의와 형식주의 등의 여러 역기능이 나타나고 있으며, 셋째 배금주의와 불신풍조와 같은 일반사회의 바람직하지 않은 윤리의식이 공직에 침투하고 있다는 점을 들 수 있다. 이것은 공직 자체를 위해서도 전체사회를 위해서도 바람직하지 않은 현상이다.

따라서 위와 같은 원인 등으로 현대사회의 행정에서 특히 행정윤리가 요구되는 이유가 여기에 있는 것이다.

2) 경찰윤리 확립의 필요성

(1) 경찰행정도 행정의 일부를 구성하고 있기 때문에, 행정윤리 확립의 필요성은 경찰조직에도 마땅히 적용되어야 한다. 그럼에도 불구하고 경찰의 윤리를 별도로 논해야 하는 이유는 직업의 특수성으로 인하여 경찰관에게는 더욱 더 고도의 도덕성을 요구하고 있기 때문이다.

(2) 경찰관에게 특별히 고도의 도덕성을 요구하는 이유는 다음과 같다.[5)]

① 경찰관은 권한행사에 있어서 상당한 재량과 각종 물리력을 사용하는 권한이 주어져 있다. 따라서 경찰관 개개인에 의한 합리적인 판단 및 자율적 반성이 더욱 더 그 중요성을 띤다.

② 경찰관은 상당부분 비정상적인 상황에서 업무를 수행해야 할 뿐만 아니라, 대개는 위기상황 하에서 순간적인 판단에 따라 행동해야 한다. 따라서 비정상적이며

5) John Kleinig, *The Ethics of policing*, Cambridge Univ. press. 1996. p. 4.

긴박한 상황에서 의사결정을 합리적으로 할 수 있기 위해서는 경찰관으로서 윤리의식이 평소에 확립되어 있어야 한다.

③ 위기상황에서 행하는 경찰관의 활동은 법적 명령이다. 위기상황에 대한 경찰의 개입은 선택적인 것이 아니라, 법과 조직에 의한 명령이다. 그 결과 경찰관은 하기 싫어도 복종해야 하는 업무가 많기 때문에, 높은 윤리의식이 요구된다.

④ 경찰관은 업무의 특성상 대부분의 다른 사람들보다 더 많은 유혹에 노출되어 있다. 이러한 유혹을 뿌리치지 못하는 경우 국민적 분노나 불신의 상황에 직면하게 되고, 경찰조직 전체에 해악을 끼치게 된다. 따라서 이를 극복하기 위한 강한 윤리의식이 필요하다.

⑤ 의무 불이행의 유혹은 외부로부터 뿐만 아니라, 내부로부터도 초래된다. 경찰은 조직 구성원 간에 내부적으로 강한 유대감을 갖는 경향이 있다. 따라서 집단규범에 동조하라는 동료들의 고도의 압력에 동조하지 않을 경우, 배척당하고 소외당하기 쉽다. 그 결과 불의와 타협할 가능성이 있다. 이런 점을 극복하기 위해서는 구성원 개개인의 고도의 도덕적 용기가 요구된다.

3. 경찰활동의 기준

경찰윤리의 기준과 더불어 고찰해야 될 부분이 경찰업무와 관련된 실무적인 행위기준이다.

1) 경찰활동의 사상적 토대

(1) 사회계약설

경찰활동의 사상적 토대는 사회계약설[6)]에서 찾을 수 있으며, 사회계약설의 주창자로 홉스(Hobbes) · 로크(Locke) · 루소(Rousseau) 등을 들 수 있다.

(2) 존 · 로크의 사회계약설

사회계약설 모두 경찰활동의 사상적 기초와 관련이 된다고 할 수 있으나, 민주적인 경찰활동에 대해서 논의할 때는 통상적으로 존 로크의 사회계약설을 근거로 삼는다. 존 로크의 "사회계약설"에 의하면, 시민사회 이전의 자연 상태에서 사람들은

6) 사회계약설은 국가의 기원을 인민의 동의에서 구하고, 국가의 목적을 개인의 자유와 재산의 수호에 있다고 하는 이론이다.

자유를 최대한 누리고 있었고, 사람들이 마음대로 행동할 수 있게 된 결과, 모든 사람들의 삶은 안전이 결여될 수밖에 없었다. 이러한 자연 상태 결함을 극복하고 삶의 안전성을 높이기 위해 개인들은 자연 상태를 떠나 사회계약을 통해 시민사회를 결성하게 되었다. 따라서 개인들은 사회계약을 통해 각자가 누리는 자유와 권리를 일정 부분 정부에 양보하는 대신, 자신의 생명과 재산에 대한 안전의 수준을 높이고자 하였다. 그 결과 각 개인들은 생명과 재산의 보호업무를 정부에 믿고 맡긴 것이고, 정부는 이들의 요구를 경찰조직을 통하여 실현시킬 수밖에 없었는데, 이것이 경찰의 존재이유이다. 이와 같은 존 로크의 사회계약설은 민주경찰의 사상적 토대 내지 경찰활동의 민주적 토대를 제시한 계기가 되었고, 이를 통하여 경찰이 시민을 위해 무엇을 해야 할 것인가가 분명해진다.

2) 코헨(Cohen)과 펠드버그(Feldberg)의 경찰활동의 기준

코헨과 펠드버그는 존 로크의 사회계약설로부터 경찰활동이 지향해야 할 다섯 가지 기준을 제시하였다.

(1) 공정한 접근의 보장

① 공정한 접근의 보장이란 경찰서비스를 시민 누구나 공정하게 받을 수 있도록 보장해 주어야 한다는 것이다. 이 기준은 경찰이 사회계약설에 따라 사회 전체의 필요에 의해서 생겨난 기구라는 점에 기초하고 있다. 사회계약설에 따르면 모든 시민들은 그들의 생명과 신체 그리고 재산상의 안전을 위해 경찰의 도움을 청할 권리를 가지고 있다. 즉, 시민은 도움을 청할 권리를, 경찰은 도움을 제공할 의무를 가지고 있다.

② 경찰은 도움 요청자에 대하여 성별 · 나이 · 전과유무 등으로 차별하여 서비스 제공을 거부해서는 안 된다. 따라서 공정한 접근에서의 중요한 개념은 "시민의 필요에 의해서"라는 개념임을 명심하여야 한다.

(2) 공공의 신뢰확보

① 사회계약적 관점에서 볼 때, 시민들은 자신들의 권리를 스스로의 힘으로 보호하는 자위권을 포기하는 대신에, 정부(경찰)에게 그 자위권을 공공의 신뢰라는 측면에서 맡긴 것이다. 예컨대, 시민들은 이전의 자연 상태에서 자기 권리였던 범인의

체포 및 권리를 정부가 대신 수행해 주도록 위임하였다. 따라서 시민들이 자신의 자유와 권리를 제한하는 법 집행권한을 경찰에 믿고 맡겼다는 사실을 인식하고, 경찰은 시민의 자기보호를 대행해 줄 의무를 성실히 지켜야 한다.

② 경찰은 경찰권을 행사할 때는 시민의 신뢰에 합당한 방식을 선택하여야 한다. 경찰관은 자의적으로 권한을 행사해서도 안 되며, 물리력 행사는 필요최소한도에 그쳐야 한다. 그리고 법 집행시에 부정·부패와 같은 일탈행위를 해서는 안 되고, 사적인 이익을 위해서 경찰관 직위를 이용해서도 안 된다.

(3) 시민의 생명과 재산의 안전보호

① 사회계약설에 따르면 자연 상태의 개인들이 시민사회를 만든 이유는 생명과 재산의 보호를 도모하기 위한 것이다. 따라서 생명과 재산의 안전보호는 법집행보다 우위에 있다.

② 법은 생명과 재산의 안전을 도모하기 위한 하나의 수단이며, 또한 법의 집행도 사회의 질서와 평화를 유지하는데 사용되는 기법중의 하나이다. 그런 까닭에 법과 법집행은 사회계약의 목적인 생명과 재산의 안전보호를 위해 사용되어야 한다.

(4) 협동

① 삼권분립과 상호협력 의무

경찰조직과 경찰관 개개인들은 통치기구의 일부이다. 사회계약은 통치를 위해 입법·사법·행정을 분리하여, 상호균형과 견제 관계에서 활동하도록 장치해 두었다. 법을 집행하는 행정부·법을 제정하는 입법부·법에 따라 심판하는 사법부는 상호 긴밀한 협력 체제를 형성해야 한다. 이처럼 삼권분립의 최종목적은 사회계약설에서 알 수 있듯이 시민의 자유와 안전의 보장이다. 따라서 입법·사법·행정을 담당하는 국가기관들은 시민의 자유와 안전의 보장이라는 궁극적 목적을 위해서, 그리고 이 궁극적 목적을 위해 필요한 국가기능의 유지를 위해 상호 협력해야 한다.

② 경찰과 타기관과의 협력 의무

경찰이 상호협력의 의무는 다른 통치기구에 대해서도 준수되어야 할 뿐만 아니라, 경찰조직 내부에서도 준수되어야 한다. 즉, 경찰조직은 수사지휘권과 기소권을 가지고 있는 검찰 조직, 그리고 상급 부처인 행정자치부와도 협력 체제를 유지해야 한다. 아울러 경찰조직 내부에서도 부서별·동료 간 협조를 이루어야 한다.

(5) 냉정하고 객관적인 자세

① 사회계약론적 입장에서 볼 때, 경찰관은 사회의 일부분이 아닌 사회전체의 이익을 염두에 두어야 한다. 따라서 시민들은 경찰의 냉정하고 객관적인 업무처리를 기대한다. 경찰관도 인간이며 사회인이라는 측면에서 냉정함과 객관성을 상실할 수도 있다.

② 냉정함과 객관적인 자세에서 벗어나게 되는 경우는 크게 두 가지로 표출될 수 있다. 하나는 과도한 개입으로서 사태에 너무 감정적으로 깊숙이 개입해서 평정을 잃어버리고, 제대로 판단을 하지 못하거나 어느 한쪽의 편을 드는 경우이다. 다른 하나는 무관심한 태도로서 전혀 당사자들의 말을 주의해서 듣지 않는 태도이다. 따라서 객관적이고 냉정한 업무자세는 경찰이 경찰활동을 수행하면서 시종 견지해야 할 마음의 자세이다.

제 2 절 경찰관의 일탈행위와 부패

경찰관의 일탈행위는 경찰관이 공·사적으로 바람직한 행태에서 벗어나는 행위를 말한다. 즉, 업무 수행 시에 부정부패, 사생활에서 축첩, 성매매, 도박이나 음주운전 등 경찰관으로서 바람직하지 못한 행위들을 의미한다. 그 중 경찰의 일탈행위 중에서 윤리적으로 가장 심각한 문제는 바로 업무수행과정에서 발생하는 부정부패이다. 경찰관의 부정부패는 경찰조직에 대한 사회적 불신을 심화시키고, 경찰이미지를 부정적인 방향으로 각인시킨다는 측면에서 가장 근절되어야 할 행태이다.

1. 경찰관의 부정부패

1) 의의

경찰부패란 경찰관이 자신의 사적인 이익을 위해, 또는 특정인을 위해 경찰권을 의도적으로 오용하는 것을 말한다. 즉, 특정 경찰관이 그에게 주어진 업무상의 권한을 부정하게 행사하는 대가로, 금전이나 물질적인 사례를 수수하는 행위를 말한다. 그러므로 부패는 업무상 권한의 부정한 사용, 물질적인 대가의 수수(향응·성상납·다양한 물질적 이익기회제공) 등으로 집약될 수 있다.[7)]

2) 경찰부패의 원인

델라트르는 경찰부패의 원인은 다양하게 제시되고 있지만, 이들은 상호배타적이라기보다는 상호보완적으로 이해되어야 한다고 주장하고 있다.[8)] 그가 제시하는 가설은 전체사회가설, 구조적 원인, 썩은 사과가설 등으로 요약할 수 있다.

(1) 전체사회가설과 미끄러지기 쉬운 경사로 이론

① 전체사회가설

미국 시카고 경찰의 부패원인을 분석하여 내린 윌슨의 결론이다. 그에 의하면 사회전체가 경찰관의 부패를 묵인하거나 조장할 때 자연스럽게 부패행위를 하게 되며, 처음에는 불법적인 행위를 하지 않더라도 커피 한 잔을 대접하는 것과 같은 작은 호의에 길들여져 나중에는 명백한 부정부패 행위로 발전하게 된다고 하였다. 이처럼 전체사회가설에서는 부패라는 것이 비교직 해악이 없고 좋은 관행으로부터 시작되나 시간이 지남에 따라 명백한 부패유형으로 발전하게 되는데, 이는 전체사회가 그 원인을 제공한다는 것이다.

② 미끄러지기 쉬운 경사로 이론

전체사회가설과 유사한 논리는 미끄러지기 쉬운 경사로 이론이다. 이 이론은 실제로 부패는 아주 사소한 행위로부터 시작해서 점차적으로 큰 부패로 이어지며, 작은 호의의 수용은 경사로위에 행위자를 올려놓는 것과 같아 점점 깊이 빠져들게 되고, 나중에는 그 속에서 빠져나오지 못하고 부패하게 된다는 것이 핵심적인 내용이다.[9)]

7) 조철옥, 『경찰행정론』, 서울: 대영문화사, 2003. p. 143.
8) 경찰대학, 『경찰윤리론』, 서울: 경찰대학, 1998. p. 249.
9) 조철옥, 전게서, 2005, p. 398.

(2) 구조적 가설

구조적 가설은 경찰조직 내부에 구조적으로 존재하는 부패관행에서 그 원인을 찾는다. 로벅(Julian B. Roebuck)과 바커(Thomas Barker) 등이 주장한 가설로써, 경찰부패는 경찰관의 개별적인 일탈이 아니라 조직의 모순적인 규범체계에 의한 조직적 일탈로 이해해야 한다는 것이다.[10] 이 견해에 따르면 신참경찰관들은 그들의 고참동료들에 의해 조직의 부패 전통 내에서 사회화되어 부패의 길에 들어서게 되고, 이런 부패의 관행은 경찰관들 사이에서 '침묵의 규범'으로 받아들여진다는데 문제가 있다고 보는 것이다.[11]

(3) 썩은 사과 가설

부패의 원인을 처음부터 자질이 부족한 경찰관의 경찰입문에서 그 원인을 찾는다. 사과상자의 사과 전체 중 일부가 썩으면 전체가 썩듯이 처음부터 경찰로서의 자질이 없는 사람이 모집단계에서 배제되지 못하고 조직 내에 유입됨으로써, 경찰의 부패가 나타난다는 이론이다. 이 이론은 부패의 원인을 조직의 체계적 원인보다는 개인적 결함에 두고 있다.

2. 작은 호의와 경찰부패에 대한 논쟁

경찰은 업무수행 과정에서 시민들로부터 사적으로 선물이나 커피, 그리고 식사를 대접받는 경우가 있다. 이와 같은 물질적 작은 호의를 부패로 볼 것인지에 대해서 미국에서는 논의가 진지하게 이루어지고 있다.

1) 작은 호의에 대한 제견해

작은 호의[12]의 허용여부에 대해 학자에 따라서 견해가 서로 나뉘어져 있다.

(1) 카니아(Kania)는 경찰관은 지역사회 사이의 좀더 긴밀한 협력관계를 구축하기 위해서 지역사회의 구성원들로부터 선물들을 받도록 격려되어야 한다고 주장한

10) Edwin J. Delattre, *Character and cops: Ethics in policing*, 3rd, The AEI press, 1996, pp. 71-78.

11) 경찰대학, 전게서, pp. 250-251.

12) 작은 호의는 뇌물과 구별되는데 뇌물은 직무와 관련하여 정당한 의무를 그르치거나 의무의 불이행을 감행하게끔 하는 정도의 이익을 말하는 것이고, 호의는 감사와 애정의 표시, 훌륭한 경찰관에 대한 자발적 보상 등을 의미한다.

다.[13)]

(2) 경찰관이 그러한 이익을 받는 것은 경찰관을 타락시키는 행위라고 보는 견해이다.

㉠ 전 뉴욕 시경국장 패트릭머피(Patrick Murphy)는 "봉급을 제외하고 깨끗한 돈(clean luck)이란 건 없다"고 주장하여, 작은 호의에 대한 부정적인 견해를 분명히 했다.

㉡ 특히 윌슨(O. W. Wilson)은 경찰관이란 어떤 작은 호의, 심지어 한 잔의 커피도 받도록 허용되어서는 안 된다고 주장한 것으로 유명하다.[14)]

2) 작은 호의에 대한 허용주의

작은 호의의 수용은 용인해야 한다는 사람들이 주장하는 근거는 다음과 같다.

첫째, 경찰관이 당연히 해야 할 일을 수행하는 것이지만, 그로 인해 도움을 받았다고 생각하는 사람들의 고마움의 표시는 당연하다(당연성).

둘째, 작은 사례나 호의는 강제된 것이 아니라, 자발적으로 이루어지는 것이다(자발성).

셋째, 경찰관이 비록 작은 호의를 받았다고 하더라도 그러한 사소한 것 때문에 자신의 직무를 부당하게 처리하지 않는다.

넷째, 경찰관은 관내를 순찰하면서 커피한잔, 과일 한 조각을 나누는 친밀함 속에서 지역주민과 우호적인 관계가 형성된다.

다섯째, 공짜커피와 음료수 한잔 같은 작은 호의는 이미 지역사회에서 오래된 관행이어시, 그것을 근절시키려는 노력은 아무 효과가 없을 것이다(관행성).

3) 작은 호의에 대한 금지주의

작은 호의는 절대 허용되어서는 안 된다는 금지주의자들의 논거는 다음과 같다.

첫째, 아주 작은 선물이라도 이러한 작은 호의가 정례화 된다면 받은 사람은 준 사람에게 늘 신세나 의무감을 지게 되어 업무를 불공정하게 처리한다.

---

13) Richard E. Kania, "Should we tell police to say Yes to Gratuities?", in *Criminal Justice Ethics*, Summer/Fall, 1988, p. 39.

14) Michael Felderberg, "Gratuities, Oorruption, and Democratic Ethos of Policing: The Case of the Free Cup of coffee." in Frederick A. Elliston and Michael Feldberg eds., *Moral Issue in Police Work*, Rowman and Allanheld, 1985, p. 267.

둘째, 작은 호의의 수용은 경사로 위에 경찰관을 올려놓는 것과 같아 점점 깊이 빠져들게 함으로써, 나중에는 그 속에서 빠져나오지 못하고 부패의 미끄러지기 쉬운 경사로 위에 서 있는 격이 된다. 작은 호의를 거부해야 한다고 주장하는 사람들이 제시하는 논리 중의 하나가 '미끄러지기 쉬운 경사로' 논증인데, 실제의 부패는 아주 사소한 행위로부터 시작해서 점차적으로 큰 부패로 이어진다는 것이다.

셋째, 대부분의 경찰관들이 뇌물과 작은 호의를 구별하고 판단할 수 있으나, 일부는 양자를 구별할 능력이 없다.

넷째, 작은 호의를 제공하는 사람들 중에는 대개 불순한 의도를 가지고 있는 경우가 빈번하고, 경찰관에게 어떤 특별한 대우를 받기를 원한다. 예컨대, 경찰관들에게 식사를 제공하는 사업가들은 경찰관들이 자기들의 영업장에 머물러 방범효과가 있기를 기대할 수 있고, 그럴 경우에 경찰관들은 다른 곳보다 그 영업장 주변에서 시간을 많이 보내게 된다는 것이다. 따라서 치안과 관련해서 그 영업장의 주인들에게는 도움이 되겠지만, 그것은 경찰력의 불공정한 배치를 초래하게 되고 부패한 경찰이라는 비난을 면키 어렵다.

4) 작은 호의의 허용가능성

작은 호의를 허용할 것인가 하는 미끄러지기 쉬운 경사로 논증은 셔먼과 펠드버그의 서로 다른 논거에 의해 접근해 볼 수 있다.

(1) 셔먼은 경사로 논증과 관련하여 경찰관의 작은 호의는 허용되어서는 안 된다고 주장한다. 셔먼은 작은 부수입의 수용으로부터 불법영업시간을 봐주는 대가로 금품을 수수하거나, 나아가 도박장과 윤락업소로부터 갈취를 하고 결국에는 마약에 손대는 것까지 비교적 부드러운 경사로 하강양상을 보인다고 하였다.

(2) 펠드버그는 셔먼의 논리에 대해 동의하지 않는다.

① 펠드버그는 대부분의 경찰관들이 사소한 호의들과 부패한 뇌물사이를 구별할 수 있으며, 미끄러지기 쉬운 경사로 논증은 비현실적이고 경찰관의 지능과 인격에 대한 모독적인 주장이라고 주장한다. 그는 미끄러지기 쉬운 경사로 논증이 연구에 의해서 증명되지도 않았으며, 논리적으로 설득력 있는 것도 아니라고 주장한다.[15] 즉, 관념적 가설에 불과하다는 것이다.

15) Feldberg, 상게서, pp. 268-269.

② 펠드버그 자신도 작은 호의들의 수용에 아무 문제가 없다고 생각하지는 않지만, 작은 호의들이 문제가 되는 이유는 '미끄러지기 쉬운 경사로'에서의 미끄럼을 통해 떨어지기 때문은 아니라는 것이다. 작은 호의의 수용은 경찰관이 작은 호의를 베푸는 장소에 주로 근무함으로써 근무지역의 불균형이 발생하고, 경찰서비스가 지역적으로 균등하게 행해져야 함에도 돈 있는 사람들에게만 경찰서비스가 집중되는 데 문제점이 있다고 보았다. 따라서 실제로 경찰의 도움이 더 필요한 가난한 사람들에게 경찰서비스가 제대로 이루어지지 않아, 민주적인 원리를 침해한다는 점에서 거절되어야 한다고 주장하였다.[16)]

5) 셔먼과 펠드버그의 견해에 대한 찬반론

(1) 존 클라이니히

존 클라이니히는 펠드버그가 셔먼보다 좀더 현실적이라고 생각한다. 펠드버그는 공짜커피 그 자체가 본질적으로 나쁘다고는 생각하지 않으며, 그 단계에서 도덕적 타협이 문제가 되지 않는다고 본다. 또한 보통 경찰관들은 공짜 커피를 얻어 마셨다고 해서 더 나쁜 유형의 부패행위에도 빠지지 않는다고 본다. 다만 그에 의하면 경찰의 서비스는 서비스를 필요로 하는 모든 사람에게 골고루 제공되어야 함에도 불구하고, 공짜 커피와 같은 작은 호의의 제공으로 인해 돈 있는 사람에게 서비스가 집중된다는 점에 문제가 있다고 지적을 하였다.

(2) 델라트르

델라트르는 모든 작은 호의는 제도적으로 금지되어야 한다고 강조한다. 그는 공짜 커피를 마시는 경찰관이 모두 미끄러지기 쉬운 경사로를 따라 더 큰 부패에 빠지는 것은 아니지만, 일부의 경찰관이 더 큰 부패에 빠져드는 것은 사실이라고 주장하였다. 따라서 이와 같은 행위는 결코 무시할 수 없는 일이기 때문에, 작은 팁에 유사한 작은 호의의 수용은 용인되어서는 안 된다고 하였다.

---

16) 조철옥, 전게서, pp. 408-409.

3. 부정부패 이외의 경찰관의 일탈행위

1) 여성차별과 성희롱

부정부패 이외에도 경찰관의 일탈행위로서 그 중 대표적인 것이 가혹행위,[17] 여성차별과 성희롱, 그리고 불건전한 사생활의 문제를 들 수 있다. 여성차별과 성희롱과 관련하여 특히 문제가 되는 것은 성희롱이다. 경찰에 상당수의 여자경찰관이 입문하여 근무하고 있기 때문에 직접적인 신체접촉 뿐만 아니라, 부적절한 언어를 사용하여 상대방에게 성적 수치심을 일으키지 않도록 윤리교육 등을 강화시켜야 한다. 성희롱은 경찰조직 안에서 남녀 간의 갈등과 분열을 초래할 수 있다.

2) 이성문제 · 채무관계

경찰관은 일반국민보다 높은 수준의 도덕성을 유지해야 하고, 법을 집행하는 사람으로서 솔선수범을 해야 한다. 따라서 경찰관은 이성문제나 채무관계 등에 대하여 일정한 제약이 따르는 것은 당연하며, 건전한 사생활을 유지해야 할 의무가 있다.[18]

4. 경찰관의 일탈행위에 대한 대책

경찰의 부정부패와 일탈행위를 방지하기 위해서는 경찰 외부적 대책과 내부적 대책을 동시에 사용하여야 한다.

1) 외부적 대책

외부적 대책으로는 여론이 반부패 여론을 조성하고, 각종 인허가 절차의 간소화, 그리고 경찰의 보수와 근무여건을 향상시켜서 경찰관이 물질적 유혹에 넘어가지 않도록 해야 한다.

2) 내부적 대책

내부적 대책으로는 신원조회와 인성검사를 철저히 하여 부정직한 사람을 걸러

17) 부패 이외에 가장 문제가 되는 경찰관의 일탈행위는 가혹행위이다. 가혹행위는 경찰관들의 윤리의식과 인권존중의식의 결여와 연관되어 있다.

18) 경찰대학, 전게서, pp. 214-217.

내는 경찰관 채용심사 철저, 경찰권의 재량권 남용을 방지하기 위해서 경찰내부규정 제정, 경찰 관리자의 솔선수범과 청렴결백, 승진과정에서 불만이 일어나지 않도록 하는 공정한 인사관리, 수사과정에서 부패와 가혹행위가 발생하지 않도록 하는 모니터링(monitoring), 그리고 경찰관에 대한 철저한 윤리교육실시 등을 들 수 있다.[19]

19) 김상호 외, 『경찰학개론』, 서울:法文社, 2006, pp. 361-375.

제3편

경찰사학(警察史學)

제 1 장　외국경찰의 역사와 제도
제 2 장　한국경찰의 역사와 제도

제 1 장

외국경찰의 역사와 제도

왜 우리는 외국경찰의 역사에도 관심을 가져야 하는가?. 국가와 국가간의 법제도의 계수(繼受)는 불가피한 현상으로 우리나라도 역사적으로 삼국시대에는 수·당의 문물제도를 도입하였다. 그리고 고려시대는 당·송(宋) 및 원(元)의 율령을 받아들였고, 조선조는 주로 대명률(大明律)을 의용하였다. 그리고 일본패전 후에는 영미법을 모방하여 사회경제의 근대화를 촉진한 것이 모두 외국법제도의 계수였다. 이처럼 오늘날 우리의 법체계는 대륙법계와 영미법계의 법체계가 다양하게 접목되어 있는 상태이다. 이러한 맥락에서 볼 때 외국경찰의 역사와 제도에 대한 비교 연구가 필요한 영역임에는 틀림이 없다.

제 1 절 대륙법계 국가의 경찰제도

오늘날 각국의 경찰제도는 독일·프랑스 등을 중심으로 한 대륙법계와 영국·미국을 중심으로 한 영미법계로 크게 대별된다. 대체로 대륙법계는 국가경찰을, 영미법계는 자치경찰제도를 주로 운영하나, 어느 정도 혼용되고 있는 것이 일반적인 경향이다.

Ⅰ. 독일

1. 독일경찰의 역사

1) 중세와 바이마르공화국

독일은 약 14세기부터 봉건영주에게 일반적인 통치기능을 의미하는 경찰권을 부여하였고, 농촌에서는 기마경찰, 그리고 도시에서는 자치경찰의 형태로 출발하였다. 1808년 자치행정을 도입한 후에도 경찰은 국가사무였다는 전통에는 변함이 없었고, 이와 같은 현상은 19C 말과 20C 초까지 유지되었다. 1812년에 농촌지역의 기마경찰을 개편하여 정식으로 경찰대를 창설하였고, 도시에서도 1848년 베를린에서 처음으로 국가경찰인 정복경찰이 창설된 이후, 다른 도시지역으로 확산되었다.[1]

2) 세계대전과 지방분권화

(1) 독일인들은 세계대전을 두 번 일으켰고, 그 결과 경찰조직도 중앙집권화에서 지방분권화된 경찰로 두 차례나 반복된다. 제1차 세계대전(1914-1918) 말 치안확보를 위해 중앙집권적 경찰이 창설되었다가, 전후 연합군의 해체요구로 이전의 지방경찰로 재편성되었다. 이에 따라 1934년까지의 독일의 경찰제도는 대체로 각 주에 따라 상이하여 전국적으로 통일된 제도가 없었다.

(2) 1934년 히틀러의 집권과 함께 두 번째 경찰의 중앙집권화가 진행되고, 또한 프로이센 내무부장관 직속 하에 비밀 국가경찰(게슈타포)을 설치하고 전국의 정치경찰사무를 담당하게 하였다. 게슈타포는 내무부장관 외에는 어떤 다른 조직으로부터 간섭을 받지 않는 기관이었다.[2] 이러한 독재적인 중앙집권적 경찰조직은 2차 세계대전 후 연합군에 의해 해체되었다. 연합군은 경찰의 탈나치화 · 탈군사화 · 비정치화 · 민주화 및 지방분권화의 4가지 원칙(4D정책)에 따라 독일경찰을 근본적으로 재편했다. 이때 19세기 프로이센 시대의 법률의 제정과 법원의 판결로 표출되었던

1) 김성수, 『비교경찰론』, 서울: 경찰공제회, 2000, pp. 214-215.
2) 게슈타포의 활동은 외부로부터 일체의 간섭을 받지 않는 완전한 독립기관으로 그 활동의 주목적은 국가안전인데 모든 정치범 예방에 대한 책임을 지고 있었다. 이들 게슈타포는 누구를 막론하고 정치범의 혐의가 있는 자에 대해서 언제든지 영장 없이 구속할 수 있는 권한을 가지고 있었으며, 이러한 경찰조치에 대한 권리구제는 완전히 봉쇄되어 있었다.

"비경찰화"가 본격적으로 진행되었다. 그 결과 "비경찰화" 작업을 통해 소방·영업·도로·위생·건축 등의 업무가 경찰에서 분리되어 일반행정기관에 이관되었다.

(3) 1949년에 제정된 독일기본법은 일반경찰행정권은 주정부의 권한에 속하도록 하였다. 이에 따라 모든 주정부는 주(州)경찰법을 제정하였고, 이 법은 주경찰의 임무·권한 및 구조·편제와 재정 등을 규정하고 있다. 하지만 이러한 법제화가 자치체 경찰로의 전환은 아니며, 대부분의 주정부에서는 자체입법으로 「주 단위의 국가경찰제도」를 채택하고 있다.

3) 1976년 연방 및 각주 통일 경찰법 모범초안

1976년 「연방 및 각주 통일 경찰법 모범 초안」을 마련하여 대부분의 주에서는 전체 또는 부분적으로 경찰법을 개정하여, 주(州)의 경찰법의 전체적인 통일을 기하였다.

4) 1989년 통일 독일 경찰

서독이 동독을 흡수 통일하면서 경찰권을 동베를린과 신연방 5개를 주정부에 귀속토록 하고, 주정부마다 주경찰법과 경찰조직법을 제정하였다.

2. 독일의 경찰제도

독일의 경찰은 행정조직상 연방경찰과 주경찰로 대별해 볼 수 있는데, 경찰권은 원칙적으로 주정부에 속하고, 전국적인 특수상황에 대비하기 위하여 연방경찰이 병존한다.

1) 연방경찰

연방경찰은 연방정부 내무부 소속으로 되어 있으며, 국경경비와 반헌정질서범죄 그리고 특수범죄 등만을 전담하는 권한을 가지고 있다. 따라서 연방의 최상급 경찰관청인 연방내무부 장관은 주(란트)경찰에 대하여 재정적 부담을 지지 않으며, 원칙적으로 지휘·통솔권을 갖고 있지 않다. 다만 예외적으로 연방경찰에 속하는 업무에 관하여 주경찰에 대한 통제를 인정하고 있다.

(1) 연방내무부 장관

연방내무부 장관은 연방 내의 치안정책에 관하여 책임을 지며, 연방경찰에 대한 지위・통제권을 갖고 있다. 그리고 연방내무부 장관은 연방의회에 출석하여 치안정책에 대하여 설명할 의무가 있다.

(2) 연방경찰기관

연방경찰기관으로는 연방헌법보호국・연방경찰(구 연방국경경비대)・연방범죄수사국 등이 있다.

① 연방헌법보호국(BFVS)

㉠ 중앙의 연방보호국

연방헌법보호국은 국가방첩임무와 반국가단체・문제인물에 대한 감시업무・정보수집 및 분석임무를 담당한다. 연방헌법보호국은 넓은 의미에서는 경찰기관의 하나이지만, 법률상 집행업무를 수행할 수 있는 경찰권한이 없다. 따라서 구속・압수・수색을 할 수 없고, 신문을 위하여 소환하거나 강제수단을 취할 수 없다. 그리고 우리의 국가정보원과 같은 수사권을 가지고 있지 않기 때문에, 반국가사범의 위법한 행위에 대한 정보수집시 경찰당국에 이첩해야 한다.

㉡ 각 주의 주헌법보호국

각 주에 주헌법보호국을 두고 있으며, 연방헌법보호국과 주헌법보호국은 조직상 상하관계가 아니며, 각각 독립하여 긴밀한 협조체제를 유지하고 있다. 다만, 정보수집을 위하여 의회의 감독아래 우편개봉이나 전화감청(도청)을 할 수 있을 뿐이다.3)

② 연방경찰(B.P)

㉠ 독일연방지역의 국경경비・주요 헌법기관 및 외국대사관에 대한 안전업무를 수행한다. 2005년 연방국경경비대(BGS)의 명칭을 「연방경찰」로 변경하였으나, 임무와 권한에는 변동이 없다.

㉡ 연방경찰(B.P)의 주요임무를 보면 국경보호업무(예컨대 국경을 통과하는 차량 및 사람에 대한 통제 등)・국가비상사태의 방지의무 및 경찰력지원(예컨대 국가

3) 治安本部, 『西歐警察』, 서울:正陽社, 1989, p. 464.

비상사태시 연방정부는 전 연방지역에 연방경찰을 투입). 연방조직의 보호(연방의회 · 연방정부 · 국회 · 대통령 · 헌법재판소 등의 헌법기관 및 공항 · 철도의 경비 · 외국대사관 등에 대한 경비업무를 수행) · 해안경비 및 보호(해안 국경지역의 보호 및 해양오염방지 업무 수행) 등이다.

③ 연방범죄수사국(BKA)

㉠ 연방 내무부 소속

1951년 각 주에서 발생하는 전국적인 연방관련 주요범죄에 대처하기 위하여 연방내무부 산하에 설치되었다. 연방범죄수사국은 독일수사경찰의 총본부가 아니라, 범죄수사 분야에 대한 각 주의 협조 및 지원업무를 담당하는 관서이다. 따라서 전국경찰의 수사활동과는 큰 관련성이 없다.

㉡ 연방범죄수사국의 임무

㉮ 헌법기관보호(연방대통령 · 연방수상 · 연방장관)와 기타 보호(외국국빈 · 외교사절) 등 신변보호업무(연방범죄수사국 조직 내에 경호과가 담당), 주요연방범죄(반헌정질서범죄 · 국제범죄와 광역범죄 · 마약 · 화폐위조 · 무기밀매 · 요인 암살기도 행위 등)에 대한 수사권을 행사하며, 범죄정보수집 및 분석업무를 수행한다.

㉯ 주경찰의 수사활동에 대한 장비 · 인력의 지원과 수사경찰의 교육업무지원,

㉰ 외국과의 수사협조 등(예컨대 연방범죄수사국은 독일 인터폴 중앙사무국의 역할을 수행하고 있음)이다.

2) 주경찰

(1) 주 내무부 장관

① 독일 기본법에 따르면 경찰의 시설 및 조직은 기본적으로 주(州)의 관할 시항으로 규정되어 있다. 따라서, 일반경찰권은 각 주(州) 정부에 속하는 것이 원칙이다.

② 주경찰은 독일경찰의 핵심으로 주정부의 주 내무부장관의 관리하에 있으며, 사실상 지역치안을 전담하고 있다. 주경찰은 최상급경찰관청인 주 내무부장관의 지휘 · 감독에 복종해야 한다. 주 내무부장관은 주 헌법에 기초한 주 경찰법의 권한범위 내에서 각종 법규명령과 행정규칙 등을 제정할 수 있다.

(2) 주 단위의 경찰조직

① 주 내무부 산하에는 통상 「주 범죄수사국」·「기동경찰」·「지방경찰청」이 조직되어 있다. 주 단위의 경찰조직은 주경찰청에서 파출소에 이르는 피라미드식 구조로 되어 있다.

② 독일의 대부분의 주에서는 경찰청장을 경찰관이 아닌 민간인으로 임명하고 있는데, 이는 경찰권의 비대화를 막기 위한 것이다.

(2) 주 경찰의 종류

독일의 주 경찰은 기능에 따라 행정경찰·사법경찰·기동경찰 그리고 몇몇 주의 수상경찰로 운영되고 있다.

① 행정경찰과 사법경찰

㉠ 주(州)경찰의 기본임무는 사회공공의 안녕과 질서유지에 있고, 각 주(州)는 대개 고유한 경찰법을 제정하여 독자적인 경찰조직을 운영하고 있다. 행정경찰은 보안경찰이라고도 한다. 보안경찰은 각 주(州)의 경찰관서에서 정복을 착용하고, 순찰근무·교통근무·방범근무 등 전통적이고 전형적인 경찰업무를 수행하는 일반경찰관을 말한다. 따라서 건축경찰·산림경찰·위생경찰 등은 일반행정의 비경찰화 정책에 의하여 주 정부나 지방자치단체의 사무를 집행하는 일반행정기관들에게 이관되어 수행되고 있다. 그러기 때문에 이들은 경찰관청이 아니다.

㉡ 사법경찰은 주(州)경찰법에서 주 범죄수사국이 수사하도록 규정하는 범죄사건·질서위반사건·소년범죄·청소년 비행의 예방과 단속 등을 주로 담당한다.

각 주(州)에서는 주의 수사업무를 관할하고, 연방범죄수사국과의 업무협조를 위한 주범죄수사국(州犯罪搜査局)을 운영하고 있다.

② 기동경찰

폭동이나 시위 등 전국적 긴급치안 상황시에 진압경찰의 역할을 수행하기 위하여 연방과 각 주정부의 행정협정에 의하여 기동경찰이 설립되었다. 이들의 주요임무는 국가비상사태나 자연재해 등 대형사고 발생시, 전국적인 경찰력의 지원·대규모시위·스포츠 및 각종 행사에서의 지원 등을 그 임무로 한다.

③ 수상경찰

수상경찰은 일반경찰서와는 처음부터 분리되어, 각 주의 내무부장관에게 직속되어 있다. 이들은 수상로 및 내수면·포구·부두 등에서 경찰업무를 수행하는데, 각급 경찰관서나 주범죄수사국 등으로부터 위임받은 업무, 그리고 해난사고의 조사 및 예방 등 우리의 해양경찰관서 업무와 유사하다. 그러나 그 업무범위가 하천·부두 등 수로(水路)와 관련된 모든 것을 담당하므로, 그 범위가 훨씬 넓다.

3) 독일경찰의 주요특징과 시사점

(1) 독일은 주(州)경찰중심의 국가경찰제도이다.

① 독일은 연방제국가로서 각 주는 미국의 주와 같이 그대로 하나의 국가이며, 주 내무부 장관 밑에 주경찰을 두고 있다. 따라서 연방경찰과 주경찰이 각각 존재한다.

② 연방경찰은 헌법보호·국경수비·연방전체의 범죄 등의 국가보호나 국가전체를 보호할 필요가 있는 제한된 업무만을 담당한다. 반면, 국내치안은 주경찰이 담당하고 있어, 경찰조직의 핵심은 주(州)이다.[4] 대다수의 주는 주(州)를 중심으로 한 국가경찰형태를 가지지만, 경우에 따라서는 자치경찰제도를 가진 주(州)도 있다.

③ 연방경찰과 주경찰은 상호독자적인 지위를 유지하며, 양자 사이에 상명하복의 관계는 인정되지 않는다.

(2) 주 경찰은 주마다 각각의 차이는 있지만, 행정경찰과 사법경찰로 나누어 각각의 업무를 수행하고 있다.

① 행정경찰은 공공질서유지와 범죄예방을 목적으로 하는 실질적 의미의 경찰을 의미하며, 행정법규의 적용을 받는다. 이들은 사법경찰의 개입이 필요하지 않다고 생각하는 한도 내에서 경찰임무를 수행한다(예컨대, 생필품 공급분야·환경범죄 분야 등).

② 사법경찰은 범죄의 수사와 범인의 체포를 목적으로 수사를 담당하며, 형사소송법의 적용을 받는다. 사법경찰은 수사경찰이라고 부르며, 사복으로 근무하는 경찰은 수사경찰뿐이다.

(3) 각 주(州)의 경찰법이 전체적인 법적 통일성의 경향을 띄고 있다는 점을 특

4) 李相安, 『現代警察行政學』, 서울:螢雪出版社, 1986, p. 115.

색으로 들 수 있다.

독일은 연방국가제도를 가지고 경찰조직이 분권화하면서도, 각 주의 경찰법이 차츰 전체적인 법적 통일성을 기하고 있다. 이와 같은 현상은 경찰의 업무수행에는 어느 정도 통일성이 필요하고, 또한 그런 통일이 가능하다는 것을 보여주고 있다.

그 결과 1976년에 「연방 및 각 주 통일경찰법 모범초안」을 마련하였고, 이에 따라 대부분의 주에서 전체 또는 부분적으로 경찰법을 개정하여, 경찰법의 통일을 기하고 있다.5)

(4) 형사사건에 대한 수사의 주체는 검사이고, 사법경찰은 수사보조자이다.

독일은 형사소송에 관하여 경찰법과는 달리 연방 법률로서 형사소송법을 마련하고 있고, 형사사건에 대한 수사의 주체는 검사이다. 검찰은 경찰의 수사 활동을 지시・감독할 권한을 가지며 동시에 의무도 부담하고 있다. 따라서 검사는 경찰의 수사 활동에 어느 단계든지 구체적인 지시・감독을 통하여 개입할 수 있고, 때로는 검사 자신이 수사 활동을 직접 인수하여 계속할 수도 있다. 독일의 경우, 검사와 사법경찰의 관계는 상명하복의 관계에 있다.

(5) 경찰조직에 다수의 민간인이 참여하고 있다는 사실이다.

① 과도한 능률성・집권성・전문성에서 비롯되는 역기능을 해소하기 위하여 고안된 제도 중 하나가 민간인 참여제도이다. 다수의 민간인이 경찰조직의 상하전반에 걸쳐 경찰공무원과 함께 근무하는 이원적(二元的)인 구조를 갖고 있다. 따라서 우리의 경찰조직과는 확연히 구별되는 특징을 갖고 있다.6)

② 경찰조직의 최고책임자는 내무부장관으로서 경찰에 대한 모든 정치적인 책임을 진다. 경찰청장・경찰국장・중요 경찰서장(예컨대 Bonn의 경우)은 민간인이며, 모든 경찰조직 내의 비경찰업무를 담당하는 자도 민간인이다. 독일 대부분 주의 경찰조직은 그 기능별로 경찰 고유 업무만을 담당하고, 그 외에는 민간인이 담당하여

5) 우리나라 경찰법은 1991년 5월 31일 법률 제 4369호로 공포되고 7월 1일부터 시행되어 경찰의 조직에 관한 기본법을 갖게 되었다. 그러나 우리나라 경찰법은 경찰작용법(경찰관직무집행법, 총포・도검・화약류 단속법, 경범죄처벌법, 도로교통법 등 다수의 단행법 등), 경찰강제법, 경찰공무원법 등이 따로 규정되고 있어 체계적 통합성과 명확성을 가지고 있지 못하다. 따라서 이러한 한계성 때문에, 일선경찰관들이 실무적으로 업무처리시 상당한 어려움을 겪고 있다. 앞으로의 문제는 이들을 총체적으로 어떻게 통합・제정해야 할 것인가 하는 것이 시급한 과제로 남아 있다.

6) 治安本部, 전게서, p. 460.

정치적인 영향력으로부터 배제시키고 있다.[7]

Ⅱ. 프랑스

프랑스는 현재까지 대륙법계 전통에 가장 충실한 경찰제도를 갖추고 있는 국가 가운데 하나이다. 그렇다고 순수하게 대륙법계적 전통을 유지하고 있다는 뜻을 의미하는 것은 아니다. 프랑스의 경우 영미법계적 자치경찰 제도를 어디까지나 자발적으로, 그리고 부분적으로(일정 인구 이하의 자치단체에만) 수용하고 있다.

1. 프랑스 경찰의 역사

프랑스 경찰의 대륙법계적 전통유지는 구체적으로 「중앙집권적 일원화의 강화·유지」, 그리고 「군인경찰의 역사」라는 두 가지 요점으로 특징지을 수 있다.

프랑스 국가경찰은 오늘날에도 전통적 의미의 국립경찰과 군경찰로 구분되어 있는데, 이 구분은 역사적으로 유래가 깊다. 프랑스 경찰의 역사는 시기별로 1) 구체제와 경찰제도, 2) 프랑스 대혁명 이후의 역사, 3) 근대경찰의 역사로 나누어 볼 수 있다.

1) 구체제와 경찰제도

(1) 국립경찰의 발전과정

프랑스의 앙리 1세가 국왕친위순찰대격인 "프레보(Prévot)"를 창설하였는데, 프레보는 파리 내의 치안과 재판을 담당하였다. 그 후 1667년 루이 14세 때에 "프레보"에서 경찰기능만 떼어내어 "경찰국"을 창설하였고 그 책임자를 파리경찰국장(경찰대신)이라고 하였다. 그 후에 지방에 있는 대도시에도 국왕이 경찰국장을 임명하였다.[8] 이것이 나중에 프랑스의 "국립경찰"로 발전하게 된 계기가 된다.

(2) 군(軍)경찰의 발전과정(농촌의 치안과 헌병)

12세기에 "기마순찰대"가 지역치안 유지를 위해 활동하였다. 그 후 100년 전쟁과

7) 정진환, 『비교경찰제도』, 서울:책사랑, 2003, p. 258.

8) 루이 14세 때 재판과 경찰업무를 담당하던 파리프레보를 분화해서 경찰국을 창설하고 그 장(長)을 파리경찰국장이라 했다.

종교전쟁을 거치면서 지방의 치안이 무질서해졌다. 그러자 1373년 샤를르 5세가 지방에 주둔하는 군부대내의 치안을 담당하던 "마레쇼세(Maréchaussée)"에게 성내(영주권한)를 제외한 지역의 모든 범죄를 처리하도록 하면서 점차 정착화되었다. 오늘날 농촌에서 일반경찰관 대신 군경찰(헌병)이 경찰업무를 담당하는 전통은 여기에서 유래한다.[9)]

(3) 자치경찰의 발전과정

① 11세기 초부터 각 도시는 자치권을 획득하면서 시장을 선출하고, 이들이 도시내의 경찰권을 행사하기 시작하면서 자치제 경찰이 생겼는데, 이것이 오늘날 지방자치경찰의 시초이다.

② 특히 파리는 세느강 항행(航行)의 독점권을 갖고 있는 상인 단체의 장(長)이 힘이 강하여 국왕으로부터 상품가격의 결정·상품도난 방지 등의 권한을 인정받아 경찰업무를 수행하였는데, 이처럼 민간선출에 의한 상인단체장을 프레보 드 마르샹(prévot de marchand)이라고 불렀다. 따라서 파리에는 경찰에 관해서는 왕의 임명에 의한 프레보가 있고, 그리고 민간선출에 의한 프레보 드 마르샹의 두 가지 경찰기관이 병존했다.[10)]

2) 프랑스 대혁명 전후(18C말)와 경찰제도

(1) 국립경찰의 발전과정

① 국립민간 방범대

대혁명을 거치면서 "민간방범대"가 자발적으로 조직되어 파리 시내의 질서유지를 담당하였는데, 이것이 혁명후의 "국립민간방범대"로 발전되었다. 이에 따라 루이 14세 때 창설된 경찰국은 폐지되었다. 혁명정부는 이처럼 경찰국장(경찰대신)을 없애

---

9) 백년전쟁(1337~1453년)의 과정에 왕권이 약화되고 칙령에 반발하여 난이 일어나는 등 질서가 문란해지자 샤를르 5세는 칙령으로 군대를 그 주둔지에서 군사경찰업무를 행할 것을 법으로 정했고, 프랑소와 1세 때는 그 범위가 군인뿐만 아니라 농촌의 밤도둑, 강도죄를 범한 민간인에게도 권한이 미치게 되었고, 1594년에는 농촌에서의 경찰업무를 헌병대가 관장하는 것이 법제화 되었다. 이처럼 프랑스 농촌에서는 일반경찰은 존재하지 않고 농촌에서의 경찰업무는 헌병이 담당하는 것이 프랑스 경찰의 특색이다.

10) 민간선출에 의한 프레보 드 마르샹이었던 Etienne Marcel이 백년전쟁의 과정에 왕권이 약화되자 당시의 경제공황으로 발해진 왕의 칙령에 반발하여 난을 일으켰는데, 이를 마르셀 난 이라고 한다. 이 난이 진압되고 그것을 기회로 중앙집권화는 더욱 강화되었다.

고 경찰업무를 지방자치단체장에게 속하게 하는 지방경찰체제를 수립하여, 경찰권을 시장에게 이관시켰다.

② 파리 경찰청

그 후 나폴레옹 시기에 들어서면서 중앙집권화 경향과 함께 파리에는 직접 중앙권력에 종속하는 경찰기관으로서 「파리경찰청」이 창설되었고, 이 파리경찰청은 중앙권력이 직접 관리하였다.

(2) 군경찰의 발전과정

혁명 후에 지방은 장다메리 나쇼날(Gendarmerie Nationale)이라는 새로운 이름의 군경찰이 치안을 담당하였다. 그 후 나폴레옹 집권시기에는 군경찰도 조직이 더욱 강화되어 「지방군사령부」로 탈바꿈하였다.

3) 현대 프랑스 경찰

(1) 국립경찰의 발전과정

① 19세기 프랑스 경찰은 중앙집권화 경향이 지속 강화되어, 1881년에는 경찰을 감독하기 위하여 파리경찰청 외에도 내무부 안에 새로운 경찰청이 창설되었다. 이 시기에 프랑스의 국립경찰은 파리경찰청과 내무부경찰청의 이중체제로 유지되면서, 그 업무도 점차 확대되었다.

② 20세기에 들어오면서 기존의 내무부 경찰청을 「국립경찰청」으로 변경하면서 중앙집권화를 강화하였다. 1941년에는 경찰업무의 단순화와 통일화라는 의미에서 경찰제도에 커다란 개혁을 시도하여 인구 1만명 이상의 도시는 모두 국가경찰화하였으나, 1966년부터는 인구 2만명 이상의 도시로 변경하였다. 이 개혁은 프랑스 혁명 후 그때까지 남아 있던 경찰의 자치적인 성격을 없애고, 중앙집권화를 추구하는 의도에서 이루어졌다.

③ 1966년에는 「파리경찰청」과 「국립경찰청」을 통일하여 「국립경찰」로 일원화시켰는데, 이는 모두 중앙집권화의 강화를 의미한다. 그리고 1985년 드골식 원통형 모자 등 경찰제복을 개선하였다.

(2) 군경찰의 발전과정

19세기의 군(軍)경찰은 정치경찰화하여 많은 비난을 받았지만, 군경찰기동대를 설치하여 중앙으로부터의 예산지원을 받는 등의 개혁이 이루어졌다. 「국립경찰」의 일원화가 실행되었던 1966년에 국립경찰은 내무부 소속으로, 군인경찰은 국방부 소속으로 배치되었다. 이 때부터 프랑스는 전통적인 국립경찰과 군경찰제도가 법적으로 완전하게 정비되었다.

(3) 자치경찰

자치경찰은 인구 1만명 미만의 소도시와 농촌지역에 허용되고 있었으나, 1996년부터는 2만명 미만의 시(市)나 읍·면에서도 치안상 필요에 따라 설립이 허용되었다.

① 인구 2만명 이상의 코뮨에 배치되는 국립경찰은 도지사가 경찰업무를 관장하며, 이런 도지사의 권한은 자치경찰을 시행하는 읍·면에도 지휘·감독권을 가진다.

② 인구 2만명 미만의 코뮨(읍·면)에서의 경찰업무는 코뮨장(읍·면장)의 권한에 속하는데, 시장·읍·면장이 임명한 삼림감사관이나 지방자치단체의 요청에 따라 특별히 설치된 국가경찰이 권한을 행사한다. 그러나 2만명 미만의 소규모경찰은 재원확보 등의 어려움으로 경찰력 확보와 유지가 용이하지 않기 때문에, 이러한 지역의 실제 치안유지는 군인경찰에 의해 수행되고 있다.

〈도표 3-1〉 프랑스 경찰의 역사적 발전과정

3단계 구별	구체제와 그 이전	프랑스대혁명 전후 (18C)	근대경찰 (19C~20C)
국립경찰의 발전과정 (파리)	·11C프레보(국왕친위순찰대)가 파리내의 재판과 경찰업무를 담당함 ·루이14세 "프레보"에서 경찰기능만 떼어내어 "경찰국창설"(1667)	·혁명 전 -"민간방범대"가 자발적으로 조직되어 파리 시내 질서 유지 담당 ·혁명 후 -"민간방범대"가 혁명 후 "국립민간방위대"로 발전되고, 이전의 경찰국폐지 -나폴레옹 시대, 파리경찰청 창설되고, 중앙권력이 직접관리	·(내무부)경찰청 창설(1881) -파리경찰청과 내무부 경찰청 이중체제 유지 ·파리경찰청과 내무부 경찰청이 국립경찰로 일원화(1966) ·인구2만 명 이상 도시 국가경찰화, 경찰의 자치적 성격 없애고 중앙집권화 지향
군경찰의 발전과정 (지방)	·12세기 기마 순찰대가 농촌의 경찰업무 담당한 것이 오늘날 군경찰의 기원임 ·100년 전쟁으로 군경찰 기강 문란, 지방치	·혁명후 -장다메리 나쇼날(Gendarmerie Nationale)이라는 새로운 명칭 가진 군경찰이 치안 담당 -나폴레옹 집권 시 군경	·정치경찰화로 비난받던 군경찰(19C말), 20C에 국방부 소속으로 배치 ※1966년 국립경찰은 내무부 소속으로, 군인경찰은 국방부소속으로 배치시켜,

구별 \ 3단계	구체제와 그 이전	프랑스대혁명 전후 (18C)	근대경찰 (19C~20C)
	안 무질서(1337~1453) · 샤를르 5세 때 "마레쇼세"가 성 밖 범죄처리	찰 조직은 더욱 강화되어 "지방군경찰사령부"로 탈바꿈	프랑스의 전통적인 국립경찰, 군경찰제도 법적으로 완전 정비함
자치경찰	인구 1만 명 미만이 소도시와 농촌지역 자치경찰허용 ※1996년 1만 명 미만에서 2만 명 미만 상향 조정한 것이 프랑스 경찰사에서 영미법계로 이동한 유일한 변화라고 볼 수 있음.		

2. 프랑스 경찰의 조직

1) 개설

프랑스의 경찰체계는 전반적인 국가경찰형태로써, 내무부장관의 지휘·감독을 받는 전국적인 조직을 가지고 있다. 보충적으로 국방부 소속의 군경찰이 인구 2만명 미만의 소도시와 농촌지역의 경찰업무를 담당한다. 그 밖에 예외적으로 자치제경찰을 운영하고 있으나, 그것도 인구 2만명 미만의 코뮨에서 극히 제한적으로 실시되고 있다.

2) 국가경찰

프랑스의 국가경찰은 내무부 소속 국립경찰과 국방부 소속의 군경찰로 나뉘어져 있다.

(1) 내무부 소속의 국립경찰

① 내무부

프랑스의 내무부장관은 국방부장관과 함께 전국의 치안업무를 담당하고 있으며, 그 밑에 국립경찰청을 두고 있다. 내무부장관은 국가경찰 업무에 대해 지휘·감독하는 위치에 있다. 반면 국방부장관은 군인경찰의 직무감독권을 행사한다.

② 국립경찰청

㉠ 프랑스의 국립경찰은 인구 2만명 이상의 도시지역에서 시경찰국을 운영하고 있으며, 내무부장관의 지휘하에 국립경찰청의 경찰청장이 전국을 통일적으로 지휘·감독한다. 국립경찰은 경찰청 본부조직·파리경찰청·지방경찰청으로 조직화되어 있다.

㉡ 경찰청장은 민간인 신분으로 국무회의에서 임명되는 내무부의 공무원이다. 경

찰청장은 내무부장관의 지휘를 받아 국립경찰의 중앙조직을 관리하고, 전국의 국가경찰업무의 지시 및 조정을 담당한다. 다만, 경찰청장은 파리경찰청장의 관할 이외의 전국을 담당한다.

㉢ 프랑스의 국가경찰은 범죄예방·수사·교통질서유지 등 일반적인 경찰업무를 담당하고 있다. 국가경찰은 정복경찰관·사복경찰관·일반직원으로 구성되고, 모두 내무부소속의 국가공무원이다.[11] 국가 소속경찰관은 정복경찰과 사복경찰의 둘 중 어느 하나에 속한다. 정복경찰관은 주로 외근·교통·경비 등 업무를 담당하고, 사복경찰은 수사나 형사업무를 담당한다.[12]

㉣ 지방의 국가경찰은 내무부장관이 임명하는 도지사를 통하여 관리한다. 도지사는 정·사복경찰과 군인을 지휘하며, 국민의 생명·신체·재산의 보호·법질서유지의 책임을 지고 있다.

③ 파리지방경찰청

㉠ 파리는 수도의 특수성으로 중앙권력의 직접통제를 받을 필요성이 있었다. 따라서 파리의 경우 종전에는 내무부 직속기관으로 수도 경찰인 「파리경찰청」이 별도로 창설되었다. 그러나 현재는 내무부장관의 직속 기관이 아니라, 국가경찰로 일원화되어 국립경찰청 소속으로 되어 있다.

㉡ 파리경찰청장은 내무부장관의 추천으로 대통령이 임명하며, 파리와 센느도(道) 등 인접 3개도(道)의 치안을 담당하고 있다. 프랑스에서는 중앙에서 임명하는 도지사가 일반행정권과 경찰권을 가지고 있는 반면, 파리시와 수도지역으로 분류되는 센느도에서는 도지사가 일반행정만을 행하고, 도지사와 동격인 경찰청장이 경찰권을 행사한다.

따라서 파리는 시장이 없고 센느도지사가 행정권을, 지사와 동격인 파리경찰청장이 경찰권을 가지고 있는 특이한 구조를 가지고 있으며, 수도의 특수성으로 인해 국립경찰과 군경찰을 중첩배치하고 있다.[13] 이는 상호견제를 통해 정확하고 상세한 정보수집체계를 유지하기 위한 것이다.

㉢ 파리경찰청장(치안총감) 밑에 2명의 차장(次長)이 각각 사법경찰업무와 행정

11) 경찰대학, 『비교경찰론』, 서울:경찰대학, 1998, pp. 278-279.
12) 治安本部, 전게서, p. 353.
13) 조철옥, 『경찰학개론』, 서울:대영문화사, 2007, p. 88.

경찰업무를 관장한다. 파리지방경찰청도 정복부서와 사복부서로 명확히 나누어져 있으며, 이를 담당하는 정복경찰관과 사복경찰관은 서로 지휘 계통을 달리하고 있다.

④ 경찰기동대(CRS)

경찰기동대는 국립경찰청장 소속인 경비부대로서, 시위나 폭동의 등의 진압업무를 수행한다. 일명 '국가경찰기동대 또는 공화국안전대'라고 부르기도 한다. 도지사의 요청이 있으면 내무부 장관의 명령으로 전국 각지로 출동한다. 긴급한 경우에는 도지사가 직접 각 기동대에 출동을 요청할 수 있으며, 사후 내무부장관의 승인을 받도록 하고 있다.

(2) 국방부 소속의 군인경찰

① 국가경찰로서 군인경찰은 국가경찰기관이 없는 인구 2만명 미만의 소도시 및 농촌지역·주요 간선도로 등 전 국토의 95%에 해당하는 지역의 경찰업무를 담당한다. 군인경찰은 헌병과 기동군인경찰대로 구성된다. 국방부 소속군인으로 임무를 수행할 때는 국방부장관이 인사권과 직무감독권을 가진다.

② 군인경찰이 행정경찰로서 소도시 및 농촌의 순찰 등 치안질서 유지 업무와 교통 업무를 수행하는 경우에는 도지사(내무부장관)의 지휘를 받고, 사법경찰로서 활동할 경우에는 검사나 수사판사(법무부장관)의 지휘·감독을 받는다. 군인경찰은 국가경찰이지만 전원이 사법경찰관리의 권한을 가지고 있다. 따라서 장교·하사관 및 5년 이상 근속의 군인경찰은 사법경찰관의 권한을 행사한다.

③ 군인경찰은 기동군인경찰대를 운영하고 있는데, 이들은 각종 집회 및 시위의 경비 등을 주임무로 하고 있다. 군경찰기동대의 출동에는 내무부장관의 서면요청이 있어야 하며, 경찰업무에 동원되면 경찰청장·각도지사·파리경찰청장의 지휘를 받는다.

(3) 자치경찰

① 자치경찰은 인구 1만명 이상 2만명 미만의 기초자치단체에서 읍·면장의 자치제 내의 공공의 안녕과 질서를 유지하기 위하여 설치한다. 읍·면장은 경찰임무를 수행할 사람을 자치적으로 모집하고 배치하는데, 지방자치단체의 사정에 따라 삼림감시관을 두거나 별도의 국가경찰을 두기도 한다.

② 삼림감사관은 중세부터 원래 산림을 보호할 책임이 있는 이전의 농촌경찰관과 삼림감시원의 중간 형태로 지방행정에 존재하였다. 삼림경찰관은 군(郡)의 군수의 동의를 얻어 시장, 읍·면장이 임명한다. 이들은 사법경찰로서의 권한을 행사하며, 그 관할 구역내에서 발생한 경찰법령에 위반하는 행위를 수사하고 조서를 작성한다.

③ 자치경찰은 읍·면장의 책임하에 두지만, 일정한 이상의 읍·면에서는 도지사가 지휘·감독권을 가지고 있으며, 읍·면장은 도지사의 감독을 받아서 자치경찰을 지휘하고 감독한다.[14] 한편 자치제 속의 국가경찰은 내무부장관과 재무부장관이 읍·면 의회의 요구나 동의를 얻어 부령으로, 또는 행정법원의 심의를 거친 명령으로 국가경찰을 설치한다. 이들은 국가경찰의 제복과 거의 같은 제복을 착용하지만, 지방의 여건에 따라 경찰활동에는 차이가 있다.

④ 자치제 속의 국가경찰과 자치경찰은 업무면에서도 상당한 차이가 있다. 자체제속의 국가경찰은 방범·수사·교통·질서유지 등 일반적인 경찰업무를 담당하고, 자치경찰은 지방자치단체장의 규칙 등 극히 지역적인 경찰사무를 담당하고 있다.

3. 프랑스 경찰의 주요 특징과 시사점

프랑스 경찰은 영미법계 국가들과 다른 특색을 갖고 있다.

1) 프랑스에 있어서의 경찰업무는 국립경찰과 전국적인 제2의 국가경찰로서의 군인경찰(Gendamarie)이 존재하고 있다. 두 기관이 수행한다. 그리고 자치제 경찰은 인구 2만명 미만의 읍·면 자치단체에서 극히 제한적으로 실시하고 있는 것 등을 특징으로 꼽을 수 있다.

2) 프랑스의 경찰업무를 크게 행정경찰과 사법경찰로 나누는 것이 프랑스 경찰법의 특색이다. 1995년 이전까지는 행정경찰(정복경찰)과 사법경찰(司法警察)로 엄격하게 분리되어 상호간 인사교류가 없었다. 그러나 1995년부터 정·사복 경찰관의 모집·계급·승진 등에서 행정경찰과 사법경찰의 구분을 폐지하고, 인사교류와 모든 경찰관이 수사기술을 습득하는 게 가능하도록 개선하였다. 행정경찰(정복경찰)은 범죄예방·교통·경비 등 업무를 담당하고, 사복경찰은 수사나 형사업무를

14) 삼림감시원을 제외한 자치경찰은 범죄수사를 할 수 없으며, 범죄를 인지한 경우 보고서를 작성하여 국가경찰에게 보고·인계한다.

담당한다. 따라서 공공의 질서유지를 목적으로 하는 행정경찰은 행정권에 속하고, 범죄수사를 목적으로 하는 사법경찰은 사법권에 속한다.

3) 사법경찰 · 수사판사 · 검사와의 관계

(1) 수사판사

프랑스의 司法警察(사법경찰)은 법무부 장관의 관할이며, 수사주재자는 수사판사이다. 수사판사는 수사대상자에 대한 결정권 · 증거수집권 · 인신구속권 등의 강력한 강제수사권을 갖고 있다. 그러나 수사판사는 자체수사인력이 없기 때문에, 사법경찰관이 실질적으로 수사판사의 지휘하에 수사판사의 모든 권한을 행사한다고 하겠다.

(2) 검사

검사는 예비수사(경미한 사건)에서 수사를 지휘하나, 사안이 중대하거나 복잡한 사건은 수사판사가 한다. 따라서 검사의 경우, 일부 범죄의 임의수사 및 기소권만은 갖고 있다.

(3) 사법경찰

① 사법경찰은 수사의 보조자이다. 이는 형식상의 지휘감독관계로 실질적으로 프랑스 사법경찰은 막강한 권한을 갖고 있다(예컨대, 불심검문시 강제력 사용권 · 예비조사시 체포권 · 위임수사시 수사판사에 준하는 권한행사 등).[15]

② 사법경찰관리의 자격은 군인경찰의 경우 전원이 가지고 있고, 국립경찰 중 정복경찰관은 1986년 이후 이런 자격을 가지게 되었다. 그러나 자치제 경찰은 이런 자격을 가지고 있지 않다.

③ 사법경찰은 수사의 필요상 영장없이 피의자 기타의 관계인을 24시간을 초과하지 않은 범위에서 유치할 수 있다.

4) 출입국관리업무 등 우리나라 경찰사무와는 다른 행정사무의 기능을 수행하고 있다.

---

15) 法務部, 「法務資料 第80集」, 1987, p. 188.
프랑스는 경미한 사건은 검사가 1차 수사로서 종결하고, 사안이 중대하거나 복잡한 사건은 예심판사가 수사하는 2원적인 체계를 가지고 있다. 예심판사는 한편으로는 수사의 주재자로서 수사권을 가지고, 동시에 판사로서의 결정권을 가진다. 따라서 예심판사제도는 수사권과 기소권을 검사가 독점하는 우리나라와는 다른 특이한 제도이다.

프랑스는 경찰고유의 사무로 출입국 관리업무가 있다. 그러나 한국에서는 법무부가 출입국 업무관리를 담당하고 있다. 반면 교통에 관한 법규제 · 각종 시책 등 교통에 관한 권한은 경찰에게는 없고, 교통행정의 주무관청인 운수성[16]에 있으며 경찰은 단순한 일선의 집행기관에 불과하다.

이런 점에서 교통경찰에 관한 제도의 기획 · 교통사고방지대책 · 사고조사통계 · 신호기 · 표식 기타 교통안전시설에 관한 것을 담당하는 우리나라와는 대조되는 특색을 갖고 있다.

5) 경찰노동조합 결성권 등을 인정하고 있다.

1948년 9월 28일에 경찰에 정식으로 노동조합 결성권이 인정되었다. 다만 이 법은 경찰관의 파업권을 금지하고 있으며, 현재 전 경찰관의 약 70%가 다양한 노조에 가입하고 있는 점[17]은 우리에게 시사하는 바가 크다.

Ⅲ. 일본경찰

일본경찰의 역사와 제도는 변화의 폭이 상당히 크다고 볼 수 있다. 군국주의 체제하에서 2차 대전을 치르는 기간까지에는 대륙법계적 요소(중앙집권화)가 최대한 강화되었다. 그러나 2차 대전 후에는 독일보다도 더 강한 정도로 영미법계적 요소가 도입됨으로 지방분권화가 이루어졌다. 따라서 오늘날 일본경찰제도는 대륙형과 영미형의 절충형태를 띠고 있다고 볼 수 있다.

1. 일본경찰의 역사

일본경찰의 역사는 1) 명치유신 이전의 경찰, 2) 명치유신~1945년까지의 경찰, 3) 미군정하의 경찰, 4) 현대의 경찰(도도부현 경찰제) 역사로 나누어 볼 수 있다.

1) 명치유신 이전의 경찰(에도막부 시기의 경찰)

(1) 중앙의 경찰기관(정봉행소)

① 일본에 전 국민을 대상으로 한 경찰기관이 설치된 것은 전국시대 말기(1603

16) 治安本部(치안본부), 『서구경찰』, 1989, pp. 349-351.
17) 경찰대학, 『비교경찰론』, 1998, pp. 314-320.

년) 도쿠가와 이에야스가 에도막부를 성립시킨 이후이다. 에도막부의 남·북 2개소에 설치된 정봉행소(訂奉行所)는 재판과 치안업무 그리고 감옥 업무를 담당하였고, 에도 이외의 주요 도시를 비롯하여 각 번(藩)에도 같은 직제를 두었다.

② 정봉행소의 수장을 정봉행(訂奉行) 혹은 봉행(奉行)이라고 불렀는데, 이들은 일반국민을 대상으로 한 경찰업무 중에서도 주로 살인·방화·강도와 같은 사회불안을 야기하는 사건의 경우에만 출동하였다. 기타 일반사건의 수사는 정봉행 밑의 여력(與力:기마경찰), 동심(同心:도보순찰) 등을 수행하던 무사들이 용돈벌이를 위하여 사립탐정과 같은 일을 담당하였다.[18] 중세를 대표하는 경찰기관으로 우리나라에 포도청이 있다면, 일본에는 정봉행소라고 할 수 있다.

(2) 지방의 자치경찰(정봉행소)

① 명치유신 이전까지

일본의 정치체제는 봉건체제였다. 봉건제란 영주들 혹은 지방의 토호들이 국토를 분점하여 권력을 행사하는 일종의 지방분권체제를 말하며, 경찰체제 역시 지방분권적이었다. 그러므로 이 시기에는 각 지방의 번(藩)의 맹주인 번주(藩主)와 번주에 봉사하는 무사(사무라이)들이 번의 치안을 담당하였다. 번(藩)은 도쿠가와 이에야스 시대(1603-1868)에 가신이나 영주들이 지배하던 봉토(封土)로 의미가 변하였고, 무사(武士)는 사무라이라고 불리었다.

② 지방의 경우에는 막부의 직접 간섭이 적어 각 번마다 영주의 자치권을 인정했기 때문에 지방마다 경찰제도 또한 차이가 있었으나, 일반적으로 정봉행소가 설치되어 경찰업무를 관장하였다. 당시 조선시대의 포도청이 중앙집권제의 국가경찰이었다면, 일본의 정봉행소는 지방조직에 소속된 치안조직으로 자치경찰이었다.

③ 에도시대의 경찰권은 무사에게 귀속되어 있었기 때문에, 무사들은 일본경찰의 뿌리가 되었다. 이들은 자신의 주인인 번주(藩主)에 충성을 다했던 전통에다 근간을 두고, 명치유신 이후에는 천황과 국가에 충성하는 경찰로 변모하였다.

2) 명치유신~1945년 이전의 경찰(천황중심의 근대국가 경찰체제)

일본은 19세기 말 명치유신을 통해 이전에 흩어져 있던 권력을 천황에게 집중한

18) 당시 에도 인구가 약 100만을 상회한 데 비하여 남·북 정봉행소의 여력은 각각 25명, 동심은 각각 100여명에 불과하였다(정진환, 『비교경찰제도』, 2003, p. 182. 참조).

후, 산업부흥을 통한 부국강병을 꾀함으로써 동양의 제국주의 국가로 군림하려는 국가목표를 설정하였다. 따라서 이 목표를 달성하기 위해 국내 사회질서의 안정이 필수적이었으며, 이를 위해 근대적 경찰제도의 정비가 이루어졌다.

(1) 천황중심의 근대국가 경찰체제

명치유신(1868) 이후 2차 세계대전이 종전될 때까지 설립되고 강화되었던 일본의 근대경찰은 시민의 필요나 자치적 의지에 따라 창설된 것이 아니었다. 일본의 근대경찰은 제국주의 국가로 발돋움하려는 국가적 의지에 따라, 국내 사회질서의 안정이라는 기반을 확보하기 위한 차원에서 창설되었다. 그 결과 경찰활동도 국내질서의 안정에 초점을 맞추어 이루어졌으며, 그 중 천황의 독립명령권 등은 이를 잘 뒷받침하는 것 중의 하나였다.[19]

이 시기의 일본경찰은 천황과 국가를 위한 군국주의적 경찰이었으며, 우리나라의 경찰권을 침탈한 것도 이 시기에 탄생된 일본의 경찰에 의한 것이었다.

(2) 근대 일본경찰의 창설 과정

근대 일본 경찰제도는 병부성시대→사법성 시대→내무성 시대를 거치면서 완성되어 갔다.[20]

(1) 병부성 시대

① 명치원년인 1868년 4월 일본정부는 번에서 무사를 차출하여(번병) 수도인 에도의 경비를 담당하게 하였고, 아울러 도쿄부[21]를 설치하여 도쿄 부내의 순찰과 단속을 담당하는 부병(府兵) 2,500명을 배치하였다. 수도에 설치된 도쿄부(동경부)는 번에서 차출한 번병과 2,500명으로 편성된 부병(府兵)으로 도쿄부(동경부)의 치안을 담당하게 하였으며, 각 지방의 경우에도 부병(府兵)・현병(縣兵)을 조직하여 치안을 담당하게 하였다.

② 1869년에는 경찰관련조직으로 지방의 경비와 흉도의 진압 등 치안유지를 목적으로 하는 기관인 병부성이 설치되었고, 1871년에는 모든 번이 폐지되고 현이 설치

---

19) 경찰대학, 『경찰학개론』, 서울: 광문당, 2006, p. 111.

20) 兵部省(병부성)이란 오늘날 국방부를, 사법성(司法省)이란 오늘날 법무부를, 내무성(內務省)은 오늘날 내무부(행정자치부의 전신)를 의미한다.

21) 1868년에 에도의 이름을 도쿄로 바꾸고, 도쿄부(東京府)를 설치하였다.

되었다. 따라서 부병(府兵)・현병(縣兵)은 그 존재의 기반이 상실되었다.

(2) 사법성 시대

① 순라제도의 신설

1871년 사법성이 설치되었고 도쿄부(東京府)에 나졸(邏卒) 3,000명을 두었는데, 이것이 근대적 경찰의 시초이다. 나졸은 서양식의 감색 양복에 모자를 쓰고 칼의 휴대를 금지한 대신 1m 길이의 곤봉을 휴대케 하였으며, 당시의 시민들은 이들을 경찰관이라 불렀다.

② 경찰법률의 제정

이 시기의 일본 경찰을 근대경찰로 분류할 수 있는 중요한 이유는 「행정경찰과 사법경찰」이 구분되었고, 「경찰법률」이 제정되었기 때문이다.

㉠ 1872년에 일본 최초의 근대경찰법이며, 행정경찰에 관한 업무규정집인 "경보료직제장정(警保寮職制章程)"이 제정되었다. 이 법률에 근거하여 국가경찰조직인 경보료(警保寮)[22]가 전국의 국가경찰권을 장악하게 되었는데, 이것이 근대 경찰조직의 시초이다.

㉡ 사법경찰의 업무는 "사법직무정제(司法職務定制)"에 의거하여, 검사가 수행하도록 규정되었다.

③ 경찰기관 설치와 경찰력 제공

이 시기에는 경찰기관 설치와 경찰력 제공에는 민설민급(民設民給)・관설관급(官設官給)・관설민급(官設民給)의 세 가지 방식이 병존하고 있었다.

첫째, 민설민급은 주민들이 설치하고 주민들이 경찰력을 제공하는 방식인데, 일종의 자치경찰제도인 번인제도(番人制度)가 그것이다.

둘째, 관설관급은 관공서가 설치하고 경찰력을 제공하는 방식으로, 당시 경시(警視)・경부(警部)가 이에 해당한다.

셋째, 관설민급의 방식은 관공서가 설치하고 민간인이 경찰력을 제공하는 방식으로, 순사(巡査)가 이에 해당한다.

---

22) 1872년 10월 사법성에 설치한 국가경찰조직인 「경보료」를 1874년 1월에 내무성으로 이관시켜, 재판기능과 분리시켰다.

(3) 내무성 시대

① 내무성의 설치

일본 경찰의 아버지로 불리우는 가와지 도시요시가 유럽대륙의 경찰을 시찰한 후, 유럽의 경찰제도를 일본에 도입하여 1873년에 내무성을 설치하였다. 이로써 1872년 사법성에 설치된 국가경찰조직인 경보료(警保療)가 1874년 1월에 내무성으로 이관되었다.

가와지 도시요시의 제안으로 경찰이 내무성 소속으로 이전된 후, 경찰의 중앙집권화를 위한 여러 조치들이 실시되었다. 그 결과 도쿄경시청(동경경시청)이 설치되었고, 이와 동시에 자치체 경찰은 완전히 소멸되었다.

② 동경(도쿄)경시청의 설치

㉠ 동경경시청은 내무성 관할 하에 창설되었으며, 병부성 시대에 동경부 치안을 담당했던 「나졸」은 「순사」로 그 명칭이 바뀌었다. 아울러 번인제도(藩人制度)를 폐지하여, 자치경찰제적인 요소를 완전히 제거하였다.

㉡ 동경(도쿄)경시청은 일반경찰업무에 관해서 내무성 대신의 지휘를 받았고, 그 외에 국사사무라 일컬어지는 정치경찰사무와 고등경찰사무는 태정대신(총리대신)의 지휘를 받도록 되어 있었다. 이처럼 정치 관료가 경찰을 지휘하게 되면서부터 일본 경찰은 본연의 임무에서 벗어나 정치경찰화가 시작되는 계기가 되었다.

동경(도쿄)경시청은 창설 후 몇 년간 폐지되었다가, 1881년에 1월에 다시 「경시청」으로 부활하여 2차 대전 말까지 존치되었다. 특히 20세기 초반에는 「경시청」내에 악명 높은 정치경찰인 특별고등경찰과[23]가 설치되었다.

이 시기의 일본경찰은 군국주의적 일본의 국내안정핵심세력으로 기능하였다. 그 결과 국민의 인권이나 생명·재산의 보호보다는 오히려 국민의 사상까지도 감시하는 등, 군국주의적 정부와 정부의 시책을 보호하는 도구로 활동하였다.

23) 특고경찰은 과격한 사회운동을 단속하기 위하여 1911년 8월에 설치되었다. 특고경찰은 당시 1,000명의 당원을 확보하고 있던 공산당에 대한 단속·모든 사회운동과 종교 활동, 그리고 불경한 언동을 하는 일반시민들까지도 단속하여 악명을 날렸다. 특고경찰은 1945년 10월 점령군의 명령에 따라 폐지되었다.

3) 미군정 하의 일본경찰의 역사

제2차 세계대전 후 미국은 군국주의 및 군국주의적 침략정신을 표출하는 모든 제도를 청산할 것을 주목적으로 삼았다. 그 결과 비밀경찰조직을 철폐하고, 경찰제도의 개혁을 단행하였다. 경찰제도의 개혁은 대륙법계적 요소의 제거와 영미법계적 요소의 도입으로 크게 나누어 볼 수 있다.

(1) 대륙법계적 요소의 제거

① 1945년 10월 4일 「인권지령」에 의해 종래의 각종 치안법률들(출판법 · 치안유지법 · 사상범보호관찰법 등)이 폐지되었으며, 내무대신 이하 경찰수뇌부와 전국의 사상경찰 등이 파면되었다. 아울러 정치경찰인 특별고등경찰과 헌병대가 폐지되었다.

② 특히 내무부와 천황의 독립명령권의 법적 근거가 되었던 명치헌법을 폐지하고, 평화헌법[24)]으로 대체하였다.

③ 또 그동안 경찰이 관리해 오던 광범위한 각종의 경찰사무 중 협의의 행정경찰(예컨대, 위생경찰 · 건축경찰) 사무가 다른 행정기관에 이관하는 비경찰화 작업이 이루어졌다.

(2) 영미법계적 요소의 도입

① 영미법계의 영향으로 수사권이 개혁 · 조정되었으며 자치체 경찰이 창설되었다. 수사권에 대해서도 종래 검찰에게만 독점되었던 대륙법계적 요소를 철폐하고, 영미법계적 요소를 도입하였다. 그 결과 1차적 수사권은 경찰에, 보충적 수사권은 검찰에 분산시켜 경찰과 검찰은 상명하복 관계가 아니라 상호대등한 관계로 규정하였다.

② 1947년에는 경찰법을 제정하여 독립적인 공안위원회 제도를 도입하였고, 경찰제도도 자치체경찰과 국가지방경찰을 두는 이원적 구조를 가진 경찰 제도를 창설하였다. 이 시기를 구경찰법 시대라고 한다.

---

24) 평화헌법은 국회를 유일한 입법기관으로 선언하고, 기본적 인권의 불가침성과 지방자치를 보장하고 있다.

4) 도도부현[25](都道部縣) 경찰제도의 정착

1947년의 구 경찰법은 자치제 경찰의 창설을 의무화하는 등 많은 문제점들이 노출되었다. 이런 이유 등으로 1954년 5월에 경찰법의 전면 개정안이 통과되고, 소위 「신경찰법」에 의한 도도부현단위의 「도도부현경찰제도」와 「공안위원회에 의한 경찰관리」체제인 현행 경찰제도의 골격이 마련되었다.

2. 일본경찰의 조직

1) 경찰개념

일본의 「경찰법」 제2조 제1항은 "경찰은… 범죄의 예방·진압 및 수사, 피의자의 체포, 교통단속 기타 공공의 안녕과 질서유지를 그 임무로 한다"고 규정하고 있다. 이는 일본의 제도적 경찰의 사명이 공공의 안녕과 질서유지 그리고 사법경찰 업무에 한정되어 있음을 시사해 주는 것이라고 볼 수 있다.

2) 경찰조직

일본의 경찰조직은 국가경찰인 경찰청과 7개의 관구경찰국(管區警察局)·자치체경찰인 동경도(東京都) 경시청 및 43개의 도부현(道部縣) 경찰본부로 이루어진 이원적 조직체계이다.

(1) 경찰관리기관인 공안위원회

이원체계로 이루어진 일본의 경찰에 대한 관리 역시 이원체계화되어 있다. 국가경찰은 국가에 설치된 국가공안위원회의 관리를 받고 있으며, 자치제경찰인 도도부현 경찰은 도도부현에 설치된 도도부현 공안위원회의 관리를 받고 있다.

① 국가공안위원회와 도도부현 공안위원회

국가공안위원회는 내각총리대신의 소할(所轄)[26] 아래 설치된 기관으로써, 국가경

25) 도도부현(都道部縣)은 일본의 행정구획을 총칭하는 것으로 일본전역을 말하는 것이다. 먼저 도(都)라 함은 일본의 수도인 동경도(東京都)를 지칭하는 것이고(동경1개), 두 번째 도(道)라 함은 북해도(홋카이도1개)를 말한다. 부(部)는 교토부와 오사카부 두 개를 말하며, 현(縣)은 43여개의 지방을 일컫는 말이다. 따라서 도도부현이라 함은 일본 전역을 말하는 것이고, 도부현(道部縣)이라 할 때는 수도인 동경을 제외한 지방전역을 지칭하는 말이다.

26) 일본에서 소할(所轄)이라는 말은 관리한다는 의미가 포함되어 있는 관할(管轄)보다 약한 개념이다. 따라서 공안위원회가 내각총리대신의 산하에 있지만 권한행사는 거의 독립적으로 이루

찰인 경찰청을 통하여 경찰을 관리한다. 한편 자치체 도도부현경찰은 도도부현지사의 소할 아래 도도부현 공안위원회가 경시청(동경도 공안위원회)과 도부현 경찰본부(도부현 공안위원회)를 통하여 경찰을 관리한다. 그러나 내각의 총리대신이나 도도부현 지사는 공안위원회에 대한 지휘·감독권이 없다. 다만 대규모의 재해나 소란, 기타 국가 긴급사태가 발생한 경우에는 내각총리대신과 경찰청장관에 의한 중앙통제 등이 인정된다.

② 공안위원회와 경찰기관간의 관계

중앙공안위원회와 도도부현 공안위원회는 관리기관으로, 경찰청과 도도부현경찰은 집행기관으로서 각각 동일한 사무를 공동으로 관장하고 있다.

(2) 국가경찰

일본의 경찰조직 중 국가경찰은 경찰청과 관구경찰국이다. 경찰청은 국가공안위원회에 두나 단순한 보조기관이 아니고 독립된 관청이다.

① 경찰청

경찰청에는 장관을 두며, 경찰청장관은 국가공안위원회가 내각총리대신의 동의를 얻어 임면한다. 경찰청장은 장관으로서 소관사무의 범위에 관하여는 자치체경찰인 도도부현 경찰을 지휘·감독할 수 있는 권한을 가지고 있다.[27)]

② 관구경찰국

관구경찰국은 경찰청의 지방기관으로써 경찰청 소관사무의 일부를 분장하며, 전국에 7개 관구경찰국이 있다. 관구경찰국에는 관구경찰국장이 있고, 관구경찰국의 사무범위 내에서 부현(部縣)경찰을 관리한다.

(3) 자치체경찰인 도도부현(都道部縣)경찰

지방자치경찰인 도도부현경찰은 동경도(東京都)경시청과 도부현(道部縣)경찰본부로 구성되어 있다. 동경도 경시청은 중앙의 자치경찰조직이고, 도부현 경찰본부는 지방의 자치경찰조직이다.

어지고 단지 형식적인 감독권만을 가지며, 실질적인 지휘·감독권이 없는 것을 의미한다.

27) 김철현, 일본의 경찰제도, 치안문제 제13권, 치안연구소, 1980, pp. 16-20.

① 동경도 경시청과 도부현 경찰본부

㉠ **동경도 경시청**

동경도 경시청에는 경시총감을 두되, 예외적으로 국가공안위원회가 도공안위원회의 동의를 얻어 내각총리대신의 승인을 받아 임면한다.

㉡ **도도부현 경찰본부**

㉮ 도도부현 경찰본부에는 경찰본부장을 두되, 경찰본부장은 국가공안위원회가 도부현 공안위원회의 동의를 얻어 임면한다. 도도부현 지사는 공안위원회를 자신의 소할 하에 두고 있을 뿐, 경찰운영에 관하여 공안위원회를 지휘·감독할 권한을 가지고 있지 않다. 다만 도도부현지사는 경찰에 대한 조례안과 예산안의 의회 제출권, 경찰서 설치권, 공안위원회의 임면권의 행사를 통해 간접적으로 경찰에게 영향력을 행사한다.[28)]

㉯ 하부조직은 도도부현을 나누어 각 구역을 관할하는 경찰서를 두며, 도도부현의 구역은 경찰서의 관할구역으로 분할된다. 경찰서의 하부기구로서 파출소나 주재소를 두고 있다.

㉰ 각 도도부현에는 경찰서에 형사과를 두고 있지만 주로 간단한 형사범 처리를 담당하며, 복잡하고 전문적인 수사력이 요구되는 사건은 경찰본부의 수사부서에서 담당하고 있다.

② 도도부현경찰 상호간의 관계

㉠ 도도부현경찰은 상호 협력할 의무가 있다. 도도부현경찰은 상호독립하고 있어 상하의 지휘명령 관계는 없으나, 경찰사무의 광역적 성격으로 말미암아 상호협력할 의무가 규정되어 있다. 또한 도도부현 공안위원회는 경찰청 또는 다른 도도부현경찰에 대하여 원조의 요구를 할 수 있다.

㉡ 관할구역 외에서의 권한과 관련하여 도도부현경찰은 당해 경찰의 관할구역 내에 제한됨을 원칙으로 한다. 다만 그 관할구역 내에 있어서의 범죄의 진압 및 수사·피의자 체포·기타 공안의 유지와 관련하여, 필요한 한도 내에 그 관할구역 외에도 권한이 미칠 수 있도록 하고 있다.[29)]

---

28) 이황우, 일본경찰제도의 특성, 경찰고시 204권, 1981.10, pp. 21-30.
29) 정진환, 전게서, pp. 201-202.

3) 국가경찰과 자치체경찰(도도부현)과의 관계

(1) 원칙

일본의 경찰업무는 도도부현경찰이 처리하는 것이 원칙이다. 그러나 대규모 재해나 국가 긴급사태의 경우에 내각총리대신에게 국가비상사태의 포고와 전 경찰을 통제하는 권한을 인정하고, 경찰청 장관에게도 전국경찰에 대한 지휘·명령권을 인정하고 있다. 또한 광역수사의 경우에 국가경찰이 자치체경찰을 지휘할 수 있다.[30]

(2) 경찰관의 신분

① 국가공무원

경찰관의 신분 역시 국가공무원과 지방공무원으로 이원화 되어 있다. 국가경찰소속의 경찰관은 국가공무원이고, 도도부현경찰관은 지방공무원이다. 다만 도도부현경찰의 경시정(警視正:한국의 총경)계급 이상의 경찰공무원은 비록 도도부현경찰에 소속되어 있지만, 국가공안위원회가 도도부현공안위원회의 동의를 얻어 임면시킨다. 뿐만 아니라 경시정(총경) 이상의 지방경찰관의 봉급 기타의 급여 및 경찰교육시설, 경찰통신시설의 유지 관리비 등은 국가에서 부담한다. 따라서 경시정은 국가공무원으로 분류된다.

② 지방공무원

지방공무원은 도도부현에 소속된 경시정(警視正)계급 이하의 경찰관이 해당된다. 일본의 경우 경비부담과 경찰공무원의 구성면에서 본다면, 도도부현경찰은 국가경찰과 자치체경찰의 이중적인 성격을 띠고 있다고 보아야 한다.

3. 일본경찰의 주요특징과 시사점

일본의 경찰조직은 국가경찰과 자치체 도도부현경찰로 이루어진 이중적인 구조체제가 특징이다.

1) 행정경찰과 사법경찰

일본에서의 양자의 구별은 명치시대에 이미 시작하였다. 1875년(명치 7년)에 사

30) 조철옥, 전게서, p. 95.

법경찰규칙, 1876년(명치8년)에 행정경찰규칙이 제정되었다. 그러나 2차대전 후 신경찰법 개정으로 양자는 거의 구분이 없어졌다.

① 행정경찰규칙에 의하면 행정경찰은 국민의 위해를 예방하고 안전을 보장하며, 행정경찰의 예방능력이 미치지 못하여 법률을 위배하는 자가 있을 때에 그 범인을 탐색, 체포하는 것을 사법경찰의 직무로 하고 있다. 행정경찰이 이를 행할 때는 사법경찰규칙을 따른다.

② 2차대전 후 신경찰법(新警察法) 개정으로 사법경찰은 종전의 수사에 대한 보조적인 지위에서 독립한 조사기관으로 되었다. 따라서 범인을 체포·검거·수사하는 사법경찰작용도 행정경찰과 함께 경찰기관의 주요 임무로 규정하고 있다.

한편, 우리나라는 이론상으로만 행정경찰·사법경찰로 구별하고 있고, 조직법상으로는 양자를 구별하지 않고 있다.

2) 수사권 독립

일본은 1948년 경찰법 제정과 형사소송법 개정으로, 경찰이 1차적 수사권을 가진 수사주재자로 권한을 가지게 되었다. 따라서 형사소송법상 경찰과 검사와의 관계는 독자적 수사권을 가진 대등한 지위이며, 상호협력관계에 있다는 점을 특색으로 들 수 있다.

3) 국가경찰과 자치체경찰제도의 이중적 구조

일본의 경찰업무는 자치체경찰인 도도부현경찰이 처리하는 것이 원칙으로 되어 있고, 비상사태와 같은 예외적인 경우에는 국가경찰이 지방자치경찰인 도도부현경찰을 통제·지휘하도록 시스템화되어 있다.

Ⅳ. 중국

1. 근대경찰의 성립

1) 중앙경찰

(1) 중국에 있어서 근대경찰의 맹아(萌芽:사물의 시초가 되는 것)는 청말 광서

26년(1900) 의화단의 난으로 서구 8국 연합국이 1910년 수도 북경을 점령하고, 점령지의 치안유지를 위하여 「인민공소」를 설치한 데서 비롯된다. 그 후 연합군이 철수하자, 청조정에서는 수도의 질서유지를 위하여 황제직속으로 공순총국(工巡總局)을 설치하였다. 공순총국에는 대신1인 및 그 예하에 공순총감과 부감 각1인을 배치하여 기구내 업무총괄과 업무를 집행하게 하였다. 공순총국의 업무는 건설과 순포(巡捕:순찰과 범인을 체포하는 일) 두 부분으로 나누어 각 국장을 두었다. 각 국장 휘하에는 경순·대장·순장·순포 등의 직위를 두어 경찰업무와 토목건설 등의 업무를 처리하게 하였다.[31] 이와 같이 공순총국은 시정(市政)·사법(司法)·경찰업무 등이 혼합된 기구였다. 따라서 오늘날의 경찰구조와는 동일하지는 않았으나, 중국 근대경찰의 시발점은 여기서 비롯된다고 할 수 있다.

(2) 1902년에는 천진에 천진남안 순경총국·천진사향 순경총국이 설립되었고 경무장정(警務章程)이 반포되었다. 1905년에 중앙의 순경부(巡警部)를 설립하여 경행·경법·경보·경학·경무 등의 5개사와 1개의 기무소를 설치하였으며, 이듬해인 1906년에 헌정구조의 개편에 따라 순경부 역시 민정부로 개칭하였다. 또한 동년(同年)에 공순총국을 "경사내외성 순경총감"으로 개칭하고, 예하에 총무·행정·사법·위생·소방 등 5처를 설치하였고, 외근부서로서는 내·외성 지역을 각 23개로 분리하여 각 구장·부구장에 의하여 통솔하게 하였다.

2) 지방경찰

광서 28년(1902)부터 창설을 시작한 이래, 각 성(省)지역에 통성순경총국 혹은 통성경찰국 등을 설치하여 각 성지역의 경찰업무집행과 하부 지방경찰기관의 감독을 담당하게 하였다.[32]

2. 사회주의 경찰제도[33]

중국 공산당은 대륙을 공산화하기 이전에 이미 공산당 내에 경찰의 기능을 담당하는 부서를 두고 있었다. 1927년 12월 중앙특별공작위원회하에 「중앙특과」[34]를 설

31) 정진환, 『비교경찰제도』, 책사랑, 2001, p.329.
32) 정진환, 전게서, p.329 참조.
33) 康大民, 『公安論』, 北京 : 群衆出版社, 1988, pp.15-22; 조용관, 중국체제 수호자 공안, 북한 2000년 3월호, pp.82-84; 김성수, 『비교경찰론』, 용인, 경찰대학, 1988, pp.460-461 참조.

치하였는데, 이것이 중국 사회주의 경찰의 기원이다. 그 후 1931년 강서 서금(瑞金)에 중화소비에트공화국 중앙정부를 수립한 후 산하에 「정치보호국」을 두었는데, 이는 중국 최초의 공식적인 경찰기구였다. 이때의 주요기능은 반혁명분자 색출과 정탐활동·범죄행위단속·치안유지 등이었다. 1949년 건국이후의 중국경찰은 대체로 다음 5단계를 거쳐 발달해 왔다.

1) 제1단계(사회주의 형성기, 1949-1956)

1949년 10월 15일 북경에서 제1차 전국공안회의를 소집하여 공안기관간의 상하 통일적 명령체계를 수립하고 각 부서의 업무를 안배하였고, 10월 19일에는 중앙인민정부는 나서경(羅瑞卿)을 중앙인민정부 공안부장으로 임명하였다.

2) 제2단계(전면 사회주의시기, 1956-1966)

1957년 6월 25일 제1차 전국인민대표대회 상임위원회는 「중화인민공화국경찰조례」를 통과시켜, 공안기관의 성질·임무·직책·권한·인민경찰의 조건과 상벌제도 등 법률적 형식을 확정하였다. 이것이 건국 후 중국인민경찰의 제1차 입법조치로써, 중국경찰제도의 기초가 되는 계기를 마련하게 되었다.

3) 제3단계(문화대혁명기간, 1966-1976)

문화대혁명은 중국 공산화 이후 가장 큰 사건 중의 하나이다. 이 기간동안 다른 국가조직과 마찬가지로 경찰을 비롯한 공안기관들은 사회주의 체제유지라는 정치적 논리에 묶여, 치안유지와 민생안정이라는 경찰의 본래의 기능을 다하지 못하였다.

4) 제4단계(사회주의 현대화건설시기, 1974-1989)

이 시기는 문화대혁명이후 사회주의 현대화건설 시기부터 천안문사태로 인한 계엄령이 선포되었던 시기까지이다. 모택동 사후에 집권한 등소평은 여러 가지 개혁·개방을 추진하였다. 이에 따라 경찰을 비롯한 공안기관도 시대에 부응하면서 변화할 수밖에 없었다.

(1) 1982년 당 중앙은 중국인민무장경찰부대를 창설하였고, 1983년 6월에는 국가

34) 1927년 12월 당중앙위원회는 「중앙특과」에 총무, 정보, 행동, 교통 등 4과를 두어 주은래(周恩來)로 하여금 담당하도록 하였다. 「중앙특과」는 주로 당 중앙기관과 공산당 지도자들의 신변안전과 정보수집, 적정탐색, 비밀 교통연락 등의 임무를 담당하였다.

안전부를 창설하였다. 이를 계기로 공안기관의 대외정보와 반간첩공작 임무를 국가안전부로 이관시키는 등 공안체계의 대개혁을 추진하였다.

(2) 특히 1984년 국제형사기구(ICPO) 제53회 총회에서 ICPO의 정식가맹국으로 가입하여, 공안부 형사국을 통해 국제형사경찰기구 중국 사무국을 조직하였다.

5) 제5단계(개방화시대, 1990～)

(1) 제5단계는 천안문 사태로 내려졌던 계엄령이 해제되고, 중국이 개혁·개방에 박차를 가하기 시작한 후 일련의 과정을 거치면서 오늘에 이르게 된 시기를 말한다.

(2) 1992년에 공안인원의 계급제(警銜制)를 실시하였고, 1995년 2월 28일 제8차 전국인민대회는 「중화인민공화국인민경찰법」을 통과시켰다. 이 법은 공안기관의 임무·직권·의무와 기율·조직관리·경찰보장·집행감독·법률책임 등의 내용을 명확하게 규정하고 있다. 이러한 「중화인민공화국인민경찰법」의 제정은 중국인민경찰제도의 기본적 법률이 완비되었음을 의미한다.

3. 현행 중국의 경찰제도

1) 개설

중국경찰의 구조는 중앙기관인 국무원공안부와 지방공안기관인 인민경찰이 있다. 그리고 무장경찰기관으로 인민무장경찰대가 있고, 민간조직(일반국민)으로는 주민자치방위조직이 치안유지를 맡고 있다. 그 밖에 국무원 국가안전부·중국 공산당·인민해방군이 지도·정보 등의 특별임무를 수행하면서, 경찰기관과 경합하는 경우가 있다.[35)]

중국의 경우 경찰기관을 포함하는 모든 기관은 중국 공산당의 통제를 받으며, 실질적으로 중국 공산당이 전체업무를 총괄하고 있다. 중국 경찰의 특색은 중앙집권과 지방분권의 결합체제라는 점을 들 수 있다. 중국경찰의 권한범위는 상당히 광범위하다. 그러기 때문에 지방에서의 부족한 치안수요를 충당하기 위해, 자치단체에 준하는 민간조직의 도움을 받아 경찰력을 유지하고 있다. 뿐만 아니라 행정경찰과 사법경찰을 분리하지 않은 일원주의[36)]로서, 이른바 광의의 행정경찰에 해당한다고

35) 조철옥, 전게서, p.96 참조.

36) 일원주의라 함은 실제 행정경찰과 사법경찰을 구분하지 않고, 행정경찰에 사법경찰의 기능을

볼 수 있다.

왜냐하면 수사와 범죄의 예방·재해대책·호적정리·소방활동·출입국관리·방공활동·노동개조기관의 지도감독·외국인 거주관리·변경지대 경비 등의 업무도 모두 경찰이 수행하고 있기 때문이다. 특히 공안기관은 공산당의 지도하에 업무를 수행하며, 계급보다는 직무수행능력에 우선을 두고 보직을 임명한다. 중국경찰의 계급은 1992년부터 5등급 13계급제를 취하고 있다.

2) 중앙경찰기관(국무원공안부)

(1) 공안부장

국무원공안부는 국가의 치안·보위·수사기관으로서 우리나라의 경찰청에 해당하는 기관이며, 전국의 치안활동을 지도·감독한다. 공안부장(장관급)은 국무원의 구성원으로서 국무원 총리가 제청하여 전국인민대회에서 선출하며, 파면권도 역시 전국인민대회에서 가지고 있다.

(2) 국무원공안부의 임무

국무원공안부의 임무는 광범위한 업무를 담당하는 광의의 행정경찰 기능을 수행한다. 뿐만 아니라 반혁명의 단속 등 정치경찰의 업무도 담당한다. 특히 공안부 소속에는 민간항공경찰·산림경찰·철도경찰·수상경찰 등의 4가지 특별경찰을 두고 있다.

3) 지방경찰청(인민경찰)

인민경찰은 국무원공안부의 하부 지방조직으로서 한국의 지방경찰청에 해당되며, 각 지방의 행정단위에 대응하는 지방공안기관이다. 도시의 규모에 따라 공안청 또는 공안국, 시공안국 또는 공안분국, 공안파출소의 3단계 조직구조를 가지고 있다. 조직구조와 임무를 도표화하면 다음과 같다.

겸하게 하는 주의를 말한다. 프랑스·일본·영국 등이 일원주의를 취하고 있다. 우리나라도 현행 경찰조직법상 행정경찰과 사법경찰로 구분하지 않고, 일반경찰기관이 양자를 아울러 관장하는 일원주의를 택하고 있다. 반면 사법경찰을 행정경찰기관과 분리하여 법무부 또는 검찰청에 속하게 하는 이원주의국가(예컨대 벨기에·스위스·멕시코·미국의 FBI 등)도 있다(김형중, 『경찰행정법』, 경찰공제회, 2007, p. 552).

〈도표 3-2〉 조직구조와 임무[37]

등급	구조	임무
1급 행정기관	성(省:22개)과 자치구(5개)에는 공안청을 설치하고, 직할시(4개)에는 공안국을 설치하고 있다. 공안청장이나 공안국장의 임명은 국무원공안부장이 아닌 같은 급의 지방의 인민대표회의 상무위원회(인민정부)가 결정하지만, 반드시 국무원에 보고하여 등록하여야 한다. 공안청장은 보통 부성장(副省長 또는 자치구부주석) 중의 한 사람이 겸임하는데, 최근에는 전문직이 되는 경향이 있다. 특히 예산운용도 지방자치화되어 있어 각 省별 봉급체계도 상이하다.	국무원공안부의 지도 감독 하에 있으며, 기능적으로 수사·보위·치안·형사·교통·소방·외사·방범·예심·감옥 등 전문부서를 두고 있다. 그 임무는 법률에 의거한 반혁명분자의 단속·기타 범죄분자의 파괴활동의 예방과 제어·공공질서와 사회치안의 유지·공공의 재산보호·공민의 재산·인권 및 기타 권리보호·치안관리·소방관리·총기·폭발물·화학제품·무선기기·인쇄업의 관리·국경관리·출입국·대외 화교관리·공작의 총괄 등이다.
2급 행정기관	시공안국 또는 공안분국을 설치하고 있으며, 한국의 경찰서에 해당한다.	
3급 헹정기관	공안파출소는 한국의 지구대(파출소)에 해당한다. 중국 경찰기관의 최하위 조직으로서 시·현 공안국 또는 공안분국의 지도로 일선업무를 직접 수행한다. 공안파출소는 인민공안기관의 일부분으로서 계통상 공안파출소를 파견한 공안기관과 같은 급의 향(鄕)·진(鎭)의 지도를 받지만, 주된 지휘는 공안기관이 하고 있다. 공안파출소에는 호적(호정)경찰과 치안경찰을 배치한다. 호적경찰제도라 함은 관할구역내에서 거동이 불편한 노인 등에 대한 세탁·청소·물건구입·통원치료에 도움을 주는 일종의 부조(扶助)하는 경찰이다.	공안파출소의 임무는 치안 및 경찰관련업무·반혁명분자의 단속과 호적관리·복지활동에까지 관여하는 최일선 경찰단위이다. 그러나 국경순찰은 공안파출소의 임무가 아니고, 인민무장경찰대에서 수행한다는 점에 유념하여야 한다. 통상 소장 1명·부소장 1~2명·파출소 약간 명으로 조직되어 있는데, 80명 정도 또는 그 이상의 파출소도 존재한다.

4) 인민무장경찰부대

인민무장경찰부대는 국가안전보위 임무를 담당하는 무장부대이다. 군이 외부로부터의 침략에 대응하는 것이라면, 국가내부의 질서와 치안유지·생산보장 등은 공안기관과 이 무장경찰부대에 의해 이루어진다.

(1) 인민무장경찰부대의 정예화 과정

인민무장경찰부대는 중화인민공화국이 성립된 1949년부터 70년대 말까지 임무성

37) 김성수, 전게서, pp. 480-481: 조철옥, 전게서, p. 97: 조영진, 『경찰학개론』, 미래북, 2010, p. 164참조하여 필자가 재작성한 것임을 밝혀둔다.

격의 변화에 따라 그 소속 및 지도체제가 수차례 변동하였다.

즉, 중국인민공안부대→중국인민해방군공안부대→중국인민해방군공안국→중국인민무장경찰부대 등으로 개편되어 왔다.

① 1982년 군대에 대한 전군개편작업을 실시하여, 1982년 6월 19일 중국공산당 중앙군사위원회에서는 인민해방군이 담당하고 있던 내부보위임무를 공안부대에 이전시켰다. 동시에 당시 공안부대의 무장·변방·소방경찰부대들을 인민무장경찰부대로 통일시켰다.[38]

② 1983년 4월 5일 중앙군사위와 국무원공동으로 중국 인민무장경찰부대총부(人民武裝警察部隊摠部)를 공식적으로 창립하였다. 그리고 그 총부를 북경에 두고 무장경찰조직이 명백하게 중앙군사위와 공안계통의 2중 통제를 받는 것으로 규정하였다.[39]

③ 인민무장경찰사령관은 중앙군사위가 임명하고, 무장경찰 제1정치위원과 당위서기는 국무원 공안부장이 담당하게 되었다. 즉 조직편제와 관리·훈련 등은 중앙군사위원회가 담당하고, 공안임무 등 업무수행에는 공안부의 지휘를 받는 형태로써 행정기관과 인민해방군의 중간적 성격을 가지고 있다.

④ 1997년 3월 중국 8기 5차 전인대회 회의에서 통과된 「국방법」을 통해 "무장경찰부대를 중앙군사위가 직접 통솔 관리하도록 하였고, 무장경찰부대를 정규군과 동등한 무장세력"으로 명문화하였다. 그리고 무장경찰총대(武裝警察總隊)의 지휘관 지휘를 종전의 사단장급에서 부군단장급으로 격상시켰다.[40] 이와 같은 조치는 국내 돌발사건처리나 내무방위작전부분을 무경(武警)이 전담함으로써 인민해방군은 국내 보위임무 압력에서 자유롭게 될 수 있고, 그로부터 나오는 여력을 첨단기술을 이용한 국지전쟁에서의 전략적 우위라는 군사적 목표를 실현할 수 있게 되었다.

(2) 인민무장경찰부대의 전시임무

인민무장경찰부대의 전시임무는 정규부대 작전에 투입하고, 작전기간 중 주간에는 보초근무를 담당하고, 야간에는 잠복하여 적 동정을 감시한다. 그리고 군대와 협

38) 남종호, 중국인민무장경찰부대의 지위 및 그 역할, 중국연구 제27권, p.444.

39) 중국국방백서, 무경조직의 연혁 및 발전과정, 2000, p.253 참조.

40) 남종호, 상게논문, p.445. 1998년 무경사령관에 양국병(楊國屛) 중장을 무경(武警) 역사상 최초로 上將으로 진급시켜 무경조직(武警組織)을 명실상부한 중국의 보위부대로 인증하게 된다.

조하여 탄약·식량을 운반하고 부상병 간호업무를 담당한다.

(3) 인민무장경찰부대의 평시 임무

평시에는 각 병과별로 구분하여 수행하고 있는데,[41] 그 임무는 다음과 같다.

① 국경순찰, ② 도시 및 농촌의 치안질서와 항만의 안전공작·시내의 순찰·해상 및 해안순시·밀수방지, ③ 파괴방지·범인 및 밀입국자들의 체포·퇴로의 차단·포위·반혁명 활동의 진압·범인의 감시·호송·각종 파괴의 억제, ④ 당과 행정기관·공장·광산·기업·창고·철도·다리와 배수로 등의 경비, ⑤ 치안사건이나 중대한 재해사고에의 처리에의 협력 등의 업무를 수행한다.

5) 주민자치방위조직

주민자치방위조직으로는 「거민위원회」와 「치안보위위원회」[42]가 있다. 이들은 경찰조직은 아니지만, 경찰의 최하위 조직인 공안파출소와 함께 자치기구를 구성하여 치안유지에 큰 역할을 하고 있다.

6) 국가안전부(국가정보원)

(1) 공안조직 내부의 정치국의 전문화, 국가의 안선확보와 대간첩(스파이)업무를 강화하기 위해 구소련의 KGB와 미국의 CIA를 모델로 하여 1983년에 창설한 행정계통의 정보기관이다. 국가안전부는 공안조직내부의 정치국의 전문화를 위해 만들어졌는데, 전국의 치안활동의 지도와 정보업무를 담당한다.[43]

(2) 국가안전부의 대내임무로는 국가기밀의 보호·첩보혐의자의 추적·감시·도청·반민주운동조직 및 불법출판물의 단속 등이다. 국가안전부는 긴급한 조건에서 검찰의 승인을 얻지 않고 수사·구속·예심의 결정권을 행사할 수 있다. 대외임무로는 중국주재기사의 위법행위의 단속·귀국화교(친척방문·관광 등)의 위법행위 단속·그 외에 외국인과 유학생들에 대한 감시활동도 하고 있다.[44]

---

41) 남종호, 전게논문, pp. 446-447 참조.

42) 주민의 거주지역을 토대로 도시에는 「거민위원회」가, 농촌에는 「촌민위원회」가 구성되어 있으며, 이는 최하위 주민자치조직으로 우리의 통반에 해당한다. 반면 「치안보위위원회」는 거민위원회 중에서 대중적인 치안방위조직으로 공장·기업·학교·마을 등을 단위로, 농촌에서는 행정조직을 단위로 설치되는 이른바 기층조직이다. 경찰과 주민을 연결하는 대중적인 방범조직으로 우리의 민간방범조직보다 전문적이고 역할이 크다(김성수, 전게서, pp. 485-488 참조).

43) 조영진, 전게서, p.165.

44) 조철옥, 전게서, p.98.

제 2 절 영 · 미법계의 경찰제도

Ⅰ. 영미법계 국가의 경찰개념

앵글로색슨시대(500년~1066년)의 영국에는 아직 경찰조직이 없었다. 법과 질서를 유지하기 위한 1차적인 책임은 우선적으로 시민 각자에게 있었다.

1285년 에드워드 1세는 영국 경찰사에 특기할 만한 「윈체스터법」을 제정하였다. 이 법은 근대적 경찰이 탄생할 때까지 500년 이상을 두고 시행된 영국 중세 경찰조직의 기본법이었다. 영국의 근대적 경찰제도는 1829년 「수도경찰법」에 의하여 런던경시청이 설치됨으로써 이루어졌다. 역사적으로 영국의 식민지로 출발한 미국은 영국식 자치제도를 그대로 도입하여, 자치경찰제를 바탕으로 가장 민주적으로 발전하였다. 영미법계의 경찰개념은 주권자인 시민으로부터 자치권한을 위임받는 조직체로서의 경찰이 시민을 위하여 법을 집행하고 서비스하는 역할을 중심으로 형성되었다.

Ⅱ. 영국

1. 영국경찰의 역사

1) 고대

(1) 고대 영국에서는 공공의 안녕을 유지하는 제1차적 책임은 각각의 마을에 있었다. 앵글로색슨시대에는 별도의 경찰조직이 없었던 대신, 지역마다 10가구씩 하나의 집단을 이루어 치안을 유지하였는데, 이를 "10인 조합(Tything)"이라 불렀다. 10인 조합의 구성원들은 순찰을 하면서 도적을 발견하면 고함을 질러 추적하고 체포해야 할 의무를 지고 있었으며, 실패하면 국왕에 대하여 연대책임을 지고 처벌되었다.

(2) 10인 조합은 다시 100인 조합을 구성하였으며, 영주는 이를 관리하기 위하여 1명의 콘스타블(Constable)이라는 관리책임자를 한 명씩 두었다. 이 당시의 콘스타

블은 단순한 무기 장비관리 순시원이었다. 콘스타블은 각 교구마다 1명씩 임명되었고 일종의 명예직이었는데, 오늘날의 영국경찰관의 기원이 되었다.

(3) 100인 조합은 다시 합쳐져서 샤이어(Shire)를 이루었는데, 오늘날의 County, 즉 군(郡)에 해당한다. 샤이어의 모임에서 선출된 샤이어 리브(Shire Reeve)는 해당지역에서의 행정과 사법권을 행사하였다.[45)]

2) 중세

(1) 에드워드 1세의 경찰개혁

① 윈체스터법령

영국의 중세경찰은 1285년 에드워드 1세 때 만들어진 윈체스터법령에 의해 더욱 구체화되었다. 13세기 말(1285년)에 제정된 "윈체스터법령"은 19세기 말(1829년) 수도경찰청법이 제정될 때까지 500여 년 동안 경찰활동을 규율하는 거의 유일한 법령이었다. 윈체스터법령에 의한 치안질서 유지의 내용을 보면 다음과 같다.

첫째, 중소도시(Town)에 야경인(Watchman)제도를 도입하여 종래 경찰관(Constable)의 임무를 보좌하도록 하였다. 둘째, 고대의 전통인 "도적 잡아라"고 외칠 의무가 법적으로 모든 주민에게 부과되었다. 이는 발견되는 어떠한 범법자든 모든 주민에 의해 추적됨을 의미하였다. 셋째, 15~60세의 모든 남자들에게 계급에 따라 일정량의 무기 등의 장비를 보유할 수 있게 하였는데, 이는 공동체 전체의 범죄대처능력을 강화하기 위한 것이었다.

② 치안판사직 신설

초기의 영국의 치안유지는 처음에는 개인 내지 집단책임이었으나, 점차 국가책임으로 이동하게 되었다. 따라서 국왕들은 콘스타블에 대한 철저한 통제와 카운티의 보안관의 무능과 권력남용을 견제하기 위한 수단으로, 치안판사직[46)]을 신설하는 등 국가적 차원의 노력을 기울였다.

45) 治安本部, 전게서, p. 21.

46) Samuel Walker, The police in America(New York, Mcgraw Hill Book Co. 1983. p.3. 치안유지는 모든 국민의 의무라는 국민 의무사상이 대두되어, 모든 자유민은 성인이 되면 치안판사 앞에서 치안유지의 의무를 다할 것을 선서하였다.

(2) 상공업의 발달과 경찰의 변천

① 특별경찰출현(산림경찰 · 상업경찰)

중세 영국은 1500~1800년 사이의 300여 년 동안 산업혁명에 의한 상공업의 발달로 사회가 불안해져 범죄는 증가함에도 경찰의 범죄대처능력이 부족해지자, 산림경찰이나 상업경찰과 같은 특별경찰이 출현했다. 당시의 경찰은 광범위한 권한을 가지고 개인의 일상생활에까지 관여하였다.

② 교구경찰제

㉠ 그 후 영국은 튜더왕조를 지나면서 원래 교회지역의 사회단위인 교구(Parish)가 행정력을 갖춘 지방정부 단위로 변천하게 되었고, 지방의 경찰도 교구에 따라 설립이 되었다. 16세기 중반까지 경찰관(Constable)은 교구가 임명하는 직위 중 추앙받는 지위의 하나였으나, 그 이후 중상주의가 발전하면서 돈이 되지 않는 명예직에는 관심을 기울이지 않게 되었다. 그로 인하여 상인계층은 자기에게 부여된 경찰의무를 대리인에게 돈을 주고 맡기거나, 또 일반인들에게 부과된 경찰복무 의무는 돈을 내는 대가로 면제될 수 있게 되었다.

㉡ 18세기 말경에 이르러 교구경찰관 대부분은 사회적으로 힘없는 사람들(노인이나 사회적 약자)이나 문맹자, 그리고 범죄자들에 의하여 경찰역할이 수행되는 등 경찰조직은 난립하고 부패하게 되었다. 이에 따라 교구경찰제 등에 대한 근본적인 수정이 요구되었다.[47]

3) 근대적 경찰제도

(1) 산업혁명과 신경찰

산업혁명 이전에는 영국의 경찰조직은 조직화되지 못하였고, 수도경찰청이 설치되기 전까지는 부패 · 무능으로 점철되어 있었다. 이러한 경찰조직의 무질서에 대하여 일대 개혁을 주도한 사람은 헨리 필딩(Henry Fielding)법관 등이었다. 즉, 경찰조직의 공식화와 전문화 · 유급경찰의 창설 · 범죄수사 부서의 설치 · 절도체포대 · 기마순찰대 · 도보순찰대 등이 설치되고, 이러한 제도가 이후 경찰청의 근간을 이루게

47) John Wade, *A Treatise on the police and crimes of the Metropolis*, 1829, p. 64 : Philip John Stead, *The police of Britain*, Macmillan, 1983, pp. 32-36.

되었다.

(2) 수도경찰법의 제정에 의한 수도경찰청 창설

① 수도경찰청 창설

산업혁명으로 치안이 어려워지자 영국경찰은 19세기 초반부터 1960년대에 이르기까지 경찰조직의 제도와 조직의 개혁에 노력을 기울였다. 1829년 당시 내무부장관 로버트 필경의 제의에 따라 수도경찰법이 제정되었고, 아울러 수도경찰청이 창설되었다. 이 수도경찰청이 최초의 근대경찰이며, 당시 존재하고 있던 경찰기구인 상인경찰・수상경찰・교구경찰・도시경비대・자경대(自警隊) 등을 통합하여 지휘체제를 일원화하였다.

② 신경찰제도 도입

로버트 필경은 수도경찰청 창설 이후 경찰조직의 계급・제도・정복착용 등 혁신적인 개혁을 단행하였고, 그 결과 군대식으로 훈련된 직업경찰 조직이 탄생하게 되었다. 이것이 바로 영국의 신경찰제도의 창설이며, 이때부터 경찰은 police라는 의미로 사용되기 시작했다.48)

(3) 지방경찰제도의 개혁

① 시・군의 전임제 경찰관 임명

경찰이 창설된 이후 런던지역에서는 범죄와 질서위반사범이 크게 감소하였으나 아직 경찰대가 창설되지 않은 나머지 지역에서는 범죄와 폭력이 계속 증가하였다. 따라서 영국의회는 1835년 「도시자치법」을 제정하여 각 시・군에 전임제 경찰관의 임명을 강요하고, 시・군 경찰위원회를 발족시켜 그 관리하에 두고 「전국경찰표준화작업」을 시도하였다. 이러한 「전국경찰표준화작업」은 중세 말의 경찰 난립의 문제를 해결하기 위한 것이었다.

② **농촌지역**

농촌지역에서는 1829년 군(郡) 경찰법(county police Act)으로 군(郡)치안판사의 허가를 받아 최고 인구 1천명당 1명의 경찰관을 임용하였다.

③ 1856년 정부에서는 도 및 특별시 경찰법(County and Borough Police Act)을

48) T. A. Critchley, *A History of police in England Wales* (Montclair New Jersey:1972), p. 31.

제정하여 자치경찰에 대한 내무부장관의 감독권과 통제권을 강화하였다. 이로써 경찰기관의 통일성의 확보, 즉 분권적 체제에서 절충제 체제로 전환의 계기가 되었다.

4) 20세기 이후의 현대경찰제도

(1) 왕립경찰위원회와 경찰법제정

경찰개혁을 통해 시대적 변화에 부응하려는 노력은 그 후에도 꾸준히 이루어졌다. 1950년대에 접어들면서 자동차 수의 급격한 증가와 이에 따른 단속강화를 계기로 영국경찰의 부정부패는 더욱 심해졌다. 이 당시 지방자치단체의 지원에 의존하였던 경찰은 근무조건이 좋지 못했으며, 이것은 부정부패의 구조적 원인이 되었다. 따라서 이 시기에 경찰조직은 그 비효율성 때문에 국민의 신뢰를 얻지 못했을 뿐만 아니라 국민으로부터 괴리되었다.

(1) 왕립경찰위원회의 발족

1960년에 경찰개혁을 위해 왕립경찰위원회가 설치되고 2년간 조사활동을 벌인 후, '지방경찰의 난립에 따른 조직과 권한행사의 불통일의 시정', '경찰관의 근무조건의 개선' 등에 따른 보고서를 제출하였다. 그 밖에도 당시 효율성을 극대화하기 위해 영국의 경찰제도를 「프랑스식의 국가경찰」로 전환하자는 주장이 제기되기도 했는데, 이 제안은 영국의 자유주의적 전통을 수호해야 한다는 주장에 밀려 채택되지 못했다.

(2) 경찰청 통폐합과 삼원체제

1964년에 최종적으로 절충적인 성격의 경찰법을 제정하였고, 그에 따라 '경찰청을 통폐합(183개 경찰청에서 52개로 통폐합시킴)'시키고 「삼원체제(경찰의 관리와 운영을 내무부장관 · 지방경찰위원회 · 지방경찰청장의 3기관이 역할을 분담한 가운데 맡고 있는 시스템을 말함)」를 채택하였다.

(2) 4원체제에 의한 경찰조직관리

영국경찰은 기존의 3원체제에서 실질적인 내무부장관의 권한강화로 나타나는 부작용에 대한 반성으로, 최근에는 지방자치경찰제도로의 회귀현상이 나타났다(자치경찰성격의 강화). 영국은 2011년에 경찰개혁 및 사회책임법의 제정을 통해 4원체제로 변경하고, 지역주민이 직접 선출하는 지역경찰위원장과 그 견제기구인 지역경찰평의회를 신설하였다. 4원체제의 기구와 권한 등에 관한 내용은 아래와 같다.

〈도표 3-3〉 4원체제의 기구와 권한

내무부장관	-내무부 지원예산(50%)에 대한 감사권 -지방경찰청장 중에서 국립범죄청장(NCA) 임명권 -국가적 범죄에 대한 지역경찰에 대한 임무부여 및 조정
지역경찰위원장	-지방경찰청장・차장의 임면권 -지방경찰청의 예산・재정의 총괄 -지역치안 계획을 수립 *지역주민의 선거에 의해 선출 *종래의 경찰위원회의 기능을 수행
지역경찰평의회	-경찰의 예산집행에 대한 감사권 -경찰예산안 및 지방경찰청장 임명에 대한 거부권 -지역경찰위원장에 대한 정보와 출석요구권 -지역경찰위원장의 업무에 대한 주민소환요구권 *지방자치단체에서 파견한 선출직 대표와 독립위원으로 구성 *지역경찰위원장에 대한 견제기구
경찰청장	-해당지역 경찰에 대한 독자적인 지휘・운영권 -차장 이외(총경 이하)의 모든 경찰관에 대한 인사권

2. 영국경찰의 조직

1) 개설

영국은 잉글랜드 및 웨일즈・스코틀랜드・북아일랜드로 크게 나누어져 있으며, 각각 독특한 경찰제도를 운영하고 있다. 경찰제도는 주민자치치안의 전통에 따라 각 지방의 경찰위원회의 관리 하에 자치경찰제도를 채택하고 있다. 따라서 내무부의 조정・통제를 받는 북아일랜드 경찰을 제외하고는 원치적으로 상호 지휘나 감독 또는 통제를 받지 않는 자치경찰을 운영하고 있다.

2) 중앙경찰기관

(1) 내무부

내무부는 전국 경찰의 효율성을 높이기 위하여 정책개발, 감사, 조정・통제, 예산 및 인사기능 외에 전국 경찰의 교육과 훈련, 범죄정보, 과학수사, 정보통신 등의 업무를 수행하고 있으며, 이를 담당하기 위하여 경찰국을 두고 있다. 내무부장관은 자치체경찰을 전국적으로 지휘·감독·통제하는 권한을 행사한다. 내무부장관의 이러한 권한은 경찰업무의 통일성과 능률성을 확보하기 위한 것이다.

(2) 중대·조직범죄청(Serious and organized Crime Agency:SOCA)

① 독립정부기관

중대·조직범죄청은 일명 영국판 FBI로 불리고 있는데, 국립범죄정보국·국립범죄수사국·국세·관세청·이민국의 일부 기능을 흡수하면서 만들어졌고, 영국 내 43곳에 지부를 두고 있다. 내무부의 지원을 받지만, 활동은 내무부로 독립되어 있는 독립정부기관이다.

② 임무

㉠ 중대·조직범죄청의 임무는 인신매매·마약매매·외국사법당국과의 공조수사·화폐위조·조직범죄 단속 등이다. 그러나 대테러업무는 그 대상이 아니다. SOCA는 그동안 편법으로 운용되어 오던 미국식 'plea bargaining(답변거래, 피고인이 검사와 흥정하여 유죄를 인정하는 대가로 감형해 주는 것)'을 합법적인 수사기법으로 활용하면서 좀더 수사를 공세적으로 할 수 있는 계기를 마련하였다.

㉡ 「중대·조직범죄청」은 국제형사기구(인터폴) 영국지부의 기능을 수행하고 있으며, 특히 SOCA는 범죄수사기관인 미국의 FBI와는 달리 범죄정보를 수집·분석하고, 지방경찰의 활동을 지원하는 범죄정보기관의 성격도 가지고 있다.

3) 잉글랜드와 웨일즈의 경찰

잉글랜드·웨일즈의 경찰조직과 관련해서 가장 독특한 점은 수도지역에 2개의 독립된 경찰조직이 존재한다는 것이다. 하나는 「수도경찰청」이며, 다른 하나는 「런던시경찰청」이다.

(1) 수도경찰청

① 수도경찰청의 조직과 임무

㉠ 수도경찰청[49]은 국제적 정치·금융·문화·외교의 중심지인 런던을 보호하기

49) 수도경찰청을 스코틀랜드 야드(Scotland yard)라고도 부른다. 그 유래는 국가가 경찰의 청사로서 공공건물을 제공하지 않고 지역사회중심으로 운영하면서 성립하였기 때문이다. 이런 이유 등으로 런던경찰은 런던시에 있는 스코틀랜드 저택의 한 구석의 건물을 빌려 이곳에 경찰청을 두고서 활동을 하였다. 이러한 역사적이고 지리적인 사정으로 스코틀랜드 야드라고 부른다.

위해 1829년 로버트 필경에 의해 창설되었다.

㉡ 수도경찰청의 주된 임무는 런던의 중요시설 및 요인경호와 북아일랜드 공화국의 테러위협으로부터의 방비이다. 이러한 임무는 자치제경찰의 규모로는 감당하기 어렵기 때문에, 내무부장관 관리하의 국가경찰의 형태를 취할 수밖에 없었다. 그러다가 2000년에 수도경찰청은 시민투표로 국가경찰에서 자치경찰제도로 전환되었다.

㉢ 구성

수도경찰청장은 내무부장관의 추천으로 국왕이 임명한다. 수도경찰위원회는 23명인데, 대런던의회의원(12인), 치안판사(4인), 내무부장관이 추천하는 독립위원(7인)으로 구성되어 있다. 경찰위원회는 일정한 한도 내에서 내무부 장관의 통제를 받게 된다.

㉣ 하부조직

수도경찰청 소속의 경찰서는 일반적으로 24시간 체제로 운영이 되지만, 치안수요가 없는 경찰서의 경우에는 야간에 폐쇄하고 인접경찰서가 업무를 처리하기도 한다. 영국은 경비업무를 위한 출장소(파출소)를 두고 있으나, 우리의 파출소와 같은 조직은 두고 있지 않고, 국민과의 접촉이 경찰서를 통하거나 전화로 이루어지고 있다.

② 수도경찰청내의 국가상황실

국가상황실은 1972년 대규모시위·소요사태에 대처하기 위하여 수도경찰청에 창설되었는데, 국가상황실장은 영국경찰청장 협의회 회장이 겸임한다. 국가상황실의 임무는 대규모시위·소요사태시에 각 지방경찰청 기동대경찰력의 이동·배치 등을 지휘하고 통제하는 것이다.

(2) 런던시 경찰청

① 런던시 경찰청장의 지위

런던시는 런던특별시의 중심부에 위치한 금융 등의 중심지로서 수도경찰청과 독립한 자치체 경찰을 운영하고 있다. 런던시 경찰청장은 수도경찰청장과 동일한 직급이며, 런던시의회에서 국왕의 승인을 받아 임명한다.

② 런던시의회

런던시 경찰의 관리권은 런던시의회가 가지고 있고, 시의회는 시의회 내에 두고 있는 경찰위원회를 통하여 경찰을 관리한다. 시의회는 경찰청장의 임명·경찰예산의 의결·법률의 집행에 필요한 규칙과 조례의 제정 등을 관장한다. 그러나 경찰의 지휘·운영에는 관여할 수 없고 경찰청장에 대한 출석요구도 할 수 없다. 실제업무는 경찰청장이 행사하고 있다.

② 경찰서

일선기관으로 총경급을 장으로 하는 3개의 경찰서가 있는데, 관할구역이 좁아 경찰서의 하부기관은 없다.

(3) 수도경찰청과 런던시 경찰청과의 관계

양자는 첫째, 청장에 해당하는 관직이름인 Commissioner라는 명칭은 수도경찰청장과 런던시 경찰청장에게만 인정되는 명칭으로, 선임에 특별한 절차를 요하는 지위를 의미한다.

둘째, 수도경찰청장은 국왕이, 런던시 경찰청장은 시의회가 임명하는데, 특히 수도경찰청장은 선서함으로써 치안법관의 자격을 가지게 된다.

셋째, 수도경찰청과 런던시 경찰청은 긴밀한 협력관계를 유지하고 있으며, 수도경찰청의 관할 내에서는 같은 체포권을 가진다.

넷째, 런던시 경찰청은 수도경찰청의 관할구역 내의 중심지에 있는 별개의 독립한 경찰이므로, 런던시 경찰청 직원은 수도경찰청 관할구역 내에서는 직무를 행할 수 없다.

다섯째, 관할구역의 중첩에 따른 여러 부작용을 해결하기 위하여 경찰청 상호간의 형사파견·순찰차의 특별 배차·경찰 전화통신의 공동사용·비상시의 상호지원 등의 대책을 마련하고 있다.[50]

4) 스코틀랜드 경찰과 북아일랜드 경찰

(1) 스코틀랜드 경찰

① 스코틀랜드 경찰제도는 내무부장관 대신에 스코틀랜드부장관이 경찰을 포함한 업무전반을 총괄하며, 자치경찰제도를 취하고 있다. 현재 8개의 지방경찰청이 있다. 스코틀랜드 경찰은 잉글랜드·웨일즈 경찰과 비슷한 역사를 거쳤지만, 스코틀랜

50) 배철효 외, 전게서, p. 179.

드에서는 보안관이 전통적인 치안법관으로 계속 유지되고 있다.

② 중앙과 지방경찰의 관계, 경찰의 관리방식, 경찰의 권한·활동은 거의 잉글랜드·웨일즈와 비슷하다. 경찰 관리기관으로 경찰위원회가 있다.

(2) 북아일랜드 경찰

① 북아일랜드는 아일랜드 독립 후에도 영국령으로 있으면서 신구교도간의 분쟁과 지하조직인 북아일랜드 공화국(IRA)이 각종 테러를 계속하고 있다. 따라서 북아일랜드는 이러한 치안여건에 대처하기 위하여 내무부장관 직속의 강력한 국가경찰을 가지고 있다.[51)]

② 북아일랜드 경찰은 경찰의 통상적인 업무 이외에도 관할 내외에서의 무장반란과 폭동의 진압업무를 함께하는 헌병대 조직, 그리고 비상사태가 발발하면 정규의 경찰을 지원하는 보조경찰조직인 국립예비경찰이 있다. 경찰의 조직·권한·활동은 잉글랜드·웨일즈 경찰과 유사하며, 현재 왕립 알스타 경찰청과 경찰을 관리하는 경찰위원회가 있다.

5) 지방경찰(Provincial Police Force)

(1) 지방경찰의 지위와 관리기관

영국은 북아일랜드를 제외하고는 원칙적으로 지방자치단체가 관리하는 광역단위의 자치경찰체제이다. 지방경찰의 관리기관으로는 지방의회의 경찰위원회를 두고 있다.

(2) 지방경찰의 최고책임자

내무부장관의 승인을 얻어 지방경찰위원회가 임명하는 지방경찰청장이 최고책임자이다. 경찰청 차장을 제외한 경찰관의 임명과 승진은 지방경찰청장의 권한에 해당한다.

51) 현재 영국령인 북아일랜드는 2007년 미국의 중재로 신·구교도 정당이 연합해 출범시킨 거국정부가 영국으로부터 경찰·사법권 등을 넘겨받을 예정으로 되어 있다. 북아일랜드는 30년 이상 계속된 신·구교도 간 분쟁으로 3,700여명이 숨진 피의 역사를 갖고 있다.

(3) 지방경찰위원회와 지방경찰청의 관계

① 지방경찰위원회

㉠ 지방경찰의 관리기관은 지방의회의 의원과 치안판사 등으로 구성되는 경찰위원회이다. 지방경찰위원회는 17명으로 치안판사 3인, 지방의회의원 9인, 내무부장관이 추천하는 독립적 위원 5인으로 구성된다. 지방경찰위원회의 법적 성격은 독립법인체이다. 지방경찰위원회는 지방의회의 치안관련 질의와 답변요구에 대하여 서면 또는 출석하여 답변하여야 한다.

㉡ 지방경찰위원회는 내무부장관의 동의하에 지방경찰청장을 임명하며, 차량·장비·의복 등을 제공할 뿐만 아니라 해당지역 경찰의 효율적인 경찰력의 확보를 위한 권한을 행사한다.

② 지방의회와 경찰위원회의 관계

지방의회는 경찰위원회 17명 중 9명을 선임하고 지방치안관련 질의·답변을 요구할 수 있으나, 경찰의 지휘·운영에는 관여하지 못한다. 또한 지방경찰청장에 대해서는 출석요구를 할 수 없다.[52]

3. 영국경찰의 주요특징과 시사점

1) 대륙법계(프랑스 등) 경찰업무를 행정경찰과 사법경찰업무로 구분하고 있으나, 영국의 경우 사법경찰 업무는 경찰의 고유 영역이다. 경찰은 독자적 수사권을 가지며, 검사는 검찰총장이 지휘하는 특정사건에 대하여만 형사소송을 제기·속행한다.

2) 수도경찰청뿐만 아니라 모든 지방경찰청은 지방분권주의에 의한 전통적인 자치경찰제도를 유지하고 있다. 다만 자치체경찰의 원형인 영국의 경찰조직도 자국의 치안여건을 고려하여 상이한 조직체계로 운영하고 있다.

정치적으로 안정되고 문화의 동질성이 강한 잉글랜드·웨일즈 지방, 스코틀랜드 지방은 자치체경찰을, 정치적으로 불안하고 신구교도간의 종교분쟁이 있는 북아일랜드는 국가경찰체제를 채택하고 있다.

3) 과거 민주성과 효율성을 동시에 추구하는 절충적인 입장인 3원체제의 경찰제

52) 경찰대학, 전게서, p. 95.

도를 운영하였다. 그러나 내무부장관의 권화강화로 여러 가지 부작용 등이 파생되자, 2011년 「경찰개혁 및 사회책임법」을 제정하여 4원체제로 변경하였다. 이는 기존의 3원체제에서 보다 더 자치성격이 강한 지방자치경찰제도로서의 전환을 의미하는 것이다.

Ⅲ. 미국

1. 개설

미국의 경찰제도는 대륙법계 경찰이나 영미법계의 영국과 같이 그 나라 특유의 경찰제도가 역사적으로 발전된 것이 아니고, 신대륙을 개척하면서 영국의 제도를 도입 발전시킨 것이다. 건국초기에는 경찰은 범인체포와 순찰이 그 주임무였는데, 19세기말 경부터 각 행정부문과 행정경찰작용에까지 그 임무가 확대되었다. 경찰은 사법경찰 외에 교통, 산업, 소방, 도덕(도박·매춘행위 등 단속), 출판, 경제경찰(고리채 단속) 등까지 그 활동이 매우 광범위하였다. 이처럼 19세기 미국경찰은 비전문적이었고 부패와 비능률이 지배하고 있있다. 그 후 여러 경찰개혁이 주장되었고, 효과적인 범죄대처를 위하여 각 주(州)별로 경찰기관을 재조직하게 되었다.

2. 미국 경찰의 역사

미국경찰의 역사는 「식민지 시대와 독립초기의 역사」, 「근대경찰의 창설」, 「현대 미국경찰의 개혁과 발전」의 세 단계로 나누어 살펴볼 수 있다.

1) 식민지 시대와 독립초기의 역사

미국경찰의 이민초기의 역사는 지역적 환경에 영향을 많이 받았다.

(1) 북부지역

북부지역에서는 인디언 등의 외부 침입에 대응하기 위해 마을(Town)이 형성되었으며, 이곳에 영국식의 경찰(Constable)인 치안관제도와 야경제도(야경인, Watchman)가 도입되어 치안을 담당하였다. 그리고 이것은 그 후 북부지역이 중공업의 발달과 함께 도시(City)로 성장하면서 「도시경찰」의 기원이 되었다.

(2) 남부지역

남부지역은 비교적 평화로운 농업지역으로 이곳에서는 영국 시골의 제도였던 샤이어리브(Shire Reeve)가 변형된 「군보안관(County Sheriff)」제도가 발달하였다. 보안관은 법집행관의 임무를 수행하였다.

(3) 보스턴시의 야경제도

최초의 경찰로 1631년에 보스턴에 6인의 야경원과 1인의 책임자로 구성된 야경제도(夜警制度)가 발족하였다. 그리고 1636년에는 치안관(constable)이 임명되었다. 미국이 독립한 후에는 이러한 영국식 경찰제도가 많이 개혁되어 1790년대까지 시장·상급 치안관·치안관·마샬·야경원으로 구성하는 새로운 경찰계급제도가 성립하였다. 연방정부도 연방보안관을 각 주에 1명씩 임명하였다.

2) 근대경찰의 창설

(1) 도시경찰의 창설

종래의 치안관·보안관·야경원만으로는 인구증가로 인한 범죄증가에 대처할 수 없게 되었다. 이러한 상황에 대처하기 위해 처음으로 주간 유급경찰이 출현했다.

미국 동북부의 여러 도시에서는 1838년에 보스턴을 필두로 「도시경찰」형식의 근대적 경찰이 창설되었다.

(2) 보스턴 경찰국 탄생

① 보스턴시 당국은 오늘날 도시경찰의 원형이라고 일컬어지는 시보안관(City Marshall) 밑에 9인의 경찰 관리를 임명하여, 이들에게 콘스타블(Constable)과 같은 체포영장 집행·질서유지·소요진압 권한 등을 부여하였다.

② 1846년에는 경찰관리를 30명으로 보강하였으며, 이를 바탕으로 다시 「보스턴시 경찰국」이 탄생되었고, 이때 최초의 제복경찰관이 등장하였다. 그 이후 뉴욕(1844년) 그리고 필라델피아(1848년) 순으로 도시경찰의 발전이 이루어졌다.

3) 현대 미국경찰의 개혁과 발전

(1) 19세기 미국경찰의 개혁

19세기의 미국경찰은 비전문적이었으며 부패와 비능률이 지배하고 있어서 여러 가지 경찰개혁이 주장되었으나, 별다른 성과가 없었다. 특히 지방분권적 경찰 제도를 고집함으로써 정치와 경찰은 밀접하게 유착하게 되었으며, 이것은 경찰의 부패뿐만 아니라 경찰의 범죄대처능력의 비능률성을 가져왔다. 이와 같은 이유 등으로 미국의 대도시에 경찰개혁이 시작되었다. 20C에 진행된 미국경찰의 개혁으로는 "주 경찰기관의 설립", "FBI 창설", "정치적 중립화와 경찰직의 전문직화"를 들 수 있다.

(2) 주경찰 및 연방경찰의 창설

① 주 단위로 경찰기관을 재조직하려는 노력은 주(州)경찰기관의 설립으로 나타났다. 최초의 주경찰기관이라 할 수 있는 「텍사스 레인저스」가 1835년에 창설되었고, 20C에는 메사추세스(1865년) 그리고 펜실베니아(1905년) 순으로 주경찰기관이 설립되었다.

② 주경찰기관은 주의 일반 치안유지의 임무를 담당한 반면, 연방경찰은 주(州)간 통상이나 화폐위조, 도량형 표준화, 우편사무의 증가 등의 광역 치안수요에 대처하기 위하여 1935년에 연방범죄수사국(FBI)이 창설되었다.

(3) 20세기 초의 경찰개혁

① 20C 초반에 위커샴 위원회(Wickersham Committee) 일명 "준법 및 법집행에 관한 실태조사위원회"의 보고서를 통하여 정치적 간섭배제 · 경찰채용기준의 강화 · 근무조건의 개선 · 교육의 강화 등이 제안되어 경찰개혁이 급속도로 진행되었다.

② 한편, "윌슨의 보고서"에 의하여 경찰의 조직구조 · 순찰운영 · 통신의 효율성 · 주기적인 담당구역의 변경 · 시민신고에 대한 즉응체제 구축 등 경찰업무의 혁신과 전문직화가 주장되었다.

3. 미국경찰의 조직

미국의 경찰권은 고도로 분권화되어 있으며, 전국 경찰을 일원적으로 지휘하는 기구도 없다. 그리고 각 수준의 경찰기관들은 상하관계가 아닌 지원 · 협력관계이다. 미국의 경찰조직은 행정단위의 구성형태에 따라 연방경찰 · 주경찰 · 지방경찰로 나눌 수 있다. 연방경찰과 지방경찰(주 포함)은 형사소송법이나 관할 법원이 전혀 별개의 체계로 되어 있다. 따라서 연방경찰은 연방법을 집행하며, 주법(州法)이나 자치법을 집행하지 못한다.

1) 연방경찰

(1) 개요

연방정부는 헌법상 경찰권을 가지고 있지 않는다는 것을 명문화하고 있지만, 헌법이 부여한 과세권과 주간(州間) 통상규제권 등을 행사함으로써 실제로는 경찰권을 행사하고 있다.

미국은 연방의 여러 부처에 다수의 연방경찰 또는 연방법집행기관이 있으며, 연방경찰기관의 권한은 국가적 범죄 및 주간(州間)의 범죄단속에 한정된다.[53] 연방경찰은 국가경찰이기 때문에, 통일적이고 공정한 법집행이 가능하다.

(2) 연방경찰의 종류

연방정부에는 연방의 일반경찰기관이라고 할 수 있는 연방범죄수사국을 비롯하여 수많은 연방법집행기관이 있으며, 그 가운데서도 국내안보부와 법무부에 가장 많이 소속되어 있다. 연방경찰기관은 연방범죄수사국을 제외하면 모두 특정한 법영역만을 담당하는 좁은 분야의 법집행기관이다.

① 연방보안관실(United States Marshall Service)

㉠ 연방보안관은 영국의 전통을 이어받은 오랜 제도이며, 1789년 워싱턴대통령이 처음 13명을 임명한 이래 지금까지 지속되고 있는 미국 최초의 연방법집행기관이다. 연방보안관은 상원의 조언과 승인에 따라 대통령이 임명하는 독립관직으로써, 임기는 4년이다. 연방보안관은 법무부 내에 수석연방보좌관을 장으로 하는 연방보안관실이 있고, 각 지역연방보안관사무소의 직무지도·조정·직원의 훈련을 담당하고 있다.

㉡ 연방보안관의 임무는 은행강도·유괴·마약·테러 등의 연방범죄피의자의 체포 및 호송·증인의 신변안전도모·지역적 소요의 진압·법무부장관의 특별한 지시에 따르는 것 등이다.

53) 국가적 범죄란 연방정부의 기능이나 수단에 대하여 직접적으로 유해하거나 파괴적인 범죄로써, 밀수, 유가증권 위조, 우편물 약탈, 대통령 암살 등을 들 수 있다. 그리고 주간(州間)의 범죄라 함은 일정한 범죄자의 다른 주(州)로의 이송, 도난 자동차나 도난품의 다른 州로의 운송, 우편이용범죄 등을 가리킨다. 이들 범죄는 성질상 주경찰이나 지방경찰의 관할을 벗어난 것이어서 州를 대신하여 연방경찰기관이 관할한다.

② 연방범죄수사국(FBI)

㉠ 연방경찰기구 중 가장 중요한 연방범죄수사국(Federal Bureau of Investigation)은 1908년 법무성에 설치된 최초의 수사국이다. 1935년 법무부 소속으로 연방수사국(FBI)이 되어 오늘에 이르고 있다.

㉡ 연방범죄수사국의 임무는 약취·유인, 항공기 파괴, 수표위조, 테러 등 모든 연방범죄수사, 국내공안정보수집, 특정 공무원 신원조사, 범죄감식 및 범죄통계작성, 지방경찰관의 교육훈련 등을 담당한다.

㉢ FBI요원들은 무기를 휴대하고 영장 등을 집행한다. 그리고 연방법 위반자에 대하여는 영장없이 현행범을 체포하고, 중죄를 범하였다고 믿을 수 있는 충분하고 상당한 이유가 있을 때는 영장없이 체포할 권한도 갖고 있다.

㉣ FBI국장은 대통령이 임명하지만, 통상직무에 대하여는 법무부장관의 지휘와 감독을 받는다. 워싱턴D.C에 본부를 두고 지방에는 지방국과 주재사무소를 두고 있다.

③ 국내안보부(DHS: Department of Homeland Security)

㉠ 연방경찰기관

국내안보부54)는 미국을 대상으로 한 국내외의 테러공격을 예방하고 국민을 보호하는 것을 1차적 임무로 하고 있다. 미국은 9·11테러 이후 전통적으로 국가안보업무에 소홀히 하던 지방경찰도 연방정부의 대테러활동에 적극적으로 동참하고 있다. 국내안보부는 장관 산하에 과학기술국·국경교통안전국·긴급구호국·정부분석 및 기간시설 보호국·총무국 등을 두고 있다.

㉡ 지방의 국내안보보장국

각 주에는 연방정부의 국내안보부에 대응하기 위하여 「국내안보보장국」을 운영하고 있다.

54) 국토안보부(DHS)는 9·11테러사태 이후 대 테러기능을 통합·운영하기 위해 설치된 연방경찰기관이다.

2) 주경찰(State Police)

(1) 연혁 및 조직

① 주경찰은 1835년 텍사스 기마대(Texas Rangers)의 창설을 그 기원점으로 볼 수 있으며, 최초의 근대적인 주경찰은 1905년에 설치된 펜실베니아주 경찰대이다.

미국에서 경찰권은 "주정부의 고유권한"이다(연방수정헌법 제10조). 주정부는 경찰권을 직접 행사하거나, 하급 지방정부인 City · Town 또는 Village · County 등에 위임하여 행사하고 있다. 주경찰은 20C부터 급속히 발전한 경찰조직으로 하와이를 제외한 모든 주는 주정부에 주경찰을 갖고 있으나, 그 임무와 조직의 형태는 각 지역마다 다르다.

② 주경찰기관은 통상 주경찰국(State Police) · 고속도로순찰대(Highway Patrol) · 주경찰청(주공안국, Department of Public Safety)의 세 가지 유형으로 나눌 수 있다.

(2) 주경찰국

① 임무

주의 일반경찰기관은 주경찰국(州警察局) 또는 고속도로 순찰대로 대별된다.

㉠ 주경찰국의 임무는 일반적으로 주민의 생명 · 신체 · 재산의 보호 및 치안유지, 범죄수사, 교통경찰과 같이 폭넓은 일반적 경찰권한을 가지고 주 전역에 걸쳐 법집행을 하기 때문에, 통상 주 전역에 걸쳐 일선기관을 두고 있다.

㉡ 주경찰국은 미시간 · 뉴욕 · 버지니아 등 주로 동부의 여러 지역에 많이 설치되어 있다. 이러한 주에는 고속도로 순찰대가 설치되어 있지 않기 때문에, 주경찰국이 고속도로 순찰대의 기능을 병행하고 있다.

② 범죄수사

주경찰국은 주 전역에 걸쳐 범죄수사를 할 수 있다. 그러나 지방경찰 지역 내에서 발생하는 범죄는 지방경찰에 맡겨져 있고, 주경찰은 특수범죄 · 중요범죄에 대한 수사를 담당한다. 주경찰과 지방경찰의 관계는 상호독립적이고, 다만 주경찰은 지방경찰에 대한 기능적 보완을 하고 있다.

(3) 고속도로 순찰대

고속도로 순찰대는 주순찰대 또는 기동순찰대라고 불리기도 한다. 1929년 캘리포니아 주에서 처음으로 설치되었고, 현재는 캘리포니아·사우스캐롤라이나 등 주로 남·서부 주에 널리 분포되어 있다. 고속도로 순찰대는 제복경찰로서 일반적인 경찰기능을 수행하는 것이 아니라, 고속도로에서 차량의 운행을 규제하는 교통관계 업무와 법규의 집행 등을 주임무로 한다. 따라서 권한·업무 영역이 가장 좁은 형태의 조직이라고 볼 수 있다.

(4) 주경찰청(Department of Public Safety, 주공안국)

주의 일반경찰은 주경찰국과 고속도로 순찰대가 가장 전형적인 형태로서 운영되어 왔으나, 2차대전 후에는 마약·조직범죄 등의 증가와 범죄의 광역화에 대처하기 위하여 각종 법집행기관이 설립되었다. 그러나 조직과 임무의 중복에 따른 비능률 등 문제가 발생하자, 법집행기관을 통합하여 이를 조정할 필요성 때문에 주경찰청이 설치되었다. 주경찰청은 일반경찰기능(제복경찰조직)과 각종법집행기관을 통합한 형태로써 제복경찰관·사복수사관·기술전문가로 구성되어 있다. 최근에는 정복경찰과 각종 법집행기능을 통합한 주경찰청을 설치하는 곳이 증가하고 있다.

3) 지방경찰

대부분 주정부의 위임을 통한 경찰권행사가 이루어지므로, 사실상 광범위한 경찰권을 행사하고 있는 것은 지방경찰이다. 지방경찰은 미국경찰의 핵심이며, 각 지역의 치안유지 및 지역주민에 대한 봉사기능을 담당하고 있다. 지방경찰은 다시 도시경찰과 이외의 경찰로 구분될 수 있다.

(1) 도시경찰

① 도시경찰은 지방자치도시인 시(City)·법인격을 가진 타운(Town)·빌리지(Village) 또는 버로우(Borough) 등에 설치된 경찰을 총칭한다. 도시경찰은 미국 자치체경찰의 주력일 뿐만 아니라, 법 집행기관 중에서 가장 중요한 구성요소이다.[55)]

② 미국의 도시경찰은 한국의 지구대나 파출소와 같은 일선조직이 없이, 본부 중심의 인력 운영을 하고 있는 것이 특징이다. 본부에는 소수 인력을 배치하고 대다수 인력을 외근 경찰 활동에 투입하고, 관할의 광범성으로 인해 도보순찰보다는 주

55) Samuel Walker and Charles M. katz, *Police in America*, Fourth Edition, New York : McGraw-Hill co. Inc. 2002, p. 66.

로 자동차 순찰을 실시한다.[56]

③ 도시경찰은 뉴욕시 경찰처럼 약 4만의 직원을 가진 도시경찰도 있고, 10명 이하의 경찰로 구성된 소규모의 도시경찰도 있는 등 다양하다. 대도시의 경우 시내를 다시 구(區)로 나누어 구(區) 경찰서를 두고 있는 경우도 있지만 대부분 외근경찰만이 근무하고, 사복경찰관은 경찰국의 형사과나 수사과에 속하는 경우가 많다. 사복경찰은 경찰서장의 지휘를 받지 않으며 인사교류도 되지 않는다.

④ 도시경찰은 범죄수사 · 증거수집 · 범인체포 등 모두 경찰에게 권한이 있고, 행정경찰도 경찰의 기본업무이다.

(2) 기타 지방경찰

기타 지방경찰이라 함은 미국의 지방행정조직 중 자치단체인 도시경찰을 제외한 군(County) · 면(Town or Village) · 특별구의 경찰을 말한다. 오늘날 도시경찰의 발달로 그 중요성이 많이 줄어들기는 했지만, 아직도 미국의 많은 지역의 치안유지는 식민지 시대 이후의 보안관(Sheriff)으로 유지되고 있다.

① 군(county) 보안관

㉠ 역사적으로 보안관에는 연방보안관 · 군보안관(County Sheriff) · 면보안관(Town Marshal)의 3가지 종류가 있는데, 통상의 보안관은 「군보안관」을 의미한다. 군(County)보안관은 미국의 주 헌법에 의해 법적 지위와 역할이 인정된 헌법적 기관이다. 군보안관은 로즈아일랜드와 하와이 주를 제외하고는 주민의 선거에 의해 선출하는 것이 일반적이고, 임기는 통상 2-4년으로 한다.

㉡ 군 보안관은 관할 구역내의 일반적인 치안유지는 물론 영장의 집행 · 재판비용의 징수 · 사형의 집행 등을 담당한다. 만약 지방경찰(군보안관 등)과 시경찰의 업무가 충돌하는 경우에는 시경찰이 1차적인 권한을 행사한다.

② 면 보안관(Town Marshal) · 특별경찰

㉠ 면경찰인 치안관은 주민의 선거로 선출하기 때문에, 전문성이 떨어져 경찰업무처리에 비능률적이고 중대사건에 대한 처리능력이 부족하다.

㉡ 특별경찰로써 교육구 등의 특별구의 경찰 · 대학경찰 · 공원경찰 등이 있다.

---

56) 조철옥, 전게서, p. 77.

4. 미국경찰의 주요특징과 시사점

1) 미국경찰은 복합적이고 다양한 경찰제도를 운영하고 있다. 식민지시대에 기원을 둔 보안관이나 치안관제도가 존재하고, 오랜 전통을 가진 도시와 지방의 경찰 그리고 최근에 그 조직과 임무가 다양해지고 있는 주(州)경찰과 연방경찰이 있다. 따라서 미국의 경찰제도는 자치체경찰이라고 하지만, 실제로는 도시와 지방의 자치체 경찰과 중앙집권적 성격을 갖고 있는 주·연방의 2원적 경찰체제로 이루어져 있다. 이런 의미에서 미국의 경찰은 영국의 경찰제도보다 오히려 연방국가인 독일의 경찰제도와 유사하다고 보아야 한다.

2) 각급경찰의 상호관계는 상하명령복종내지 지휘감독관계가 아니고, 각각 독립적으로 운영되고 있다.

3) 프랑스나 독일처럼 행정경찰과 사법경찰로 구별할 필요가 없다. 왜냐하면 행정경찰뿐만 아니라 범죄수사, 증거수집, 범인체포 등 지방경찰도 독자적 수사권을 보유하고 있기 때문이다. 따라서 이러한 제도는 우리에게 시사해 주는 바가 크다고 하겠다.

4) 미국에서는 전 경찰관의 70%가 노조에 가입하고 있으며 자유로운 부업을 가지는 평범한 생활인으로 인식되고 있다. 경찰노조는 보수 및 근무조건 등에 관하여 정부와 단체교섭을 할 권한을 가지나, 파업 등의 단체행동권은 허용되지 않는 것이 일반적이다. 뿐만 아니라 경찰노조는 강력한 경제단체와 정치단체로서의 성격을 가지고 있어 여러 분야에서 이익대변과 발언권을 가지고 있다. 그러나 전국적 차원의 통일적 경찰노조는 존재하지 않고, 독립성을 가지는 지방조직의 형태로 운영되고 있다.

제 2 장

한국경찰의 역사와 제도

제 1 절 고대

고대국가에서는 경찰업무를 전담하던 중앙기관이나 지방기관은 독립되지 못하고, 미분화 상태에 있었다. 그러나 국가사회의 질서유지를 위하여 경찰의 존재는 필수 불가결의 요소이므로, 어떠한 형태로든 경찰업무를 전담하고 처리하는 기관이 존재하였을 것이다.

Ⅰ. 고조선

1. 8조금법

중국의 역사서 한서지리지 연조(漢書地理志燕條)에 낙랑 조선민족은 팔조금법(八條禁法)이 있었다고 기술하고 있으나, 다만 3개조목만이 수록되고 있다.[1)]

제1조목, 사람을 죽인 자는 바로 죽인다(相殺以當時償殺).

제2조목, 남에게 상처를 입히면 곡식으로 갚게 한다(相傷以穀償).

제3조목, 남의 물건을 도둑질한 자는 남자의 경우 도둑맞은 자의 노(奴)로, 여자

1) 班固, 『漢書卷二十八下 地理志』, 서울:景仁文化社, 1975, p. 1659.

는 비(婢)로 만든다(相盜者男 沒入爲其家奴, 女子爲婢).

2. 경찰의 존재

제1조목 살인, 제2조목 상해, 제3조목은 절도죄에 관한 규정으로 국가의 형벌권이 행사된 사실을 확인할 수 있다. 죄인에게 형벌을 행사하는 것은 국가의 주요 통치 행위일 뿐 아니라, 경찰력이 뒷받침되어야 시행할 수 있다. 따라서 고조선의 경우에도 8조금법을 어긴 자를 단속하고 처벌하는 치안군(군이자 경찰부대)의 존재는 필수적이었다고 추정할 수 있다.

Ⅱ. 한군현(漢郡縣)시대

1. 한사군 설치

우리나라에서 가장 먼저 초기국가로 넘어 갔던 고조선은 중국 한(漢)의 침략으로 멸망하고 말았다. B.C 108년에 비록 영토의 일부분이라고 하지만 한사군[2])이 설치되면서 이민족(異民族)에 의한 지배를 받게 되었다. 이하에서는 기원전 108년부터 기원후 313년까지 약 421여년을 존속한 한사군 중의 낙랑군에 한정하여 기술하였음을 밝혀둔다.

2. 낙랑군의 조직체계

낙랑군에 대한 한의 통치방식은 한 대(漢代)의 군현조직을 낙랑군에 도입하여 통치하였는데, 군(郡)→현(縣)→향(鄕)→정(亭)→리(里)의 체계로 운영되었다. 낙랑군은 초기에 속리를 요동에서 데리고 왔는데, 이는 초기의 통치체제를 조기에 확립하기 위한 필수적인 조치였다. 그리고 이후에는 점차적으로 토착인을 속리로 임명하였다.

2) 중국 한무제(漢武帝)가 위만조선을 멸망시키고, 그곳을 통치하기 위해 낙랑 · 진번 · 임둔 · 현도의 네 개의 군(郡)을 설치하였기 때문에 한사군이라고 부르기도 한다.

1) 군(郡)

(1) 장리

당시 군(郡)이라 함은 오늘날 우리나라의 도(道)에 해당하고, 한사군의 각각의 군(郡)에는 중국의 중앙에서 파견하는 장관급인 태수가 있었고, 그 밑에 차관급으로 부관인 승(丞)을 두었다. 한편 태수의 보좌겸 감시역으로 도위(都尉)를 두었는데, 도위부에는 도위와 승을 두었다. 다만 변방에 있는 군(郡)에는 「승」 대신 병마(兵馬)만을 관장하는 장사(長史)를 두었다. 따라서 전한시대의 낙랑군의 최상위 조직체계는 태수부(태수가 있는 곳)와 도위부(태수의 보좌역겸 감시역으로 도위가 있는 곳)로 구성되어 있었다. 태수부에는 한제국에서 파견한 태수·승·장사 3인이, 그리고 도위부에는 도위 1인과 승1인을 두었는데, 이들이 장리(長吏 : 지위가 높은 관리)였다.

(2) 속리(屬吏)

태수부가 있는 군(郡)에는 속리(하급관리)를 두었는데, 군(郡)의 태수가 현지에서 지역출신자들을 임용하였다. 오늘날 낙랑군의 속리로서 오관연(행정과 규율담당)·결조사(감옥관장)·소부(小府 : 재정관장) 등이 확인되고 있다.

2) 현(縣)

(1) 장리

군(郡)관할하의 현(縣)에는 그 대소에 따라 현령(縣令 : 만호 이상)과 현장(縣長 : 만호 미만)을 두고 그 밑에 승(丞)과 위(尉)를 두었다. 「승」은 일방행정을 맡고, 현위(縣尉)는 경찰행정을 담당하였다. 군(郡)과 마찬가지로 여기까지가 중앙에서 파견된 장리(長吏)다.

(2) 속리

하급관리는 역시 현지에서 속리를 채용했으며, 대체로 군태수부와 같았다. 소리(小吏)로는 봉급 백석(百石) 이하인 두식(斗食)과 좌사(佐史)를 같이 두었는데, 각각 문치(文治)의 보좌와 도적을 잡아가두는 일을 맡아보게 하였다.[3)]

---

3) 내무부치안국, 『한국경찰사 Ⅰ』, 서울 : 광명인쇄공사, 1972, p. 221.

3) 향(鄕)

(1) 유질 · 색부 · 유요

향(鄕 : 10정이 1향임)[4]은 지금의 읍 · 면에 해당하는데, 큰 향에는 유질(有秩)을, 작은 향(小鄕)에는 색부(嗇夫)라고 불리는 장(長)이 있었고, 경찰업무를 담당하던 유요(游徼)를 두었다.

(2) 삼로(三老)

삼로는 교화와 권농을 도모하는 자치적 성격의 향관(鄕官 : 향의 관리)이었다. 읍군(邑君) · 삼로(三老)는 군현(郡縣)의 장(長)에 의해 임명되기는 하였지만, 이들은 군현 지배 기구 내에 편제되어 군현(郡縣)을 직접 움직이는 속리(屬吏)와는 구별된다.

4) 정(亭) · 리(里)

(1) 향의 하부조직으로 오늘날 동(洞)에 해당하는 정(亭)과 리(里)가 있었다. 정(亭 : 10리가 1정임)은 본래 지방치안을 담당하는 기구로서, 10里 1정(亭)에 정장(亭長)을 두었다. 정장(亭長)은 도적을 막는 일만을 담당하고 주민들의 일을 담당하지는 않았으며, 그 외에 경찰업무를 수행하던 정후(亭候) 등이 있었다.

(2) 리(里)에는 일리백가(1里百家)를 관장하는 이괴(里魁), 그리고 민(民)에는 10가구를 주재하는 십(什)과 5가구를 주재하는 오(伍)를 두었다.

3. 낙랑군시대의 경찰조직

1) 경찰조직

(1) 도위(都尉)

낙랑군시대의 경찰제도는 근대적 경찰제도와 아주 유사한 조직체계를 갖추고 운영되었다. 군(郡)의 태수는 군사 · 행정 · 사법 · 경찰권을 총괄하는 장관이었고, 무관(武官)인 태수의 보좌겸 감시역인 군(郡)의 도위가 치안관련 업무를 실질적으로 관장하였다. 그리고 이러한 경찰권 행사에 실무를 담당하던 속리로서는 감옥을 관장

---

4) 오늘날 읍 · 면에 해당하는 향(鄕)을 국내에서 출간되는 경찰학개론에서는 경(卿)이라고 거의 표기하고 있으나, 이는 잘못된 것이다(班固, 漢書卷 一九上 · 百官公卿表, 서울 : 景仁文化社, 영인본, p. 721 참조).

하던 결조사(決曹史) 등이 있었다.

(2) 현위(縣尉)

① 현(縣)에는 그 대소에 따라 현령과 현장을 두었고, 그 밑에 병금(兵禁)을 장악하고 방비하던 현위(尉)를 두었다. 현위는 큰 현에 좌위1인·우위1인을 각각 두었고, 작은 현에는 현위(尉)1인을 두었다.

② 현위(尉)는 주로 도적을 다스렸다. 고소·고발 내용이 불충분하면 백방으로 탐색을 하면서 전과(前科) 및 우범자 등을 조사하여 범죄의 단서를 찾는 것이 주요 임무였고, 변경이 가까이 있는 군(郡)에는 모두 현위(尉)를 배치하여 백리(百里)마다 한 사람을 두었다고 한률(漢律)은 전하고 있다.

(3) 유요

현(縣) 아래의 행정조직인 「향」에는 순찰과 도적을 방비하는 유요를 두었는데, 유요는 중국 최초의 통일국가인 진(秦)나라에서 수도 궁성을 중심으로 시작된 순찰기구였다. 중위(中尉)라고도 부르기도 한다.

(4) 정장

(亭)에는 「정장」과 「정후」 등을 두어 순찰 등을 전담하게 하였는데, 특히 정장은 2척판(二尺板 : 경찰봉으로 약 60.66cm)을 소지하고 순찰을 하면서 도적을 추궁하고 포승으로 범법자를 체포하였다.

(5) 이괴

「리」에는 일리(一里)에 백가구(百家口)를 관장하는 이괴(里魁)를 두었고, 민(民)에는 십(什 : 10가구를 주재)과 오(伍 : 오가구의 주재)를 두어, 풍속경찰업무 등(상호검찰과 선·악의 일 감독)의 말단행정을 담당하였다.

2) 낙랑군시대의 경찰지휘체계

낙랑군시대의 경찰조직은 도위부의 도위(都尉)→현(縣)의 현위(懸尉)→향의 유요→정(亭)의 정장(亭長)과 정후(亭候) 등이 지휘체계였다. 이런 측면에서 볼 때 낙랑군시대의 경찰지휘체계는 비교적 완비되었다고 볼 수 있다.

4. 낙랑군 지역 이외의 경찰권(삼한지역)

낙랑군은 지방장관이 머무는 치소(治所)를 중심으로 중국에서 도래한 한인(漢人)들이 읍락을 이루고 있었고, 낙랑군 영역 밖에 있는 삼한 지역 등은 그들의 통제 밖에 있었다. 따라서 삼한지역 등은 기존 토착세력의 지배구조와 지배세력이 그대로 유지되어 독자적인 군사력과 경찰권을 행사하고 있었다.

Ⅲ. 남북 부족국가

한사군의 동·남·북 지방에는 당시 중국인이 동이민족이라고 부르던 부여, 고구려, 옥저, 동예, 삼한 등의 부족국가가 발전하고 있었다(삼국지위지동이전).

1. 부여

1) 삼국지위지동이전 부여조[5]에 보면 "살인자는 사형에 처하고, 그 가족을 데려다 노비로 삼았으며, 남의 물건을 훔친 자는 12배로 배상하고, 남녀간음을 범한 자와 부인으로서 투기하는 자는 모두 사형에 처하였다.

2) 부여에는 뇌옥(감옥)이 있었는데, 우리나라 역사상 '뇌옥'이라는 용어는 부여에서 처음으로 확인된다. 다만 이 때에 감옥은 독자적인 형벌집행을 위한 시설이 아니라, 형벌을 받기 위해 대기하는 자들을 임시로 가두어 두는 시설에 불과하였다.

3) 영고는 음력 정월에 지내는 제천행사로서, 국중대회(나라의 큰 행사)였다. 이 때에 날마다 먹고 노래하고 춤을 추었고, 형옥을 중단하고 죄수를 석방하였다.

2. 초기 부족국가로서의 고구려

1) 부족국가인 고구려 초기의 부여와 대체로 언어와 풍속이 비슷하였고, 이러한 법속은 삼국시대의 고구려의 법률과 풍속으로 그 전통이 계속 이어졌다.

2) 부족국가인 고구려 초기에는 부여와는 달리 감옥은 없었다. 따라서 죄를 지은 자가 있으면 제가(諸加)들이 평의(評議)하여 사형에 처하고, 처자는 몰수하여 노비

5) 東洋史學會, 『三國志魏志東夷傳』, 서울: 大韓公倫社 1996, p. 51.

로 삼았다. 그렇다고 해서 고구려 전 과정을 통해서 뇌옥이 없었다는 것은 아니며, 고대국가체제로 확립되어 가면서 뇌옥 역시 필수적인 국가권력의 상징물로서 존재하였다.

3. 옥저와 동예

1) 옥저와 동예 두 나라는 고구려와 예속적 관계에 있었으며, 두 사회는 권력의 집중이 없는 미숙한 부족사회였다. 따라서 통합된 국가조직이 발달하지 못하여 치안조직 같은 것은 보잘것 없었으나, 다만 법속(法俗)만큼은 매우 엄했던 것 같다.

2) 동예의 경우, 각 읍마다 경계가 설정되어 있어서 서로 침범하는 일이 생기면 생구(生口:노예)나 우마로서 배상하는 책화제도(責禍制度)가 있었다. 이는 오늘날의 영토고권, 작게는 지역관할권의 제도로서 이는 씨족사회의 유습이라고 볼 수 있다.

3) 삼국지 위지 동이전 예전에 "살인자는 사형에 처하고 또 도둑이 적었다"고 전하고 있는데, 이로보아 경찰기능은 정치적 색채가 없는 순수한 민생치안적 활동에 주력한 것 같다.

4) 옥저와 동예는 중앙집권적 경찰이 아닌 지방자치적 경찰기능의 원형을 보여주는 한 사례라고 할 수 있다. 즉 그들 사회 전체를 총괄하는 왕이 없고 각 읍락마다 거수(渠帥 : 우두머리)들이 있어, 이들(후 · 읍군 · 삼로)에 의해 자치경찰권이 행사되었다는 점만은 분명해진다.

4. 삼한

1) 삼한의 위치

삼한이란 마한, 변한, 진한의 통칭으로 모두 한강 이남에 있었다.

(1) 마한은 대개 경기 · 충청 · 전라도 지방으로 54부족국가로 형성되었고, 총 10만호에 달하였다. 마한의 54부족국가 중 목지국과 백제국(지금의 경기도 광주) 등이 그 대표적인 국가이며, 후에 백제의 모태가 된 것으로 추정하고 있다.

(2) 진한은 대개 경상도 일대의 낙동강 유역으로 12부족국가가 있었다. 그 중 사로국(경주) · 호로국(상주) 등이 중심이 되는 국가이며, 후에 신라의 발생지가 되었다.

(3) 변한(변진)

변한은 낙동강 하류 일대로서 구야국(김해) · 안야국(함안) 등이 그 대표적인 국가이며, 후에 가야의 모체가 되었다.

2) 삼한의 습속

(1) 제정분리(정치와 종교)

삼한에는 신지 · 읍차 등과 같은 군장(정치적 지배자) 이외에 제사장인 천군(天君)이 있었다. 따라서 소도에서 천신에 대한 제사를 주관하는 천군이 존재하였다는 것은 삼한사회가 이미 제정분리의 상태에 있었음을 의미한다.

(2) 소도와 경찰권

① 소도는 천군이 주관하는 별도의 읍(邑)이며, 군장의 세력이 미치지 못하는 일종의 신성지역이었다.

② 소도지역은 죄인이라도 도망을 하여 이곳에 숨으면 잡아가지 못하였는데, 일종의 수사권이 미치지 못하는 치외법권적 지역이었다.

③ 서양의 고대사회에서도 삼한의 소도와 같은 피난처가 있었다. 이를 아질(syl, sylum)이라고 한다. 오늘날 국제법상 망명원(sylum)이 협약되어 있고, 치외법권을 누리는 외국공관이 이러한 아질 역할을 하고 있다.

Ⅳ. 삼국시대

1. 경찰개념

삼국시대 경찰의 기능은 초기에는 살인, 강도, 절도 등 주로 개인의 생명과 재산을 보호하는 사회 목적적 치안에 주력하였다. 그러나 고구려, 백제, 통일신라시대로 옮겨가면서 내란, 외환, 대역죄 등 국가존립과 전제왕권 유지에 비중을 두는 국가 목적적 치안에도 관심을 기울이기 시작하였다. 이 시기에도 군(軍)이 곧 경찰로서 역할을 수행함으로써 경찰개념은 아직도 정립되지 않은 상태였다.

2. 고구려

1) 고구려의 관제(官制)

삼국 중 제일 먼저 국가체제를 정비한 것은 고구려였고, 제6대 태조왕을 전후하여 고대국가적인 체제를 갖추었다. 고구려의 관제는 9등급 · 12등급 · 14등급으로 기술되어 있는 등 각 사서(史書)마다 상이하다. 제1관등인 대대로(수상, 정1품) · 태대형(정2품) · 울절(주부, 종2품) · 태내사자 · 조의두대형(종3품) · 대사자 · 대형 · 발위사자 · 상위사자 · 소형 · 제형(諸兄) · 과절 · 부과절 · 선인(先人, 정9품)이 있었다. 고구려의 경우 국가의 기밀에 참여할 수 있고, 장군이 될 수 있는 관등은 제5관등인 조의두대형 이상이었다. 따라서 이들에 의해 경찰권도 당연히 통수되었을 것이라고 추정된다.

2) 행정구역 조직

(1) 행정조직은 왕도(수도)안에 내부(임금이 거처하는 도성) · 동 · 서 · 남 · 북의 5부(部)로 구성되어 있었고,[6] 지방은 중부 · 동 · 서 · 남 · 북의 5부로 조직화되어 있었다.

(2) 지방 5부의 경우, 큰 성(대성)에는 욕살(지역 사령관)을 두었고, 나머지의 성(城)에는 처려근지(도사)를 두었다. 그리고 각기 그 아래에 대모달(연합부대장, 종3품)과 말객(末客, 정5품)을 두었다. 따라서 지방5부의 군사권과 경찰권은 욕살→처려근지→대모달→말객 등에 의해서 장악 · 행사되었다고 추정된다.

3) 율령(律令)

율령은 두 가지로 구분된다. 율(律)은 범죄와 형벌에 관한 규정을 말하고, 영(令)은 통치에 필요한 조치를 임금이 그때 그때 반포하는 것을 말한다. 율(律)은 일단 조문으로 정해지면 그대로 시행되었고, 영(令)은 한 번 내려지면 관습법으로 굳어져 특별한 경우가 아니면 선왕(先王)의 제도라 하여 존중되었다. 고구려는 소수림왕 3년(A.D. 373)에 율령이 반포되었으나, 오늘날 전하여지지는 않고 있다.

(1) 죄(罪)

고구려의 범죄에는 모반죄(내란, 외환죄) · 권력남용죄 · 투기죄 · 무고죄 · 불효죄 · 살인죄 · 절도죄 · 우마도살죄 · 간음죄 등이 있었다.

---

6) 이병도, 『한국사고대편』, 을유문화사, 1972, p. 540.

(2) 형(刑)

고구려의 형벌은 족형(族刑 : 연대책임)·참형·갱살형(산 채로 파묻어 죽임)·화형(火刑)·자진형·육시형(능지처참)·팽형·속형(재산형)·노예형 등이 있었다.

3. 백제

1) 백제의 관제

(1) 백제시대에도 경찰권을 행사하던 독자적인 경찰기구는 창설되지 않았다. 삼국사기에 의하면 백제는 중앙관직으로 6좌평(六佐平)과 16품(十六品)의 관계(官階)를 두었다. 16품관계는 좌평(1품),[7]·달솔(2품)·은솔(3품)·덕솔(4품)·한솔(5품)·나솔(6품)·장덕(7품)·시덕(8품)·무독(13품)·좌군(14품)·진무(15품)·극구(16품) 순이었다.

(2) 6좌평 중 경찰관련 기관으로는 위사좌평(경호)·조정좌평(형옥을 관장)·병관좌평(지방의 군무와 국방담당)을 들 수 있고, 실질적으로 경찰권을 시행한 것은 관품이 비교적 낮은 무독(13품)·좌군(14품)·진무(15품)·극우(16품)였다. 이들은 그 명칭으로 보아 '하급 군인류'로 추정되며, 당시 군이 곧 경찰로서의 역할을 수행하였기 때문에, 이들이 경찰업무를 시행하던 실무적인 관리였다고 볼 수 있다.

2) 중앙의 행정체계

중앙의 행정관서로는 내관(內官) 12부(部)와 외관(外官) 10부가 있었다.

(1) 내관 12부

내관 12부는 궁성과 왕실의 업무를 맡아보던 행정관서를 말하는데, 이 중 치안과 관련된 부서로는 전내부(국왕의 신변보호)·마부(군마사육)·도부(무기제작) 등을 들 수 있다.

(2) 외관 10부

외관 10부는 일반서정을 담당하던 행정관서를 말하는데, 이 중 치안과 관련된 부서로는 사군부(각 지방의 병마 통제)·사구부(형벌 업무 담당)·점구부(호구파악

7) 6좌평은 오늘날 장관급이며 국가사무를 관장하였다.

및 순찰·경비업무) 등을 들 수 있다.

3) 지방관제와 경찰권

(1) 웅진시기

백제는 건국 초기부터 웅진시기까지 22담로제를 시행하였다. 「담로」는 지방통치 지배조직으로서, 대개 왕족 출신이거나 유력한 귀족가문 출신을 지방관으로 파견하였다.

제25대 성왕이 사비성으로 천도하기까지의 지방은 담로가 당연히 행정·사법·경찰권을 총괄하여 행사하였다고 추정된다.

(2) 사비시기

① 제26대 성왕은 사비천도를 전후하여 내외관제와 지방통치조직도 개편하면서, 종래의 「담로제」를 동·서·남·북·중의 5방(方)으로 나누었다. 이들 5방성(五方城)에는 방령(方領 : 방성의 장관, 2품관 달솔) 1인과 방좌(方佐 : 방령을 보좌)를 두었다.

② 각 방(方) 밑에는 6~10개의 군(郡)이 있었는데, 군(郡)에는 장수 3명(4품관 덕솔로 임명, 군장이라고도 부름)을 두었다. 따라서 사비시기의 지방조직은 방(方)→군(郡)→소성(현)체제로 운영되었고, 경찰권과 군사권도 방령→군장→성주 등이 총괄하여 행사하였다고 추정된다.

4) 율령

백제의 율령에 관해서는 현존하는 문헌상 그 내용을 알 수가 없으나, 대체로 고구려와 아주 유사하다고 볼 수 있다.

(1) 죄의 종류

내란죄·살인죄·수성항적및임진패배죄(적에게 항복하거나 전쟁에 패배한 죄)·절도죄·간음죄 등이 있었다. 다만 백제의 경우 특이한 것은 절도죄와 관련된 양형 문제이다. 일반인이 절도죄를 저질렀다면 귀양을 보내는 동시에 그 장물의 2배를 징수하였다. 반면 관리가 뇌물을 수수하거나 도둑질을 한 경우에는 (그 물건의) 3배를 추징하고, 동시에 일평생 관직에 나갈 수 없도록 명예형을 부과하였다.

(2) 형벌의 유형

백제시대의 형벌은 족형・참형・유형・종신금고형(명예형)・재산형(속형)・노예형 등이 있었고, 형벌의 구체적인 내용은 고구려의 형벌과 동일하다.

4) 신라

(1) 관제

고구려・백제의 경우에는 관제(官制)와 병제(兵制)가 뚜렷하게 구별되지 않아, 경찰업무가 혼합・중복되어 운영되어 왔다. 그러나 신라시대에 들어서면서부터 관제(행정기관의 설치・조직・직무범위 등에 관한 제도)와 병제(兵制 : 군사제도)가 뚜렷이 구별되는 경향을 띠고 있다.

① 중앙관제

신라의 경우 고구려나 백제와는 달리 17관등제가 확립되었으나, 골품제에 의한 제약이 있었다. 1등 이벌찬(각간)에서 5등 대안찬까지는 성골 또는 진골만이, 6등 아찬에서 9등 급벌찬까지에는 6두품만이, 10등 대나마와 11등 나마는 5두품만이, 그리고 제12등 대사에서 17등 조위(造位)까지는 4두품만이 될 수 있었으며, 3두품 이하는 서민층을 형성하였다. 따라서 관리에 등용되는 사람들은 대부분 4・5・6두품과 진골들이었고, 특히 진골은 왕족 출신의 상급 귀족으로 관계(官階)의 조직을 독식하였다.

② 중앙관서

신라의 중앙관서 중 경찰관련 조직으로는 집사부(최고의 행정기관으로 국정 총괄)・병부(군사관계 업무 총괄)・사정부(감찰 및 정보)・좌이방부(형률과 법률 제정)・승부(중앙교통관청으로 마필과 수레 사무 관장)・선부(선박총괄) 등을 들 수 있는데,[8] 이들 기관과 그 관료들에 의해서 사법・경비・교통・해양 등의 경찰업무가 기획되고 하달되었다고 볼 수 있다. 그리고 현장에서는 이러한 치안계획을 하달받고 시행한 것은 군이자 경찰기능을 수행한 것은 치안군 또는 나병(邏兵 :순찰병)들이었다.

---

8) 제23대 법흥왕 때부터 제30대 문무왕대에 이르기까지 발전 독립한 중앙관서의 경찰관련 조직을 말한다. 이에 대한 구체적인 내용은 김형중, 『한국경찰사』, 박영사, 2016, pp. 139-155를 참고할 것

(2) 지방조직

신라는 제22대 지증왕 6년(505)에 국내의 지방을 주(州)·군(郡)·현(縣)으로 나누어 조직하였는데, 주 조직이 이른바 대성(大城 : 큰 성)이다. 따라서 지방은 원칙적으로 대성·성(城)·소성(작은 성)의 3단계로 행정구역이 짜여졌다.

① 주(州)

지증왕은 주·군·현을 정하면서 아울러 실직주(현재의 강원도 삼척시)를 설치하고 이사부를 군주(軍主)로 삼았는데, 군주의 명칭은 이로부터 시작되었다. 군주는 주(州)의 군사·행정·경찰권을 행사하던 지방의 최고책임자였다. 주(州)는 오늘날의 도(道)와 비슷한 성격을 띠고 있고, 대성에 설치한 장관을 군주라고 칭하였다.

② 군(郡)

대성보다 작은 규모의 성을 군(郡)이라 하였는데, 군·현은 오늘날 구청이나 군(郡)에 해당된다. 군의 장관을 처음에는 「당주」라 하였고, 통일 이후에는 태수(太守)로 명칭이 변경되었는데, 일반적으로 성주(城主)라고 불렀다. 성주는 중앙 귀족으로 임명하여 현지에 파견되었는데, 관등이 사지(舍知)에서 중이찬까지인 자로 임명되었다.

③ 소성

군 규모보다 작은 단위의 성을 소성이라 하며, 그 장관으로 도사를 두었다. 이러한 소성은 통일기에 이르면 현(縣)으로 개편되고, 도사는 현령 또는 소수(小守)라고 개칭되었다. 이들 소성의 장관인 현령·소수는 중앙에서 직접 파견되어 촌락사회를 직접 다스렸다.

④ 소경(小京)

㉠ 주·군은 군사적 거점의 성격이 강한데 반하여, 소경은 지방의 정치·문화 중심지로서의 성격이 강했을 뿐만 아니라, 주(州)와 군(郡)을 감시하는 기능도 가지고 있었다. 3소경은 아시촌(지금의 경남 함안 부근)·국원(지금의 충주)·하슬라(지금의 강릉)를 말하는데, 장관인 사신(仕臣) 혹은 사대등(仕大等)은 중앙에서 파견하였다.

㉡ 그 후 3소경은 국원(지금의 충주)을 제외하고는 모두 폐지되었고, 통일신라

때에는 5소경으로 확장되었다. 그리고 소경의 행정 · 사법 · 경찰권 행사는 장관인 사신(仕臣)이 그곳에 주둔하는 주둔 부대의 장(長)과 함께 행사하였음을 말할 것도 없다.

⑤ 말단 지방행정조직

㉠ 촌(村)

주 · 군 · 현 밑에는 양인이 사는 촌(村)이라는 마을 단위의 행정구역이 있었다. 이러한 촌락은 지방 행정기구의 말단에 위치하여 그 우두머리인 촌주(村主)를 통하여 중앙정부의 통제를 받았다. 촌주는 중앙에서 파견된 군주 · 당주 · 도사 등을 보좌하여 행정업무를 담당하였다. 통일신라의 멸망기에 접어들면서 촌주는 점차 중앙의 통제에서 벗어났고, 이들 가운데 유력한 층은 독자적인 세력을 형성하여 스스로 대감 · 장군 등이라 부르며 지방의 유력한 호족세력으로 성장하였다. 이들은 고려왕조의 성립에 유력한 기반이 되었다.

㉡ 향 · 부곡

㉮ 향 · 부곡은 신라지방의 특수한 하급행정 구획 단위로서, 향 · 부곡인은 일반적인 양민과 달라서 그 신분이 노비 · 천민에 유사한 특수한 열등 계급의 지위에 있었다. 이들은 대개 전쟁 포로자 · 역모 죄인의 유족 · 귀화인의 집단마을 · 기타 특수한 생산 노비의 집단 거주 등에서 발생된 것이 아닌가 추정하고 있다.

㉯ 부곡의 경우는 현(縣)보다도 큰 호구(戶口)를 갖기도 하며, 경우에 따라서는 국가에 대한 반역죄로 현(縣)에서 부곡으로 강등되는 경우도 있었다. 이러한 향 · 부곡은 조선초기까지 존속하였고, 향 · 부곡 두 지역 모두 현령의 통제를 받았다.

(3) 병제(兵制)

신라시대의 병제(군사조직)는 시위부와 무관직인 군관들의 조직과 운영체계로 크게 분류해 볼 수 있다.[9)]

① 시위부

㉠ 시위부는 궁성의 숙위 및 국왕행차시에 호종과 경호를 담당하던 국왕직속의 부대였다. 제28대 진덕왕 5년에 설치되었는데, 이 시위부는 경찰 경호사적 측면에서

9) 삼국사기 권 제40 잡지 제9 직관 하. 구체적인 내용은 김형중, 『한국경찰사』, 박영사, 2016, pp. 155-163 참고할 것.

모체가 될 수 있는 중요한 단서 등을 제공하고 있다.

㉡ 시위부는 3부대로 구성되어 있었는데, 장군 6명이 2인 1조가 되어 1개부대를 맡아 윤번으로 숙위와 호종의 업무를 수행하였다.

㉢ 장군 밑으로 대두(隊頭)→항(項)→졸(卒)[10] 등의 간부가 있었고, 그리고 경호간부와는 달리 실질적으로 시위 근무에 당하였던 병졸 집단인 시위병이 있었다.

② 제군관(諸軍官 : 여러 무관)[11]

신라시대의 무관직으로서는 장군 · 대관대감 · 대대감 · 제감 · 당주 · 감 · 삼천졸 등 다수가 있었는데, 이들 모두 정원 · 관등에 따른 옷깃의 색깔 및 군부대의 표지 등에서 구별이 있었다.

③ 군의 편제

삼국통일 전의 신라의 군제(군사제도) 중 가장 핵심이 되는 것인 6정(停)이었다. 6정은 대당(왕도 수비) · 상주정(경북 상주) · 한산정(서울지역) · 우수정(강원도 춘천시) · 하서정(강원도 강릉시) · 완산정(전북 전주시)을 말한다. 이러한 6정은 각 지역별로 주둔하면서 그 지역을 방위하던 군단 규모의 부대였다.

(4) 율령(律令)

신라의 율령은 법흥왕 7년(520)에 반포되었고, 이러한 법령의 제정과 교육 등은 좌이방부에서 담당하였다.

① 죄

범죄의 종류로는 ㉠ 5역죄(부모를 죽인 죄 등 5가지 죄), ㉡ 모반죄(내란 · 외환죄), ㉢ 직무유기(직무태만죄), ㉣ 관물횡령죄, ㉤ 불고지죄, ㉥ 정치를 거짓으로 비방한 죄(기방시정), ㉦ 군령위반죄, ㉧ 기타 살인 · 절도 · 우마도살죄 등의 범죄는 고구려나 백제의 형률과 대동소이하다.

② 형(형벌)

형벌의 종류는 고구려의 율(律)과 대체로 동일하나, 모반죄 등에 대한 형벌은 보

---

10) 졸(卒)은 일반적으로 병사를 의미하지만, 여기서는 대나마 이하의 관등을 가지고 있던 군관을 말한다(삼천졸도 같은 뜻으로 이해하면 됨). 따라서 졸(卒) 아래 시위근무에 당하던 시위병이 있었다고 보면 될 것이다.

11) 삼국사기 권 제40 잡지 제9 직관하 제군관조.

다 다양한 방법(거열형 · 부관참시 등)으로 잔혹하게 처벌하는 경향을 띄고 있다는 점이 주목할 만하다.

Ⅴ. 남북국 시대(통일신라와 발해)

1. 통일신라시대

통일기에 접어들면서 신라의 사회는 크게 변하고 있었다. 제29대 태종무열왕 때에 백제를 쳐서 멸망시켰고, 제30대 문무왕 때에는 고구려를 멸하고 삼국을 통일하였다.

1) 관제

(1) 중앙관제

① 통일신라의 중앙관제는 대체로 삼국시대의 것을 답습하였으나, 그 중 좌이방부 등의 관청이 일부 개편되었다.

② 좌이방부는 제28대 진덕왕 5년에 설치되었고, 그 후 제30대 문무왕 7년(667)에 우이방부가 설치되었다. 따라서 좌이방부와 우이방부를 통칭하여 좌이방부라고 불렀고, 이들은 형사(刑事)에 관한 율령과 행형(行刑)을 총괄하는 관부였다.

(2) 지방관제

삼국통일 후 가장 큰 변화를 겪은 것은 지방조직이었다. 지방조직의 기본이 되는 것은 주 · 군 · 현이었으나 통일 후 6주3소경에서 9주5소경으로 체제가 완비되었다.

① 9주는 기존의 6주에서 신라 · 백제 · 고구려의 옛 땅에 각각 3개의 주(州)를 설치하였다. 그리고 기존의 주의 장관인 군주의 명칭을 도독(都督)으로 개칭하였고, 그 임무는 주(州)의 행정 · 사법 · 경찰권을 관장하는 것이었다.

② 소경은 신라 수도를 모방하여 3경을 설치하였으나, 통일 이후 5소경(중원 · 북원 · 금관 · 서원 · 남원소경) 체제가 완비되었다. 소경에는 사신(소경의 장관) 1명씩이 임명되었고, 그 차관으로 사대사 1명을 두었다.[12]

---

12) 삼국사기 권제40 잡지 직관하 무관 외관조.

2) 병제(군사조직)

삼국통일 이후에도 대내외적으로 가장 핵심이 되는 기능은 군사조직이었고, 치안 업무의 대부분도 군이 담당했다고 해도 과언이 아니다.

(1) 중앙의 군사조직(군제)

통일 이전의 신라를 대표하는 군사조직은 6정이었으나, 통일신라 시대를 대표하는 군사조직은 9서당이었다. 9서당은 통일 이후 왕도에 배치된 9개의 부대를 말하며(녹금서당 · 백금서당 등), 9서당은 부대의 칭호에 '서당(誓幢)'이 붙어 있는 것이 공통점이다.

(2) 지방의 군사조직

통일 후 지방에는 10정 · 5주서 · 3변수당의 증설이 있었는데, 제31대 신문왕 때에 완성되었다.

① 10정

10정(停)은 지방에 배치된 군단 가운데 핵심적인 부대로서, 통일신라의 9주를 기준으로 하여, 각 주에 하나씩 배치되었다(단 한주는 2개의 정 배치). 이러한 10정은 통일신라의 군사적 지방통치의 거점이었으며, 치안을 위한 군사조직이기도 하였다.

② 5주서

5주서(五州誓)는 10정 이외에 주(州)를 단위로 배치된 군대로서, 9주 중 5개의 주(州)에 설치된 지방군단을 말하며(문무왕 12년 설치) 기병중심의 부대였다.

③ 3변수당

3변수당(三邊守幢)은 북방 경비를 위한 보병부대로 추정하고 있으며, 제31대 신문왕 원년에 설치하였다. 3변수당은 한산변(한산주에 주둔한 변수당) · 우수변(우수주에 설치한 변수당) · 하서변(하서주에 설치한 변수당)을 말한다.

2. 발해

우리나라에서 발해에 대하여 관심을 갖기 시작한 것은 조선 후기 실학자 유득공의 발해고(渤海考)에서부터 그 기원점을 찾을 수 있다.

유득공의 발해고에 대한 이론은 남쪽의 신라, 북쪽의 발해라는 「남북국시대론」의 출발을 알리는 계기가 되었다. 오늘날 이 두 나라의 역사시대를 두고 남한에서는 「남북국시대」로 보고, 북한에서는 「남북조시대」로 보고 있다.[13] 두 가지다 우리의 역사 영역을 확대한 관점이라는 데는 동일하다.

1) 발해의 건국

발해는 고구려 장군 출신 대조영(고왕, 연호 : 천통)이 고구려 유민과 말갈 집단을 규합하여 만주 길림의 돈화시 동모산 기슭에서 건국하였다. 발해는 소수의 고구려인이 지배층의 다수를 이루었고, 피지배층은 다수의 말갈족이었다.

2) 관제

발해국은 이민족에게 멸망당하는 바람에 스스로 쓴 역사책을 남기지 못하였기 때문에 치안과 관련된 국가제도나 법률 등에 관한 내용은 그 기록조차 찾아볼 수가 없다. 다만 중국 사서 「신당서 발해전」에 발해국가제도에 대하여 간단한 내용이 서술되어 있다.

(1) 중앙관제

① 3성 6부

발해는 3성 6부 제도를 기본으로 하고, 그 아래에 1대 · 7시(侍) · 1감(監) · 1국(局)의 행정기관을 두었다.

㉠ 3성은 선조성(정책심의 결정) · 중대성(정책수립 · 정령 반포) · 정당성(6부 총괄 · 백관 통제지휘)을 말하는데, 이 중 정당성이 경찰과 깊은 상관성이 있다. 정당성은 6부를 관장하는 최고기관인 동시에 가장 높은 기관이었다. 장관은 「대내상」으로 국가기관의 관료들을 통제 · 지휘하였다.

㉡ 6부는 충부 · 인부(仁部) · 의부 · 지부(군대와 무관 · 역참 · 치안관련 업무 등) · 예부(禮部:법률 · 재판 등 사법행정) · 신부(信部)를 말한다. 각 부의 장관으로는 경(卿) 1인을 두었고, 그 아래에 낭중과 원외(員外)가 있었다.

㉢ 발해의 3성 6부 중 치안과 관련된 중앙의 최고상층부는 정당성의 대내상(장관)이었고, 그 밑에 6부 중의 지부(智部)의 장관인 경이 군사권과 경찰권을 관장하

13) 김형중, 앞의 책, p. 218.

였고, 예부의 장관인 경은 형률과 사법경찰업무를 관장하였다고 볼 수 있다. 그리고 그 예하의 관료들인 낭중 · 원외 등이 계획을 수립하고 시행하는 중간관리층이었다. 따라서 치안과 관련된 치안체계는 왕 → 정당성의 대내상 → 6부 중의 지부 · 예부의 장관인 경 → 낭중→원외 순으로 경찰상층부가 구성되었다고 추정할 수 있다.

② 기타

3성6부 이외에 1대 · 7시 · 1감 · 1국 등을 두었는데, 이 중 치안과 관련된 관청으로는 1대(臺)인 중정대를 들 수 있다. 중정대는 모든 관료들의 비위를 규찰하는 감찰기관으로, 엄격히 말하면 경찰기관은 아니다. 다만 범죄수사와 관련된 비위가 인지되면 수사가 개시된다는 측면에서 광의의 사법경찰업무에 포함된다고 보아도 무방할 것이다.

(2) 지방관제

① 발해의 지방제도는 5경(京) · 15부(部) · 62주(州)를 골간으로 하고 있다. 특히 외국과 교통하는 곳에도 부(部)를 설치하였는데, 신라도(신라로 가는 길) · 일본도(일본으로 가는 길) · 영주도(중국 당과 통하는 길) 등을 두었다.

② 부(府)의 장관으로 도독을 두어 관할 주(州)들을 지휘 · 감독하였고, 그 관할 62주(州)에는 자사(刺史) 1명, 현(縣)에는 현승 1명을 각각 두었다. 그리고 이러한 부 · 주 · 현의 행정조직 아래에 말단인 촌락이 있었고, 촌락에는 「수령」이라는 이름의 토착세력 지배자가 다스렸다.[14] 따라서 행정 · 군사 · 재판 · 경찰권은 당연히 이들 도독 · 자사 · 현승 등에 의해서 행사되었을 것이고, 촌락의 수령도 이들에 의해 감독 · 통제되는 선에서 경찰권을 독자적으로 행사하였다고 추정된다.

2) 율령(律令)

발해의 율령에 관하여는 오늘날 전해지는 것은 없고, 다만 당률(唐律)을 모법으로 하고 고구려율을 가미한 성문율령이었다고 추정하고 있다.

(1) 결혼목적 부녀납치행위 불처벌

발해의 경우 남녀간 혼인에 예의를 따르지 않고 먼저 빼앗아 달아나는 일이 많았다고 전해지고 있는데, 이와 같은 행위는 관습적으로 허용된 것 같다.[15]

---

14) 김육불 편저, 발해사연구회 옮김, 『발해국지장편』 중, 서울:신서원, 2008, pp. 394-395.

(2) 부녀투기죄 불처벌

발해국 지장편은 "발해는 일부일처제의 가족제도가 일찍부터 확립되었는데, 만약 지아비가 첩을 얻었다는 소식을 들으면, 주변 여성들과 자매를 맺어 반드시 그 애첩을 독살하려 모의하였다"고 전하고 있다. 따라서 발해의 경우는 삼국시대와는 달리 부녀가 투기로 인하여 처벌받는 부녀투기죄는 없었다고 추정된다.

(3) 순장

신라의 경우 순장은 지증왕 3년에 금지된 후 순장의 풍습은 사라지고 없었다. 그러나 발해시대에는 순장의 풍속이 여전히 존재하고 있었는데,[16] 이는 황제를 중심으로 한 전제왕권주의로 복귀하고 있음을 시사해 주고 있다.

Ⅵ. 고대의 경찰기능과 제도의 특징

1. 전문적으로 경찰권을 행사하던 독자적인 경찰기구는 존재하지 않았고, 다만 궁중경호 · 경비 · 사법 등을 관장하는 경찰중앙관서가 부분적으로 창설되어 경찰업무를 수행하였다. 그리고 이때까지도 군(軍)이 곧 경찰로서 역할을 수행했기 때문에, 경찰개념은 정립되지 않은 상태였다.

2. 그 후 통일신라시대로 들어오면서 중앙에는 궁성의 경호를 목적으로 하는 시위부(侍衛府)가 설치되어 독자적인 경호경찰적 기능을 수행하였고, 한편 중앙관청으로 병부 · 사정부 · 좌우이방부(左右理方部) 등이 설치되어 순찰 · 법집행 등의 경찰업무를 수행함으로써, 점차적으로 경찰조직과 기능이 세분화되어 가는 경향을 보이고 있다

15) 김형중, 앞의 책, p. 230.

16) 1949년 발해 수도 상경이 위치하던 돈화현 육정산에서 문왕의 넷째 딸인 '정혜공주묘'가 발견되었는데, 31명의 시종을 순장한 흔적이 발견되었다.

제 2 절 고려시대

고려시대의 경찰기구는 전기의 치안기구, 무인집권기의 야별초, 고려후기(말기)의 순군만호부가 각기 그 조직과 기능에서 영역이 다른 특질 등을 갖고 있다. 따라서 본서(本書)에서는 고려시대를 전기 · 무인정권기 · 후기의 3시기로 구분하였다.

Ⅰ. 전기

1. 중앙관제(중앙경찰기관)

고려전기의 국가의 치안확보 임무는 독립한 경찰조직과 경찰관을 두지 않고 병사로서 이에 당하게 하였기 때문에 군사행정 안에서 그 일부를 이루고 있었다.

1) 2성 6부

고려의 통치체제는 제6대 성종 때에 설치한 2성6부제를 토대로 하여 문종 때에 이르러 완성되었다.

(1) 2성

① 2성은 중서문하성과 상서성을 말한다. 「중서문하성」은 국가의 중요정책을 심의 · 결정하는 최고관서로서, 그 장관인 문하시중이 국정을 총괄하였다.

② 상서성은 결정된 정무(政務)를 집행하는 기관으로서, 중앙의 행정기구는 모두 상서성이 통할하고 있었기 때문에, 상서성에는 실제 정무를 나누어 분담하는 6부(이 · 병 · 호 · 형 · 예 · 공부)가 소속되어 있었다. 따라서 「상서성」은 치안정책을 수립하고 시행하는 경찰최고 상부기관이었다.

(2) 6부

6부 중 치안과 밀접하게 관련된 부서로는 병부와 형부를 들 수 있다.

① 병부(兵部)

병부는 상서성에 직속되어 군사에 관한 업무도 관장하였지만, 일정 부분 치안에 관한 계획수립과 결정 등의 업무에도 관여하였다. 즉 무관에 관한 인사행정・무역(교통)・순라(순찰)・의장위병(경호) 등의 행정경찰적 소관업무를 관장하였다. 병부의 예하관서로는 순관(巡官)・금화원(禁火員) 등이 있었다. 장관은 병부상서로 정3품이었다.

② 형부(刑部)

형부는 상서성에 직속되어 법률・소송・형옥 등에 관한 일을 맡아보던 관청이었다. 주로 관민(官民)의 모든 범죄분쟁을 조사하고 처형했던 곳으로, 오늘날 사법경찰업무의 대부분이 이 형부의 업무에 포함되어 있다. 장관은 형부상서로 정3품인 영(令)이 임명되었다. 형부의 예하관서로는 전옥서・경시서(경제경찰)[17] 등의 관서가 있었다.

2) 어사대

어사대는 신라 때의 사정부(司正府)를 계승한 것으로서 시정(時政)을 논의하고 풍속을 바로잡으며, 백관(百官)을 감찰하여 기강을 진작하고 관리의 부정을 탄핵하던 관청이었다. 그러나 어사대는 본래의 업무 이외에도 경제문제・윤상을 어지럽히는 행위・노비계약[18] 등에도 간섭하는 등 경찰관련 업무도 수행하였다. 고려시대의 어사대는 현재의 감사원 기능과 아주 유사하다고 볼 수 있다.

3) 기타 부서

6부예하의 관서로서 경찰업무를 관장하던 관서는 다음과 같다.

(1) 도관

도관은 노비의 문서와 이에 관한 소송을 관장하던 형부의 예하기관이었다. 원의

17) 高麗史卷七十七志卷第三十 - 百官二京市署條.
18) 高麗史卷八十五志三十九 刑法二 訴訟 恭讓王 四年條.

간섭기에 노비단속 문제는 경찰전문기관인 순군만호부가 담당하였고,[19] 단속된 노비관련 사범에 대한 소송은 도관이 담당하였기 때문에, 양자는 불가분의 관계에 있었다. 도관에는 장관급인 영(令)이 배치되지 않고, 정5품인 낭중이 임명되었다.

(2) 경시서

① 경시서는 수도 개성의 시장·점포를 검찰하여 상인들의 부정행위를 단속하던 형부의 예하 관서였다. 경시서는 오늘날 물가사범(가짜상품·폭리·매점매석 등) 및 공정거래 관련 사범단속 등 경제범죄를 단속하는 것이 주임무였는데, 오늘날 수사과의 사무일부를 처리하였다고 볼 수 있다.

② 경시서는 조선조까지 존속하였는데, 고려시대의 경시서의 최고책임자는 정7품 영(令)이었다.

(3) 전옥서

전옥서는 죄수를 관장하던 곳으로, 고려 건국 초기부터 설치되었다.[20] 형부와 전옥서는 일원적인 체계하에 놓여 있으면서, 형부의 하위기관으로 형부에 이송된 범죄자들을 직접 관리하는 부서였다. 따라서 전옥서의 임무는 죄수들을 격리 수용하고 도망을 방지하는 것이 그들의 본분이었다. 전옥서의 최고책임자는 영(令) 1인을 두었는데, 장관이 아닌 정8품이었다.

(4) 가구소(街衢所)

① 가구소는 명칭[21] 그대로 개경 도성의 중심지에서 도적체포 및 치안 유지를 담당하던 경찰기관으로서, 문종 30년에 설치하였다.

② 가구소에는 감옥(가구소옥)이 있었다. 형부감옥의 관리를 담당하던 전옥서와는 달리,[22] 강도·절도·싸움을 한 자·민심을 교란시키거나 질서를 파괴하는 자 등 주로 개성내의 일반범죄자들을 가두는 감옥으로 이용되었다.[23]

③ 가구소의 지휘관으로는 가구사(街衢使) 또는 가구별감을 두어 가구소를 통솔

---

19) 고려사 권85지(志) 형법2 도적 포도부조.
20) 고려사 권77지(志) 권제31 백관2 전옥서조.
21) 가구소는 큰 길인 가(街)와 거기서 갈라지는 좁은 길인 구(衢)를 뜻하는 것이다.
22) 형부옥(형부의 감옥)과 전옥서는 주로 정치범 등 신분적으로 높은 인물들이 투옥되었다.
23) 김형중, "고려전기 금오위의 조직과 기능에 관한 연구", 한국경찰연구 제18권 제3호, 2011, p. 30.

하게 하였고, 가구소옥의 경비와 죄수관리는 나장 등에 의해서 주로 이루어졌다. 가구소와 가구소옥은 그 후 원(元)의 간섭기에 순군옥(순군만호부의 옥)과 병존하여 운영되다가, 조선 태조 즉위년에 폐지되어 역사적으로 소멸되고 말았다.

(5) 금화원(禁火員)

① 고려는 전기부터 수도 개성과 각 지방 창고 소재지에 방화관계를 담당하던 관리인 금화원을 배치하였다. 고려시대 소방관련 조직체계도를 보면, 중앙의 대창서(大倉署:창고관리의 관아)를 최고 지휘부로 하고(책임자는 종7품인 영), 미곡창고를 관리하는 일반관리(종8품 승 등)와는 별도로 방화예방 등을 주업무로 하는 금화원 관리들이 그 예하에 소속되어 활동하였다.

② 고려시대의 금화원제도(소방업무)는 조선시대를 거쳐 제3·4공화국까지 경찰에서 관장하였으며, 이러한 소방업무의 효시가 되는 것이 「금화원」이라고 할 수 있다.

(6) 순관(巡官)

① 순관은 한 도(道)의 책임관원으로서 각자가 담당하는 각 역을 순찰·감독하고, 연도경비·군사경보전달·교통경찰·운수경찰·지방의 정보사찰 등을 수행하던 서반 외직(무관의 외직)의 순검관이었다. 이들 순관에게는 태형을 가할 수 있는 경찰형벌권이 부여되고 있었다.24)

② 고려시대의 교통관련 조직체계를 보면, 중앙에는 병부의 장인 병부령이 우역(역)의 모든 업무를 총괄하였고, 그 예하에 공역서(역마를 맡아보던 관아)를 두어 여러 도의 정역(程驛:거쳐 지나가는 길이나 과정인 노정과 역참을 통틀어 이르는 말)을 관장하였다. 따라서 이들이 교통관련 상위층을 구성하고 있었고, 하부 구소는 외직(지방관)으로 초기에는 순관 또는 관역사가, 후기에는 역승 또는 별감(공양왕 원년)을 두어 업무를 순찰·감독하도록 하였다. 조선조 중종 30년에 찰방으로 개칭하였는데, 그 관장임무는 동일하였다.

24) 고려사 권102 열전 권제15 김인경전.

2. 지방관제(지방경찰기관)

1) 5도 양제

(1) 5도(안찰사)

① 제6대 성종 8년에 중앙정부와 군현 사이의 중간기구로서 5도(양광・경상도・전라도・교주・서해) 양계(동계와 북계)를 설치하였고, 5도에 안찰사를 파견하여 도내의 군현을 통할하는 상부행정기관으로 삼았다.

② 안찰사는 경직(京職:중앙관직)을 가진 자가 사신으로 보내졌고, 임기는 봄・가을에 교대되어 6개월이었으며, 도에는 안찰사를 보좌하여 사무를 처리하는 관리도 두지 않았다.

③ 안찰사는 양계의 병마사보다 권한 면에서는 약한 편이었으나, 수령에 대한 행정・사법・경찰권의 남용에 대한 심리와 통제, 그리고 노비 등의 송사문제도 처리할 수 있는 권한을 가지고 있었다. 안찰사(안렴사) 제도는 고려멸망과 함께 사라지고 말았다.

(2) 양계(병마사)

① 양계는 병마사를 정점으로 하여 그 휘하에 서북면의 안동도호부(영주)와 동북면에 안변도호부(동주)를 두고, 다시 그 아래에 각 주(州)・진(鎭)을 소속시켜 일원적인 지배체제를 형성하고 있었다.

② 병마사(정3품)는 안찰사가 부임할 때와는 달리 옥대(玉帶:왕이나 높은 관리들이 옥으로 장식하여 두른 띠)와 자금(紫襟:자주빛의 옷깃)으로 그 권위를 표시하고, 왕이 친히 부월(斧鉞:임금이 장수나 제후에게 생살권을 부여한다는 뜻에서 주던 도끼)을 주어 진(鎭)에 부임케 하였다.

③ 병마사는 지방의 죄인에 대하여 수시로 감사검찰할 권한을 가지고 있었고, 경한 죄에 대하여는 재량처결권까지 갖고 있었다.[25] 따라서 병마사는 양계지역의 군정(軍政)과 민정(民政)을 총괄하는 장관으로서, 행정・사법・경찰권을 갖고 있었던 막강한 지휘자였다.

④ 병마사의 임기는 비교적 짧은 기간인 6개월(반년제)이었고, 치안을 문란하게

25) 고려사 권84 지(志) 권제38 형법, 직제조

하고 인민을 살상하는 자를 제어하지 못하면 병마사에게 그 책임을 물었다.[26)]

2) 경(京)

고려시대 지방관제에서 처음 설치할 당시부터 중요한 위치를 차지하여 온 것은 도호부·목·그리고 경(京)이었다.

(1) 경(京)은 수도인 개경을 제외한 서경(西京:평양)·동경(東京:경주)·남경(南京:지금의 서울)을 말하며, 3경 중 가장 중시된 것이 서경이었다. 서경에는 분사제도(分司制度)라 하여 수도 개경의 중앙정부와 유사한 기구와 체제를 갖추고 있었다. 서경은 역대 임금이 자주 이곳에 행차할 정도로 중요시하던 곳이었다.

(2) 3경에는 장관인 유수사(留守事, 정3품)와 그 예하 관료(부유수·판관 등)를 두었는데, 이들에 의해 행정·사법·경찰권이 행사되었다.

3) 도호부

(1) 제8대 현종 9년 행정구역을 재개편하면서 4도호부와 8목(牧)으로 두었는데, 이 양기구는 고려 일대에 걸쳐 실질적으로 지방의 최고행정기구였다.

(2) 도호부는 규모에 따라 대도호부(장관은 부사로서 3품 이상)·중도호부(장관은 부사로서 4품 이상)로 구분하였는데, 도호부 역시 3경과 8목처럼 군현의 상급기관으로서 지방통치상 중요한 역할을 수행하였다.

4) 목(牧)

(1) 제6대 성종 2년에 12목(牧)을 설치하였는데, 이 때부터 중앙의 통제력이 본격적으로 지방에까지 침투하기 시작하였다. 그 후 제8대 현종 9년에 12목이 8목으로 재개편되었다.

(2) 목(牧)의 장관은 목사(牧使)로서 정3품 이상으로 하였고, 목사 역시 행정·사법·경찰권을 총괄하여 행사하였다.

5) 군(郡)·현(縣)

(1) 군·현의 수령

① 고려시대에는 모든 주(州)·부(府)·군(郡)·현(縣)에 외관을 파견한 것이 아

26) 고려사 위의 책; 고려사절요 권12 명종2년 3월조.

니라, 중요한 지역에 한하여 배치되었다. 고려의 지방관제는 현종 9년에 4개의 도호부·8개의 목(牧)·56개의 주·군(장은 지사)·28개의 진(장은 진장)·현(장은 현령)으로 편성되었는데, 이후에도 외관제는 다소 변동이 있었으나 기본체제에는 큰 변함이 없었다.

② 고려시대의 지방관으로는 대도호부사(도호부사)·목사·군수·현령 등이 배치되었는데, 이들을 수령 또는 원님이라고 불렀다. 이들 수령은 자기의 관할에서 지방관으로서, 행정·사법·경찰권을 행사하였다.

(2) 현위

① 현종 9년 행정구역 재개편시에 주·현군을 통폐합하면서 449현을 20개 현(縣)으로 축소시켰다. 이 때 전국 20개현에 행정관인 새 현령을 임명하면서 동시에 치안관인 현위(縣尉)도 새로 임명배치되었다고 추정하고 있다.[27] 따라서 우리나라 경찰사상 한 지방에 행정관인 현령과 치안관인 현위가 함께 상존하는 최초의 체제가 시작되었다.

② 현령과 현위의 관계를 본다면, 현령은 7품관으로 행정·사법·조세 등 현(縣) 내의 업무를 총괄하면서 형식상 8품인 현위를 감독하는 직제상의 상위자였고, 반면 현위는 관내의 공안 및 질서유지 등 치안관련 문제에 대해서만 한정하여 그 업무를 수행하였다고 볼 수 있다. 따라서 행정조직 품계상 현령은 7품 이상이었고, 현위는 그 아래 8품으로 한 단계 낮은 직급이었다.

③ 현령의 근무하는 관청을 현아(구청 또는 군청), 그리고 현위가 근무하는 관청을 위아(衛衙:경찰서)라고 하였다. 따라서 한 현(縣)에 현령과 현위의 두 기관이 병립하여 운영됨으로써 순기능적 측면도 있었지만, 알력과 반목 등의 갈등이 상당히 심하였다.[28] 현위제는 이러한 이유 등으로 인하여 제23대 고종 43년에 폐지되었다.[29] 오늘날 한 구(區)나 한 군(郡)에 구청장과 군수가 있고, 한편으로 경찰서(경

27) 고려사 백관지 외직(外職)조에 "여러 현에 문종이 7품 이상인 영 1인과 8품 위(尉) 1인을 두었다"고 하여 현령과 현위의 품계를 규정하고 있으나, 설치시기에 대하여는 언급이 없어 현재까지도 이에 대한 견해가 대립되고 있는 실정이다.

28) 제19대 명종 12년 2월에 지금의 충청도 서산군 부성현의 현령과 현위 사이에 불화가 생겨 그 피해가 죄없는 백성에게 미쳐 현의 백성들이 그 고통을 참을 수가 없었고, 이로 말미암아 현민(縣民)들이 봉기하여 위아(경찰서)의 관리와 노비를 죽이고 현령과 현위의 관청을 폐쇄하여 출입하지 못하도록 하는 사건이 발생하였다. 그 결과 부성현의 호칭을 삭제하고 현령과 현위를 두지 않았다(고려사 권20세가 권제 20 명종 12년 2월조).

찰서장)를 동시에 두고 운영하는 행정조직체계의 기원점은 여기에서 비롯된다고 할 수 있다.

6) 사병(司兵)

(1) 건국 초기 지방행정

① 성종조에 지방 주(州)·목(牧)의 설치가 있기 전까지는 지방의 행정치안이 거의 자치적 운영에 속하였던 만큼 경찰조직 역시 자치적인 향직단체의 일부에 속하였고, 당시 지방행정조직은 그 직명이나 향직의 품계가 대개 중앙의 그것을 원용하였다.

② 향직단체는 최고 책임자인 당대등(堂大等), 부책임자인 대등(大等)이 있었고, 그 아래에 중앙 관직명을 그대로 사용하는 낭중, 원외랑, 집사 등이 있어서 주군현(州郡縣)의 행정을 총괄하였다.

③ 향직단체를 구성하는 행정기관은 총부·병부·창부를 두어 운영하였는데(행정의 3부분), 그 중 병부가 공안과 질서유지를 총괄하던 치안부서였다.

(2) 중앙관제정비

① 제6대 성종은 즉위와 함께 12목을 설치하는 등 종래 손이 미치지 못했던 지방행정의 통제강화를 도모하면서 국내의 모든 향직단체에 대하여도 개편을 단행하였다. 종전의 병부(兵部)를 사병(司兵)으로 하고, 병부의 장(長)인 병부경을 병정(兵正), 그 밑의 연상을 부병정, 유내를 병사(兵史)로 개칭하여 격을 낮추었다. 또 향직단체의 장(長)인 당대 등을 호장(戶長)으로, 대등을 부호장으로, 낭중을 호정(戶正), 집사를 사(史)로 바꾸는 등 부서명도 개칭하였다.

② 성종의 향직단체에 대한 칭호의 변경은 지방정권의 군사적·경제적 독립성을 부인함과 동시에, 중앙의 병부·창부보다 하위 직제임을 명시하기 위한 일련의 조치였다.

7) 사심관

사심관(事審官)은 고려시대 지방에 연고가 있는 고관에게 자기의 고장을 다스리

---

29) 고려사 권77지(志) 권제31 백괄2 외직조.

도록 임명한 특수관직이었다.

(1) 사심관의 기원

태조 18년(935) 신라의 마지막 왕인 김부(경순왕)가 항복해 오자 신라를 합병하면서, 옛 땅을 경주라 개칭하고 그를 경주의 사심관으로 삼았다. 고려는 당시 지방관을 파견하지 못했던 때였으므로, 이러한 사심관제도는 기인제도와 함께 지방세력에 대한 중앙통제의 중요한 수단이 되었다.

(2) 구성 및 기능

① 구성

성종 15년에 사심관의 수를 제한하여 장정 500인 이상의 주에는 사심관 4인, 300인 이상 주(州)에는 3인, 그 이하 주에는 2인으로 규정하였다. 이처럼 사심관을 복수로 임명한 것은 1명으로 인한 권력의 집중을 막으려는 정책이었다. 그 후 사심관의 부정부패와 권력남용으로 인한 민폐가 끊이지 않자 여러 가지 통제장치를 마련하였으나 별다른 효과가 없었다.[30)]

② 기능

㉠ 사심관제는 순기능 측면보다 역기능 측면이 많은 제도였다. 그러나 사심관은 지방 말단 행정을 자기의 권한 하에서 감독하고 통제하였다는 점에서 지방자치체적 성격을 가지고 있었다.

㉡ 경찰사적 측면에서 볼 때는 향민의 사찰업무와 풍속업무 등의 경찰권도 행사하였는데, 이런 점에서 지방자치적 경찰의 기능도 수행하였다고 볼 수 있다.

3. 병제(兵制)

국가통치의 수단으로 군사체제와 군사관계의 규정이 무엇보다 중요하다. 중앙과 지방의 관제와는 달리 일선에서 실질적으로 치안업무를 수행하던 부서는 병제관련 기구들이었다. 고려의 군사조직은 중앙군과 지방군인 주현군과 주진군(主鎭軍)으로 구성되어 있었다.

30) 제11대 문종 11년에는 귀향하여 민폐를 끼치는 사심관이 있으면 안렴사 등으로 하여금 개경으로 압송하여 죄형을 과하기도 하였다(고려사 권75 지(志) 권 제29 선거3).

1) 중앙군

중앙군은 궁성수비와 왕의 시위 등의 역할을 맡은 친위부대인 2군과 6위(전투부대·경찰부대·의장대·경비부대 등)로 구성되어 있었다. 이들 2군 6위의 지휘관은 상장군(정3품)·대장군(종3품)·장군(정4품)이 지휘하였으며, 그 아래에는 중랑장(정5품)·낭장(정6품)·별장(정7품)·산원(정8품)·위(尉:정9품)가 있었다. 말단인 대(隊)는 25명으로 구성되어 있었고, 지휘관은 대정(隊正)으로 품계 이외의 직책이었다. 고려시대의 2군6위제도는 범죄예방과 검거 그리고 경호제도의 기본틀을 제공하고 있다는 점에서 경찰사적으로 그 의미가 크다고 평가할 수 있다.

(1) 2군

① 2군은 응양군과 용호군을 말하며, 국왕의 친위부대로서 6위보다 상위에 있었다. 응양군은 1령(領:1,000명)으로 편성되어 있었고, 반면 용호군은 2령(2,000명)으로 되어 있었다.

② 응양군의 상장군은 용호군의 상장군보다 우월한 지위에 있었고, 이런 이유로 응양군의 최고지휘관인 상장군을 반주(班主:무반의 장)라고 불렀다.[31]

③ 용호군은 왕의 신변을 보호하는 경호부대로서 왕이 출입할 때 호위임무를 수행한 것은 용호군 장교들이었고, 그 밑에 말단 호위군사인 용호중맹군이 있었다. 용호중맹군은 장교 이상의 간부들과는 달리, 복장도 간편하고 무기도 실전에 사용할 수 있도록 1자 정도의 창을 들고 있었다.[32]

(2) 6위

2군이 친위군단인데 비하여 6위는 전투부대였다. 6위는 좌우위·신호위·흥위위·감문위·금오위·천우위를 말한다. 좌우위·신호위·흥위위 3위는 경찰업무와는 직접 관련성이 없는 전투부대였다. 반면 경찰관련부대로는 금오위·천우위·감문위(궁성내외의 여러 문을 수위하는 부대)가 있었다.

① 금오위

금오위는 오늘날의 경찰업무를 대부분 담당하였다고 보는 것이 통설적인 입장이

31) 고려사 권77 백관 지(志)2 서반 응양군 세주(細註) 참조.

32) 고려도경 권제11 장위1 용호중맹군.

다. 고려시대의 금오위는 중국 당(唐)의 제도를 답습하였는데, 충선왕 이후로 금오위를 칭호를 여러 번 순라경찰(순찰)을 의미하는 비순위(備巡衛)로 개칭하였다.[33)]

㉠ **금오위의 조직과 운영**

금오위는 수도 개성의 치안을 책임지고 있는 군이자 경찰부대였다. 금오위의 지휘부에는 상장군(1인)·대장군(1인)·영(領:1,000명으로 편성)에는 장군 이하 대정(隊正)까지 78명이 배치되어 있었다. 한편 금오위의 소속 장병은 정용(精勇:기마병) 6령(6,000명)과 역령(役領:노동부대 혹은 복역하는 죄수의 감독군으로 추정) 1령(領:1,000명)으로 구성되어, 총 7,000명의 군사가 있었으며, 수도 개성의 치안업무는 정용군이 담당했으라고 추정하고 있다.[34)]

㉡ **금오위의 기능**

㉮ 금오위는 범죄예방을 위한 순찰과 포도금란(捕盜禁亂)이 주임무였다. 금오위에게는 통행금지와 해제 등에 관한 권한이 부여되고 있었는데,[35)] 금오위는 이러한 통행금지와 해제라는 경찰권을 통하여 순찰 등 범죄예방에 중심축인 역할을 수행하였다.

㉯ 금오위는 용호군과는 달리 국왕호위와 외교사신을 영접하는 의전행사시에 비상사태에 대비한 위험요소들을 사전에 제거하는 것 등의 업무도 전담하였다(도로에서 발생할 수 있는 위험요소 등).[36)]

㉰ 금오위는 벌채·도살·수렵·윤상을 어지럽히는 행위, 즉 규제행정업무 등에 대하여도 광범위한 경찰권을 행사하였다. 고려시대의 경우 전 왕조를 통하여 금령(禁令) 등을 하달하여 통제한 것 중의 일부가 벌채·도살·수렵 등이었는데,[37)] 이

33) 충선왕이 금오위를 거쳐 비순위로 하였다. 공민왕 5년에 다시 금오위라 칭하였고, 11년에 다시 비순위라 하였으며, 18년에는 다시 금오위라 칭하였고 뒤에 다시 비순위로 고쳤다(고려사 권77지(志)백관2 서반조).

34) 이기백, 『고려병제사연구』, 서울:일조각, 1968, pp.69-79.

35) 금오위는 평상시에는 날이 저물면 성문을 닫고 일반인들이 도성출입을 막고, 자정이 넘으면 도성 내에서 통행을 금지시키는 업무를 수행하였다(고려사 권19 세가 권제19 명종 1. 위술의 서도잡기).

36) "금오위는 사신을 영접하는 의전 행사시, 금오위 장군은 검붉은 색의 소매 넓은 적삼을 입었으며, 의식용 물건(깃발과 덮개)을 들고 창합문(대궐문) 밖에 서 있었다"고 고려도경에서 전하고 있다(고려도경 권제24 절장편).

37) 성종 7월에 "정월 중기 후에는 벌목을 금지하고 어린 짐승새끼나 알을 상하지 않게 하라고 교지하였고(고려사 권3 세가 권제3 성종 7년 정월조), 현종 12년 9월에는 명승지인 못 등에서 고기를 잡고 나무하는 것을 금하는 전지를 내리기도 하였다(고려사 권85지(志) 제39 형법2 금

를 단속하는 것 역시 금오위였다.

㉣ 금오위는 순찰 등 범죄예방뿐만 아니라 도적을 체포하는 것도 중요한 기능 중의 하나였다. 고려시대의 범죄통제는 금오위와 여러 시설에 배치된 검점군 그리고 여러 기관에서 운영되던 순검군 등에 의해 체포된 자를 형부옥·전옥서·가구소옥에 수감하여 통제하는 체제로 이루어졌다. 따라서 금오위는 이들 범죄자를 체포하고 검거하는 사전적 통제기능으로서의 역할도 일정부분 수행하였다고 볼 수 있다.

② 천우위

천우위는 조회시에 왕을 시종·시위하는 것이 주임무였다. 어전에는 국왕을 중심으로 좌우로 1인이 배치되고, 천우비신장군 4인이 또한 국왕을 중심으로 좌우로 2인씩, 그리고 비신장군(備身將軍:비신은 신변경호를 뜻함) 4인이 좌우로 2인씩 배치되었다.

2) 지방군

고려시대의 지방군은 일반농민인 16세의 장정들로 구성되었다. 5도의 주현군과 양계의 주진군은 그 성격이나 기능면에서 상당한 차이가 있다.

(1) 주현군

주현군은 경기지역과 5도에 두었는데, 보승군(보병부대)·정용군·노동부대(일품군·이품군·삼품군)로 구성되어 있었다. 5도의 주현군은 수령의 지휘아래 평시에는 농사에 종사하다가 유사시에 치안과 방수(국방)에 동원되었는데, 이들은 일종의 예비군이었다.

(2) 주진군(州鎭軍)

① 주진군은 양계(동계와 북계)에 둔 특수전투부대였다. 이들은 초군·좌군·우군으로 구성된 상비군(정규군)으로서 국경수비를 전담하였다. 여기에는 기마부대인 마대(馬隊)와 궁수로 구성된 노대(弩臺)가 소속되어 있었다.

② 주진군에는 지휘관으로 도령·낭장·별장·교위·대정 등이 있었는데, 주진군의 지휘관은 평상시에는 지역사령관인 방어사와 진장(鎭將)의 지휘를 받았다. 따라서 양계지역에서는 방어사·진장·도령·낭장·별장·교위·대정 등에 의해서 경찰

령조).

권이 행사되었다.

4. 형정(刑政:형사에 관한 행정)

1) 고려율

고려시대의 율형에 관하여는 현재까지 전래되지 않아 그 내용은 알 길이 없고, 다만 고려 형법에 관한 자료로는 고려사 형법지에 수록되어 있는 것이 유일하다. 고려사 형법지에 수록된 내용은 총 71조로 구성되어 있다.

(1) 고려시대의 형벌

① 고려시대의 형벌은 태형·장형·도형·유형(流刑)·사형(교형과 참형)의 5형(刑)이 있었다.[38] 고려시대 5형에는 모두 속동(贖銅:형벌을 면하기 위하여 동을 바치는 것)에 의한 감형제도가 인정되었다. 예컨대 태형 50대의 경우, 속동액 5근을 바치면 절감형량은 10대였다.

② 고려시대에 특이할 만한 형벌제도로 고한제도(辜限制度)를 들 수 있다. 「고한」이라 함은 보고기한(保辜期限)의 줄인 말로서 남을 상해한 사람에 대하여 맞은 자를 치료해 주고 상처가 다 나을 때까지 처벌을 보류하는 것을 말한다. 이러한 고한제도는 상해범에게 형을 결정하기까지 일정한 치료기간을 설정해 주고 피해자의 경과를 보아서 형을 결정하도록 한 제도로서, 상당히 진일보한 규정이라고 볼 수 있다.

(2) 고려시대의 범죄

고려시대 범죄유형은 더욱 세분화되어, 모반·살인·절도 등의 범죄 외에 공무원 범죄(뇌물죄·직권남용죄·직무에 관한 죄), 문서훼손죄·무고죄·방화죄(방화·실화)·강간죄·간통죄·도박죄·유기죄·사기죄·장물죄 등이 다양하게 규정하여 이를 어긴 자를 처벌하였다.[39] 이는 사회의 발달과 범죄의 다양화에 대응하기 위한 것이었다.

(3) 형사소송법규

---

38) 태·장·도·유·사형, 즉 5형에 관한 내용은 조선시대에서 상세히 기술하였다.

39) 고려 형법상의 범죄의 유형과 그 내용에 대하여는, 김형중, 『한국경찰사』, 박영사, 2016, pp. 329-339를 참조할 것.

① 관할에 관한 규정

지방의 범죄자 중 중한 죄는 중앙의 형정관서(형사에 관한 일을 맡아보던 관청)에서, 경한 죄는 지방장관이 심리·결정하도록 하여 그 책임소재와 관할구역에 대한 한계를 분명히 규정짓고 있다.[40]

② 3심제

사형수의 경우에는 다른 죄와는 달리 오늘날과 같은 3심제를 채택하였다. 사형과 관련하여서는 제9대 덕종 때에는 "죄가 의심스러우면 가벼운 것을 따르고,[41] 국왕이 최후 결정을 내리기 전에 3심제를 하더라도 억울하게 사형을 당하면 소송을 하고자 하여도 길이 없으니 신중히 하라"고 재삼 당부하고 있다.[42] 또 제11대 문종 원년 8월조에 "인명은 중한데 죽은 자는 다시 살아나지 못하므로, 항상 사형수는 반드시 세 번 복심함을 원칙으로 하고, 또한 심리도 신중히 하라"고 전교하고 있다.[43] 이처럼 고려시대의 국왕들은 사형에 관하여 3심제를 지킬 것을 지속적으로 강조하였는데, 오늘날 삼심제의 기원은 고려시대를 그 기원점으로 보아야 할 것이다.

Ⅱ. 무신정권시대의 경찰기관

1. 서설

제18대 의종 24년(1170) 정중부 등에 의해 일어난 무신정변은 모든 분야에 커다란 변화를 가져온 것도 사실이며, 경찰조직도 예외는 아니었다.

1) 고려 무신정권기의 통치형태

무신정권기의 통치형태는 전기와 후기로 크게 나누어 볼 수 있다.

---

40) 고려사 권 84지(志) 권 제38 형법1 직제조.

41) 덕종의 지시 내용 중 "죄가 의심스러우면 가벼운 것을 따르라"는 구절은 오늘날의 '의심스러울 때는 피고인의 이익으로'라는 형사소송법상의 기본원칙과 맥을 같이 하고 있다는 점에서, 형사소송법상 중요한 의미를 가진다고 볼 수 있다.

42) 고려사 권84지(志) 권제38 형법2 휼형조.

43) 고려사 앞의 책.

(1) 전기 · 후기

무신정권의 전기시대는 정중부→경대승→이의민 등이 정권을 독단하던 27년간의 무신정권기를 말하며, 후기는 최씨정권 성립 이후부터 임유무가 몰락할 때까지의 74년간을 들 수 있다.[44)]

(2) 무신정권의 경찰기관

무신정변에 의해 무인전단정치가 시작되면서 고려전기의 모든 통치조직은 형식상 기구에 불과하였고, 실질적인 정치운영과 경찰권행사는 그들에 의해 창안된 야별초 · 교정별감 · 도방 · 마별초 등에 의해서 수행되었다. 이하에서는 공적기구인 중방과 야별초에 한정하여 기술하였다.

2. 중방

1) 중방(重房)은 고려 전기인 목종 때 6위의 제도를 정비하고, 뒤이어 2군을 설치하고 난 후 설치되었다. 중방의 조직은 2군6위의 상장군 · 대장군의 합좌기관으로서(도합 16명), 일종의 군의 통수부(統帥府)였다. 고려 전기의 중방은 군사에 대한 일을 논의하던 왕권기관이었으나, 문신들이 정권을 잡을 때는 별다른 영향력이 없었다.

2) 그 후 정중부 등이 쿠데타로 무신정권이 성립되면서, 중방은 경찰 · 규탄 · 인사 · 형옥 등에 있어서 왕권을 능가하는 초월적인 권력을 행사하였고, 고려 전기의 관제와 병제상의 2군6위는 있으나 마나한 존재가 되었다. 그 후 최충헌이 정권을 잡은 시기부터는 교정도감[45)]이 중방을 역할을 대신하였으며, 이 때부터 중방은 형식적인 제도로 고려 말까지 존속하였다.

3. 야별초

무신정권기의 지배기구 가운데 공적인 기구로는 무신정권 성립기의 중방과 야별

---

44) 무인정권기의 시기는 제19대 명종 1년(1171)에서 제24대 원종 11년(1270)까지의 기간을 말한다.

45) 교정도감은 제21대 희종 5년에 최충헌이 반대세력을 숙청하기 위하여 설치한 사적기구이자 임시기구였다. 최초로 최충헌은 그 장(長)의 직인 교정별감이 되었고, 교정별감은 그 후 최우→최항→최의로 이어지다가 최씨정권의 몰락 뒤에는 김준→임연→임유무로 이어지면서 국가의 서정(庶政)을 전단하였다. 교정도감은 최충헌에 의해 설치될 때에는 사적기구였으나, 뒤에는 공적기구화되어 고려사에 등록되어 있다(고려사 권77지(志) 권제30 백관2 제사도감 각 색조)

초를 들 수 있다. 특히 야별초(삼별초)는 최우 집권 이후의 무력기반으로써 가장 강력한 무기 중의 하나였다.

1) 야별초의 기원

야별초는 무인난 이후 제24대 원종 때에 최충헌의 아들 최우가 나라 안에 도적이 많은 것을 근심하여 야간에 순찰을 돌면서 도적을 예방하고 단속할 목적으로 창설시켰던 하나의 독립된 군이자 경찰부대인 치안군이었다. 그리고 야별초의 인원수가 크게 증가하여 좌・우별초로 나누어지고, 또 몽골에 포로로 되었다가 돌아온 사람들로 한 부대를 조직한 것이 신의군이었다. 따라서 좌・우별초와 신의군을 합하여 삼별초라 하는데, 삼별초는 대몽골항전에 있어서 핵심적인 부대가 되기도 하였다.

2) 중앙의 야별초와 지방별초

(1) 지방별초

지방의 별초의 성격은 결사대로서 선봉대 또는 별동대에 해당되는 특수부대였다. 그리고 그 기능에 따라 경주별초 등으로 불려지기도 하였는데, 이 때의 별초는 정규적이고 상비적인 것이 아니고 임시적・기동적으로 편성・운영되었다고 볼 수 있다.

(2) 중앙의 야별초와 지방별초와의 관계

최우 집권 이후(고종 6년) 야별초를 조직하여 개경 시내를 순찰시키면서 도적을 예방・검거하였으나, 도둑이 전국에서 일어나자 야별초를 각 도(道)에 파견시켜 도둑을 잡게 하였다.[46] 따라서 최우시대부터 지방에 파견된 중앙의 야별초와 종래의 지방의 독자적인 별초(예컨대, 경주별초 등)가 양립하여 상당기간 동안 운영되었다.

3) 야별초의 성격

(1) 야별초는 최우의 사설경찰부대인가, 아니면 국가의 공병(公兵)으로서의 경찰부대인가 하는 점은 경찰사적 측면에서 상당한 중요한 의미를 가진다. 경찰은 국가권력의 상징이기 때문에, 야별초가 사설경찰로서의 의미를 가진다면 그 존재가치를 논할 필요조차 없다고 보아야 한다.

---

46) 고려사 권81지(志) 권 제35 병(兵) 5군(五軍)조.

(2) 야별초가 공병인가, 아니면 사병인가에 대하여는 여러 가지 견해가 제시되고 있지만,[47] [사병화된 공병」, 즉 「사병화된 경찰군」으로써 국가 공적 권력기구의 성격을 가졌다고 보는 견해가 대체로 긍정적인 반응을 얻고 있다.[48]

4) 야별초의 직제와 기능

(1) 야별초의 직제

① 야별초는 중앙군에 해당하는 경찰부대였다. 야별초는 도방[49]에 소속되어 있었으며, 지휘관으로는 지유 · 도령 · 교위 등이 있었다. 야별초의 지휘관으로서의 야별초지유는 무관으로서는 최고의 지위인 정3품 벼슬이었다고 추정된다.[50]

② 야별초의 하위구성원은 당시 허약한 국가의 공병과는 달리, 모두 보병으로서 날쌔고 굳센 군졸은 모두 삼별초에 속하고 있었다.[51] 따라서 이들의 전투력은 대단하였다고 추정된다.

(2) 야별초의 기능

야별초는 고려전기의 금오위나 순검군 등과의 역할과 큰 차이는 없으나, 치안업무의 범위나 범죄통제적 측면에서는 상당한 차이가 있다.

① 범죄예방

무인정권기의 야별초는 순찰과 포도금란의 주임무였다. 그러나 고려전기의 금오위 · 검점군 · 순검군 등의 활동범위가 수도 개성을 중심으로 주로 이루어졌다면, 야별초의 활동은 지방에 걸치는 전국적이었다는 점에 현격한 차이가 있다.

---

47) 구체적인 것은 필자의 논문을 참고하기 바란다(김형중, "고려무신정권기의 경찰조직과 그 기능에 관한 연구", 한국공안행정학회보 제52호, 2013. pp. 86-90).

48) 윤용혁, "최씨무인정권기의 대몽항전자세", 사총지 · 22집, 1977, pp. 309-310; 박용운, 앞의 책, p. 444.

49) 도방은 무신정권 후 무신집권자들의 사적 신병경호 업무가 주임무였다. 그러나 도방은 때에 따라서는 반도의 토벌 · 외적의 방어 등 공식적인 치안업무에도 동원되는 경우가 있었기 때문에, 일정부분 치안업무와 관련성은 있다고 볼 수 있다.

50) 제23대 고종 18년에 "최우를 중심으로 강화천도론이 토론될 때에 야별초의 지휘관 김세충이 문을 열고 들어가서 강화천도를 반대하고 최우에게 면박을 주다가 참형을 당하였고, 제24대 원종 때는 야별초지유 김초정을 안찰사(정3품)로 부임시킨 사례 등을 근거로 볼 때, 직급은 정3품 품계라고 추정된다.

51) 증보문헌비교 권100 병고(兵考)1.

② 범죄통제

고려전기의 범죄통제가 주로 관제상의 형부옥・전옥서・가구소옥 등이 중심이었다면, 무신정권기는 도방예하의 야별초옥(야별초내에 설치한 감옥)에 의해서 범죄통제가 주로 이루어졌다. 그렇다고 해서 관제상의 형부・가구소 등의 감옥을 전면적으로 사용하지 않았다는 것을 의미하는 것은 아니고, 가구소는 고려 말까지 존속하면서 구류와 처형장소로 이용되기도 하였다.

③ 전투경찰・경호경비 경찰로서의 역할

㉠ 야별초(삼별초)는 중앙의 야별초로써, 몽골병을 공격하는 주력부대였다. 따라서 야별초(삼별초)는 경찰고유의 임무수행과 동시에 전투부대로도 혁혁한 공적을 남겼는데, 이러한 전투사례들은 고려사 곳곳에서 산재해 기술되고 있다.

㉡ 야별초는 친위병(오늘날의 경호부대)의 임무를 수행하기도 하였는데, 때와 장소 그리고 상황에 따라 공복(공적인 복장) 또는 군복을 입지 않은 사복(편의복장)으로 국왕을 경호하기도 하였다.[52)]

④ 야별초의 역기능

야별초는 순기능 측면도 있었지만, 역기능 측면도 그에 못지 않았다.

㉠ 야별초는 국가에서 많은 봉급을 받았고, 권신들도 야별초를 이용하기 위하여 죄인들의 재물을 몰수하여 이들에게 나누어 주는 등 특별대우를 하였다.[53)] 이를 미끼로 무신정권하의 권신들은 이들을 마음대로 부렸으며, 정권의 비호를 받은 이들 또한 다른 군사들에게 횡포를 부리기 일쑤였고, 백성들을 침탈하는 일도 서슴치 않았다.

㉡ 야별초는 정치경찰 또는 권신의 도구로써, 쿠데타의 주역이 되기도 하였다. 제23대 고종 45년 3월에 유경・김준 등이 최의 등을 제거하고, 4대 60여년간 계속 되어온 최씨정권의 종말을 고하게 한 세력도 야별초였다. 이처럼 야별초의 지휘자인 별초지유의 거취와 야별초부대의 향배는 정권탈취의 성공여부에 하나의 관건이 되기도 하였다. 따라서 야별초는 본래의 목적을 일탈하여 정적을 제거하는데 전위대

52) 제23대 고종 45년에 몽골 사신 몽고대 등이 오자 왕이 강을 건너 승천신궐(승천부 새궁궐)에서 이들을 맞을 때, 야별초 80명이 평상복 속에 갑옷을 입고 왕을 호위하기도 하였다(고려사 권24 세가 권제24 고종 40년 11월 신묘조).

53) 고려사 권81 지(志) 권제35 병(兵)1 5군(軍)조.

역할을 하였고, 뿐만 아니라 권신의 비호 아래 백성들을 고문하고 재물을 침탈하는 등 온갖 만행을 저지르는 어두운 이면사도 갖고 있었음을 간과해서는 안될 것이다.

4. 무인정권기의 경찰의 특징

1) 무인정권기의 경찰기구

고려전기의 경찰활동은 관제(官制)와 병제(兵制)상의 치안관련 기구들에 의해서 범죄예방과 통제가 이루어졌다. 그러나 무신정권기하의 무인전단(武人專斷)의 정치가 시작되면서 고려전기의 공식적인 관제나 병제 등의 치안기구는 형식상 존재하였을 뿐, 실질적인 정치운영과 경찰권행사는 공적인 기구인 중방(重房)·야별초 그리고 사적(私的)기구인 도방(都房)·교정별감·정방(政房)·마별초 등에 의해서 운영되었다. 그러나 그 중에서도 가장 강력한 무기 중의 하나가 삼별초의 모태가 되는 야별초였다. 야별초는 최우 이후 무신정권기간 동안 경찰군(警察軍)으로서, 한편으로는 대몽항전에 있어서 핵심적인 주력부대였다.

2) 야별초의 경찰사적 의미

경찰사적 측면에서 볼 때 무엇보다도 중요한 것은 야별초가 갖는 역사적 의미이다. 첫째, 고려전기까지 경찰활동은 관제와 병제를 축으로 하여 수도 개성에 한정하여 범죄예방과 통제가 주로 이루어졌다. 그러나 무신정권기인 최우 때에 야별초가 설치되면서, 순찰과 포도금란(捕盜禁亂) 등의 경찰고유업무가 최초로 중앙에서 지방까지 확산되었다. 이런 맥락에서 볼 때 야별초는 전국적으로 경찰고유의 독자적인 조직으로 분화될 수 있는 단초를 제공하였다고 볼 수 있다.

둘째, 경찰역사의 연속성 측면을 들 수 있다. 고려말 제24대 원종(元宗) 11년에 야별초가 폐지되고 난 후, 제25대 충렬왕 때에 원의 제도의 영향을 받아 수도 개성을 중심으로 순찰·포도(捕盜)·형옥(刑獄) 등 관계의 일을 맡아하던 순마소(후에 순군만호부로 개칭)가 설치되었다. 그 후 전국에 33개 순포(巡鋪:오늘날의 지방경찰청 단위)를 설치하여, 전국 치안을 장악하기에 이르렀다. 이런 점에서 보면, 야별초나 순마소의 설치목적은 그리 단순하지만은 않다고 보아야 한다.

Ⅲ. 고려후기의 통치기구

1. 서설

고려 제24대 원종 14년(1273) 제주에서 대몽항쟁을 계속하던 삼별초의 저항은 려·원 연합군(고려와 원의 연합군)에 토벌당함으로써 종말을 맞게 되고, 이후부터 고려는 원(元)의 내정간섭을 많이 받아 자주성의 위축을 면치 못하게 되었다. 원(元)[54]의 고려를 지배하기 위한 최초의 시도는 원제국의 제도를 고려에 그대로 이식시켜 행정을 장악하는 것이 급선무였다.

우선 관제를 개편하고 정동행성[55]을 설치하였다. 그리고 고려말의 군사제도상 가장 큰 비중을 차지하였던 몽골풍의 군사조직체제인 만호부제(萬戶府制)를 도입하였다. 원(元)은 처음에 고려의 주요지점에 군사겸 치안기지인 5군만호부를 설치하였는데, 5군만호부는 왕경(王京:수도)에 「왕경등처관군만호부」·금주(金州:후에 합포로 개칭됨, 지금의 마산). 전라도·서경(평양)·탐라만호부를 가리킨다. 한편 이 때에 도적이 횡행하여 사회적으로 치안이 극도로 불안하자, 원(元)은 정치·사회적 불만요인들을 사전에 제거하기 위하여 발족시킨 것이 원(元)의 경찰제도를 모방한 순마소(후에 순군만호부로 개칭됨)[56]이다. 이 순마소(순군만호부)는 고려와 조선조

54) 제21대 희종이 왕위에 올랐을 때, 대외에서는 칭기즈칸이 몽골족을 통일하고 대칸(중앙아시아 유목민 지배자의 칭호) 자리에 올랐고, 칭기즈칸 사후 오고타이가 몽골제국을 이어받고 남송·유럽 등에 계속해서 원정대를 파견했고, 1231년 몽골은 사신 저고여 피살을 이유로 고려를 침략하기 시작하였다. 그 후 고려는 대몽항쟁을 결의하고 강화도로 천도하게 되고, 몽골군의 계속적인 침략으로(6차까지 침략) 삼별초가 항쟁의 깃발을 들었다. 당시 몽골제국은 쿠빌라이 간에 의해 내전이 수습되고 수도를 오늘날 베이징 부근의 「대도」로 옮겼다(1267년). 그 후 1271년에 쿠빌라이칸은 몽골제국의 국호를 중국식인 '원(元)'으로 고쳤고, 이때부터 몽골제국을 '원'으로 호칭하게 되었다. 반면 고려의 국내사정은 삼별초가 려·몽 연합군의 공격을 받아 탐라도 이동하여 항파두성(지금의 북제주군 애월읍 소재)을 건설하고, 애월항 입구에는 나무로, 해변에는 돌로 성을 쌓아 항쟁을 계속했다.

55) 원(元)나라는 외지(外地)의 통치나 대규모의 군사행동 등을 위해 여러 가지 성격의 행성(行省)을 설치하였다. 정동행성(征東行省)은 명칭 그래도 정동(征東), 즉 일본을 정벌하기 위하여 마련한 행성이었다. 그러나 원(元)은 일본원정 계획을 포기한 뒤에도 고려말까지 존속시켜 내정을 간섭하려고 하였다(하현강, 『한국중세사론』, 서울:신구문화사, 1980, pp. 128-129).

56) 중국 원(세조 쿠빌라이)은 세조 5년에 주(州)와 부(府)의 역과 도로에 순마(巡馬)와 기마보병 궁수를 두어 야간통행금지업무에 종사케 하였고, 그들 기마보병궁수를 통칭하여 '순군(巡軍)'이라고 하였다(원사 하권 101 병지(兵志)4 궁수로). 이 때가 고려 제24대 원종 5년이었다.

를 잇는 원시적이나마 전문적인 경찰기관으로서, 경찰사적 측면에서 대단히 중요한 위치와 의미를 지닌다.

2. 경찰기관

1) 중앙의 경찰기관

(1) 순마소

① 순마소의 설치시기

순마소의 설치시기에 관해서는 여러 견해가 제시되고 있으나, 무인정권기의 경찰기관인 야별초가 폐지되고 나서 충렬왕 4년 5월 중순 이전에는 수도 개성에 이미 순마소가 설치되었다고 추정된다.[57]

② 순마소의 조직과 운영

㉠ 순마소의 조직

㉮ 순마소의 최고지휘관은 순마천호 또는 순마지휘였다. 순마천호는 몽골병제식 직명인데 반하여, 순마지휘의 「지휘」라는 직명은 고려 원래의 5군직제 명칭 중의 하나였다. 당시 고려 조정은 원황제에게 고려 현직 관료들에게 일종의 관직증명서격인 패면(牌面)을 내려줄 것을 요청하는 경우가 많았다.[58] 이런 이유 등으로 충렬왕 이후부터는 원(元)의 황제가 수여하는 몽골 병제식 직명인 순군천호와, 또 하나는 고려 조정에서 직접 관직명을 수여하는 순마지휘 또는 순마지유라는 명칭이 혼재되어 사용되기 시작하였다.

㉯ 순마소의 하부조직으로는 순찰과 도적예방 업무를 담당하던 순마군(巡馬軍)이 배치되었는데, 이들을 통칭 '순군(巡軍)'이라 불렀다.

㉡ 순마소의 운영

순마소에는 전장(田庄:개인이 소유하는 논밭)과 촌락이 예속되어 있었고, 여기에서 나오는 여러 가지 부역(賦役:국가나 공공단체가 국민에게 보수없이 의무적으로 책임을 지우는 노역)으로 공사수요에 충당하였다.

---

57) 第25대 충렬왕 4년 5월 14일에 최초로 '순마소'라는 관청에 대정이라는 사람이 납치신고를 한 것으로 고려사에 기술한 것으로 보아, 충렬왕 4년 5월 중순 이전에는 이미 순마소가 설치되었다고 보아야 한다.

58) 고려사 권제29세가 권제29 충렬왕 6년 8월조.

㉢ **순마소에서 순군만호부로의 변천과정**

㉮ 원래 5만호부제의 하나인 「왕경등처관군만호부」는 일본 정벌을 목적으로 수도 개성에 설치하였는데, 이 기구는 원(元)나라가 고려를 지배하는데 가장 핵심적인 기반이었다. 그리고 이러한 무력적 토대 위에 별도로 수도 개성의 치안을 유지하기 위하여 「순마소」가 설치 · 운영되었다.

㉯ 그 후 충렬왕 20년(1294) 1월에 원세조 쿠빌라이가 사망하면서, 원의 일본정벌(동정계획)은 좌절되었다. 따라서 수도 개성에 일본정벌을 위해 설치되었던 「왕경등처관군만호부」의 군사후방기지의 본래적 역할은 상실되고 말았다. 그 결과 충렬왕 26년 12월에서 충렬왕 33년 3월 이전 사이에 「왕경등처관군만호부」와 「순마소」가 병합되어, 치안기구인 「순군만호부」로 개편되었다고 추정된다.[59)]

㉣ **순마소의 조직변천과 그 기능**

㉮ 순마소의 기능

순마소는 수도 개성의 내외를 순찰하며 수도의 치안을 유지하던 순라군, 즉 경찰부대였다. 순마소는 충렬왕 초에 순마소 또는 순군으로 발족하였는데, 순마소는 아마도 업무수행의 신속을 요하는 이 관서의 관리들이 대개 말을 타고 기마경찰의 활동을 하였던 데서 연유된 것으로 보인다.[60)]

㉯ 순마소의 원래 설치 목적은 개성 수도 내외에 한정된 일반적인 방도금란(防盜禁亂:도적을 방지하고 위법행위나 질서를 어지럽히는 행위를 금지시키는 것)에 있었다. 그러나 점차 사회가 발전함에 따라 그 설치 목적이 변질되어 갔고, 명칭도 「순군만호부」로 개칭되면서 그 맡은 바 업무도 무한대에 이르렀다.

(2) 순군만호부의 조직변천과 그 기능

① 순군만호부의 지휘체계

순군만호부로 개편되면서 원(元)의 만호부 직제상의 용어로 완전히 바뀌었다. 순군만호부의 지휘체계는 최고 지휘관인 도만호(오늘날의 경찰청장)→상만호(치안정

59) 순마소가 「순군만호부」로 개편된 시기에 관해서는 여러 견해가 제시되고 있으나, 첫째, 「순마소」라는 칭호는 충렬왕 26년 11월의 기사를 최후로 하여 그 이후로는 그 명칭을 찾아볼 수 없고, 둘째, 충렬왕 33년 이후로는 순마소 또는 순마옥이라는 명칭을 찾아볼 수 없는 대신에, 순군부(순군만호부의 약칭) 또는 순군옥(巡軍獄:순군부에 설치된 감옥)으로만 기술되어 있다. 따라서 충렬왕 26년 12월에서 동왕 33년 3년 이전 사이에 개편되었다고 보는 것이 타당하다.

60) 내무부치안국, 『한국경찰사』, 서울:광명인쇄공업사, 1972, p. 139.

감)→만호(치안감)→부만호(경무관)→진무(鎭撫:총경)→천호(千戶:경정) 순이었다.[61] 한편, 순군만호부의 하부조직은 순마에서 「순군」으로 명칭이 변경된 군졸(경찰관)이 배속되었는데, 이들의 업무는 초기의 「순마」업무와는 달리 그 업무가 상당히 방대하였다.

② 순군만호부의 조직 변천

㉠ 순마소가 「순군만호부」로 개편되면서, 순군만호부의 조직편성에도 커다란 변화가 있었다. 제27대 충숙왕 3년(1316) 8월에 지방의 주요한 33개 곳에 순포(巡鋪: 순군이 주재하던 시설로 오늘날의 지방경찰청의 역할을 담당함)가 설치되었다. 이로써 「순군만호부」는 중앙과 지방간의 지휘체계가 확립되어 계층제적 구조가 확립되었고, 그 결과 원시적이나마 오늘날의 경찰청과 유사한 골격을 갖추게 되었다.

㉡ 그 후 순군만호부는 공민왕 때 사평순위부로 개칭되었다가 우왕 때 다시 순군만호부로 복구되었고, 이 명칭은 조선전기까지 존속되었다.

③ 순군만호부의 기능

순군만호부의 전신인 순마소의 주요 임무는 도적을 예방·검거하고 순찰하는 것이었다. 그러나 이것은 외형상의 목적이었고, 실질적으로는 순찰을 도는 기마병으로 하여금 매일밤 순찰을 하면서 개성 내외의 백성들의 야간집회를 금지시키고, 또 순찰 등에 의한 일반경찰 업무에 종사토록 하기 위한 목적으로 설치되었다고 보아야 한다.[62] 즉 원(元)의 치안상 필요에 의해 고려인을 통제하기 위한 하나의 수단이었다고 볼 수 있다.

㉠ 순군만호부의 업무는 포도금란·시위(호위)·구금·왕명(특명)사항 처리 뿐만 아니라, 반대파 제거 등 정치경찰의 역할까지 광범위하게 수행하였다. 이처럼 순군만호부의 기능이 확대되자 충선왕(2년)은 순군의 업무와 관련하여 포도·싸움질·우마도살 단속·순찰 등에만 전념하고, 개인의 논과 밭과 노비에 관련된 일은 관여치 말라고 지시하기도 하였으나,[63] 별효과를 보지 못하였다.

㉡ 순마소(순군만호부)는 방수, 즉 해안을 지키는 업무에도 관여하였다. 순마는 직접 방수군에 선발되어 현장에 투입되기도 하였고, 또 방수책임을 다하지 못한 장

61) 김형중, 『한국중세경찰사』, 서울:수서원, 1998, p. 253.
62) 백남운, 『조선봉건사회경제사』, 동경:개조사, 소화 11년, pp. 677-679.
63) 고려사 권85지(志) 권제39 형법2 도적포도부조.

군을 구인·처형하는 등 방수와 관련된 사범에 대하여도 광범위하게 관여하였다.[64]

㉢ 순마소(순군만호부)는 왕권 및 원나라의 권력에 추종하는 도구로 전락하기도 하였고,[65] 원나라에 공납하기 위한 처녀 색출에도 동원되어 백성들의 원망의 대상이 되기도 하였다.[66]

㉣ 순마소(순군만호부)는 정치적 이해관계에 따른 권력적 탄압수단으로 이용되었다. 따라서 정권의 쟁탈에는 순군부가 제일 먼저 점거되는 권력기관이었고, 그렇기 때문에 순군부는 권력 추이에 따라 집권자에게 추종·봉사할 수밖에 없는 한계가 있었다.

㉤ 순마소(순군만호부)는 그 자체내에 감옥이 설치되어 그 폐단이 극히 심하였다. 충렬왕 초기 순마소가 설치되면서 「순마소옥」을 설치하고, 그리고 순군만호부로 개칭되면서 통칭 「순군옥」이라 불리는 감옥이 설치되어 자체적으로 범죄자를 투옥하고 처형하는 장소로 변질되어 갔다. 오죽하면 마지막 왕인 제34대 공양왕조차도 "이제 순군이 법률에 의하지 않고 무고한 사람을 죽이고... 하물며 재상이라도 중죄가 있다면 죽음을 내리는 것이 타당한데, 한 번 죄망에 걸려들면 함부로 고문을 가하여 옥중에서 죽고 저작거리에서 참(斬)하니 내가 일찍이 이를 싫어하였다"[67]고 지경정사 정몽주에게 순군만호부의 권력에 대한 두려움을 토로할 정도였다.

(3) 위화도 회군과 순군만호부의 역할

① 위화도에서 회군하여 개경에 돌아온 이성계 일행은 최영을 「순군부」에 구인하여 심문한 후 귀양보내 죽였고, 정몽주 일파도 「순군부」에 투옥한 후 심문하고 유배시켰다. 이처럼 이성계 일파는 우왕복위 모의자, 그리고 이성계 세력을 배척하는 자들에 대하여 잔혹한 옥사를 일으켰는데, 이러한 옥사(獄死)의 주역은 순군만호부

64) 제32대 우왕 때에는 방수의 책임을 다하지 못한 자, 또는 왜구를 가칭하여 변방을 요란케 하는 자 등을 순군에 구인·처형시키기도 하였다(고려사절요 권31 신우 8년 3월조).

65) 충렬왕 13년에 충렬왕의 왕비인 제국대장공주는 중랑장 최중경이 제국대장공주에게 보고하지 않고 원에 보낼 양가자녀의 미녀를 간택하여 충렬왕에게 바쳤다는 이유로, 최중경을 순마소에 구인시키기까지 하였다.

66) 충렬왕 24년 왕이 순마소에 명하여 양가의 딸을 뽑아 원의 황제 및 사신에게 보내려고 할 때, 밤중에 순군과 홀치들이 집집마다 수색하고 다녀서, 개들도 편안할 수 없었다고 고려사와 고려사절요는 전하고 있다(고려사 권31 권제31 충렬왕 24년 춘정궐 임인조;고려사절요 권21 충렬왕 13년 9월조).

67) 고려사 권45 세가 권제45 공양왕 2년 계측조.

였다.

② 순군만호부는 이성계 심복 조준 등의 지휘 아래 정권장악에 대한 전위역할을 수행하여 신왕조(조선왕조) 건설에 주역이 되었다. 그 후 순군만호부는 조선왕조 초기에는 범죄예방기구로, 또는 국왕(태종)의 사적기구로 악용되는 등 무소불위의 기관으로 공포의 대상이 되었다.

(2) 홀치(忽赤:홀적)

고려전기는 절대왕권이 성립되는 시기로서 국왕과 왕실을 중심으로 하는 공적 경호중심의 호위제도였다. 그러나 무신집권기에는 도방을 중심으로 한 사적경호 체제가 주류를 이루었다. 이러한 도방제도는 제24대 원종 11년(1270)에 반원파의 무장 임연·임유무 부자가 제거됨과 동시에 폐지되었다.

① 홀치의 설치

충렬왕 이후 본격적으로 친원정책이 실현되면서 또 하나의 경호부대라고 할 수 있는 홀치제도가 신설되었다. 홀치제도는 원종 15년 충렬왕이 즉위하면서 궁중시위강화의 필요에 따라 성중애마[68]의 일원으로 우달치(고려말기의 관직으로 일종의 숙위병)·속고치(숙위병 내지 임금의 측근에서 시중하던 궁의 관리) 등을 창설하였다.

② 홀치의 운영

㉠ 홀치는 그 배치장소에 따라서 대전홀치(임금이 거처하는 궁전의 숙위)·세자부 홀치 등으로 구별하여 호칭하였다. 이러한 홀치들이 집합하는 장소로는 궁궐 밖에 따로 홀치청·홀치방으로 호칭하는 시설이 있었으며, 그 홀치방이 있는 동리를 홀치방동이라 불렀다.

㉡ 이 밖에도 홀치와 같이 원나라 제도를 모방한 조라치(하예, 즉 노예라는 뜻을 가진 몽골어)·팔가치(숙위병의 뜻) 등의 직명이 보이는데, 이들 역시 홀치와 같은 기능을 수행하였다고 보여진다. 이처럼 고려말의 숙위제도는 여러 부대가 산재되어 있어서, 상당히 비체계적으로 운영되었다.

68) 성중애마는 성중관(成衆官)이라고도 하는데, 궁성을 숙위하는 근시관(왕의 측근에서 시위하던 관리)을 말한다. 성중관의 명칭은 고려 중기부터 생긴 것으로 추정하고 있다. 성중관은 원의 간섭기 이전까지는 내시·별감 등 문반에 소속되어 숙위하거나, 왕을 시종하던 궁의 관리를 이르던 말이었다.

③ 홀치의 기능

㉠ **순기능**

홀치는 친원왕실의 경호를 위하여 친원계의 인물로 조직화되었다는 점을 그 특색으로 들 수 있다.

홀치의 순기능적 측면을 보면 첫째, 왕실경호 숙직 이외에도 점차적으로 순찰 등 범죄예방과 단속에도 투입되어, 일정부분 치안군으로서의 기능도 수행하였고,[69] 둘째, 외침 등 대외적인 비상사태가 발생시, 홀치부대는 지방까지 출동하여 방위업무를 수행하기도 하였다.[70]

㉡ **역기능**

홀치는 원의 제도를 원용한 것이기 때문에 그 부작용 또한 만만치 않았다. 첫째, 홀치는 궁중숙위를 담당하였기 때문에, 홀치의 지휘관과 그 부대원들은 일종의 특권의식이 형성되어 있었다. 따라서 홀치지휘관이나 부대원들은 왕과 왕비의 총애를 등에 업고 권력남용을 행하는 일이 허다하였다.

둘째, 홀치는 때로 왕명이나 대신들의 지휘를 받아서 고위관료들을 체포하는 일까지도 맡아 처리했는데, 이는 심히 국가의 체면을 손상시키는 행위였다. 이로 보더라도 당시 홀치의 권력이 어느 정도였는지 가늠할 수 있는 단서를 제공하고 있다.

셋째, 홀치의 역기능 중 가장 비난받는 것은 관폐와 민폐를 자주 끼쳐 관민의 원망의 대상이었다는 점이다. 한 현(縣) 내의 촌락이 장군방·홀치·순군에 모두 분속되어 있었는데, 그 중 하나가 홀치였다. 이와 같은 홀치의 횡포는 시간이 지나면서 점차 더 심해져 홀치·순군 등이 지방에 사람을 보내 백성들의 논과 밭을 아무런 근거없이 억지로 차지하거나, 거짓으로 문서를 꾸며 백성들의 것을 차지하고 돌려주지도 않는 등 이들의 횡포는 고려멸망기까지 지속되었다.

2) 지방의 경찰기관

(1) 지방제도에 있어서 가장 근간이 되는 것은 도제(道制)이다. 종래 10도는 그 후 몇 차례의 통폐합을 거쳐서 고려말에 와서는 8도의 구획이 이루어졌으며, 이 제

69) 제27대 충숙왕 12년 5월에 순군과 홀치 등에 명하여 도로에 왕래하는 한잡인(쓸데없이 왔다갔다 하는 사람)을 단속시켰다(고려사 권81지(志) 권제36 병(兵)2 숙위조).

70) 충렬왕 6년 5월에 왜적이 고성 맥포에 들어오자, 홀치와 순마의 소속장병 2백명을 선발하여 경상도·전라도의 해안선 수비에 당하게 하였다(고려사 권29 세가 권제29 충렬왕 6년 5월조).

도는 그대로 조선시대로 계승되었다.

(2) 지방제도의 변천과정과 더불어 지방의 경찰 제도도 일부 변경이 되었다. 우선 고려전기부터 지방의 경찰기관으로써 중요한 기능을 수행하던 현위제도가 고종 43년에 폐지된 반면, 고려전기부터 설치된 사록(사법업무와 경찰업무 관장)과 법조(사법업무와 경찰업무 관장)가 후기로 가면서 점차 그 업무가 중시되면서 고려말까지 존속되었다.

3. 고려시대 경찰과 시사점

고려시대는 불교사상을 기반으로 하여 인간관계를 종적관계로 보는 불평등한 인간관계, 즉 상하계층적 또는 지배와 피지배적 관계였다. 그 결과 개인의 자유보다는 권위와 명분을 앞세우는 사상이 지배적이었다. 이러한 사상을 기반으로 한 고려시대의 경찰제도와 경찰활동 역시 백성을 위한 경찰권행사라기보다는, 전제왕권을 유지하기 위한 기능적 측면이 강하였다고 볼 수 있다. 고려시대의 경찰은 고려전기·무신집권기·고려말기로 대별(大別)해 볼 수 있다. 고려시대 전기에는 경찰업무를 전담하는 기구가 아직 분화·독립되지 못하고, 관제(중앙관제와 지방관제)와 병제(兵制) 속에 혼재되어 운영되었다. 무신집권기에는 공식적인 관제와 병제는 형식상으로 존재할 뿐 유명무실하였고, 집권자들에 의해 창설된 중방·야별초 등이 중추적인 경찰기관으로 활동하였다. 그리고 고려말기에는 원(元)의 제도를 답습하여 창설된 순군만호부가 핵심적인 경찰기관으로 운영되었다.

특히 고려말의 순군만호부는 우리나라 고유의 경찰제도는 아닐지라도 점차 토착화되어 가면서, 원시적이나마 오늘날과 근사(近似)한 체제를 갖춘 최초의 경찰기관이었다는 점에서 그 의미는 크다 하겠다. 이런 측면에서 볼 때 순군만호부의 조직과 기능은 일반적으로 과소평가되는 측면이 강한 반면, 오히려 조선 중기 이후의 포도청에 관한 조직과 기능적 측면이 과대포장된 면이 적지 않다고 볼 수 있다. 그렇다고 해서 고려시대 전 과정을 통해서 볼 때, 경찰관련 기구가 순기능적 측면만이 있는 것은 아니었다. 오히려 경찰권을 남용하여 백성들을 수탈하였고 심지어는 왕권(王權)을 싸고도는 정쟁(政爭)의 도구화로 전락하기도 하였다. 이런 점에서 고려말기에서 조선조 단종까지 존속하던 순군만호부의 축소과정과 역사적으로 소멸되는 인과과정을 되짚어볼 필요가 있다.

제 3 절 조선시대

Ⅰ. 개요

고려말의 혼란과 모순 속에서 성장된 세력에 의해 건립된 조선왕조는 왕조의 교체에 따른 정책상의 차이는 있었으나, 고려왕조와 질적인 차이는 없었다. 역사적 발전과정에서 고려시대가 고대와 근세를 연결하는 교량적인 시대라고 한다면, 조선왕조는 고려왕조의 조직 원리나 명칭 등 거의 고려 제도의 원형을 답습하면서 출발하였다고 볼 수 있다. 이런 점에서 본다면 조선왕조는 고려 왕조보다 진일보된 사회이기는 하지만 그것은 중앙집권적인 전제국가라는 동질사회 내에 있어서의 발전에 불과했으며, 지배체제에 있어서나 사회구조에 있어 두 왕조 사이에는 본질적인 차이는 크게 없다고 보아야 한다.[71] 따라서 고려나 조선왕조는 경찰국가체제라고 보아도 무방할 것이다.

Ⅱ. 조선시대 경찰의 시대구분

조선시대 경찰은 크게 세 가지 측면에서 큰 변혁기를 맞게 된다.

1. 제1차적 변혁

고려말에 원의 제도를 모방하여 설치·운영된 순군만호부가 조선왕조로 그 조직이 승계되었고, 조선 제3대 태종까지는 모든 국왕의 경찰권행사가 순군만호부를 중심축으로 운영되었다. 그 결과 권한 비대와 형조와의 업무 중첩 등으로 폐지론이 건의되기 시작하였다. 제6대 단종 원년에 이르러 순작(순찰) 사무는 군부(軍府)로 이양되고, 포도금란의 업무는 사헌부·형부·승정원 등 타기관의 해당 관련업무로

71) 김용태 외, 『한국법제사』, 원광대학교 출판국, 1981, p. 184.

분산·이관되면서 최초의 경찰전문기관인 순군만호부는 역사적으로 소멸되고 말았다. 이것이 제1차적 변혁이다.

2. 제2차 변혁

중종 대에 포도청이 설치되기 전까지는 임시 포도장과 포도부대를 편성·운영하는 임시 예방적 체제로 운영되었다. 그러다가 제11대 중종말기에 경찰사상 처음으로 독립된 관청인 포도청이 설치되었는데, 이것이 바로 제2차적 변혁이다. 포도청이 실질적으로 운영되기 시작한 것은 제13대 명종(재위기간 22년) 대부터인데, 조선조를 통틀어 가장 도적떼가 성행하던 시기였다. 그리고 제14대 선조대에 임진왜란이 일어나게 되면서, 정치·사회·경제적으로 많은 변화를 가져왔다.

3. 제3차 변혁

고종 31년(1894년) 갑오개혁은 조선시대의 경찰관청인 포도청이 소멸되고, 적어도 법치주의에 입각해서 법령을 근거로 하여 경찰활동이 이루어졌는데, 이것이 제3차 변혁이다.

4. 본서에서는 조선시대 경찰의 시대구분은 변혁기를 중심으로 조선전기(조선건국~임진왜란 이전까지)→조선후기(임진왜란~갑오개혁까지)→조선말기(갑오개혁~대한제국 멸망까지)로 분류하여 기술하였다.

Ⅲ. 조선전기의 경찰

1. 총설

조선시대 국가정치의 지도원리가 된 유교사상은 경찰사적 측면에서도 상당한 영향을 끼쳤고, 이러한 기조 하에서 경찰권이 행사되었다. 고려시대를 거쳐 조선시대에도 경찰기관은 오늘날과 같이 일원화되어 있지 않고 다원적(多元的)이었다. 그러나 고려말 조선초기의 순군만호부(순군부)가 제6대 단종 이전까지는 원시적이나마 전문직 경찰기관으로 대부분 경찰관련 업무를 수행하였다. 그 후 조선 후기로 들어서면서 전문적 경찰기관인 포도청이 설치되기는 하였으나, 이 또한 다른 기관의 경찰업무까지 배제하고 독자적으로 경찰업무 전반을 담당하는 전담기구는 아니었다. 따라서 각각의 기관은 그 소관사무에 위반되는 행위에 대하여 단속·처벌하는 권한이 부여되어 있었기 때문에, 각 관아(官衙:관청)는 거의 경찰기능을 수행하는 기관이었다고 볼 수 있다.[72]

2. 경찰관제(警察官制)

조선왕조는 왕을 정점으로 하는 전제왕권국가였고 신분사회였다. 그러므로 구금·재판·감옥·순찰·소방 등의 모든 권한이 국왕에 귀결되고 있었고, 이러한 왕권은 군사권과 경찰권에 의해 유지되었다. 조선전기의 치안관련기관들은 경찰권을 바탕으로 왕조를 받드는 한편, 백성들 위에 군림해 오면서 한 시대를 이끌어 나간 제도적 기구였다. 조선전기의 중앙경찰기관으로는 의정부·의금부(순군만호부의 후칭)·사헌부·6조 중의 병조와 형조·순청(巡廳)·암행어사·수성금화사(修城禁火司)·사산참군(감역관) 등을 들 수 있다.

1) 중앙의 경찰기관

(1) 이정부(議政府)

의정부는 조선시대 백관의 통솔과 서정(庶政:여러 방면에 걸친 정치 또는 행정상의 일)을 총괄하던 최고관부로서, 도당(都堂) 또는 묘당(廟堂)이라고도 하였다. 의정부에는 수상에 해당하는 영의정과 좌·우의정의 3장관을 두었는데, 의정부는 이 3의정(議政)이 합의제 관부였다.

(2) 비변사

① 제11대 중종 12년(1517)에 비변사가 설치되고, 제13대 명종 10년(1555)에 본격적으로 비변사가 운영되면서 그 기능이 확대 강화되었다. 이때 비변사의 문·무관회의(국정전반논의)에 3의정(議政)도 동참하게 되면서, 의정부의 원래 기능이 상실되어 유명무실한 형식상의 최고기관으로 명맥만 유지되어 오다가 고종32년(1894)에 폐지되었다.

② 의정부는 백관(百官)을 통솔하고 서정(庶政)을 총괄하던 조선시대 최고의 행

72) 내무부치안국, 『한국경찰사』, 서울:광명인쇄공사, 1972, p.224.

정기관으로서, 따라서 조선전기에는 의정부가 치안정책을 결정하는 최고기관이었다. 그러나 임진왜란 이후에는 비변사가 오히려 의정부보다 더 강한 정책결정권을 갖고 있었기 때문에, 조선후기에는 비변사가 치안과 관련한 최고의결기관이었다.

(3) 6조(六曹)

6조는 고려와 조선시대에 국가의 정무를 맡아보던 이조·호조·예조·병조·형조·공조에 대한 총칭이다. 6조에는 각각 판서(정2품) 1인, 참판(종2품) 1인, 참의(정3품) 1인을 두었고, 그 밑에 정랑(正郎, 정5품) 각 3~4인, 좌랑(佐郎, 정6품)이 각 3~4인을 두었다. 6조 중 치안업무와 직접적인 관련성이 있는 것은 형조와 병조였다.

① 형조(刑曹)

㉠ 사법기관(3법사)

형조는 6조(六曹) 중의 하나로서 가장 대표적인 사법기관(司法機關)이며, 추관(秋官) 또는 추조(秋曹)라고도 하였다. 의금부·한성부와 함께 3법사(法司)라고 일컬어지고, 사헌부·사간원(대간)과 아울러 3성(省)이라고 하여 의금부에서 국문할 때에 3성이 동참하기도 하였다. 형조는 형벌·재판·노비 문제를 관장하였다.

㉡ 상민재판소

형조는 의금부와는 달리 주로 구적(寇賊:나라를 침범하는 외적)과 일반범죄자를 치죄하고, 형옥(刑獄)에 관한 것을 주관하는 등 상민을 대상으로 하는 법사(法司)의 하나였다. 따라서 형조와 의금부는 사물관할(事物管轄)을 달리하는 상호 독립된 수사 및 재판기관이었다.

㉢ 형조의 속아문(屬衙門:소속관청)

형조의 속아문(屬衙門:소속관청)은 장례원(영조 40년 형조의 장례사로 이관되기 전까지)과 전옥서(典獄署)가 있었으며, 특히 포도청도 후기에 이르러 병조(兵曹)에 소속될 때까지는 형조에 소속되어 있었다.

② 병조(兵曹)

병조는 태조 원년(1392) 7월에 새 관제가 반포되면서 6조의 구성과 함께 병조가 설치되었다.

㉠ **병조의 업무**

병조는 많은 소관사무를 관장하였으나, 그 중에서 숙위·서울의 성문과 민간의 경비·역참(교통)·순찰·금화 등의 경찰사무도 병조소관사항이었다. 따라서 병조는 사법경찰의 업무를 대부분 수행하였던 형조와는 달리, 주로 행정경찰기능을 주로 관장하였다.

㉡ **병조의 속아문(屬衙門: 병조에 속한 관청)**

병조의 속아문(屬衙門)으로 오위(五衛)·훈련원·사복시(司僕寺: 정3품아문으로 임금의 가마와 외양간과 목장을 관장함)·군기시(軍器侍: 병기제작 등 관련관청)·세자익위사(世子翊衛司)[73] 등을 예하에 두고 있었는데, 병조는 이 기관들이 대한 인사권과 지휘감독권을 갖고 있었다.

4) 승정원

① 의의

승정원은 왕명을 출납(出納)하던 곳으로, 오늘날 대통령 비서실에 해당한다. 승정원은 6조체제에 맞춰 6방체제(이·호·예·병·형·공방)을 갖추어 운영하였는데, 여기에 정3품 당상관인 6방승지를 두었다. 수장(首長)인 도승지(오늘날의 대통령비서실장)는 이방, 좌승지는 호방, 우승지는 예방, 우부승지는 병방, 좌부승지는 형방, 동부승지는 공방을 각각 맡아보았다. 그들은 고유 업무 이외에도 타기관의 업무를 겸하였다.[74]

② 승정원의 치안관련부서

치안과 관련하여 전체적으로 조율한 곳은 우부승지가 맡은 병방(兵房)과, 그리고 좌부승지가 맡은 형방(刑房)이었다.

㉠ 병방은 병전(兵典)에 관한 일을 담당하여 경호·경비·순찰 등 일정 부분 치안업무에 대한 일을 조율하였고,

㉡ 형방은 법률·형옥·소송 등 형전(刑典)에 관한 사법경찰업무 등을 조율하고,

73) 동궁을 모시고 경호하는 일을 관장하던 정5품 아문이다.

74) 예컨대, 도승지는 홍문관과 예문관의 직제학, 승지는 경연의 참찬관(參贊官)과 춘추관의 수찬관(修撰官)을 겸직하였다. 이처럼 6승지가 여러 직을 겸직한 것은 왕의 보필을 위한 다양한 정보를 수집할 필요가 있었을 뿐 아니라, 왕명 출납을 용이하게 위한 조치였다.

임금에게 보고하는 업무를 관장하였다.

㉢ 승정원에는 여섯 승지 이외에 실무진으로 주서(注書:정7품) 2인과 서리(書吏) 28인을 두었다. 따라서 승정원은 단순한 비서기관에 그치지 않고, 국정의 중추적 지위에 있는 관서라고 할 수 있었다.

(5) 조선조 개창기의 순군만호부

고려말 조선초기의 순군만호부는 정권쟁탈의 주요기관이었고, 조선왕조 초기까지는 국왕의 심복기관으로서 무한대의 권력을 휘두르기도 하였다. 경찰사적 측면에서 볼 때 순군만호부의 조직변천과 역할의 중요성은 조선조시대의 포도청만큼이나 중요한 의미를 지닌다.

① 조선초기의 순군만호부

위화도 회군후 순군만호부는 이성계 심복 조준 등의 관장하에 정권장악에 대한 전위역할을 수행하여, 신왕조(新王朝) 건설에 주역을 담당하였다. 태조 이성계는 즉위 10일 만인 1392년 7월 28일 즉위선언에서,[75] 사법(司法) 관련 업무는 형조가 관장하고, 순군(巡軍)은 순찰·포도금란(捕盜禁亂)만을 관장하도록 선언하였다. 그럼에도 불구하고 순군부(巡軍府)는 종래와 다름없이 죄인을 심문하거나, 때로는 대간(臺諫)·형조(刑曹)의 관원과 합좌하여 치죄(治罪)하기도 하였다.[76]

② 순군만호부의 기능

고려말의 순군만호부(순군부)는 조선초기까지 그 기능이 그대로 유지되어 순찰·포도금란(捕盜禁亂)·반역혐의자에 대한 심문과 처형[77]·방수(防守:국방의 업무로

75) 태조실록 권1 태조 1년 7월 정미조, "고려말기에는 형률(刑律)의 일정한 제도가 없어서, 형조(刑曹)·순군부(巡軍府)·가구소(街衢所)가 각기 소견을 고집하여 형벌이 적당하지 못하였으나, 지금부터는 형조는 형법(刑法)·청송(聽訟)·국힐(鞫詰:국문)을 관장하고, 순군(巡軍)은 순작(巡綽)·포도(捕盜)·금란(禁亂:각종 금제의 법령을 어기고 난동부리는 것을 금지 내지 방지하는 일)을 관장할 것이며... 가구소(街衢所)는 폐지한다."

76) 태조 3년 2월에 대간(臺諫)과 형조에서 장계(狀啓)하여 "왕화(王和)·이흥무 등을 한 곳에서 대질심문을 하도록 청하니, 임금이 대간·형조·순군부에 각기 한 사람씩을 명하여 양광도 관찰사와 함께 수원부(水原府)에 모여서 대질 심문하도록 윤허하였다"는 기록에서 순군부 관원도 치죄하는데 참석하고 있는 사례가 보인다(태조실록 권5 태조3년 2월 신사조).

77) 태조 7년 8월 정도전을 주멸할 때 그의 아들 진(津)과 그 일당들도 순군부에 구인처형시켰고(태조실록 권14 태조 7년 8월 기사조), 뒤에 방간의 난 때에도 그 일당과 연계자를 순군에 하옥시켜 처형된 사례(『정종실록』 권3 정종 2년 정월 갑오, 을미조) 등을 볼 때, 국가안위와 관련된 사안 등에 대하여도 순군이 직접 관여하였다.

막아서 지키는 것)의 해태[78] · 관료의 직무상의 책임[79]을 묻는 정치상의 수단으로도 이용되었다. 이와 같은 권력집중 현상은 관제상의 형부의 권위와 위상을 훨씬 뛰어넘는 무소불위의 기관으로 공포의 대상이었다. 따라서 언관(言官)[80]이라 하더라도 왕의 뜻에 거슬리면 순군(巡軍)에 투옥되기가 일쑤였고,[81] 왕명을 준봉하지 않은 관원에 대한 징계도 순군에 의하여 이루어졌다.

③ 태종대의 순군만호부의 변천과 기능

㉠ 순군만호부는 제3대 태종 원년 편제에서 막강한 인력을 구축하였는데, 나장(螺匠)[82]과 도부외[83]의 수가 약 1,500명이었고 그 중 도부외의 수는 1,000여 명에 달하였다. 이렇게 순군의 역할과 권한이 무소불위해지자 순군부를 혁파하자는 주장이 제기되기도 하였으나, 오히려 순군에 의하여 간관의 언론이 봉쇄되는 등 그 업무가 확대되기도 하였다.

㉡ 순군만호부는 태종 때에 순위부(태종 2년 6월)→의용순금사(태종 3년 6월)→의금부(태종 14년 8월)로 개칭되었다.

㉢ 의용순금사에서 의금부로의 변천과정을 보면, 의용순금사의 업무는 원래 포도금란(捕盜禁亂)이었다. 그러나 점차 반역혐의자 · 유언비어유포자 · 임금의 명을 어긴 문무양반관료의 징계 · 국왕의 사정지지(私情之地: 개인감정의 처리장소)[84] · 언

78) 왜구침입에 대하여 불충실하게 대응한 자에 대한 징계나 지방병관(兵官)의 격려, 징계에도 직접 순군관을 파견하는 경우도 있었다. 태조 6년 6월에 용강현에 노략질한 왜선을 잡지 못한 병마도절제사 이거역(李居易)을 순군지사(巡軍知事) 오계년을 보내어 국문하고 그 휘하 군관에게는 곤장을 때린 일도 있었다(태조실록 권11 태조 6년 6월 을유조). 이처럼 빈번한 왜구침략에 대한 방비격려를 위하여 순군을 직접 파견하거나 위반자에 대하여 순군천호를 파견하여 순군옥에 투옥시키고 처형하는 일도 다반사였다(태조실록 권11 태조 6년 5월 기사조; 동상 5월 무인조).

79) 태조 5년 6월에 축성공사를 부실하게 한 제조(提調) 이성중을 순군옥에 가둔 사례나, 태조 6년 12월 여관(女官: 여자 관리)이 녹을 미처 받지 못하였다는 이유로 광흥창 관원 윤회 등 3명을 순군옥에 가둔 사건 등을 대표적인 예로 들 수 있다(태조실록 권11 태조 6년 12월 갑진조).

80) 임금에게 간언(諫言)하는 일을 하는 관원으로, 사헌부와 사간원의 관원을 통틀어 이르는 말이다.

81) 태조 3년 11월 경자조에 "병권(兵權)과 정권(政權)을 조준 · 정도전 · 남은 등이 장악하여 겸임하고 있으니, 실로 좋지 못하다"고 직언한 변중량 등을 순군옥에 가두기도 하였다(태조실록 권6 태조 3년 11월 경자조).

82) 나장은 군이자 경찰업무를 수행하던 하급직으로 조례나 사령(使令)과 동류(同類)라 할 수 있다.

83) 도부외는 수백 명의 나장과 더불어 직접적인 순군부대를 구성하던 핵심세력이었다. 조선초기 순군소속하의 도부외의 인원은 1,000명이었고, 그 인원은 경기인민으로 충당되었다.

84) 태종 3년 6월에 순위부에서 의용순금사로 개칭되었는데, 이러한 의용순금사를 가장 악이용한

관 등에 대한 구금 등[85] 왕의 명령에 의하여 중죄자만을 구금·처형하는 기관으로 변모해 갔다. 그 결과 의용순금사는 모든 신권(臣權) 위에 군림하는 왕권(王權)의 대행자로서, 전제왕권의 도구였다. 그러나 업무의 중복성·재정의 결핍 등을 이유로 순군(순금사)을 혁파하자는 건의가 계속 제기되었고, 태종 14년 8월에 마침내 의금부(義禁府)로 개편되었다.

(6) 의금부(義禁府)

① 의금부의 성립

㉠ 의용순금사 순위(임금의 호위)나 순찰 등의 업무는 모두 군사업무와 관련성이 있기 때문에, 병조소속의 기관이었다. 그러나 의용순금사는 다른 병조소속의 기관과는 달리 순찰의 업무도 중요하였지만, 조옥(詔獄:왕명에 의하여 죄를 다스리는 일)으로서의 임무를 처리하는 사법기관 중의 하나였다.

㉡ 태종 14년에 의용순금사에서 의금부로 개편되면서 순찰과 순위(巡衛) 기능이 점차 제거되고, 드디어 병조의 소속에서 벗어나 부(府:의금부)로 승격이 되었다. 그리고 세종과 문종을 거쳐 단종 때에 재판기관으로서의 기틀이 완전히 마련되었다.

② 순수한 사법기관(양반재판소)으로서의 정착과 기능

㉮ 제6대 단종 원년에 「순찰」사무는 5위(군부)로 넘어가고 포도금란(방도금란)의 업무는 타기관(사헌부·형조·병조·승정원) 등에 분산·이관됨으로써, 고려말에 설치된 순군만호부의 기능은 진갑(62년)을 1기(期)로 소멸되고 말았다.

㉯ 형조 등 다른 사법기관들은 모두 고유의 직무에 관계되는 범위 내에서만 사법권을 행사하였다. 반면 의금부는 왕의 교지를 받들어 범죄를 추구한다는 면에서는 다른 법사(法司)기관과는 비교가 안 되는 최고의 사법기관이자, 본래의 의미에서의 순수한 사법기관이었다.[86]

㉰ 의금부에 딸린 감옥을 의금옥·조옥(詔獄)·왕옥(王獄)이라고 하였다. 의금부는 왕명에 따라 국가안위에 관계되는 모반사건 등의 대형사건을 주로 담당하였고,

---

것이 태종이었다. 의용순금사는 형조·관부가 탄핵한 죄인이라도 국왕이 가벼운 죄로 처벌을 바랄 경우에는 의용순금사로 돌려서 형을 감경시켜 주는 기구로도 이용되었다.

85) 대간(臺諫)은 흔히 국왕에게 바른 소리를 하는 것이 주임무이기 때문에, 국왕과 대립되는 입장에 서게 된다. 태종 때는 언관의 기능이 제약당하고 봉쇄되어 좌천·파직·구금·처형되는 경우가 왕왕 있었다.

86) 서일교, 『조선왕조 형사제도의 연구』, 서울:한국법령편찬회, 1968, p.11.

그때마다 별도의 국청[87]을 개설하여 운영하였다.

(7) 삼사(三司)

① 의의

삼사는 언론을 담당한 사간원 · 사헌부 · 홍문관을 합해서 일컫는 말이고, 삼사 가운데 사간원과 사헌부를 양사(兩司) 또는 언론양사라고 한다. 사간원[88]과 홍문관[89]은 치안업무와 직접적인 관련성은 없다.

② 사헌부(司憲府)

㉠ 법사(法司)

조선시대에 있어서의 형정관서(刑政官署)를 법사(法司)라고 하였는데, 이는 금령(禁令)을 집행한다는 데서 연유한다. 중앙의 법사(法司)로서는 사헌부 · 의금부 · 형조 · 한성부 · 장례원(노비관련소송) 등이 있었다. 이 중 사헌부 · 형조 · 한성부를 3법사(三法司)라 하였다.

㉡ 사헌부는 정사(政事:정치문제)를 논평하고 백관(모든 관원)의 기강을 감찰하며, 풍속을 바로잡는 일을 맡아 하던 기관이었다. 그러나 성질상 사헌부의 주된 관장업무는 관료의 기강을 규찰하고 풍속을 바로잡는 업무였기 때문에, 이는 재판기관도 아니고 그렇다고 엄밀한 의미에서 형사검찰기관도 아니었다.[90] 따라서 사헌부는 오늘날의 감사원의 기능과 유사하나, 그 기능과 범위는 훨씬 더 방대하여 국회의원 · 언론인 · 검찰 · 경찰의 역할 등을 한 몸에 지니고 있었다.

---

87) 국청이라 함은 상설기관인 의금부와는 별개의 기관이 아니라, 의금부 운영의 한 구체적인 형태라고 볼 수 있다. 국청은 왕명에 의하여 개설되었다가 치죄(治罪)가 끝나면 종료되는 비상설기관으로, 죄의 경중에 따라 친국 · 정국 · 추국 · 삼성추국(三省推鞫)이 있었다. 친국(親鞫)은 임금이 친림하여 신문하는데, 의금부 당상관 · 사헌부 · 사간원이 모든 관원 좌우포도대장 · 육방승지 능이 참석하였고, 정국(庭鞫)은 대체로 친국의 경우와 비슷하였다. 추국은 필요에 따라 친국 · 정국을 계속하는 것이고, 삼성추국은 3성합동(의정부 · 사헌부 · 의금부)으로 강상죄인(綱常罪人:삼강과 오상, 즉 자기의 부모 또는 남편을 죽인 자, 노비로 주인을 죽인 자 등) 등을 국문하는 것을 말한다.

88) 사간원은 임금의 잘못을 간(諫)하고 정책을 건의하는 정3품 아문이다. 간관의 임무는 매우 중요했기 때문에 학문과 인품이 강직한 사람이 선발되고, 교체시에도 지방관으로 보내지 않고 파직일 수도 근무일수도 포함시켰다. 사간원의 관원을 간관이라 하고, 사헌부의 관원을 대관이라 하는데 이를 병칭해서 「대간」이라고 한다.

89) 궁중의 경서 · 사적의 관리와 문한(文翰:글 짓는 일에 관계되는 일)의 처리 및 왕의 자문에 응하는 일을 맡아보던 아문이었다. 조선시대 청요직의 상징으로서 정승 · 판서 등 고위관리들은 거의 예외없이 이곳을 거쳐갔다.

90) 서일교, 앞의 책, p. 10.

(8) 순청(巡廳)

① 의의

순청은 궁궐에 도둑이 들지 못하게 하고 화재를 미리 막기 위해 야간순찰을 맡아 보던 관아(관청)였다. 야간순찰은 밤 10시경부터 다음날 새벽 4시까지 실시하였다.

② 순청의 조직과 운영

순청의 관원으로는 지휘책임자인 순장(巡將)을 두었는데, 좌・우 순청에 순장이 각각 1명씩 있었고, 그 밑에 순장을 보좌하는 감군(監軍)과 분대단위를 지휘하는 순관(운령관)을 두었다. 그리고 순청에는 녹사와 서리를 배치하여 순찰과 관련되는 서류를 처리하게 하였고, 서원(書員:야간순찰팀) 6명과 군사 22명(좌・우청 각 11명)을 두었다.[91]

③ 야간통행금지 위반자 처리

순관 및 경수소[92]는 사유없이 통행하는 자를 체포하면, 차례로 이웃 경수소로 이관하여 순청에 가두었다. 3품 이하는 곧바로 가두고, 당상관 및 사헌부・사간원 관원은 그 관원을 수행하는 종자를 가두었다. 도성 밖에서는 경수소에 가두었다가 새벽에 순장에게 보고하였다.

④ 순청은 제7대 세조 11년(1465)에 좌・우 순청으로 편성・운영되어 오다가 고종 31년(1894) 갑오개혁 때 폐지되었다.

(9) 한성부(漢城府)

① 정2품 아문(관청)

한성부는 조선시대 서울특별시의 이름이며, 수도 한성지역을 관할하던 관청으로 6조와 같은 격의 정2품 아문(관청)이었다. 의금부・형조와 아울러 3법사(三法司)라고도 불렸다.

---

91) 육전조례 권지8 병전 순청조.

92) 조선시대 한성부의 치안업무를 위해 설치된 최말단 관서로서 오늘날의 지구대 또는 파출소의 기능과 유사한 업무를 수행하였는데, 복처라고도 한다. 경수소는 도성 안팎의 도적을 방지하고 화재 등을 예방하기 위하여 좌순청과 우순청 순라군이 야간에 거처하던 곳이다.

② 한성부의 조직

㉠ 한성부의 장(長)인 판윤(判尹: 오늘날의 서울시장)은 경관직으로서 중앙의 6조 판서와 같은 직급인 정2품이었다. 그러나 한성부 판윤은 다른 6조판서와는 달리 일방행정권은 물론이고 형조판서나 의금부판사에 버금가는 사법권을 가지고 있었다.[93] 판윤 밑에는 좌윤(종2품) 1인과 우윤(종2품) 1인을 두어 판윤을 보좌하게 하였다.

㉡ 낭청[94]

낭청에는 좌윤(종2품)과 우윤(종2품)을 두어, 6방의 업무를 분장・감독케 하였다. 좌윤 밑에는 서윤(종4품)과 판관을 두었는데, 서윤은 이방 등 인사업무를 관장하였고, 판관은 시장・점포・호적 등을 관장하였다. 한편 우윤 밑에는 주부(종6품) 2명을 두었는데, 이들이 한성부 내 경찰업무를 주로 관장하였다. 주부 1명은 예방(산에 관한 소송・도성 내의 암매장 단속 등)과 병방(주간 순찰・통행금지와 해제를 알리는 좌경・금화 등)의 업무를 관장하였다. 또 1명의 주부는 형방(변사자 검시・폭력행위・채무불이행 등)과 공방(도로・차량 등 도로에 관한 업무 등)의 업무를 관장하였다.

③ 한성부의 업무

한성부의 업무는 조직이나 기능면에서 중앙관서인 6조체제의 축소판처럼 운영되었으나, 다만 6조체제와는 달리 승정원과 같이 6방체제로 운영되었다. 한성부의 업무는 크게 행정업무와 사법업무를 나누어 볼 수 있다.

㉠ 행정경찰적 기능으로는 서울의 호구・시장 및 점포와 가옥・교량하천 등의 일반행정업무를 들 수 있고, 치안관련 업무로는 주간순찰・좌경・교통・금화 등의 일 등을 관장하였다.

다만 금화(禁火)의 경우는 한성부가 주관하는 업무는 아니었고, 중앙에서 하달되

93) 조선시대에 중앙관청이나 지방관청은 정도의 차이는 있지만, 일반행정뿐만 아니라 사법기능까지도 수행하였다. 따라서 이러한 점에서 오늘날의 행정관청과 뚜렷이 구별되는 차이점이라 볼 수 있다.

94) 낭청은 관서에 따라 정규직으로 직제화되기도 하고 겸직으로 충원되기도 하였다. 본래 낭관(郎官)과 같은 뜻으로 각 관서의 당하관을 지칭하였다. 그러나 명종10년(1555) 비변사가 상설기구로 되어 12인의 낭청을 두면서부터 관직명의 하나로 쓰였는데, 한성부에도 낭청을 설치하고 서윤・판관・주부 등을 두고 6방을 관리케 하였다.

는 임무를 집행하는 집행부서에 불과하였다.

㉡ 한성부의 사법적 기능으로는 경미한 범죄 처리[95]·송사(소송업무)[96]·형사사건[97]·변사자 검시 등을 들 수 있다.

(10) 기타

조선시대에는 비직수아문(죄수를 구금할 수 없는 관청)이면서, 자기업무의 영역 안에서만 행정경찰권과 사법권을 행사하던 기관들이 상당수 있었다. 대표적인 것으로 암행어사·수성금화사·산림경찰 등을 들 수 있다.

① 암행어사

암행어사란 왕의 특명을 받고 지방군현에 비밀리에 파견되어 위장된 복장으로 암행을 했던 왕의 특명사신을 말한다. 암행어사는 조선시대에만 있었던 제도였는데 암행어사제도를 가장 잘 활용한 국왕은 제22대 정조였다.[98]

㉠ 암행어사의 임명과 활동

조선시대의 암행어사는 은밀하게 파견되어 자기보다 품계가 두세 등급 높은 부서나 목사·현령·현감의 비리를 들춰내어 죄가 심하면 봉고파직을 시키는 한편, 억울한 일을 당한 백성들의 원한을 풀어주고 효도와 정절을 권장하는 임무를 띠고 있었다. 암행어사가 각 도에 보내진 것은 제11대 중종 4년(1509) 때였고,[99] 제16대

95) 한성부에서 처음으로 형사사건을 처결하기 시작한 것은 태종 13년부터이다. 종래 형조에서 모두 관장하고 의율하던 죄수 중 중요사건은 형조에서 담당하고, 경미형사사건은 한성부에서 주관하게 되었다. 이때부터 범인을 구금심문할 때 칼을 씌우고 형장을 쓰게 되었다.

96) 전(田:논밭)과 백성의 청송(聽訟:재판하기 위하여 송사를 듣는 것)은 각각 해당관서가 있었다. 전택(논밭과 집)에 관한 소송에는 한성부가 1심에 한해서 전국적으로 관할권을 행사하였고, 장례원은 노비를 관장하고, 형조는 전택·노비·법률 모두를 포괄하여 관장하였다. 따라서 한성부와 형조는 전택문제와 관련하여서는 그 업무가 중첩되고 있었다.

97) 형사사건 중 서울에서 발생한 형사사건과 서울과 지방에서 올린 소송은 형조에서 반드시 먼저 사안을 검토한 후, 사건을 해당관서에 배정하였다. 즉 형사사건 중 관원에 관한 것은 의금부로, 절도에 관한 것은 포도청으로, 전민(田民:밭과 백성)에 관한 것은 한성부로 이송하였다.

98) 정조 18년(1794) 11년 16일에 경기 가읍에 정약용을 포함한 13명의 암행어사와 적간사관(摘奸史官:호조에서 파견하는 정6품관이다) 5명을 파견하면서 "수령의 잘잘못을 규찰하고 백성들의 괴로움을 살피는 것이 어사의 직임이다...(중략)..백성들이 간절히 바라는 것은 오직 어사뿐이며, 관리들이 눈짓하며 두려워하는 것도 오직 어사일 뿐이다... 보고 듣기에 전심하고 그 종적을 비밀스럽게 하는 데에는 무엇보다도 한 사람이 몇 고을을 넘지 않게 하는 것보다 좋은 방법이 없다... 인(印)과 장부를 현장에서 잡은 경우가 아니면 혹시라도 경솔하게 먼저 창고를 봉하지 말라..."는 구절에서 어사를 파견하는 목적·감찰방법(암행)·감찰범위·직권남용 금지 등을 유시하고 있다.

99) 중종실록 권 중종 4년 11월 정묘조.

인조 때부터 점차 제도화되어 조선말기 고종 때까지 유지되었다.

㉡ 암행어사의 상징물

암행어사로 임명되면 봉서와 사목(事目)·마패·유척(鍮尺) 등을 수여받는데, 봉서에는 누구를 무슨 도의 암행어사로 삼는다는 신분표시와 임무의 내용이 적혀 있었다.

㉮ 봉서·사목

봉서는 임명장임과 동시에 마패와 함께 암행어사 신분을 증명해 주는 또 하나의 증명서였다. 한편, 사목(事目)은 암행어사의 직무를 정한 규칙이다. 조선 후기 제22대 정조 7년 10월에 비변사에서 여러 도(道)에 어사가 가지고 갈 제도(諸道:여러 도)어사 사목을 구체화시켜 만들었다.[100] 이 제도어사 사목은 행정·사법·재정·국방·인재기용·포폄(인사고과)·포상 등 암행어사가 정보를 수집하고 처리해야 할 국정 전반에 관련된 내용들이었다. 이러한 제도(諸道)어사 사목은 고종 29년(1892) 마지막 암행어사 이면상이 전라도 암행어사로 임명될 때까지 사용되었다.

㉯ 마패

마패는 역마와 역졸을 이용할 수 있는 증명서이자 권위의 상징이었다. 암행어사에게 급여된 마패의 종류는 3마패였다. 상등으로 1필, 하등으로 타는 말 1필, 짐 싣는 말 1필이 사용가능한 범위였다. 마패는 일반적으로 말 지급을 규정하는 의미가 있지만,[101] 암행어사의 마패는 암행어사가 출도하여 자신의 신분을 증명할 때 필요한 것이었다. 특히 창고를 봉인하는 봉고(封庫)의 답인(踏印:관인을 찍음)으로도 사용하였다. 따라서 암행어사의 마패는 그 직권의 표징이며 인신(印信:도장이나 관인 따위를 통틀어 이르는 말)이었다.[102]

---

100) 비변사에서 올린 제도(諸道)어사 사목은 ①②③④로 나누어서 왕에게 올렸는데, 각 도(道)의 실정에 부합하는 암행내용 등을 구체화시킨 것이다. ①은 경기어사 사목과 호서어사 사목(湖西御史 事目), ②는 호남어사 사목과 영남어사 사목, ③은 해서(海西)어사 사목과 관서(關西)어사 사목, ④는 관북어사 사목이었다(정조실록 권 16 정조 7년 10월 정해조).

101) 조선시대는 마패의 중요성 때문에 마패를 파손하는 자는 장(杖)80, 도(徒) 2년의 형벌이나 사형에 처하였다. 이러한 규정에도 불구하고 중종 6년(1511(12월의 기록에 보면, 영의정 김수동이 상서원의 서리(書吏) 최맹손이 여러 번 마패를 훔쳤는데, 그 목적이 말을 타려는 목적이 아니라 술과 음식으로 바꾸어 먹기 위한 것이었다고 왕에게 보고하는 내용으로 보아(중종실록 권14 중종 6년 12월 무자조), 마패관리와 관련된 제 규정들이 잘 지켜지지 않아, 상당한 폐단이 있었음을 시사해 주고 있다.

102) 이성무, 앞의 책, pp. 248-249.

㉰ 유척

유척(鍮尺)은 길이를 재는 자의 일종으로, 암행어사는 마패와 함께 반드시 2개의 유척을 가지고 다녔다. 하나는 지방수령이 형벌 적용시 불법 형구를 사용하였는지, 또는 규정된 형구를 사용하였는지 그 여부를 조사할 때 사용하는 것이고, 다른 하나는 지방수령의 세금 징수를 과도하게 하였는지, 법에 규정된 도량형(度量: 길이를 재는 자와 양을 재는 되)대로 세금 징수를 고르게 했는지 그 여부를 조사할 때 사용하기 위한 것이었다. 이처럼 암행어사는 2개의 유척을 가지고 다니면서 형벌이 남발되고 있는지, 세금 징수가 과하게 행해지고 있는 것은 아닌지를 살피는 것도 임무 중의 하나였다.

㉢ 암행어사의 권한

암행어사는 미복(微服)으로 암행하면서 수행하는 서리들로 하여금 수령의 행적과 백성의 억울한 사정 등을 수집하게 하고, 필요한 경우에는 출도(出道)하여 그 신분을 밝혔다. 출도시에 시간적 제한은 없고, 어사가 원하는 시간에 출도할 수 있었다. 그 방법은 수령관부(수령이 머무는 관아)의 3문(門)까지 대동한 하리(下吏)나 역졸이 마패로 두드리면서 '어사출도'를 크게 외친다. 그러면 수령은 6방 이속을 대동하고 암행어사를 영입해야 할 의무가 있었다. 암행어사의 권한 중 가장 핵심은 봉고파직권이다.

㉮ 봉고권

암행어사는 문서와 창고를 점검하는데, 공물이나 세금 등의 장부와 결송문서 그리고 창고에 있는 곡물을 일일이 대조하면서 점검한다. 불법문서 등 비위와 탐오(貪汚: 욕심이 많고 하는 짓이 더러움) 등 수령의 잘못이 밝혀지면, 그 죄질에 따라 인신(印信)을 압수하고 즉시 봉고(封庫)파직[103]하여 직무집행을 정지시킨다. 이때 큰 종이에 '봉고'라는 두 글자를 쓰고 마패로 답인(관인을 찍음)하여 창고 문에 붙이는 데, 군관이 이를 지키고 어사의 허락 없이는 아무도 접근을 못하였다. 그 다음 암행어사는 감옥에 갇힌 죄수의 점검 및 형구(刑具: 형벌을 가하거나 고문을 하는 데에 쓰이는 여러 가지 기구)를 규정에 따라 준수했는지 조사하고, 형옥을 심리하여 백성들의 억울함을 풀어주었다.

103) 지방수령을 파면하고 관가의 창고를 봉하여 잠그는 것을 말한다.

㉯ 파직권

암행어사의 권한 중 가장 막강한 권한은 파직권이었다. 파직권은 직단권[104]의 일종이다. 직단권은 원래 사헌부가 갖고 있었으나, 암행어사에게 직단권이 주어진 것은 제11대 중종 19년부터이다. 그러나 이 어사의 직단권에 대하여 특히 3공(三公: 영의정・좌의정・우의정을 합하여 부르던 칭호)이 강하게 반발하자, 중종 34년(1539) 10월에 절충안으로 수령의 탐오와 불법은 먼저 파직한 후 추고(推考:벼슬아치의 죄과를 추문하여 고찰함)할 수 있고, 불법 외의 사건은 추고한 후에 파직하도록 하였다.

㉰ 암행어사는 임기가 끝나면 서계(書啓)에 수령의 행적에 대해서 상세히 기록하고, 별단(別單)에 자신이 보고 들은 민정과 효자・열녀 등의 미담을 적어 국왕에게 바쳐 지방행정의 개선을 촉구하였다.

㉣ 암행어사 권한의 한계

암행어사는 아래와 같이 여러 가지 제약을 받았다.

㉮ 암행어사는 봉서 또는 사목에 의한 제약을 받았다. 즉 봉서와 사목에 명기(名記)되어 있는 내용 이외에는 규찰을 하지 못하였고, 다만 봉서와 사목에 들어 있는 사안만을 전부 조사함으로써 그 임무를 마치었다.

㉯ 원칙적으로 암행어사는 추생지역, 즉 지정된 감찰지역 이외에는 규찰 권한이 없었다. 이러한 원칙은 조선시대 전시기를 걸쳐 시종일관 강조되었다.[105] 그렇다고 해서 이 원칙이 고수된 것은 아니었고, 예외적인 경우도 간혹 있었다.[106]

㉰ 만약 불법 문서가 발견됐다 하더라도 관가 수령의 관인이 찍힌 문적이 없는 것은 봉고(封庫)조건이 못 되었다. 따라서 아전들이 갖다 바친 문서라도 수령의 인신(印信)이 있어야 하고, 암행어사 출도 전에 이미 작성된 문서라야 인정받을 수

104) 직단권이라 함은 왕의 봉명을 받은 사신들이 지방관들을 직접 처단할 수 있는 권한을 말한다.

105) 인조실록 권 34 인조 7년 3월 을해조. 제16대 인조 7년 3월 19일에 하교하기를 "당초 어사를 보낼 때에 읍명(邑名)을 제비 뽑으라고 했던 것은 사실 뜻이 있어서 한 일이었는데, 내 뜻을 이해 못하고서 다른 고을 수령들의 현부(賢否:올고그름)까지도 서계(書啓:보고)하고 있다. 그 많은 수령들을 가벼이 바꾸기는 어려울 듯하니, 제비 뽑힌 곳 이외의 수령들의 현부에 대하여는 거론하지 말라"

106) 제21대 영조 때 우의정 조현명은 수령의 비리가 적발된 이상 감찰대상 지역이 아니더라도 봉고 파직해야 한다고 제안하여, 왕의 허락을 받아내기도 하였다.

있도록 그 한계를 규정하고 있다.

㉣ 암행어사 출도는 해당되는 감찰 주현(州縣)의 읍소재지나 수령관부 소재지에 한정되며, 지정된 감찰지역 이외의 읍에서의 출도는 금지되어 있었다.

㉤ 대표적 암행어사

암행어사는 이런 제약 등에도 불구하고 암행어사로 선발되는 것은 대단한 가문의 영광이었고, 조선시대 저명한 중앙관료 중에는 암행어사 출신들이 상당수 있었다. 그 중 대표적인 인물로 조광조·퇴계 이황·박문수·정약용 등을 들 수 있다.

② 수성금화사(修城禁火司)

㉠ 화재방지 담당관청

조선시대 금화(禁火), 즉 화재 예방은 포도(捕盜)와 더불어 주요한 기능 중의 하나로서 광의의 행정경찰 업무에 속한다. 제4대 세종 때에 한성부내에 대형 실화와 방화사건이 연이어 발생하기 시작하자,[107] 세종 8년(1426) 2월 26일에 우리나라 최초로 소방관서의 효시가 되는 금화도감(禁火都監)을 설치하였다. 그 후 제9대 성종 12년(1481) 3월에 화재가 자주 일어나고 도둑질을 위한 방화가 많아지자, 수성금화사(修城禁火司)로 격상되어 경국대전에 법제화되었다.[108]

㉡ 임무

수성금화사는 정사품아문(正四品衙門)으로, 궁성과 도성(都城)의 수리, 궁궐·관아의 건물, 관할구역 내의 민가의 화재방지 등의 주임무였다. 오늘날의 공공건물의 개·보수업무와 소방경찰관련 업무가 이에 해당한다.

㉢ 관원

㉮ 관원으로는 도제조(종1품) 1인·제조(정2품) 2인·제검(提檢:정4품) 4인·별좌(別坐:정·종5품) 6인·별제(別提:정·종6품) 3인 등이 배치되어 있었다. 여기에는 상설소방대원인 멸화군(滅火軍:불을 진압하는 군사) 50인을 두어 24시간 대기시켰다가, 화재가 발생하면 금화사(禁火司:수성금화사의 약칭) 관원의 인솔하에 출동

107) 세종실록 권 31 세종 8년 2월 기묘조. 세종 8년 2월 15일에 한성부에 큰 불이 나 경시서(京市署) 및 북쪽의 행랑 106칸·중부(中部)의 인가 1630호(戶)·남부의 350호·동부의 190호가 연소되었다. 인명 피해는 남자 9명, 여자가 23명이었는데, 어린아이와 늙고 병든 사람으로서 타죽어 재로 화해버린 사람은 그 수에 포함되지 않을 정도로 대형화재가 발생하였다.

108) 경국대전 권1 이전(吏典) 경관직(京官職) 수성금화사조.

하여 소화 작업을 하였다.

㈏ 수성금화사는 조선 전기까지 설치·운영되어 오다가 속대전상에서 혁파된 관청이지만, 우리나라 최초의 소방경찰관청이라는 점에서 역사적 의미가 있다. 수성금화사가 폐지된 이후, 금화업무는 주간에 한성부, 야간은 순청에서 맡았고, 수성(修城: 성을 수리하는 것)은 병조로 이관되었다.

③ 사산참군(四山參軍)

사산참군은 오늘날로 치면 산림경찰로서, 광의의 행정경찰업무에 속한다. 사산참군[109]은 서울의 도성(都城)이 연결된 도성의 내외산(內外山)을 동·서·남·북의 4산(四山)으로 나누어 각 1인이 담당하면서, 성첩(城堞:성과 성 위에 쌓은 작은 담)·소나무벌채단속과 보호 등의 일을 맡아보던 무관직 관리였다.

2) 지방의 경찰기관

조선왕조의 지방행정조직은 전국을 8도로 나누어 각각 관찰사를 두고, 그 관할하에 수령(守令)으로서 부윤(府尹, 종2품)[110]·대도호부사(大都護府使, 정3품)·목사(牧使, 정3품)·도호부사(都護府使, 종3품)·군수(郡守)·현령(종5품)·현감(종6품)을 두었다. 이들은 외관직(外官職)[111]으로서 지방행정기관의 장(長)이자, 바로 지방경찰기관이기도 하였다. 이들 관찰사와 지방수령은 지방의 전권(全權)을 장악·행사하였고, 특히 '산천초목도 떤다', '추상(秋霜)[112]과 같은 호령(號令)'이라는 표현들은 그들의 강력한 경찰권행사에서 유래되었다고 볼 수 있다.

---

109) 사산참군은 성저(城底) 10리 지역과 깊은 상관성이 있다. 태조 초기부터 성 밖 10리까지의 지역에는 벌채나 죽은 사람을 매장시키는 것을 금지시켰다.

110) 조선시대 동반(東班:양반) 종2품 외관직으로 지방관청인 부(府)의 우두머리이다. 관찰사와 동격이나, 관찰사의 지휘감독을 받았다. 경상도 경주부(慶州府)·전라도 전주부·함경도 영흥부·평안도 평안부와 의주부에 두었다. 전주·평양·함흥 부윤은 관찰사가 겸했고, 광주·경주·의주는 전임부윤이 파견되었다. 특히 유념해야 될 것은 이밖에 한성부·수원부·광주부(廣州府)·개성부·강화부의 장(長)은 부윤(府尹)이라 하지 않고, 판윤(判尹), 또는 유수(留守)라 하였으며, 외관직이 아닌 경관직이었다는 점에 주목하여야 한다(경국대전권1 이전경관직). 대한민국 건국 뒤에는 부윤을 시장이라 부르고 있고, 현재는 특별시장, 광역시장 등으로 구분하고 있다.

111) 외관직은 중앙관직인 경관직과 대칭되는 것으로, 중앙에서 외임(外任)으로 지방관아에 파견되는 관리를 통칭하는 말이다.

112) 추상은 가을의 찬서리를 뜻한다.

(1) 관찰사(觀察使)

① 의의

고려시대는 지방을 5도(道) 양계(兩界)로 하는 2원적 행정조직이었으나, 조선시대는 전국을 8도로 구분하는 1원적 행정체계를 갖추고 있었다. 전국 8도에는 경관직이 아닌 외관직 종2품 벼슬인 관찰사를 각각 1인씩 두었는데, 오늘날의 도지사에 해당한다. 관찰사는 흔히 감사(監司) 또는 방백(方伯)·도백(道伯) 등으로 일컬어지기도 한다. 관찰사가 행정업무를 보는 관청을 감영(監營)[113]이라고 하며, 관찰사의 사무집행방법은 중앙관제의 축소판이라 할 수 있었다.

② 관찰사의 지위(행정장관·군사지휘관·사법재판관)

관찰사는 도(道)의 행정·경찰·사법·군사의 전반을 통괄하고, 관할 구역 내의 여러 수령을 지휘 감독하는 등 지방행정상 절대적 권력을 가졌다. 이러한 막강한 권한 때문에 관찰사는 보좌관인 수령관(首領官:경력, 도사, 판관)[114]과 더불어 경관(京官)으로 겸임시키고, 문신(文臣)으로만 교차하게 하였다.

③ 관찰사의 권한

관찰사는 한 도(道)를 전제(專制:국가의 권력을 개인이 장악하고 그 개인의 의사에 따라 모든 일을 처리하는 것)하는 독자적인 권한과 지위가 또한 보장되었다. 제도적으로 보장된 관찰사의 권한과 지위는 크게 탄핵권·직계권(直啓權)·천거권·직단권을 들 수 있다.

㉠ 탄핵권

관찰사는 비록 업무 중 착오가 있더라도 중앙의 6조(六曹)에서 시비를 마음대로 논의하지 못하였다. 내헌인 사헌부가 공사(公私)에 있어 소문만 듣고도 모두 탄핵

113) 전국 관찰사가 행정업무를 보던 관아로는 경기관찰사의 경우 서울 또는 수원에, 충청관찰사는 충주 또는 공주에, 경상관찰사는 경주·상주·달성(대구)·안동에, 전라관찰사는 전주에, 함경관찰사는 함흥·영흥에, 평안관찰사는 평양에, 황해관찰사는 해주에, 강원관찰사는 원주에 각각 그 감영을 두었다.

114) 조선초에 관찰사의 보좌관으로는 수령관으로 통칭되고 있는 경력(慶曆)·도사(都事)·판관(判官) 등이 있었다. 경력(4품 이상)과 도사(5품 이하)는 세칭 아사(亞使)라고도 했으며, 그들은 감사를 보좌하고 문부(文簿:문서와 장부)를 처리하여 한 도(道)를 전제(專制)하는데 참여하였다(문종실록 권2 즉위년 7월 을미조). 경력의 경우 세조 12년(1466)에 혁파되고 도사 1인만이 남게 되었다.

할 수 있는 것과 같이, 외헌(外憲)[115]의 역할을 담당하는 관찰사도 풍문에 의하여도 외관(外官)을 탄핵할 수 있었다.

ⓛ **직계권**

관찰사에게는 직계권(直啓權)[116]이 인정되었다. 조선시대에 임금에게 직계할 수 있는 경우는 2품 이상의 아문(衙門), 그리고 승정원・장례원・종부시(宗簿寺)가 있었고, 지방의 경우는 중앙에서 나가있는 관찰사와 절제사 등으로 제한되어 있었다.

다만 다른 관사(官司)에서도 긴급한 사안이 있을 때에는 제조(提調)를 통해 직계할 수 있었다. 따라서 이러한 경우를 제외하고는 대체로 상급기관을 거쳐야 했다.

ⓒ **천거권**

관찰사는 수령이나 만호(萬戶)[117]가 될 만한 자격이 있는 자를 추천할 수 있는 천거권(薦擧權)이 있었다. 조선전기에는 추천된 자가 장오패상인(贓汚敗常人)[118]의 죄를 범하면 천거한 장본인(거주)도 함께 그 죄에 연좌시켰다.

ⓔ **직단권(直斷權)**

㉮ 월부(鉞斧)

조선시대 관찰사는 교서와 월부(鉞斧:의장용으로 사용하는 일종인 도끼임)를 국왕이 하사함으로써 임명되었는데, 그 가운데 특히 월부는 관찰사가 3품 이하 지방관들을 직접 처벌할 수 있는 권한을 부여한 것이다. 조선시대 관찰사에게 직단권을 주기 시작한 것은 제9대 성종대부터였다.

---

115) 관찰사는 자기 관할하의 수령을 규찰하고, 출척(出陟:못된 사람을 내쫓고 착한 사람을 올리어 쓰는 것)할 수 있는 기능이 마치 사헌부와 같아서, 대사헌과 관찰사를 다같이 풍헌관이라고 하였다. 따라서 대사헌과 같은 종2품 벼슬인 관찰사를 '외헌(外憲)'이라고 불렀다.

116) 직계권이란 임금에게 계주(啓奏:신하가 글로 임금에게 아뢰던 일)할 때, 중간에 상급관아를 경유하는 절차를 밟지 않고 문서로 직접 아뢰는 것을 말한다.

117) 조선시대 각 도(道)의 진(鎭)에 딸린 종4품 무관직이다. 원래는 몽골의 병제(兵制)를 모방한 고려의 군직(軍職)이었다. 조선 전기에는 만호・부만호・천호・백호 등의 관직을 두었으나 점차 정리되고, 동첨절제사・만호・절제도위 등이 진(鎭)을 관할하게 되었다. 대개 병마동첨절제사(兵馬同僉節制使)와 절제도위는 지방수령이 겸직했으나, 만호(萬戶)만은 무장(武將)을 따로 파견하여 일선을 지키는 전담 무장이 되었다. 임기는 부임지에 가족을 데리고 가지 않을 때 900일이며, 대개 무예를 시험해 임명하였다.

118) 관아의 재산이나 백성의 재물을 부정하게 차지한 죄 따위로 처벌받은 벼슬아치로, 그 이름을 죄인 명부에 적어 두었다.

㈏ 직단권의 범위

형조·한성부·관찰사는 유형 이하를 직접 처단할 수 있었다.[119] 유형(流刑) 이하를 직단(直斷)할 수 있다는 것은 태형(笞刑)·장형(杖刑)·도형(徒刑)·유형(流刑)을 판결하여 집행한다는 것을 의미한다.[120] 그러나 태형 이하는 관찰사가 아닌 수령이 직접 처단하기 때문에, 실제로는 장형·도형·유형을 관장하였다.

(2) 수령(守令)

수령은 조선시대에만 있었던 것은 아니었다. 수령제도는 신라시대부터 고려시대를 거쳐 조선시대에 와서 완전히 체계화되었다고 볼 수 있다.

① 의의

㉠ 조선시대의 행정조직은 주(州)·부(附)·군(郡)·현(縣)의 체제로 되어 있었다. 수령으로는 부(府)에는 부사(府使), 목(牧)에는 목사, 군(郡)에는 군수, 현에는 현령·현감이 파견되었다. 그 품계는 종2품에서 종6품까지 다양하게 분포되어 있었는데, 이들을 총칭하여 수령이라 불렀고, 속칭 「원님」이라고도 불렀다.

㉡ 수령은 중앙의 관료와는 달리 직접 백성을 목양(牧養:백성을 기르는 것)하는 중책(重責)을 가지며, 왕권을 위임받아 직무를 수행하는 지위에 있었다. 그러기 때문에 수령은 군주의 분신으로 직접 백성을 다스리는 근민지관(近民之官)이라고 해서 그 책무가 막중하였다.

② 수령의 자격과 계약

㉠ 수령의 자격

조선초기부터 수령의 임용에 신중을 기하였고,[121] 만약 부적격자가 임용되었을 경우에는 그 천거한 자를 연좌하여 문책시켰다.[122]

수령은 통상 동반의 문관직이 임명되었다. 서반의 외관직으로는 육군사령관 격인 병마절도사와 방어사를, 해군사령관격인 수군방어사와 통제사를 두었는데, 관찰사와

---

119) 경국대전 형전 추단조.

120) "관찰사는 유형 이하를 직접 처단하며, 그 외의 각 관아(官衙)는 태형 이하를 직접 처단한다"고 경국대전에 규정하고 있다. 따라서 지방 수령에게는 태형 이하의 직단권이 부여되고 있음을 알 수 있다(경국대전권5 형전추단조).

121) 태조실록 권1 원년 7월 정미조.

122) 태조실록 권3 2년 5월 갑술조.

부사가 이를 겸임하는 경우가 많았다. 그리고 관찰사를 제외한 수령은 군지휘관인 방어사 · 절제사 · 첨절제사(僉節制使) · 동첨절제사(同僉節制使) 등을 겸임하여 군사권과 경찰권을 장악하고 있었다.

㉡ 권한의 제약

지방수령은 권한만큼이나 그 제약 또한 엄격하였다. 수령을 거치지 아니한 자는 4품으로 올라가지 못하였고,[123] 원칙적으로 자기 고향이나 자기의 땅이나 집이 소재하는 곳에는 수령으로 파견 못하게 하였다.[124]

③ 수령의 하부행정체계

㉠ 6방체제

수령의 하부행정체계는 중앙정부 조직을 축소한 형태였다. 수령을 돕는 이들을 관아의 앞 건물에서 일을 본다고 하여 아전(衙前)이라고도 하고, 서리(胥吏)나 구실아치라고도 하였다.[125] 중앙의 6조체제를 따라 이 · 호 · 병 · 예 · 형 · 공방의 6방(房)을 두어 사무를 관장케 하였는데, 그 우두머리는 호장(戶長)이었다. 아전은 호장 이상은 승진할 수 없었는데, 이는 정식 품계에 드는 벼슬은 결코 받을 수 없음을 의미한다.

㉡ 면(面)

㉮ 군현(郡縣) 아래에는 최말단 지방행정기관인 면(面) · 방(坊)이 있고, 그 밑에 동(洞) · 리(里)가 있었다. 면(面)의 장(長)을 집강(執綱)이라 하는데, 지금의 면장이나 읍장에 해당된다. 이들은 향청의 좌수나 별감의 천거에 의해 수령이 임명하였는데, 주로 주현(州縣)의 행정명령을 백성들에게 알리고 특히 조세 납부를 지휘하는 등 지방관청의 심부름을 하였다.

㉯ 그 이외에 권농관(저수지를 만들어 가뭄과 장마에 대비하는 일을 맡아보던 사람) · 풍헌(風憲) · 훈장(訓長:서당의 훈장과 다름) 등이 있어, 농사를 권장하고 풍속을 바로잡고 교육을 담당하는 일을 맡았다.

123) 세종실록 권89 세종 22년 2월 기미조.
124) 성종실록 권138 성종 13년 2월 정미조.
125) 이이화, 『조선의 건국』, 서울:한길사, 2000, p.207.

㉢ 이정·이장

이정(里正)과 이장(里長)은 오늘날의 이장으로, 집강의 아래이며 다섯 집을 통괄하는 통주(統主)였다. 이들의 임무는 수령과 서리의 지시사항을 전달하고 수행하는 것이었다.

(2) 수령의 직무

㉮ 수령은 왕권을 위임받아 한 고을을 다스리는 목민관(牧民官)으로서, 행정·사법·경찰권을 갖고 있었다. 특히 수령은 한 고을을 직접 다스리는 관직이기 때문에, 경찰권의 행사는 백성들에게 직접적인 영향을 주었다.

㉯ 수령의 직무로는 크게 행정업무와 사법업무로 나눌 수 있다. 수령의 행정적 업무로는 수령칠사(守令七事)[126]·범죄예방(순찰)[127]·포호(호랑이 잡는 것)[128] 등을 들 수 있다.

한편 수령의 사법적 기능은 포도(捕盜:도적을 잡는 것)·옥사의 재판(태형에 한하여 직단권 인정)[129]·휼수(恤囚:옥에 갇힌 죄수를 보살핌) 등의 주업무였다.

3. 조선시대의 형벌

조선왕조의 형법은 중국의 대명률을 계수하여 보통 형법으로 적용하였기 때문에, 명률의 형벌이 일반적으로 시행되었다. 대명률의 형벌체계는 태(笞)·장(杖)·도(徒)·유(流)·사(死)의 다섯 가지의 정형(正刑)제도를 골간으로 하고 있으나. 실제로는 오형 이외의 여러 가지 형벌 및 부가형이 첨가되어 있었다.

---

126) 수령칠사는 수령이 맡은 일 중 농업진흥, 인구증가, 학교진흥, 군대정비, 부역과 세금징수의 공정, 재판의 공정, 치안확보이다. 수령으로 임용되는 자에게는 이 수령7사가 그만큼 중요시되었고, 심지어 지방수령의 임명과 관련하여 칠사문답 같은 해설서가 나올 정도였다.

127) 목민대방은 지방관을 위한 지방통치 지침서로서, 홍양호가 평안도 관찰사 시절 저술하였다. 목민대방이나 목민고, 그리고 칠사문답 등은 국왕의 명에 의해 편찬된 것이 아니라, 개인이 사사로이 편찬한 것이다.

128) 세종 3년(1421)에는 당번·하번(下番) 착호갑사(호랑이를 전문적으로 사냥하는 군인)를 각각 20인으로 제도화하였다(세종실록 권제11 세종 3년 3월 병자조).

129) 수령은 한 고을의 행정기관이면서도 사법기능을 가진 재판장이었다. 즉 수령은 송사(訟事)와 옥사(獄事)의 재판과 집행을 관장하였는데, 민사재판을 사송(詞訟)이라 하고 형사재판을 옥송(獄訟)이라고 한다. 조선시대의 경우 민사적인 사송과 형사적인 옥송은 완전히 분리되지 않았고, 대체로 사송이 옥송으로 이어지는 것이 상례였다. 형사재판의 재판권은 왕이 직접 장악하고 있었으며, 단지 경미한 사건에 대해서만 관찰사와 수령에게 위임되어 있었다. 수령에게는 태형에 해당하는 범죄에만 직단권이 주어졌다.

1) 정형(正刑)

(1) 태형

① 경범죄

태형은 가벼운 죄를 범한 경우에 작은 형장(刑杖), 즉 작은 가시나무 회초리[130]로 죄인의 볼기를 치는 형벌이다. 10대에서 50대까지 5등급이 있고, 매 10대를 기준으로 형(刑)을 1등씩 가감하였다.[131] 그러나 형벌은 대부(大夫)에게 올라가지 않는다는 전통적 법사상에 따라 사대부의 경우에는 한 대당 얼마씩, 지금의 벌금에 해당하는 속전(贖錢)을 받는 것으로 대신했다.

② 태형의 집행

태형의 집행은 죄수를 형대(形臺 : 형을 집행하기 위하여 만든 대)에 묶은 다음, 하의를 내리고 둔부를 노출시켜 회초리로 때렸다. 그러나 부녀자의 경우에는 홑옷을 입힌 채로 형을 집행하되, 종종 엉덩이에 물을 끼얹어 물볼기를 치기도 했다. 반면, 간음한 여자에 대해서는 예외적으로 옷을 벗기고 집행하였다.

③ 태형의 예외

나이가 70세 이상이거나 15세 이하인자와 폐질에 걸린 자는 태형을 집행하지 않고 속전을 받았으며, 임신한 여자도 70세 이상인 자에 준하여 처리하였다.

④ 폐지

매 때리는 형벌은 일제 때에도 사라지지 않고 그대로 남아 있었다. 1910년에 제정된 범죄즉결령(犯罪卽決令)에서는 경찰서장이나 헌병대장은 3개월 이하의 징역이나 태형을 즉결처분 할 수 있었다. 1912년에는 조선의 관습을 존중한다는 미명하에, 조선태형령을 제정하여 조선인에게만 집행하게 하였다. 매는 통상 수십 대를 쳤는데, 매우 혹독해서 한 번 맞으면 걸어 나오지 못하고 다른 사람의 등에 업혀 나올 정도였다.[132] 이러한 태형은 조선말 장형이 폐지된 후에도 존속하다가, 1920년에 가서야 완전히 폐지되었다.

---

130) 원래 대명률에서는 가시나무를 사용하도록 하였으나, 조선에서는 일반적으로 물푸레나무를 사용하였고, 없으면 다른 나무를 쓰는 경우도 있었다.

131) 예컨대, 태(笞) 50대의 형에서 1등을 감하면 태(笞) 40대가 되는 것을 의미한다.

132) 정연식, 『일상으로 본 조선시대 이야기』, 서울:청년사, 2001, p. 198.

(2) 장형

① 의의

장형은 태형 다음에 가는 형벌로서, 정확히 몽둥이라고 하기에는 너무 가늘고 회초리보다는 약간 굵은 매라고 볼 수 있다. 장형에는 60대에서 100대까지 5등급이 있으며, 매 10대마다 1등씩 가감하였다.

② 장형의 집행

형률상에 있어서 장형은 별도로 집행하는 경우도 있지만, 대체로 도형(徒刑)과 유형(流刑)에 병과(倂科)하여 집행하는 병과(倂科)형으로서의 성격을 가졌다. 형벌 집행에 있어서 남형(濫刑)의 폐해가 가장 많은 것은 장형(杖刑)이었다.

③ 장형에 대한 규제

관리가 남형을 하는 경우 장(杖) 1백에 도(徒) 3년에 처하고, 치사시킨 자는 장(杖) 1백에 처하고 영구히 (관직에)임용하지 아니하였다. 장형의 집행방법은 태형과 같고 매의 규격만 달랐다.

④ 폐지

장형(杖刑)이 폐지되고 징역형으로 대체된 것은 고종 32년(1895) 4월 1일이었다.[133]

(3) 도형(徒刑)

① 의의

도형은 비교적 중한 죄를 범한 자를 관아에 붙잡아두고, 소금을 굽거나 쇠를 달구는 등의 힘든 일을 시키는 형벌이다. 관아에 구금하여 강제노역을 시킨다는 점에서 지금의 징역형과 비슷하다. 노역에 처하는 기간은 1년 · 1년반 · 2년 · 2년반 · 3년까지 5등급으로 나누어져 있었으며, 각각에 장(杖)60 · 장70 · 장80 · 장90 · 장100대가 뒤따랐는데, 이처럼 도형에는 반드시 장형이 병과(倂科)되었다.

---

133) 고종 32년(1895) 4월 1일에 제정된 법률 제3호 『형률명례』에는 "형률을 사형 · 유형 · 징역형 · 태형" 4가지로 구분하면서, 도형과 장형을 징역형으로 대체하였다(고종실록 권34 고종32년 4월 1일조).

② 판결기관

도형·유형을 선고할 수 있는 권한은 형조와 관찰사에게 있었다. 따라서 도형수(徒刑囚)의 배소(配所: 귀양살이 하는 곳)는 중앙의 경우 형조에서, 지방의 경우에는 관찰사가 결정하였다. 죄수가 도형·유형의 판결을 받으면 해당 관아에서 10일 이내에 배소로 보내도록 되어 있었다.

③ 폐지

도형도 장형과 마찬가지로 고종 32년(1895) 4월 1일 법률 제3호에 의해 폐지되고, 징역형으로 대체되었다.

(4) 유형(流刑)

① 의의

유형은 매우 중한 죄를 범한 자를 차마 사형시키지는 못하고, 먼 지방으로 귀양 보내 죽을 때까지 고향으로 돌아오지 못하게 하는 형벌이었다. 오늘날의 무기금고형[134]으로 볼 수 있다. 유배는 보내는 거리에 따라 2,000리·2,500리·3,000리의 3등급이 있었으며, 각각에 장100대가 병과(倂科)되었다.[135]

② 계호와 처우

㉠ 유배죄인에 대한 계호(戒護: 범죄자를 경계하여 지킴)와 처우 등의 책임은 그 지방의 수령에게 있었다.

㉡ 의금부나 형조에서 유배형을 받는 경우에는 도사 또는 나장들이 지정된 유배지까지 압송하였다. 그곳에서 고을 수령에게 인계하고, 수령은 죄인을 다시 보수주인(保授主人)에게 위탁하였다. 보수주인은 그 지방의 유력자로서 집 한 채를 거주할 곳으로 제공하고, 유형수를 감호하는 책임을 졌다.

③ 유형의 종류

유형의 종류로는 부처, 안치, 천사 등이 있었다.

㉠ 부처

부처 또는 중도부처(中途付處)는 주로 관원이나 유생에 대하여 과(科)하는 형벌

134) 유형(流刑)은 도형과 같이 징역형의 일종이었으나, 노역에 종사시키는 것은 아니었고 단순히 유배지에 유배시키는 것에 불과하였다.

135) 세종실록 권85 세종 21년 4월 을미조.

로서, 일정한 지역을 지정하여 그곳에서만 유거(留居: 머물러 거처하게 함)하게 하는 것을 말한다. 부처형이나 안치형은 정해진 기간이 없지만, 오직 국왕의 명(命)에 의해서만 석방될 수 있었다.

㉡ 안치

㉮ 안치는 조선조 건국 초기부터 시행되었는데, 안치는 유배형 중에서도 가장 제약이 많았고 일반유형과는 달리 가족과 함께 기거하는 것이 금지되었다. 따라서 처와 첩·결혼하지 않은 자녀와 동거할 수 없었고, 다만 부모와 결혼한 자녀사이의 상봉만은 허락되었다.

㉯ 안치의 종류[136]에는 본향안치(本鄕安置)·위리안치(圍籬安置)·절도안치(絶島安置)가 있었다.

(5) 사형(死刑)

① 교형(絞刑)

사형은 형벌 중에서 사람의 목숨을 빼앗는 극형으로서 대명률에 의하면, 교형(絞刑: 교수형)과 참형(斬刑: 참수형)의 2종이 있었다. 교형(교수형)은 신체를 온전한 상태로 두고 목을 졸라 죽이는 것으로 참형보다는 한 등급 가벼운 형벌이었다.

② 참형(斬刑)

참형은 칼로 목을 쳐서 죽이는 방법으로 가장 많이 행하여졌던 형벌인데, 사서(史書)상에는 보통 참(斬)이라고 표현하고 있다. 원래 조선시대의 경우 사형에는 교수형과 참형 두 가지만이 형전(刑典)에 규정되고 있으나, 변형된 사형집행방법으로 능지처사·거열형·육시형·부관참시 등 여러 가지 방법이 사용되었다.[137]

---

136) 안치의 종류에는 본향안치·위리안치·절도안치가 있었다.

① 본향안치는 유배죄인에게 어느 정도 은전(恩典)을 베푸는 것으로, 죄인의 고향에서만 유배생활을 하도록 하는 가벼운 죄인의 안치를 말한다.

② 위리안치는 본인의 거주지를 제한하기 위해 집 둘레에 울타리를 둘러치거나, 탱자나무 가시덤불로 싸서 외인의 출입을 금한 중죄인의 안치를 말한다. 위리안치의 경우 탱자나무가 많은 전라도 연해의 섬이 주로 이용되었다.

③ 절도안치는 본인 혼자 육지에서 멀리 떨어진 외딴 섬에 격리시켜 유형생활을 치르도록 하는 중죄인의 안치를 말하는데, 이는 심히 가혹했기 때문에 특별교지(特別敎旨)가 있는 경우에만 시행하였다.

137) 변형된 사형집행방법으로 능지처사는 산채로 온몸을 토막 내고 칼로 썰어 천천히 죽이는 형벌이다. 대개는 팔다리와 어깨, 가슴을 잘라내고, 마지막에 심장을 찌르고 목을 베어 죽였다. 우리나라에서는 고려 제31대 공민왕 때 이 형벌에 대한 기록이 처음 보이고 있으나, 그 후 대명

(6) 법외(法外)의 형벌

조선시대 형벌 중에는 법에 규정된 정형(正刑)과 부가형 이외에 실제 관아에서 관습적으로 행하여지던 형벌과, 그리고 권문세도가에서 불법으로 행하여지던 사형벌(私刑罰)이 있었다. 이처럼 조선시대에는 법에도 없는 형벌이었지만, 위법으로도 간주되지 않는 등 일종의 관행내지 관습에 의한 형벌이 다반사로 자행되었다.

① 관습적으로 관(官)에서 행하던 형벌로서 주뢰형(周牢刑 혹은 주리형이라고 함)·압슬형·태배형·낙형·난장 등이 있었다.138)

② 반면, 권문세가에서 불법으로 행하던 사형벌(私刑罰)로서는, 의비형(劓鼻刑)·월형(刖刑)·비공입회수형(鼻孔入灰水刑)·고족형(刳足刑) 등이 있었다.139) 이러한 법외의 형벌 등은 주로 몸에 과하는 육형(肉刑)이었는데, 제21대 영조때 가서는 거의 폐지되었다.

4. 조선시대의 범죄의 형태

조선왕조시대의 범죄형태에 관해서는 대명률직해·경국대전·속대전·대전통편 및 대전회통 등의 각 형전(刑典)의 내용을 참조하였고, 편의상 오늘날의 형법상의 기술체계에 따라 국가적 법익에 관한 죄, 사회적 법익에 관한 죄, 개인적 법익에 관한 죄로 대별하여 도식화하였다.140)

률의 형벌제도가 도입된 조선시대의 경우에 능지처사형보다도 거열형이 주로 시행되었다.

② 거열형은 사형수의 신체를 작은 조각으로 하나하나 잘라내는 것을 말한다. 반면, 거열형은 사지(四肢)를 소나 말에 묶고 달리는 방법으로 신체를 찢어 죽인다. 따라서 양자는 죽이는 방법상에 차이가 있다.

③ 육시형(戮屍刑)은 죽은 자에 대하여 다시 과형(科刑)하는 것으로, 육지형(六支刑)이라고도 한다. 우리나라 욕말 가운데 '육시할 놈'은 이미 죽은 시체에 참형 등을 가한다는 형벌상의 욕말을 의미한다. 이 육시형은 신라시대부터 시행되었으나, 조선시대에 들어와서부터는 대역죄인에 대하여서만 능지처사나 거열형 또는 육시형에 처하였다.

④ 능지처사나 육시형보다 더 잔인한 형벌로 부관참시(剖棺斬屍)를 들 수 있다. 말 그대로 죽은 사람의 묘를 파헤쳐 관을 쪼개고는 시체를 꺼내 목을 베는 형벌이다.

138) 관습적으로 관(官)에서 행하던 형벌로는 1) 양다리를 결박하여 주리는 트는 〈주뢰형〉, 2) 무릎 위를 압력으로 고문하는 〈압슬형〉 3) 태(笞)로써 등 부위를 난타하는 태배형(笞背刑), 태배형은 세종12년에 폐지되었는데, 그 이유는 사람의 오장(五臟)이 모두 등에 있기 때문에, 등을 때리면 인명을 상하게 하기 쉽다는 것 때문이었다. 4) 불에 달군 쇠로 낙인(烙印)시키는 〈낙형〉, 5) 여러 명이 장(杖)으로 난타하는 〈난장〉 등이 있었다.

139) 권문세가에서 행하던 사(私)형벌로 대부분 노비를 대상으로 하였는데, 1) 코를 베는 의비형, 2) 아킬레스건(발뒤꿈치 힘줄을 끊어버리는 것)을 제거하는 월형 3) 코에 잿물을 주입하는 비공입회수형, 4) 발을 쪼개는 고족형 등이 있었다.

1) 국가적 법익에 관한 죄

왕권 · 왕실에 대한 범죄	모반 · 대역죄, 왕실의 권위를 침해하는 죄(어인이 찍힌 증서, 궁내 창고의 재물, 임금의 창고 등을 절취한 자), 유언비어날조죄 등
관리의 범죄	장오죄(수뢰죄), 좌장치죄(직무와 관계없는 뇌물수뢰죄), 재관구색차대인재물죄(위력에 의한 뇌물수수죄), 관리청허재물죄(선물 등의 뇌물수수죄), 직무유기죄, 직권남용죄, 불법고문 · 치사죄, 남형(濫刑), 관(官)의 기강을 위반한 죄(창녀의 집에 유숙한 죄, 정권을 잡은 가문에 출입한 죄 등), 무고죄 등
관리에 대한 침해범죄(백성이 관리에 대한 침해행위는 엄중형법 주의)	투구죄(구타죄), 매리죄(罵詈: 욕설죄), 죄인거포죄(공무집행방해죄), 옥수탈감급반옥재도죄(탈옥죄), 도류인도죄(徒流人逃: 유배지 등에서 도주죄) 등

2) 사회적 법익에 관한 죄

위조죄	위조범(관사의 인신, 순찰패, 소금의 판매증 등의 위조), 통화위조범(삼베→무명→저화→동전→저화, 정포(正布)병행 순으로 통용됨)
방화죄, 실화죄	방화고소인방옥죄(방화죄), 실화죄(자기가옥 소실한 자 태형40, 관청이나 민간인 건물 소실자 태형50대, 종묘나 궁궐 연소한 자 교형)
도박죄	재물을 걸고 도박한 자 장(杖)80, 관직에 있는 자가 도박한 경우 죄1등 가중처벌(윷놀이, 쌍육놀이, 바둑, 장기, 투전, 골패 등).
성범죄	간음죄, 친속상간(친족간의 간통죄), 무집옹간(무고간통죄), 노복과 고용인의 주인가족 등과의 간통죄, 상관이 소속 부하의 가족에 대한 간통죄, 피구금부녀 간음죄, 부모 · 남편의 상(喪)중에 간통죄, 승려 · 도사(道士) · 여관(女冠) 등의 간통죄, 양민과 천인이 간통한 죄, 광대가 양만의 자녀를 처첩으로 삼은 죄 등

140) 범죄의 형태에 관한 구체적 내용은 김형중, 『한국경찰사』, 서울:박영사, 2016, pp. 595-638을 참조할 것

3) 개인적 법익에 관한 죄

<table>
<tr><td>살인죄</td><td colspan="2">1) 모살인(謀殺人: 계획살인), 고살인(故殺人: 고의살인), 폭행·상해치사죄, 과실살해·과실상해죄, 연속살인·토막살인죄, 신체장기판매죄, 독살 등
2) 특례규정
(1) 조부모, 부모, 외조부모나 남편·남편의 부모를 살해 음모한 경우에, 이미 살해하였으면 모두 능지처사, 음모를 이미 행하였으면 참형에 처함.
(2) 처첩이 타인과 통간하고 간부(姦夫)와 공모하여 남편을 살해한 경우, 처첩은 능지처사하고 간부(통간한 남자)는 참형에 처함.
(3) 강상죄인(삼강오륜을 범한 죄)은 능지처사하고, 심하면 파가저택까지 함.</td></tr>
<tr><td>폭행·상해죄</td><td colspan="2">일반폭행, 상해죄, 중상해죄, 존속폭행·가장폭행 및 존속상해죄, 부부간의 폭행·상해죄(아내나 첩이 남편을 구타한 경우, 남편이 아내나 첩을 구타한 경우, 처가 첩을 구타한 경우) 등.</td></tr>
<tr><td>매리죄(罵詈罪: 욕설한 죄)</td><td colspan="2">일반매리죄, 조부모·부모에게 욕설한 죄, 노비가 주인 등에게 욕설한 죄 등</td></tr>
<tr><td rowspan="5">재산범죄</td><td>강도죄</td><td>단순강도죄, 준강도, 강도살인, 강도강간죄</td></tr>
<tr><td>절도죄</td><td>절도미수(태50대, 자자형은 면제), 절도범(초범은 모두 오른 팔에 '절도' 두자를 자자하고, 재범은 왼팔에 '절도' 두자 자자, 삼범은 교형에 처함), 국외절도죄(중국 등 국경 밖에서 재물 훔친 자는 교형에 처함)</td></tr>
<tr><td colspan="2">* 강도죄와 절도죄에 대한 친족상도례
조선시대에는 친족 간의 절도죄와 강도죄에 대하여도 형을 감경시키는 규정이 있었음.</td></tr>
<tr><td>공하취재(恐嚇取財: 공갈죄)</td><td>절도범에 준하여 논죄하되, 죄1등을 가주하고 자자형은 면제함.</td></tr>
<tr><td>사기관사취재(詐欺官私取財: 사기죄)</td><td>관청이나 사인(私人)을 사기하여 재물을 취한 자는 절도에 준하여 논죄하고, 자자형은 면제함.</td></tr>
</table>

4) 위법성 조각과 형의 감경

존속고발과 불고지죄	자손, 처첩, 노비가 부모나 가장(家長)의 비행을 고발한 경우에 모반·반역을 제외하고는 고발한 자를 교형에 처함.
살사간부죄(殺死奸夫罪: 간음현장에서의 살인죄)	처나 첩이 외인과 간통하는 것을 현장에서 포착하여 살해 시는 불문에 부쳤다. 만약 간통한 남자만을 살해 시는, 간통한 여자는 법에 의해 처단하거나, 데리고 살거나, 방매하거나, 임의대로 처분함.
만상대반(挽裳對飯)141)의 경우	실질적으로 현장에서의 간음행위를 목격하지 않고 단지 만상대반의 행위를 했다는 이유만으로도 남편이 이들을 살해해도 불문에 부치거나 형을 감경함.
야무고입인가(夜無故入人家: 야간주거침입죄)	야간주거침입자는 장(杖)80의 형에 처하며, 집주인이 침입현장에서 범인을 살해한 경우에는 불처벌.
존장위인살사화(尊長僞人殺私和: 살인에 대한 개인간의 합의)	피해자의 자손이 복수를 아니 하고, 관에 신고도 하지 아니하고 가해자와 임의로 합의하는 경우(조부모, 부모, 남편이 살해된 경우), 장(杖)1백에 도(徒)3년의 형에 처함.
기타 감경사유	그의 어미와 타인이 간통하는 것을 그 아들이 간통한 남자를 죽이는 경우에는 유배형에, 아비가 타인에게 구타당하여 상처가 중한 경우 그 아들이 그 범인을 구타하여 죽음에 이르게 하였을 경우에도 사형을 감경하여 유배형에 처함.

5. 형사소송법규

1) 수사의 단서

조선시대에 있어서 범죄수사의 단서로는 1) 사인(私人)의 고소·고발에 의해서, 2) 관청이나 유사(有司: 직책을 맡고 있는 관리)가 직접 범죄를 인지하여 수사에 착수하는 경우, 3) 만약 그 관아가 심판의 권한이 없을 때에는 그 사건을 해당 관아로 이송시키는 경우 등이 이에 해당한다. 그러나 실제운영에 있어서는 이러한 규정이 잘 지켜지지 않았고, 각 사(司)·각 관(官)이나 군문 등에서 구금(拘禁)과 남형이 수시로 자행되었다.

141) 만상대반이란 글자 그대로 '타인이 부인의 치마를 당기거나 한 방에서 마주하여 밥을 먹는다'는 뜻으로, 조선시대 당시의 간통의 의미로 쓰던 말이었다.

2) 체포 · 구금

(1) 직수아문

① 의의

조선시대 일대를 통하여 위법자를 체포하고 구금할 수 있는 기관, 즉 직수아문(直囚衙門)은 형조 · 병조 · 한성부 · 사헌부 · 승정원 · 장예원 · 종부사(宗簿寺) 등의 7개의 중앙관사(中央官司: 조선후기로 가면서 비변사, 포도청 등이 추가됨)와 그리고 지방의 관찰사 · 수령 등이 있었다.[142] 따라서 조선왕조에 있어서의 범죄수사권은 직수아문에 있었다고 볼 수 있다. 다만 직권에 속하는 위법자를 체포하는 경우에도 타기관의 그 업무영역과 관할구역을 침범하지 못하였다.

② 체포 · 구금의 대상

직수아문기관이라고 하더라도 모든 사람을 대상으로 체포 · 구금이 가능한 것은 아니었다.

㉠ 만약 범행이 있다고 고소 · 고발이 있거나 또는 해당 관서에서 범행이 인지된 경우라도 그 범행이 장형(杖刑)이상에 해당하는 경우에만 체포 · 구금할 수 있었다.

㉡ 문무(文武)의 관원 및 내시부(內侍府) · 사족(士族)의 부녀 등은 왕에게 보고한 뒤에 옥에 가두도록 되어 있었다. 다만 사죄(死罪)를 범한 자는 구금한 뒤에 아뢰도록 하였고, 승려로서 살인 · 도둑질 · 간음 · 상해를 범한 자도 동일하게 처리하였다.

㉢ 70세 이상 15세 이하는 강도죄나 살인죄가 아니면 구금하지 아니하였고, 이들이 도범(盜犯)인 경우에도 자자형은 면제하였다.[143]

㉣ 이 밖에 왕족이나 고관[144] 또는 고관을 역임한 자가 경비한 죄를 범하였을 경우에는 감옥에 수감하지 못하였다.[145]

---

142) 경국대전권5 형전 수금조.
143) 경국대전권5 형전 수금조.
144) 고관(高官)은 종2품 이상인 자를 말한다.
145) 대전회통권지5 형전 수금조.

(3) 추단(推斷: 수사와 심리절차)

① 고신(拷訊: 고문)

조선의 형사소송절차는 규문주의 절차였다. 그 결과 범인의 자백은 『증거의 왕』으로서의 지위를 점하였고, 고문이 법적으로 허용되어 있었다. 반면에 이에 비례하여 남형을 방지하기 위한 여러 가지 제한 규정 등이 법·제도화되어 있었다.

㉠ 모든 고신(拷訊)[146]은 임금의 지시를 받고서 집행하도록 하였다. 조선시대의 고신(고문)은 직접 또는 간접적으로 허용된 일종의 형벌로써, 형신(刑訊) 또는 형추(刑推)라는 용어로도 쓰였다.[147] 이러한 고신은 수사단계에서는 물론이고 재판과정에서도 허용되었는데, 이때 사용된 것이 신장(訊杖)[148]이었다.

㉡ 지방에서의 고신

㉮ 지방에서는 관찰사에게 보고하고 고신을 하였으며, 제주 3읍(세 고을)[149]은 절도사(節度使)[150]에게 보고하고 고신하였다.

㉯ 문무의 관원·내시부·사족(士族)의 부녀·승려는 관찰사가 왕에게 보고하며, 제주 세 고을의 경우에는 절제사가 관찰사에게 보고하여, 왕에게 아뢰는 절차를 밟았다.

---

146) 고신이란 매질을 하면서 원하는 내용의 진술을 얻어 내려는 진술 강요수단으로서, 오늘날의 고문에 해당한다.

147) 속대전 형전 추단조 및 수교집록(受教輯錄)추단조 참조.

148) 신장(訊杖)은 고신(고문)에 쓰는 매로써, 태형과 장형(杖刑)에 쓰는 매와는 규격과 때리는 부위가 달랐다. 신문용 신장의 규격은 길이가 3척3촌(三尺三寸: 3자3치로 약 1m정도)이었다. 고신(고문)하는 방법은 대명률직해 옥구지도(옥에서 쓰는 여러 가지 형벌도구)에서는 '볼기와 넓적다리'를 친다고 하였으나, 우리나라 국전(國典)인 경국대전 · 대전통편 · 대전회통에서는 일관되게 '무릎 아래를 치되 정강이에는 이르지 않게 하며, 한 차례에 30대를 넘지 못하도록' 규정하였다.

149) 제주(濟州)는 해도(海島)이기 때문에 일차적으로 목사의 겸직인 병마수군절제사(兵馬水軍節制使)가 추단권(推斷權)을 갖고 있었다. 병마절제사는 처음에 전주와 경주에만 두었다가 후에 광주(廣州)와 의주(義州)에 두고 부윤(府尹: 종2품)이 겸임하였다. 수군절제사는 실제로는 없었고, 다만 제주도에만 목사(牧使: 정3품)가 병마수군절제사를 겸임하였다. 조선시대에는 진관체제(鎭官体制)의 설치와 함께 『절도사』 아래에 절제사 또는 첨절제사가 생겨 전국에 걸쳐 중요한 군사거점에 설치된 거진(巨鎭)의 책임자로 임명되었다. 육군의 경우 대부분 부윤 · 대도호부사 · 목사 · 도호부사의 수령들이 절제사를 겸임했으며, 수군의 경우는 대부분이 전임직이었다. 따라서 제주 3읍의 경우 목사의 겸직인 절제사가 거진의 책임자로서, 절도사의 지휘통제를 받았다.

150) 절도사는 병마절도사와 수군절도사의 총칭으로서, 병마절도사는 지방의 병마(兵馬)를 지휘하는 종2품이었고, 수군절도사는 해군을 통솔하는 정2품 무관이었다. 절도사는 각 도(道)의 군권(軍權)을 장악하였으며, 대개는 관찰사(종2품)가 겸임하였다.

㉢ 고신의 폐해

조선조 일대를 통하여 고신(고문) 중에 장살(杖殺)로 죽거나 또는 여러 가지 형태의 남형(濫刑), 즉 법외의 고문으로 치사(致死)하는 사례가 허다하게 발생하였다.[151]

Ⅳ. 조선후기의 경찰

1. 총설(경찰사적 측면)

조선후기에는 정치·사회·경제적 요인으로 말미암아 치안질서 또한 상당히 불안한 상태였다. 당시 치안질서유지를 담당한 기구로는 중앙의 포도청과 지방의 토포사·수령 등을 들 수 있다. 그러나 이들 관아 중 서울의 치안을 담당하던 포도청이 경찰기관으로 최고의 관청이었고, 그 업무 또한 방대하였다.

조선후기의 포도청은 급격한 사회변화에 따른 신종범죄의 증가와 이에 따른 업무량의 확대, 또 한편으로는 왕권을 수호하는 역할도 수행하였다. 따라서 포도청의 권한과 기능 역시 이에 따라 강화될 수밖에 없었다. 특히 당시의 포도청의 활동과 수사업무 등에 대한 범죄수사기록이 오늘날 전해지고 있는데, 이것이 바로 『포도청등록』이다. 『포도청등록』은 영조 때부터 고종 때 임오군란 직후까지를 기록한 것으로 절도·강도·사전(私錢)[152]·인삼밀매·국경의 잠상(潛商)행위[153]·밀도살·천주교 박해 때의 심문 기록 등이 생생하게 기술되어 있다. 이러한 포도청은 고종 31년(1894) 갑오개혁 때 경무청으로 조직과 명칭이 바뀌면서 역사 속으로 사라지고 말았다.

---

151) 인조실록 권46 인조 23년 5월 기유조. 제16대 인조 23년 5월 28일 이조 참의 조석윤이 국정 전반에 걸쳐 직언하는 내용 중에 "요즘에 직사(直司: 직무에 따라 책임지고 맡아서 하는 사무)를 맡은 신하들이 서로 다투어 엄하고 혹독함을 숭상하는데, 그 중에도 무관이 더욱 심하여 사소한 범죄에도 곤장을 쓰기 때문에, 기한(飢寒: 굶주리고 헐벗어 배고프고 추움)으로 병들어 파리해진 백성들이 비명에 죽은 자가 많고, 혹은 판결하기 어려운 옥사로서 오래도록 계류되어 옥에 갇혀 있는 자도 많다"고 하고 있는 것으로 보아, 당시의 실상을 충분히 짐작할 수 있다.

152) 개인이 위조한 가짜 돈을 말한다.

153) 법령으로 금하는 물건을 몰래 매매하는 장사 또는 그러한 장사를 몰래 하는 사람을 일컫는다.

2. 중앙의 경찰관제

조선후기로 들어서면서 가장 두드러지게 눈에 띠는 경찰관제로는 비변사·포도청·직수기관의 증가 등을 대표적인 예로 들 수 있다.

1) 비변사

(1) 의의

비변사는 조선시대 군국기무(軍國機務: 국가의 기본이 되는 중요한 사무)를 관장한 문무합의기관(文武合議機關)을 말한다. 일명 비국(備國)·주사(籌司)라고도 한다.

(2) 비변사 설치과정

① 지변사재상중심의 문무협의기관

조선전기 6조직계제가 시행되던 시기에는 국방부격인 병조에서 군사행정을 관장하였다. 그러나 외적의 침입 등 변방에 국가적 비상사태가 발생하면 병조(문관) 단독으로 군사문제를 해결할 수 없게 되자, 의정부의 3정승, 6조의 대신, 그리고 변방의 일을 잘 아는 지변사재상(知邊司宰相: 경상도·전라도·평안도·함경도의 관찰사와 병사·수사를 지낸 종2품 이상의 무관 관원)으로 구성한 회의에서 이와 같은 문제들을 협의하고 결정하였다. 비변사는 중종12년(1517) 6월에 비상시국에 대비하는 임시관청으로 설치되었다.

(3) 관제상의 정식아문(정규관청)으로 전환

㉠ 비변사가 정규의 관청이 되어 독자적인 합의기관이 된 것은 제13대 명종9년(1554) 때였다. 이때부터 비변사 당상관들은 종래처럼 빈청에 모이지 않고 비변사에 모여 변방의 군사문제를 논의하도록 하는 독립된 관청이 되었다. 명종10년(1555)에 청사가 설치되고 관원(도제조, 제조, 낭청)이 임명되어, 관제상의 정식아문(관청)이 되었다. 이때에는 변방의 군무 외에도 전국이 군무를 모두 처리하였기 때문에, 주무대신인 병조판서와 국가최고행정기관인 의정대신(議政大臣)도 군사기밀을 알지 못하는 폐단이 생겨 행정체계가 무너진다는 비판이 일어 폐지론이 대두되기도 하였다.

㉡ 선조25년(1592)에 임진왜란이 일어나 국가의 모든 행정이 전쟁수행에 직결되

자, 비변사의 기구가 강화되고 권한도 크게 확대되었다.[154] 이때부터 비변사는 국방문제 뿐만 아니라 외교, 산업, 교통, 통신 등 주요 국정전반을 토의·결정하는 기구로 전환되었고, 반면 국가최고행정기관인 의정부와 6조 중심의 행정체계는 유명무실해졌다.

ⓒ 관원으로 도제조[155], 제조[156], 부제조[157], 낭청[158]을 두었다.

(4) 폐지

㉠ 비변사는 행정상의 질서, 기능상의 중복 그리고 권한의 한계성 때문에 폐지론이 여러 차례 제기되었다. 고종1년(1864)에 대원군은 의정부와 비변사의 한계를 규정하여 국정의결권은 의정부에 이관시키고, 비변사는 외교·국방·치안관계만을 종전대로 맡아보게 하여 비변사의 기능을 약화시켰다.

㉡ 고종2년에 비변사를 폐지하고, 그 대신 조선초기의 삼군부(三軍府) 제도를 부활시켜 군무(軍務)를 처리하도록 하였다.

(5) 비변사의 경찰사적 의미

비변사는 조선후기 국가의 중요한 모든 업무를 협의하는 중추기관이었기 때문에, 중요한 치안업무도 당연히 논의의 대상이었다. 따라서 비변사는 중요 경찰업무를 최종적으로 협의, 결정하는 최고기관이었다.

---

154) 비변사는 수령의 임명, 군율의 시행, 논공행상, 공문진상, 사체매장, 훈련도감의 설치, 산천제사, 정절(貞節)의 표창 등 군정·민정·외교·재정에 이르기까지 전쟁 수행에 필요한 모든 사무를 처리하였다.

155) 조선시대 6조의 속아문이나 군영 등에 두었던 정1품 자문직이다. 도제조는 국방, 외교 등과 연관되어 중요하다고 생각되는 기관에 도제조를 두어 인사나 행정상 중요한 문제 등에 관하여 자문에 응하도록 하였다.

156) 조선시대에 각 사(司), 원(院)의 관제상 우두머리가 아닌 종일품 또는 정·종이품의 품계를 가진 사람이 겸직으로 임명되고, 그 관아의 일을 지휘·감독하게 했다. 제조위에 도제조를 둘 때에는 정일품으로 임명하고, 제조 밑에 부제조를 둘 때는 정삼품 당상관으로 임명하였다.

157) 조선시대 잡무와 기술계통의 중앙관서에서 겸직으로 각 관아를 통솔하던 정삼품당상관직을 말한다. 예컨대 승문원에는 도제조 정1품, 제조2품이상, 부제조는 통정대부인 정삼품 당상관을 배치하였다.

158) 낭청은 조선후기 비변사, 선혜청, 오군영 등의 실무담당 종6품 관직이다. 관서에 따라 정규직으로 직제화되기도 하고 겸직으로 충원되기도 하였다. 본래 낭관(郎官)과 같은 뜻으로 각 관서의 당하관을 지칭했으나, 명종10년(1555) 비변사가 상설기구로 되어 12명의 낭청을 두면서부터 관직명의 하나로 쓰였다.

2) 포도청

조선전기에 순작(巡綽)과 포도금란(捕盜禁亂)을 맡아보던 순군만호부가 최종적으로 의금부로 개칭되면서, 의금부의 기능은 순수한 사법기관인 양반재판소로 전환되었다. 그 결과 순군만호부는 진갑(進甲: 62년)을 일기(一期)로 경찰기구로서의 수명을 마치게 되었다. 그 후 속대전상의 포도청이 상설될 때까지 전문적 경찰관청은 정식관제에서는 찾아볼 수가 없게 되었다. 다만, 도적이 성행하면 포도장(捕盜將)을 임명하여 경찰군(警察軍)을 편성하고 포도(捕盜)에 종사하게 하였다가, 도적이 수그러들면 폐지하는 등 포도청이 창설되기까지 설치와 폐지를 거듭하였다. 이와 같은 과정과 행태는 아직까지도 포도청의 성립연대조차 정확히 구명(究明)치 못하는 결과를 가져오는데 결정적인 요인으로 작용하였다.

(1) 포도장(捕盜將)의 성립과정

① 의의

포도청은 죄인의 심문, 도적예방 및 검거, 그리고 화재예방을 위하여 순찰 등의 일을 맡아 처리하던 관아였다.

② 포도장제의 운영과 실태

㉠ 포도사목(捕盜事目)의 제정

㉮ 제5대 문종 때부터 포도전담관을 설치하자는 논의가 있었고,[159] 제9대 성종이 즉위하면서부터 포도(捕盜)에 관한 대책이 본격적으로 논의되기 시작하였다.

㉯ 동왕 2년 2월에 전국적으로 도적이 끊이지 않자 드디어 도적을 잡는 규칙인 포도사목(捕盜事目)을 제정하기에 이르렀다. 이러한 포도사목의 내용은 포도청을 창설시키는데, 결정적인 역할을 하였다.

㉡ 포도장제의 운영

㉮ 조선왕조실록상에 포도장(捕盜將)에 관한 기록이 처음 보이는 것은 성종때이다. 포도사목이 제정된 후 약 3개월 후인 성종 2년 5월 25일에 조한신을 황해포도

159) 문종1년 6월 4일 의정부에서 전담포도관 설치가 논의되었는데, 이때 필요하다는 견해(좌의정 황보연·우의정 남지등)와 필요없다는 견해(좌찬성 김종서), 그리고 적극적으로 별도 도둑을 잡는 포도관직을 두어야 한다는 견해(좌찬성 안숭선)가 있었으나, 문종은 김종서의 의견을 따라 몇 번 시행하다가 효과가 없으면 안숭선의 의견을 따르는 것이 좋겠다고 결론을 지었다(문종실록권8 문조 1년 6월 신미조).

장으로, 홍이로를 경기포도장으로 삼고, 각각 기병·보병 40명씩을 보냈다는 기록이 보인다. 그러나 이때의 포도장은 전국 각 도마다 임명한 것은 아니고, 도적의 발호가 극심한 도(道)에만 파견하는 정도였다. 따라서 이러한 포도장제는 초기에 어디까지나 상설로 제도화된 것이 아니고, 임시로 설치한 데 불과하였다.

㉯ 성종5년(1474) 1월에는 포도장 이양생이 많은 폐단을 일으켜 포도장을 폐지하자는 의견이 채택되었다가,160) 동왕 3월에 다시 복설되었다. 그 후 동왕 6년 1월 4일에 서울 도성 내의 인가에 고의로 불을 놓아 물건을 훔치는 도적이 발생하는 등 도적의 발호가 심하자, 동왕 12년(1481) 3월에 포도사목을 제정해 서울과 경기를 좌우로 나누고 2인의 포도장을 임명하여 책임을 맡게 하였다.161) 좌·우변 2인의 포도장제는 성종 24년에 한성 5부에 각각 포도장 한 사람씩을 두고, 또 포도장을 보좌하는 문신 종사관 각각 1명씩을 두는 획기적인 조치가 있었지만,162) 대체로 2인의 포도장제가 계속되었다.

㉢ 지방에 포도장 파견과 포도부장직의 신설

제10대 연산군 시기는 치안혼란의 시대였다. 지배세력 내부에서는 연산군의 폭정 그리고 훈구대신의 이권 챙기기와 권력투쟁에 따른 사화가 연이어졌다. 이에 맞물려 도적과 강도가 횡행하고 민중들의 저항이 꼬리를 물고 일어났다. 이에 따라 연산2년 윤3월 27일 전국 8도(八道)에 일시적으로 강·절도 소탕령을 내리기도 하였다.163)

㉮ 지방에 포도장 파견

연산군 3년 8월에 연산군은 포도장 정유지를 경기·충청 등지로 파견하여 도적을 잡게 하는 조치를 취하였다.164) 이것은 포도장의 지방파견금지를 금(禁)하던 선왕

---

160) 성종실록 권38 성종 5년 1월 신해조. 성종 5년 1월 25일에 도승지 이승원 등이 아뢰기를 "이양생은 포도장이 되어 튼튼한 병졸을 많이 거느리면서 도둑을 잡는다고 핑계대고 자기 집에서 일을 시켰으며, 만약 오랜 혐의가 있는 자가 있으면 비록 도둑이 아니더라도 얽어매어 채찍으로 때리는 등 하지 못하는 바가 없습니다. 그래서 그 위세에 겁을 먹고, 소를 잡는 무뢰한 무리들이 그 문(門)에 모여들어 공공연하게 뇌물을 받습니다. 신 등은 생각건대 포도장은 임시로 장수에게 명하여 도둑을 잡을 뿐이니, 포도장을 상설할 필요가 없습니다"라고 주장하여, 포도장 이양생은 권력남용으로 파직되었다. 이로 보아 포도장직은 임시직에 불과하였음을 알 수 있고, 이때에 포도장제 역시 폐지되었다.

161) 이때에 포도장을 좌변·우변으로 나누어 좌변포도장은 서울 일부(동부, 남부, 중부)와 경기좌도를 맡도록 하고, 우변포도장은 서울 일부(서부, 북부)와 경기우도를 맡도록 하였다.

162) 성종실록 권258 성종 24년 윤4월 병신조.

163) 연산군일기 권14 연산군 윤3월 갑술조.

(先王: 성종)의 전교까지 무시한 처사였으나,[165] 그만큼 당시 지방의 치안상태가 극히 불안하였기 때문에 이와 같은 조치를 취하였다고 추측해 볼 수밖에 없다.

㉯ 홍길동 사건

홍길동은 조선의 3대도적으로 불리어지기도 하는데, 충청도 일대를 무대로 부자나 부정한 벼슬아치 집에 쳐들어가 강제로 재물을 약탈하였다. 연산군6년(1500)에 홍길동이 잡혔는데, 연산군일기에는 그 과정이 자세히 기록되어 있지는 않지만, 이때 홍길동 일당의 연루자로 정삼품 지위까지 올랐던 엄귀손은 홍길동의 음식물을 받았고, 홍길동이 사는 집도 그가 주선하는 등의 비행이 구체적으로 기술되고 있다. 엄귀손은 처음에는 장(杖)100에 3,000리 유배조치를 받았는데, 나중에 옥중에서 장독(杖毒)으로 죽었다.[166]

㉰ 포도부장직 신설

연산군 8년 12월에는 포도부장(捕盜部將)이라는 직책이 조선왕조실록상에 처음으로 등장하고 있으나, 『포도부장』이라는 직책이 언제부터 설치되었는지는 기록상 찾아 볼 수가 없다. 다만 연산군8년 12월 20일에 연산군이 『포도부장』으로 하여금 도둑을 잡게 하라는 전교를 보아, 연산군8년 12월20일 이전에 이미 설치되었다고 추정된다.[167] 따라서 포도부장직이 신설되면서 연산군 8년(1502) 12월에는 포도장·문무종사관·포도부장 등 경찰상부의 골격이 어느 정도 체계화되었다.

(2) 포도청의 제도화 과정 및 창설

경찰사적 측면에서 볼 때 중종시대는 상당히 중요한 의미를 지니고 있다. 왜냐하면 『포도장제』라는 경찰기구가 경찰관료제로서의 골격을 갖추면서, 결국 『포도청』이라는 독립관청으로 탄생된 시기이기 때문이다.

① 포도청의 제도화 과정

중종대의 포도장제의 제도적 변천과정을 체계화시켜 보면 다음과 같다. 중종 23

164) 연산군일기 권26 연산군 3년 8월 갑오조.

165) 성종24년 12월 9일 성종은 "포도장이 외방(지방)에 가면 폐단이 있으니 보내지 말라"고 전교하고 있다(성종실록 권285 성종 24년 12월 기사조).

166) 연산군일기 권39 연산 6년 10월 기유조.

167) 연산군일기 권47 연산 8년 12월 무오조. 연산 8년 12월 20일에 "포도장을 추가로 더 설치할 필요는 없다. 『포도부장』으로 하여금 성문 밖에서 복병을 하였다가 도둑을 잡게 하고, 도둑을 잡은 사람에게 후한 상을 주게 하라"는 전교가 있었다.

년 포도장(捕盜將)으로부터 포도대장으로의 직제의 승격 · 종사관 · 포도부장의 임용 절차를 제정→동왕 26년 포도절목의 마련과 좌 · 우변 포도대장 휘하의 위장 · 부장 · 종사관 배치→동왕 33년 포도군관 등에 대한 인사개혁 단행→동왕 36년 좌 · 우변 포도대장 휘하에 포도부장 3명 · 포도군관 10명 · 군사 50명 상시적 배치→동왕 38년에 『포도군사 좌우변 각각 77명에다가 각각 20명씩 추가배치, 좌 · 우변 각각 97인으로 편성』되는 과정을 거치고 있다. 이와 같은 『포도장제』의 일련의 직제상의 형성발전은 필연적으로 독립적 경찰기구를 탄생시키는 결정적인 요인으로 작용하게 되었다.

② 포도청의 창설

㉠ 경찰사적 측면에서 볼 때 『포도청』의 설치시기는 상당히 중요한 의미가 있음에도 불구하고, 오늘날까지도 포도청의 창설시기에 관해서는 여전히 논란의 대상이 되고 있다.[168)]

㉡ 포도청에 관한 기록이 처음 보이는 것은 중종 35년(1540) 10월 7일자에서 그 근거를 찾아볼 수 있다. 덕양군 이기(李岐)의 하인들이 도적을 잡아 포도청에 신고했는데 받아주지 않는 것은 포도대장 부하들이 소홀하게 취급했기 때문이라는 내용이다. 그러나 『포도청』이라는 용어가 최초로 보인다고 하더라도 이때부터 설치된 것은 아니기 때문에, 별다른 의의를 부여할 필요는 없다. 다만 『포도청』이 이미 설치되어 항구화되어가는 것을 확인하는 데는 도움이 된다고 할 수 있다.

㉢ 포도청의 설치 시기

㉮ 포도청은 성종초기 포도장제가 권설직(權設職: 임시로 둔 관직)으로 출발하면서 그 싹이 트기 시작하였다. 그 후 일련의 과정을 거쳐서 중종 23년 11월 22일을 기점으로 포도청의 포도대장 · 종사관 · 포도부장 · 포도군관 등 임금이 임명하는 것으로 전환되면서 항구직화되었다.

㉯ 또 포도청의 하층구조인 포도군사는 중종 20년까지는 전임직이 아니었으나,

168) 포도청의 설치시기를 제9대 성종으로 보는 견해(이상식, "의금부고", 역사학연구Ⅳ, 1975, pp.34-40), 중종 23년 이전으로 보고 있는 견해(내무부치안국, 앞의 책, pp.225-236 ; 강욱 · 김석범외, 『한국경찰사』, 경찰대학, 2006, p. 96), 중종 26년 이후에 포도청이 설치되었다고 보는 견해(하남오, 『너희가 포도청을 아느냐』, 서울:가람기획, 2001, pp. 93-94), 중종 39년 1월로 보는 견해(김영철, "조선왕조 경찰제도의 사적 고찰-포도청을 중심으로", 건국대학교 행정대학원 석사논문, 1971, pp. 44-45) 등 여러 견해가 제시되고 있다.

이 또한 임금이 병조에게 하명하여 포도군사의 수를 그때그때 상황에 따라 증원하는 등 정규화되어 가는 수순을 밟고 있다. 그리고 중종 36년 11월에는 포도군사 50여 명이 상시적으로 배치되어 하층구조마저 완비되었다. 따라서 중종23년을 전후로 하여 포도청의 상하조직의 편제와 인원 그리고 운영체제 등이 대체로 윤곽이 정해졌다고 볼 수 있다. 이로보아 포도청은 중종23년을 기점으로 이미 포도청이 설치되었다고 보아야 한다.

(3) 포도청의 조직과 임무

포도청의 소임은 도적과 수상한 자를 잡으며, 시간을 분담하여 야간순찰을 맡는 것이었다. 그리고 그 조직은 좌 · 우포도청으로 나뉘어져 도성 내외를 관할하였다.

① 위치

좌포도청은 한성부 중부 정선방(貞善坊) 파자교(把子橋)[169] 동북(옛 단성사 자리)에 위차하여 서울의 동·남·중부와 경기좌도 일원을 관할했고, 우포도청은 서부 서린방 혜정교(惠政橋)[170] 남쪽에 두고, 한성부의 서부·북부와 경기우도를 관할하였다.

② 관할구역

㉠ 성종 12년 3월 24일 포도사목(捕盜事目)에서 정하기를, 좌변포도장은 서울의 동부·남부·중부와 경기좌도(京畿左道)를 맡고, 서울의 서부·북부와 경기우도는 우변포도장이 맡도록 하였다. 따라서 포도청 성립 이전의 성종기에 있어 포도장제의 관할 구역은 도성 및 성저(城底) 10리 일대와 경기도에 한하였다.

㉡ 포도청이 성립된 이후 조선말까지 순라자내(巡邏字內: 순찰관할구역)[171]의 일부가 대폭 변경되는 등 일련의 변화가 있었다. 경기 좌·우도는 관할구역에서 제외되고, 대신 6강자내(六江字內)[172]라 하여 도성외의 교외(郊外)가 관할구역으로

169) 창덕궁의 동구 돈화문 앞에 있었음.

170) 경복궁의 전로에 있었음.

171) 자내(字內)라 함은 도성의 안팎의 경호나 순찰 등의 임무를 나누어 맡기 위하여, 자호(字號)를 매긴 구획의 안, 즉 도성 내외의 각 관아의 경계 담당구역 내를 말한다. 따라서 순라자내는 순찰관할구역을 말한다.

172)도성 외에는 각 6강자내(六江字內: 한강, 뚝섬 등 6개의 강포구)를 두고, 가설군관과 도장군사로 하여금 순라에 종사케 하였다. 즉 좌변 6강자내(왕십리, 뚝섬, 한강 등)에는 가설군관(加設軍官: 가설부장이라고 함) 6명과 도장군사(都掌軍士: 순찰을 맡은 군사) 9명을 두어 주 · 야간 순찰을 시켰고, 우변 6강자내(서빙고, 용산, 마포, 서강 등)에도 가설군관 6명과 도장군사 29

새로 편입되었다.

㉢ 수사권도 일정한 관할권이 있어서 각기 그 관할구역을 침범할 수 없었다. 따라서 중앙의 포도대장이 지방의 관찰사 구역 내의 도적을 체포하려면 국왕의 명을 받아 관찰사에게 통고된 후가 아니면 체포할 수 없었다.[173]

③ 관원(官員) 및 직무

㉠ 포도청의 기구는 시대에 따라 증설되거나 증원되는 경향을 보이고 있다.

《속대전》에서는 좌·우 포도청에 각각 포도대장(종2품) 1인, 종사관(종6품) 3인, 포도부장 4인, 무료부장(품계가 없는 부장) 26인, 가설부장(겸록부장이라고 하며, 정원 외에 더 둔 부장) 12인, 서원(書員: 문서작성, 회계 등 행정서무 담당) 4인씩을 두었다고 기술하고 있다.

《만기요람》에는 포도대장과 종사관은 이전과 같고, 포도부장은 없고 포도군관(포도부장과 포도군관을 통칭하는 말) 각 70인, 군사 각 64명으로 되어있다.

㉡ 자격과 임무

㉮ 포도대장은 포도청을 지휘·감독하는 책임자로 다른 군사지휘관을 겸할 수 없으며(오위도총부의 도총관을 겸할 수 없다), 포도와 야간순찰 총괄, 왕의 행차 때 수행, 국왕의 친국이나 정국 또는 왕이 명령한 죄인의 취조에 좌·우포도대장이 참석하는 것 등이 주임무였다. 또 포도대장의 자격은 아장(亞將)[174] 이상의 경력이 있는 사람 중에서 후보자를 세워 임명하도록 되어 있고, 대전회통에는 한성부의 좌윤과 우윤을 역임한 문관을 후보자로 추천하여 임명하도록 규정하고 있다.[175]

3) 다모(茶母)

(1) 의녀(다모의 기원)

조선시대에도 여자 형사가 있었다. 남녀구분이 엄격했던 조선사회에서 여성관련

명을 배정하여 운영하였다.

173) 제23대 순조 28년 9월 30일에 포교가 강을 넘어가는 일은 원래 금하고 있는데도 포도대장 이석구가 포교들에게 강을 건너 수사토록 하였다. 이에 대한 책임을 물어 포도대장 이석구는 삭탈관직되었고, 포교들은 그에 상응하는 처벌을 받았다(순종실록 권21 순조 18년 9월 을축조).

174) 한성부의 종이품 관직이다. 조선시대 한성부의 최고 책임자인 판윤(判尹)을 보좌하여 한성부에서 일어나는 대소 송사(訟事)를 비롯해 한성부 관할의 제반 업무를 담당하였다. 제7대 세조 12년(1466)에 한성부의 직제를 개편하면서 좌윤 1인과 우윤 1인을 두었다.

175) 대전회통 권지4 병전(兵典)포도청조.

범죄에는 여성을 범죄수사 일선에 투입할 수밖에 없었고, 이와 같은 기능을 수행한 것이 의녀와 다모다. 의녀는 요즘으로 치면 주업이 여의사 혹은 간호사로 볼 수 있지만, 조선 초・중기에는 약방기생(藥房妓生)[176]이라 해서 연회에 차출되기도 했고 형사업무를 수행하기도 하였다.

① 의녀의 자격

㉠ 중앙의 의녀

의녀의 신분은 한마디로 여자 종이었다. 각 관청에서는 허드렛일을 하는 공노비가 있었다. 의녀는 이들 중에서 나이가 13세 정도 되는 총명한 아이를 뽑았다.[177] 의녀가 필요한 곳은 당연히 의료기관인데(초기에는 제생원, 세조 때 혜민서로 개칭), 혜민서가 의녀를 맡아서 필요한 교육 등을 시켰다.

㉡ 지방의 의녀

의녀는 서울뿐만 아니라 지방에도 필요했다. 그러나 조선 초기에는 모든 도에 해당되는 것은 아니었고, 충청・경상・전라도의 경우에만 여자 종 중에서 나이 15세 이하 10세 이상의 영리한 동녀(童女) 각각 2명씩을 선택하여 제생원으로 올려 보내 교육을 시킨 후, 지방으로 돌아가 의술을 펼치도록 하였다.[178]

② 의녀의 교육과 시험

㉮ 의녀 교육은 한문을 익히는 것으로부터 출발하였는데, 한자의 기초인 『천자문』・『효경』 등을 익혀 문자를 해독할 수 있게 된 연후에 의학서적들을 익혔다. 그러고 나서 예조와 승정원에서 의녀들 시험을 매달 보았다(나중에는 혜민국 책임자가 이를 담당하였다).

㉯ 의녀의 인사고과는 제7대 세조 때부터 본격화되어 매달 성적이 좋은 세 사람

176) 조선시대에 내의원(왕실 내에서 쓰였던 의약을 전담하는 기관)에 속한 의녀로서의 관기였다.

177) 태종18년 6월 21일에 예조에서 "의녀는 재생원에 모두 7명이 있는데, 재예(才藝: 재능과 기예를 이르는 말)를 이룬 자는 5명으로, 여러 곳에 나누어 보내면 매양 부족합니다. 각사(各司)의 비자(婢子: 여자종의 자식) 안에서 나이가 13세 이하인 자 10명을 더 정하는 것이 어떠하겠습니까"라고 건의하여 왕의 윤허를 받고 있다(태종실록 권35 태종18년 6월 경자조). 이로 보아 의녀는 13세 정도의 여자 동을 뽑았음을 알 수 있다.

178) 세종5년 12월 4일 외방(外方: 지방) 의녀는 충청・경상・전라도의 계수관(界首官: 도의 지시를 군현에 전달하면서 군현을 통괄하거나 자체 지역을 지배하던 벼슬아치, 중앙집권화되면서 차츰 소멸되었음)이 관비 중에서 각기 2명씩을 선택하여 제생원에 보내라고 임금이 하교하고 있다(세종실록 권22 세종5년 12월 신해조).

은 보고해서 녹봉을 주었고, 반면에 책을 제대로 해석하지 못하는 일이 3번 반복되면 혜민국의 다모가 되었으며, 열심히 공부를 해서 3번의 보통 점수를 얻으면 다시 의녀로 돌아올 수 있도록 하였다.[179] 따라서 다모의 명칭은 세조대에 처음으로 사용되었다.

㉰ 다모라는 명칭은 제9대 성종2년 5월 25일에 교육받는 의녀 중 시험을 쳐서 성적이 좋은 3인에게는 급료를 주고, 3개월 이내에 3번 통과하지 못한 자는 혜민서의 다모로 돌아가는 것이 정착화 되었다.[180]

㉱ 조선후기(16세기)로 갈수록 의녀는 궁전에서 의료보조업무 외에도 점차 기생과 같은 창녀로 취급되어 의기(醫妓)라고 불려지면서 기생과 의녀의 구분이 모호해졌다.[181] 그 후 제19대 숙종27년 10월 20일에 "포도청 다모간(茶母間)"이라는 용어가 문헌상 처음으로 등장하고 있는데, 이로 보아 숙종27년에는 이미 다모가 의녀대신 본격적으로 수사전담요원으로 활용되었음을 시사해 주고 있다.

③ 의녀의 기능

다모는 처음부터 수색이나 범죄사건 수사 등에 동원된 것은 아니고, 중종 38년까지에는 의녀가 수사보조요원으로 동원되었다. 그러나 중종 38년 이후에는 조선왕조실록상에 의녀들을 동원시킨 기록을 찾아볼 수 없다.

㉠ 의녀가 하는 일은 궁궐에서 병을 치료하거나 의원들을 보조하는 것이 주임무였다. 그러나 그 이외에도 수색·사건수사 참여·부녀자의 사체확인·사대부 부녀자 호송·호화혼수 단속 등에도 동원되었다.

㉡ 조선시대 의녀는 최초의 여성 의료전문직 직종이면서도, 측탁 여형사로서의

179) 세조실록 권30 세조9년 5월 경술조.

180) 성종실록 권10 성종2년 5월 정유조.

181) 의녀들이 연회에 본격적으로 참석하기 시작한 것은 제10대 연산군 때부터였다. 경복궁에서 연회를 베풀 때에는 진지의녀(임금의 분부를 받드는 의녀) 50여인을 대내에 들였다가 날이 늦어서야 파하기도 하였고, 심지어 의녀가 음악을 하지 못하면 쫓아내고 얼굴이 예쁜 사람을 의녀로 들이라고 전교하기도 했다(연산군일기 권56 연산군10년 12월 무인조). 제11대 중종은 이러한 폐단을 없애기 위하여 관청에 소속된 의녀나 기녀를 불러 술을 못 마시게 하는 금령(禁令: 관리는 장1백대, 기생과 의녀는 중벌에 처함)을 전교하였으나 별 소용이 없었다(중종실록 권10 중종5년 2월 1일조). 또 중종30년 10월 15일에 혜민서에서 의녀를 가르쳐야 할 훈도(訓導)들이 의녀를 동원해 관청의 어린 관리와 소년 무뢰한들과 무리를 지어 함께 날마다 연회를 벌이고, 밤에는 잠자리를 같이 했다고 해서 파문이 크게 일기도 하였다(중종실록 권80 중종30년 10월 병오조). 이처럼 의녀들은 기생처럼 여겨지면서 의기(醫妓)라고 불려지기도 했다.

기능도 수행하였다는 점에서 경찰사적 측면에서 상당히 중요한 의미를 지닌다. 그러나 조선후기로 갈수록 의녀는 기생과 비슷한 처지로 전락되면서 수사업무에 동원되는 것이 배제되고, 의녀의 대체수단으로 범죄수사를 전담하는 여형사가 탄생하게 되었다. 이것이 오늘날 여형사의 기원인 다모이다.

(2) 다모

① 다모의 정의

다모란 월과 성적이 나쁜 여의(女醫: 여의사)를 혜민국의 식모로 배속시킨 데서 나온 말이다. 조선 중기 이후부터 이들이 여성관련 범죄수사를 전담하면서 여형사의 별칭으로 정착되었다.

② 문헌상의 근거

㉠ 조선왕조실록

㉮ 다모라는 최초의 용어는 세조대에 의녀와 구분하여 처음으로 사용된 후 숙종대에 "포도청 다모간(茶母間)"이라는 용어가 두 번째로 보이는데, '다모간'은 다모들이 거처하던 곳이었다. 이로 보아 이미 숙종 때에는 다모들의 사무실이 따로 마련되어 운영되고 있었음을 알 수 있다.

㉯ 第22대 정조는 등극 후 궁궐 경호를 맡는 장용영(오늘날의 수도방위사령부)을 설치하였는데, 장용영은 군사(5,152명) 이외에도 침의(鍼醫: 한의사)1인, 화원(畵院: 화가)1인, 사령(使令)41인 등과 함께 다모 2인을 정식직제로 편성하였다.[182]

㉰ 다모는 중앙관서뿐만 아니라 지방관아에도 다수의 다모가 배치되었다. 제21대 영조[183]・제22대 정조[184] 때에 지방의 다모와 관련된 기사가 기록되어 있는 것으로

---

182) 숙종실록 권35 숙종27년 10월 계유조. 숙종 27년 10월 20일에 국청(國廳: 국가적 중죄인을 심문 · 재판하기 위해 임시로 설치된 특별재판기관)죄인 윤보명과 조시경을 대질 조사하는 과정에서 윤보명이 조시경을 향하여 말하기를 "네가 포도청 앞길에서 나를 부르지 아니하였던가?...(중략)... 나를 이끌고 포도청의 다모간으로 가서 오판서가 장대장(張大將: 장희빈의 오빠 장희재)의 안부와 장희빈이 상복을 입을지의 여부를 알고자 한다는 말을 네가 먼저 물었지 아니하였던가?"

183) 영조실록 권5 영조1년 4월 갑오조. 사헌부 장령 이의천이 "조자빈은 아비의 권세를 믿고 탐학이 심하고, 금령(禁令)을 범했다는 이유로 여항의 여인을 붙잡아 제 집에 가두어 두고 밤이 지난 뒤에야 놓아주는 등 토색질이 심합니다. 횡성 고을의 수령으로 있을 때에는 출가하지 않은 처녀를 횡성현(橫城縣)에 잡아두고 그 자색이 아름다운 것을 흠모하여 잠시 다모(茶母)의 일을 떠맡기고는 위협하여 간음하려는 계획을 삼았다가, 그 여인이 정절을 품고 자결하려고 하였으니, 먼 섬으로 유배조치 해달라"고 탄핵하고 있다.

보아, 영조 · 정조 대에는 이미 지방관아까지 다모가 배치되어 있음을 알 수 있다.

㉡ **육전조례**

육전조례에는 사헌부에 다모1명 · 병조에 다모군사(茶母軍士)7명 · 훈련도감에 다모4명이 배치된 것으로 기술되고 있을 뿐,[185] 포도청 · 형조 · 의금부 등에는 다모를 두었다는 기록은 찾아볼 수 없다.[186]

㉢ 조선왕조실록과 육전조례의 두 문헌을 종합해 보면 다모가 배치된 곳은 사헌부 · 병조 · 훈련도감 · 포도청 · 장용영 등이었다.

③ 다모의 자격과 상징물

㉠ **다모의 자격**

다모는 범인을 체포하기 위해서는 일반여성과는 다른 배짱이나 체격조건이 요구되었다. 송사 김화진에 의하면[187], 다모의 자격기준은 키가 5척 이상 되고, 막걸리 세 사발은 단숨에 마시고 쌀 다섯 말을 번쩍 들어 올릴 수 있을 만큼 여장부여야 했다. 그러나 이는 현실적으로 가능한 이야기는 아니며, 아마도 기운이 세고 남성적이며 괄괄한 성격의 소유자를 선발했던 것에 유래된 것이 아닌가 생각된다.

㉡ **다모의 권한**

다모는 치마 속에 2척쯤 되는 쇠도리깨와 오라를 차고 갔다가 죄가 분명한 사람의 집은 그 도리깨로 들창을 부수고 들어갈 수 있었고, 이 도리깨로 살인을 해도 죽임을 당하지 않고 유배되는 정도였다고 전해지고 있다.[188]

184) 정조실록 권31 정조14년 9월 갑신조. 정조가 "내수사관원이 빈 교자를 가지고 가 궁인(宮人)을 태워온 것이 도대체 무슨 큰일이기에 관찰사는 잡아두고 길을 마으려고 시돌리 장세하는가. 해괴하기 그지없다. 명령을 받든 행차를 어찌 감히 막는단 말인가. 해당 현감을 잡아다 문초하고 엄중히 처결하라. 이미 명령을 받은 관원으로 하여금 휘장을 활짝 걷어 올리게 하고, 해당 고을『다모』를 불러다가 궁인의 모습을 확인하도록 했다. 만약 정말로 안치한 죄인이라면 어찌 이와 같이 의혹을 풀어줄 수 있었겠는가"라고 진노하여 감사마저 삭탈관직시키고 있다.

185) 육전조례 권지8 병전 병조 및 훈련도감조.

186) 육전조례 권지8 병전 포도청조.

187) 송사 김화진은 야인으로서 1895년 출생해서 한일강제병합과 6 · 25 전쟁을 겪으면서 그동안 보고 겪은 것 등을 수집하여 「팔도와 풍속 인물」이라는 제목으로 잡지에 투고하였다. 그리고 이렇게 연재된 기록물을 한데모아 발간한 것이 『한국의 풍토와 인물』이라는 책이다. 다모에 관한 이야기는 김화진 자신도 소년 시절 포교로 다니던 분에게 들은 이야기라고 술회하고 있다(김화진, 『한국의 풍토와 인물』, 1973, 서울:을유문화사, pp. 268-269).

188) 김화진, 앞의 책, pp. 269-270.

㉢ **다모의 임무**

포도청 소속의 다모가 하는 임무는 조선 전기 의녀가 하는 업무와 거의 차이가 없다. 다만 의녀가 고유 업무 이외에 수사업무를 병행하였다면, 다모는 경찰업무와 관련된 사안에 전종했다는데 큰 차이가 있다. 다모의 주된 업무는 역적모의와 관련된 사건의 내탐과 정보수집,[189] 여성 피의자 수색이나 검시참여, 과부약탈의 보쌈으로 인해 생기는 분쟁, 세자빈의 간택시에 규수의 행실조사, 어염집 밀주단속[190] 등이었다.

㉣ **다모의 변천**

㉮ 제26대 고종 31년(1894)에 갑오개혁과 함께 「경무청관제직장」이 제정되면서 한성부에 경무청이 설치되고, 이에 따라 포도청이라는 명칭은 410여년 만에 역사 속으로 소멸되고 말았다. 따라서 이 때를 기점으로 다모 조직 역시 그 명칭과 함께 역사 속으로 사라졌다.

㉯ 다모의 변천과정을 보면, 다모폐지(고종 31년, 1894)→해방후 경무부공안국에 여자 경찰과와 서울·인천·부산·대구에 여자경찰서 신설(1946.7.1.)→치안국 여자경찰과 폐지(1950.3.31.)→서울·인천·부산·대구 여자경찰서 폐지→서울경찰국 여자교통경찰관제도 신설(1979.2.21.)→경찰대학 여자에게 입학자격부여(1988.10.20.)→1991년 서울경찰청 여자형사 기동대가 발족되었다. 오늘날 이 여자 기동대가 조선시대 여형사인 다모의 후신이라고 볼 수 있다.

4) 한성부

조선후기의 한성부는 임진왜란과 병자호란을 거치면서 폐허가 되다시피 하였다. 그 결과 한성부는 평상시에 호구(戶口)가 8만이던 것이 임진왜란을 겪고 20여년이

---

189) 제14대 선조 23년(1590) 정여립 역모사건에 누명을 쓰고 억울하게 죽음을 당한 영남 선비 최영경도 다모가 체포했다고 기축록(己丑錄)에 쓰여 있고, 또 제16대 효종 2년(1651) 역적으로 잡힌 김자점·심기원의 집 수사에 다모가 정탐한 뒤에, 의금부 나장(羅將)과 포교를 인도하여 잡았다는 전문 내용이 전하여 오고 있다. 기축록은 선조 22년(1589) 정여립의 모반사건으로 발생한 기축옥사에서부터 인조 3년(1625) 이 옥사가 일단락될 때까지의 기록 및 문서를 편집한 책이다.

190) 조선말기로 들어가면서 다모는 금령(禁令) 등의 위반행위도 단속하는 등 그 업무가 갈수록 다양해지고 확대되었다. 송지양이 쓴 소설 다모전(茶母傳)에 보면 한성부 소속 다모 김여인이 금주령을 위반한 범인을 체포하였다는 기록이 보인다(심재우, 앞의 책, p. 232). 이로보아 어염집 밀주단속에도 다모가 동원되고 있음을 알 수 있다.

지난 후에도 수만 호가 채 되지 못하였다. 따라서 한성부의 기능도 다시 재정비되는 계기를 맞게 되었다.[191] 이에 따라 한성부내의 치안업무도 당연히 일대 변화가 있었는데, 특히 순찰업무가 그러하다.

(1) 한성부의 행정경찰적 기능(순찰)

① 조선시대에 수도 한성의 순찰업무는 중앙정부와 한성부 소관사항으로 대별할 수 있다. 일반적으로 중앙정부는 야간순찰 업무를 총괄하였고, 한성부는 주간순찰 업무를 담당하는 2원체제였다.

㉠ 주간순찰(한성부)

조선초기의 수도 한성의 주간순라는 중앙의 순군만호부가 담당하였고, 순군만호부가 의금부로 변천해 가는 일련의 과정을 거치면서 주간순찰은 세종대 이후부터 한성부 소관업무로 이전되었고,[192] 이러한 기조는 조선후기까지 지속되었다.

㉡ 그 후 조선말 고종 20년 정월에 포도청의 순라활동이 해이해지자, 한성부에 순경부(巡警部)를 설치하고, 순경부가 야간순찰업무도 맡아보게 되었다.

(2) 한성부의 사법적 기능

한성부의 사법적 기능은 조선 전기에 반포된 경국대전상의 내용과 큰 차이는 없으나, 조선 후기에는 출금(出禁)과 난전단속 등의 업무가 추가되었다.

① 출금(出禁:일제단속)

출금(出禁)이라 함은 일제단속을 위한 출동으로, 일정한 지역 내에 하리(下吏:서리 등)들을 보내어 범법행위를 단속시키는 것을 말한다. 한성부는 주간순찰 이외에도 3법사(三法司)의 하나로서, 금제(禁制)를 단속하고 질서를 유지하기 위해서 출금(出禁)의 기능도 수행하였다. 삼사(三司)에서 출금(出禁)하는 것은 오래전부터 시행되어 온 법이었으나,[193] 이에 대한 폐단도 상당하였다.[194]

---

191) 한경식략 권지2 궐외각사 한성부조.

192) 세종실록 권29 세종 7년 9월 계축조.

193) 정조실록 권6 정조 2년 11월 12일(무술조).

194) 정조실록 권12 정조 5년 7월 신유조. 제22대 정조 5년 7월 21일에 사간(司諫) 이현영이 아뢰기를 "근래 사헌부에서 출금(出禁)하는 것이 너무 빈번하여 온 동네가 시끄러울 지경입니다. 또 저포(苧布:모시)를 금한다는 핑계로 사람을 만나기만 하면 번번히 체포하는데, 뇌물이 많고 적음에 따라 석방이 빨라지거나 늦어짐이 정하여집니다. 혹 수감하기도 하고 구속하기도 하는데 값이 정하여져 있다는 이야기가 돌고 있습니다"라고 하고 있다.

② 난전

㉠ 난전(亂廛)이라 함은 시전(市廛)상인의 명부인 전안(廛案:국가가 물건의 판매를 허락한 사람들의 명단 및 물품을 등록한 문서)에 등록되지 않거나, 허가받지 않은 물품을 몰래 팔던 조선시대의 상인이나 또는 그러한 상행위를 일컫는 말이다. 난전은 조선 전기부터 있었으나 사회적 문제가 되지 않았으나, 조선후기에 들어와서 난전이 성행하면서 난전단속과 관련하여 사회적으로 상당한 문제가 되었다.

㉡ 난전의 단속기관

㉮ 난전의 단속은 중앙기관인 형조와 한성부, 그리고 일반인인 전인(廛人:가게를 차리고 물건을 파는 사람)에게도 난전에 대한 체포권이 부여되어 있었다. 제21대 영조 3년 6월부터 형조가 단속했던 난전단속권이 한성부로 완전히 이관되었다.[195]

㉯ 난전단속은 비리와 부정을 조장시키는 하나의 요인이었다. 한성부의 관리나 이례(吏隷)들이 난전을 단속하면서 위반자에 대한 속전을 징수하게 되자, 각종 금제(禁制)에까지 파급되어 속전이 아예 뇌물처럼 되어 민폐와 부정이 극심하였다.

㉰ 서리의 급료는 관서에서 속전을 받아 지급했는데, 속전의 확보를 위해서도 비리가 확대될 수밖에 없었다.[196] 본래 법사(法司)의 이례들에게는 급료를 지급하지 않았기 때문에, 난전 단속의 폐단이 이로 말미암아 생겼다고 볼 수 있다. 이러한 상황은 정조 15년(1791) 금난전권[197]을 폐지할 때까지 지속되었다.

3. 지방의 경찰기관

조선 중기 이후 중앙에 포도(捕盜)의 전임관청으로 좌·우 포도청이 운영되었다

195) 영조실록 권11 영조 3년 6월 경인조. 제21대 영조 3년 6월 5일에 "형조에서 시민(市民)의 난전을 금지하려 나가지 말고, 전적으로 한성부에 맡기라"고 분부하고 있다.

196) 영조실록 권104 영조 40년 10월 갑진조.;허남오, 앞의 책, p. 56. 영조 40년 10월 26일 한성부 주부 이복영이 난전단속의 폐단을 거론하면서 "평민들의 기름을 짜내 이서(吏胥)들의 배를 채우는 것은 어떠한 경우에도 이유가 될 수 없으니, 그 폐단을 막아야 합니다"라고 하고 있다. 또 "한성부가 난전을 단속하면서 난전하는 자를 잡아다가 그 물건 값에 따라 장속(杖贖:장형을 면하려고 바치는 돈)을 받습니다. 저는 매번 법을 적용할 때마다 마음이 측은하여 오뉴월에도 등골이 오싹했습니다. 한성부에는 본시 관아의 원역배(員役輩:벼슬아치 밑에서 일하던 구실아치의 패)들에게 줄 급료가 없으며, 그들의 급료는 모두 난전에서 나오는 속전으로 충당하고 있습니다. 급료를 주고 못주고는 속전에 달려 있으므로, 평민의 고혈을 취하여 이서의 배를 채우는 것이 됐습니다"라고 탄원하고 있다.

197) 금난전권이라 함은 국가에서 시전상인들에게 도성으로부터 10리까지의 난전(허가받지 않고 물품을 팔던 상인)을 금지(단속)하는 일종의 경찰권을 부여한 것을 말한다.

면, 지방의 경우는 수령 이외에 포도업무와 관련하여 토포사(討捕使)라는 기관이 있었다.

1) 토포사(討捕使)

토포사는 무장한 도적이나 반란세력을 토벌·진압하는 것을 임무로 하는 치안책임자이자, 군사책임자를 말한다. 지방에서 도적을 잡는 임무는 토포사와 수령이었다. 그러나 토포사는 조선후기 초까지는 전임관(傳任官)이 아니었고, 일반 지방수령이 겸임하다가 차츰 전국적으로 토포사가 배치되면서 제도화되었다.

(1) 토포사의 제도화과정

① 임시관직

토포사는 포도대장과 같이 대전(大典)상에 규정된 정식관직은 아니었고, 처음에는 필요에 따라 중앙에서 파견하거나 특정수령에게 겸임 발령하였다. 토포사를 중앙에서 파견한 대표적인 사례는 제13대 명종 때에 전국을 떠들썩하게 했던 임꺽정 사건을 들 수 있다. 이 때 조정에서는 황해도 토포사로 남치근을 임명하였는데, 이 경우는 중앙에서 임시로 토포사에 임명한 것이지, 정식관직은 아니었다.

② 지방수령이 토포사 겸임

중앙에서 파견되는 토포사 이외에는 특정지역의 지방수령을 토포사로 임명하여 겸임케 하고, 평시에는 도적을 잡고 전시에는 그 병력으로 적과 싸우게 하였다. 이와 같은 형태는 제14대 선조 때 임진왜란 과정에서 빈번하게 운영되었다.[198]

③ 토포사의 제도화

토포사는 제16대 인조시대에 정묘 및 병자호란을 겪는 과정에서 제도상으로 정착화되었다.[199] 그렇다고 해서 전국적으로 토포사가 배치된 것은 아니었고, 토포사가

198) 선조실록 권54 선조 27년 8월 병인조. 제14대 선조 27년 8월 21일 영의정 유성룡이 상주 목사 정기룡을 당상(堂上)에 올려 토포사(討捕使)로 삼아 왜적을 격퇴시키는 것이 좋겠다는 건의를 하였다.

199) 인조실록 권42 인조 19년 5월 갑신조.; 인조실록 권48 인조 25년 11월 을묘조. 인조 19년 5월 10일에 "전라감사 정세규가 흉년이 들면 백성이 궁해지고 백성이 궁핍하면 도적이 되지 않는 자가 드무니, (전라)좌도와 우도에 토포사를 두어야 한다"는 건의에 따라 지방에도 토포사가 정식으로 제도화되기 시작하였고, 동왕(同王) 25년 11월 19일에 사간원에서 "근일에 화적이 몰래 나타나는 것이 경기도 일대와 충청남북도가 더욱 심하여 도로를 다닐 수 없는 지경이니, 여러 도(道)의 감사 및 토포사에게 명하여 특별히 신칙(申飭:단단히 타일러서 경계함)하도록

배치되지 않은 지역은 지방수령이 토포사를 겸임하는 곳도 상당수 있었다.[200]

(2) 토포사와 토포영

① 토포사의 임무

토포사의 임무는 도적을 체포·신문하여 치죄하는 것이 고유의 기능이었다. 토포사는 제16대 인조 19년에 제도화되기 시작하여, 제18대 현종시기에 정착된 것으로 추정된다.

② 토포사의 형태

토포사는 크게 「토포영의 토포사」·「진영장겸 토포사」·「수령겸토포사」의 3가지 형태로 운영되었다.

㉠ 토포영의 토포사

㉮ 토포영(討捕營)은 토포사가 근무하는 근무처였으나, 정확한 설치연대는 미상이다. 다만 제16대 인조 19년에 반란세력을 토벌·체포할 목적으로 설치되었다고 추정된다. 인조 25년 11월 19일의 기록에 보면,[201] 여러 도(道)에 이미 토포사가 배치되는 등 토포사의 수가 대폭 증설되고 있는 것으로 보아, 인조대에 토포영이 설치된 것만은 틀림이 없다.

㉯ 토포영은 기존의 군현 이외에도 그 지역이 광활하여 치안력이 미치지 못하는 곳에 별도로 운영되기도 하였으나,[202] 토포영을 전국적으로 다 설치한 것은 아니었다. 또 토포영을 설치했다고 해서 토포사를 다 배치한 것은 아니었다. 이 경우에는 진영장이나 지방의 수령이 토포사를 겸직하였다.

해달라"고 건의하여 왕의 재가를 받고 있다. 이로보아 여러 도에 이미 토포사가 제도화되어 배치되고 있음을 알 수 있다.

200) 인조 21년 7월 3일에 신천(信川)군수(郡守) 유시성에게 황해 서변 토포사를 겸임시켜 도적에게 사람이 살해되는 사례가 없도록 기지를 발휘해 토포하라고 지시하고 있다(인조실록 권44 인조 21년 7월 갑오조).

201) 인조실록 권48 인조25년 11월 을묘조.

202) 영조실록 권23 영조 5년 8월 기사조. 영조 5년 8월 27일에 평안감사 송인명이 입시하여 "양덕과 맹산은 북도의 영흥 등의 고을과 서로 등지고 있는데, 그 사이가 텅 비어 있기 때문에 노략질 하는 도둑이 많이 일어납니다. 그 지역은 두 도(道)의 인후(咽喉:목구멍)가 되는 곳인데, 방어영(防禦營)이 매우 멀어 진실로 허술할 염려가 있습니다"라고 하면서, "양덕의 중간에 만일 하나의 토포영을 둔다면 좋을 듯합니다"라고 건의하고 있다.

ⓛ 진영장겸토포사

㉮ 진영장의 설치

제16대 인조 때에는 토포영(토포사)이 지방에 설치되었고, 한편 동왕 5년(1627)에 금(金)의 침입을 받고 이 해 3월에 금과 화약(和約)을 맺은 후, 4월 20일에 병조판서 이정구의 건의에 따라 처음으로 진영장이 각 도에 배치되었다.

㉯ 진영장의 품계 및 소속

진영장은 각 도의 지방군대를 관할하기 위하여 설치한 진영(鎭營)의 정3품 당상직 장관으로, 영장(營將) 또는 진장(鎭將)이라고도 한다. 이들은 중앙의 총융청[203]·수어청·진무영(鎭撫營) 등과 각 도(道)의 감영(監營)·병영에 소속되어 지방군대를 통솔하였다. 이들 모두는 겸직으로서 중앙은 판관(判官)이나 중군(中軍)[204] 및 경기 일원의 부사·목사가 겸임하였고, 이외의 각 도는 도내 각 주·군을 적당히 나누어 진영을 설치하고 그 지방 수령이 겸임하였다.

㉰ 수령겸토포사에서 진영장겸토포사로 전환

진영장이 토포사를 겸임하기 시작한 것은 18대 현종연간에 대신 홍명하의 건의에 따른 것이었다. 이때부터 수령이 겸직하던 토포사의 기능은 진영장의 임무로 전환되는 계기를 맞게 되었다. 그러나 처음부터 모든 영장(營將)에게 토포사를 겸임시킨 것은 아니었고, 그 후 차차 진영장이 토포사를 겸임하게 되었다. 그리고 그 이후부터 점차 진영장의 임무는 평시에는 국내의 도적 소탕의 임무를, 전시에는 외침에 대비하는 임무로 전환되어 고종 31년 갑오개혁까지 존속되었다.

ⓒ 수령겸토포사

㉮ 원래 토포사는 제13대 명종 때 임시직으로 출발하여 제16대 인조때 상설직화되기에 이르렀고, 이 때 진영장제도가 도입되었다. 따라서 토포사·진영장겸토포사·수령겸토포사 등의 제도가 혼재되어 상당히 복잡스러운 체계로 운영되었다.

㉯ 지방의 경우 관할이나 치안수요에 따라 수령이 토포사를 겸하거나,[205] 또는

---

203) 대전회통에 보면 총융청에는 사(使) 1인(종2품)·중군(中軍) 1인(종2품)·천총 2인(정3품)·진영장 3인(정3품:전영장은 남양부사·중영장은 파주목사·후영장은 장단부사가 겸임한다)을 두었다(대전회통 병전 경관직 군영아문 총융청).

204) 중군(中軍)은 종2품 무관직으로 각 군영(軍營)의 대장 또는 사(使)에 버금가는 장관(將官)직이었다.

205) 현종개수실록 권 18 현종 실록 11월 삭일조(朔日條). 제18대 현종 8년 12월 27일에 영의정

각 고을의 수령 중에서 몇 명을 뽑아 토포사로 차출하는 경우도 있었다.[206] 이처럼 수령겸토포사의 운영에는 여러 가지 방법 등이 채택되었다.

4. 병제(兵制:군제)

조선시대의 관제(冠制)는 병제(兵制)와 함께 살펴보아야 완전히 이해할 수 있으며, 특히 경찰사적 측면에서 볼 때는 더욱더 불가분의 관계에 있다고 볼 수 있다.

1) 중앙군제

(1) 5군영

5군영은 임진왜란 때 설치한 훈련도감을 필두로 하여 제16대 인조 1년(1623)에 어영청, 동왕 2년(1624)에 총융청, 동왕 4년(1626)에 수어청, 제19대 숙종 8년(1682)에 금위영이 끝으로 설치되었다. 조선후기 5군영은 주로 국왕을 호위하고, 또 수도인 서울 일대를 방어하기 위한 조직이었다. 특히 3군문(훈련도감, 어영청, 금위영)은 포도청과 더불어 야간에 한성의 순찰 등의 임무를 수행하는 등 치안업무와 밀접한 관련성을 갖고 있다.

(2) 장용영(壯勇營)

① 국왕의 친위부대

장용영은 일반군사조직이라기보다는 왕의 친병(親兵)이라 할 수 있다. 제22대 정조 8년(1784)에 정조는 생부 사도세자의 존호를 장헌세자로 바꾸고, 이를 축하하기 위한 경과(慶科)를 실시하여 무과(武科)에서 무려 2,000명을 합격시켰다. 동왕 9년(1785)에 홍복영의 역모사건이 일어나자, 왕의 호위를 강화하기 위해 경과에 합격한 무사들을 흡수하여 장용위를 설치하였다.

홍명하가 사망하기 한 달 전인 11월에 경기 연해에 도적이 심하였다. 이에 홍명하가 건의하기를 "경기 연해에 좌・우토포사 밖에 없기 때문에 두루 살펴보는 것이 힘드니, 수원부사(水原府使)를 토포사로 겸임시키자"고 하여 왕의 윤허를 받고 있다. 이 때 조치가 수령이 토포사를 겸임하게 되는 첫 계기가 되었다.

206) 이이화, 『한국사이야기⑬ 당쟁과 정변의 소용돌이』, 서울:한길사, 2001, pp. 329-330. 제19대 숙종 21년 11월 이전까지는 황해도에는 토포사를 두지 않았다. 그러나 명화적이 황해도 지방을 휩쓸고 다니기 시작하면서, 각 고을의 수령 중에서 병법을 아는 자 몇 명을 뽑아 이 곳 토포사로 차출하였다.

② 편제

㉠ 처음에는 약 500명의 인원을 5대(隊)로 나누어 출발하였으나, 동왕 17년(1793)에 그 규모를 더욱 확대시켜 하나의 군영으로 발전시키니, 이것이 곧 장용영이다. 장용영은 국왕의 호위에 주목적이 있었으므로, 많은 토지와 군량을 보유했고 소속병사의 숫자도 5천명에 달해 한때 5군영보다도 비중이 컸다.

㉡ 장용영은 도성 중심의 내영(內營)과 그 외곽인 수원화성을 중심으로 외영(外營)으로 이루어졌다. 내영의 장은 장용사(壯勇使) 또는 장용영 대장이, 외영의 장은 수원유수가 겸임했다.

③ 혁파

제23대 순조 2년(1802) 장용영이 혁파될 때 서울의 본영(내영)은 없어지고, 수원의 외영은 총리영(總理營)으로 바뀌었다가, 고종 32년(1895)에는 총리영마저도 철폐되었다.[207]

2) 지방군제

(1) 제승방략체제에서 진관체제로 전환

조선 초기 5위를 중심으로 운영되던 중앙군이 임진왜란 이후 5군영체제로 전환되면서 지방군의 방어체제도 변화하였다. 조선 초기에 실시되던 진관체제는 많은 외적의 침입에는 효과가 없었다. 이에 따라 16세기 후반에 제승방략(制勝方略)[208] 체제가 수립되었다.

그러나 제승방략체제는 임진왜란 초기에 패전의 한 원인이 되었기 때문에, 진관체제로 복구하고, 속오법에 따라 군대를 편제하는 속오군 체제로 정비하였다.

(2) 속오군

속오군은 군역(軍役)을 지지 않은 양인(良人)과 양반을 골라서 조직한 군대를 말한다. 평시에는 군포를 바치게 하고, 유사시에는 국가방어에 동원되는 체제였다.

207) 정조실록 권37 정조 17년 1월 병오조; 증보문헌비고 직관고13 장용영조; 순조실록 권 순조 2년 7월(무신조).

208) 제승방략이란 유사시에 각 읍의 수령들이 소속 군사를 이끌고 본진을 떠나 지정된 방위지역으로 가서, 서울에서 파견된 장수나 그 도(道)의 병사나 수사를 기다려 지휘를 받는 전술이다. 그러나 이것은 후방지역에 군사가 없어 1차방어선이 무너지면 그 뒤를 막을 방도가 없으므로, 임진왜란 초기 패전의 한 원인이 되었다.

속오군은 수어청(守禦廳)과 총융청(摠戎廳)에 속해 있었다.

제 4 절 갑오개혁기를 전후한 근대경찰 형성기

Ⅰ. 갑오개혁과 근대경찰 형성

1. 근대 한국경찰의 창설과 그 시행

근대경찰이란 제도적인 면에서 적어도 법치주의에 입각해서 모든 경찰활동이 법령의 근거에 의해서 이루어지는 경찰을 말한다. 1894년의 갑오개혁은 근대적 의미의 경찰제도를 우리나라에 도입되게 하는 역사적 사건이었다. 고종 31년(1894년) 7월 1일에는 경찰조직(경무청)을 법무아문에서 내무아문(內務衙門)[209]으로 소속을 변경시켰고, 7월 14일에는 경찰의 조직법적인 근거인 「경무청관제직장(警務廳官制職掌)」과 일종의 경찰작용법이라고 할 수 있는 「행정경찰장정(行政警察章程)」[210]을 제정하였다. 이처럼 비록 일본에 의해 타의적이기는 했으나, 갑오개혁을 통하여 경찰에 관한 조직법적 · 작용법적 근거가 마련되어 외형상으로는 근대 국가적 경찰체제가 갖추어졌다. 그러나 경찰기능은 위생, 소방, 영업, 감독을 담당하는 등 그 업무가 광범위하였으며, 경찰의 이념은 인권보호가 아니라 일본의 침략수단에 지나지 않았다.

2. 한성부 경찰(수도 경찰)

고종 31년(1894년) 갑오개혁에 의하여 개혁된 경찰제도는 중앙의 좌 · 우 포도청을 없애고 경무청으로 개편하여 내무아문(內務衙門)의 관할에 소속케 하였고, 내부

---

209) 김홍집 내각은 고종31년(1894년) 6월 28일 경찰을 법무아문(法務衙門)하에 설치하도록 결정했으나, 1894년 7월 1일 실제 창설시에는 내무아문으로 소속이 변경되었다. 법무아문은 오늘날의 법무부이며, 내무아문은 행정안전부를 일컫는 말이다.

210) 1894년 7월 14일 「행정경찰장정」을 제정하였는데, 여기에서 근대 최초로 '행정경찰'이라는 용어가 쓰여지고 있다. 경찰이 작용법적 근거로서 제정된 것이 다름 아닌 「행정경찰장정(行政警察章程)」이다.

대신이 최고의 관청이 되었다. 지방에는 관찰사 아래 경무관(警務官)을 두어 행정의 일면(一面)으로서의 경찰권의 한계를 명확히 하였다. 이로써 그동안 시행되어 왔던 각 부·각 아문·각 군문의 체포나 권한은 금지되고 경무청 중심의 경찰권 일원화가 이루어졌다. 따라서 법관의 재판없이 형벌을 가하는 행위나 군영(軍營)이 실시하던 시내순찰도 금지되었다.

1) 경무청관제직장·행정경찰장정 제정

(1) 경무청관제직장(警務廳官制職掌) 제정

① 1894년 7월 14일 한국 최초의 경찰조직법인 「경무청관제직장」과 경찰작용법인 「행정경찰장정」이 제정되었다. 「경무청관제직장」에 의해 당시의 좌우포도청을 통합하여 경무청을 신설하고 이를 내무아문에 예속시켜 한성부내의 일체의 경찰사무를 관장시켰다.

② 경무청(警務廳)의 장(長)으로는 경무사(警務使)를 두었는데, 이 경무사로 하여금 경찰사무와 감옥사무를 통할토록 하였고, 범죄인을 체포 수사하여 법사(法司)에 이송토록 하는 임무를 부여하였다. 또한 「경무청관제직장」에 의하여 최초로 한성부내 5구역에 「경찰지서」를 설치하여 경무관을 서장으로 임명하였다.[211]

「경찰지서」는 오늘날의 「경찰서」의 효시로 볼 수 있으며, 을미년에 경무서로 개칭되었다.

③ 「경무청관제직장」은 일본의 「경시청관제(1891년)」를 본뜬 것이다. 따라서 경무사·경무관·총순·순검이라는 경찰계급도 일본의 경시총감·경시·경부·순사를 바꾸어 사용하는 등 약간의 차이는 있지만, 대체로 일본의 계급이 이식되었다.[212]

(2) 행정경찰장정(行政警察章程)

① 「행정경찰장정」은 한국 최초의 경찰작용법으로서 경무청의 활동범위를 규정하고 있다. 당시 경무청의 활동범위는 영업·시장·회사에 관한 사무·위생에 관한 사무(전염병 예방·소독·검역·종두·식수 등)·결사·집회·신문잡지·도서에 관한 사무·소방업무까지 담당하는 등 매우 광범위한 영역의 사무를 담당하고

211) 내무부치안국, 『한국경찰사』, 광명인쇄공사, 1972, p. 316.
212) 경찰대학, 『경찰학개론』, 2006, p. 66.

있었다.

② 「행정경찰장정」은 1875년 제정된 일본의 「행정경찰규칙」과 「위경죄즉결례 : 違警罪卽決例」를 혼합하여 한문으로 옮겨 놓은 것이며, 특히 「위경죄즉결요령」은 오늘날 경찰서장의 즉결심판제도와 유사한 제도로서 서장에게 범법자를 즉결할 수 있는 권한이 부여되었다.213)

③ 1894년 7월 14일의 「경무청관제직장」과 「행정경찰장정」의 제정을 통해 한국에서도 경찰의 조직법적근거와 작용법적 근거규정이 처음으로 마련되었기 때문에, 이 시기의 경찰을 우리나라 최초의 근대적 경찰이라고 부른다.

2) 경찰고문제도(警察顧問制度)의 실시와 내부(內部) 경찰체제의 확립

1894년 11월에 일본은 내정개혁요항(內政改革要項)을 통해 「경찰권통일」을 요구하였다. 이 작업을 위해 한성부 경무청은 고문관(顧問官)으로 일본인 경시(警視)를 초빙하였으며, 초빙된 무구극조(武久克造) 경시는 조선의 경찰제도를 일본의 경찰제도에 맞추어 정비하는 작업을 하였다. 그 결과 내부관제(內部官制)와 지방관제(地方官制)가 칙령(勅令)으로 제정되었다. 내부관제는 중앙의 제도정비와 관련된 것이며, 반면 지방관제는 지방의 제도정비와 관련된 것이었다.

(1) 내부 경찰체제의 정비

1895년 내부관제(內部官制) 제정에 의하여 내부대신의 경찰에 대한 지휘감독권이 정비되었고, 한성부의 경찰기구도 경무청관제의 개정을 통해 체계화되었다. 즉 한성부내의 「경찰지서」가 「경찰서」로 개칭되고, 궁내경찰서가 신설되었다.

(2) 지방경찰제도의 정비

지방의 경찰제도는 한성부 이외의 부(府)에 관찰사의 지휘감독을 받는 경무관 1인, 경무관보 1인, 총순 2인 이하를 배치하였다. 이는 일본의 내무성 경찰체제와 동일한 체제에 해당한다.

3. 광무개혁에 따른 경부경찰체제(警部警察體制)의 출범과 좌절

고종 34년(1897) 8월 16일 연호제를 '건양'에서 광무로 바꾸고, 10월 12일에 대한

---

213) 허남오 · 이승주, 『한국경찰제도사』, 지구문화사, 2005, pp. 165-167.

제국이 성립되면서 경찰조직에도 많은 변화가 이루어졌다. 즉, 경부→대경무청→소경무청 시대로 일련의 변천과정을 거치게 되었다.

1) 경부 경찰체제

조선에 대한 지배권을 둘러싼 일본과 러시아의 대립 속에 일본에 의한 명성왕후 시해사건(1895년)과 고종의 아관파천(1896년)으로 갑오개혁은 좌절되었다.

그 후 조선은 일본의 간섭으로 만들어진 법령과 제도의 재개혁을 시도하였는데, 이 일련의 개혁을 「광무개혁」이라고 한다.

(1) 경부경찰체제의 의의 및 관장범위

① 중앙

㉠ 1897년 「조선」을 「대한」으로 바꾸는 등의 개혁과정에서 내부(內部:내무부)로부터 독립하여 경부(警部)가 중앙관청인 국무부서로서 신설되었는데, 이러한 경부제도는 경찰행정 사상 초유의 특기할 만한 것이었다.

우리나라의 경찰은 이 시기의 경부경찰체제를 제외한다면 한번도 독립관청의 지위를 가지지 못했고, 다만 1991년 경찰법 제정으로 내무부(현재는 안전행정부)의 외청으로 승격된 것이 가장 높은 지위라고 할 수 있다.

㉡ 경부의 총책임자는 대신(大臣)급을 두었는데, 오늘날의 장관급으로써 대신 밑에 경무관 14인, 총순 40인, 감옥서장 1인을 두었다. 이때 경부의 관장범위는 한성 및 개항시장의 경찰사무 및 감옥사무로 제한되어 있었다.

② 지방

한성부를 제외한 지방에는 관찰사가 경찰업무를 담당하고 있었는데, 각 관찰부(觀察府)에 총순을 두어, 관찰사의 경찰업무를 보좌하도록 하였다.

(2) 경부의 폐지

중앙관청으로서 경부체제는 경찰권력의 강화에서 오는 폐단으로 인하여 1년 8개월 남짓 후에(광무 4년 6월부터 2월까지), 「경부」는 이전의 내부(內部 : 내무부) 소속하의 「경무청」으로 대체되고 말았다.

2) 대경무청체제

1902년 2월 18일 칙령 3호 「경무청관제」를 통하여 경찰의 업무를 관리하였다. 경무청은 갑오개혁 시대의 구경무청이 한성부만을 대상으로 한데 반하여, 광무개혁 시기의 「경무청」은 전국을 관할하는 기관이었던 점에서 오늘날 경찰청의 원형이라고 볼 수 있다.

3) 소경무청 시대

고종 42년(1905:광무 9년) 2월 26일 칙령 제16호로 「경무청관제」가 다시 비준되어 반포되면서, 「대경무청제」가 폐지되었다. 그 결과 경무청을 내부의 관할에 두되, 한성의 경찰과 소방·감옥사무만을 맡도록 그 임무가 축소되었다. 즉, 전국을 관할하던 「대경무청」 체제와는 달리 갑오·을미식의 한성(서울)만을 관할하는 수도경찰청으로 환원되면서, 소경무청제로 바뀌었다.

4) 일본헌병의 주둔(헌병경찰제의 시초)

광무개혁 시기에 일본헌병이 주둔하기 시작한 것이 일제강점기의 헌병경찰제의 시초가 되었다. 1896년 2월 중순 일본의 헌병대가 한성과 부산간의 군용전신선 보호를 명목으로 조선에 주둔하기 시작하였는데, 이 때 헌병은 군사경찰 이외에도 행정경찰·사법경찰을 겸하였으므로, 사실상 헌병경찰이었다.[214]

헌병경찰은 반란 등에 대한 시찰이나 정탐활동 등을 주임무로 하였다.

Ⅱ. 을사조약과 한국경찰권의 상실(1905-1910)

1. 개요

러일전쟁에서 승리한 일본은 1910년 한일합방조약을 체결할 때까지 우리나라의 경찰권을 단계적으로 장악해 나갔는데, 이 과정을 요약하여 도표화하면 다음과 같다.

214) 김정명 편, 『일한외교자료집성 4』, 암남당 서점, 1967, 동경, p. 164.

〈도표 3-3〉 우리나라 경찰권의 상실과정

2. 고문(顧問) 경찰제도의 도입(제1차 한일협약)

〈도표 3-3〉의 과정을 보면 1904년 8월 제1차 한일협약을 통하여 고문경찰제도가 시작되면서, 일본인 경무고문(警務顧問)은 한국경찰제도에 관한 심의기안권을 장악하였다. 그 결과 한국 정부는 일체의 경찰사무를 고문관의 동의 없이는 행사할 수 없게 되었다. 경무고문은 경무청과 한성부내 5개 경찰서와 전국 각 지방에 경시와 경부 등을 배치하여 한국경찰을 통제하고 장악해 나가기 시작하였는데, 이 고문경찰제도의 시작은 경찰권 강탈의 제1보였다.

3. 통감부(統監府) 시기의 경찰과 헌병경찰제

통감부시기라 함은 고종 42년(1905) 11월 을사조약 이후에 통감부에 의한 통감(統監)정치가 개시되면서부터 1910년 8월 29일 "조선총독부"라는 새로운 통치기구를 설치하고 통감부를 폐지하던 시점까지를 말한다. 이 시기는 통감부와 경무부에 의한 경찰제도의 동시 통제체제를 의미한다.

1) 통감부 · 경무부 경찰체제(제2차 한일협약)

(1) 중앙

고종 42년(1905, 광무 9년) 11월 17일 일본에 의해 불법적이고 강제적으로 을사조약이 조인되었다. 이를 계기로 동년 12월 21일 일본칙령 제267호로 「통감부 및 이사청(理事廳) 관제」[215]가 제정되어 통감부에 의한 통감정치가 개시되었으며, 초대통감으로 이등박문이 임명되었다.

---

215) 일본은 강화도조약에 따라 각 개항지에 거주하는 일본인 범죄에 대해 일본의 법에 의한 재판권 행사를 목적으로 일본경찰을 파견하여, 공사관과 영사관에 배치하였다. 고종 43년(1906:광무 10년) 통감부가 개설되자 통감부(공사관) 경찰과 이사청(영사관) 경찰로 이원화시켰다. 통감부에 경무부(경무총장)를 두고, 경시7인 · 경부50인 · 순사500명을 배치하였고, 이사청소재지인 한성 · 부산 · 인천 · 원산 · 평양 등에는 당시 12개소의 경무서 · 경무분소3개소 · 주재소59개소를 설치하였다.

① 통감부에는 총무부 · 농상공부 · 경무부를 설치하고, 경무부에는 경무총장을 두어 경찰사무를 관장하게 하였다.

② 통감부는 경무부와는 별도로 경무고문부(警務顧問部)와 각 도에 경무고문 지부를 두었다. 고문부 이하의 소속관리는 직접 통감의 지배하에 두고, 경무 고문부의 관리가 직접 통감의 지휘를 받아 한국의 경찰을 사실상 지배해 나갔다.

③ 통감부시기의 경찰체제는 통감부내의 경무부(경무총장)가 경찰사무를 관장하고, 별도로 통감이 경무고문부를 통하여 전국 경찰에 대한 직접 지휘를 하는 2원체제로 운영되었다.

2) 지방경찰체제의 정비

「지방 13도와 각 관찰부 경무소 및 분서 설치에 관한 건(1996년)으로 지방에도 경무관을 서장으로 하는 경무서가 설치되고, 총순을 분서장으로 하는 경무분서가 설치되었다.

지방의 경무관은 각 도의 관찰사의 지휘를 받아 경찰사무를 관장하였다. 이 시기에 비로소 지방경찰의 체제가 정비되었다.

4. 경시청 체제와 한국경찰권의 완전상실

1) 경시청체제의 출범과 한국내의 한 · 일 경찰의 통일

「경시청체제(1907년)하에서는 한국경찰을 일본경찰에 통합시키는 작업이 진행되었는데, 그 주요작업 중의 하나가 한국의 경찰관청과 계급을 일본화하는 것이었다.

(1) 1907년 7월 27일 경무청관제(칙령 1호)의 개정을 통해, 종래의 「경무청」을 「경시청」으로 바꾸었고, 경찰관의 계급 호칭도 「경무사」는 「경시총감」으로, 「경무관」은 「경시」로, 총순은 경부로, 순검은 순사로 이름을 개칭하였다.[216)]

(2) 1907년 「경찰관리 임용에 관한 건」에 의하여 일본경찰을 한국경찰로 임용하면서, 한국에 있는 일본경찰은 한국경찰을 흡수통합하여 한국경찰을 장악하기 시작하였다.

---

216) 허남오 · 이승주, 전게서, p. 183 참조.

2) 통감부 내부 경무국체제의 출범

한국의 경찰권을 장악한 일본은 내부(內部)에 경무국을 두고 경찰사무를 총괄하게 하였는데, 이 때 감옥사무가 만 13년 만에 경찰관리체제에서 법부(법무부)로 넘어갔다.

(1) 경시청 관제의 개정

순종 2년(융희 2년) 7월 20일 「경시청관제」를 개정하여 경시청 관할구역을 한성부에 국한시켰으며, 그동안 경시청이 일시적으로 담당하던 경기도 일부지역(11군)의 경찰사무를 경기도로 이관하였다. 이처럼 「경시청관제」는 구한말까지 수차례나 개정을 거듭하다가, 순종 4년(융희 4년) 2월 칙령 제13호로 개정된 것이 조선조 마지막 「경시청관제」였다.

(2) 지방관제의 개정

순종 1년(융희 1년) 「지방관관제」 개정을 통해 지방 각 도에 내무부와 경찰부(警察部)를 신설하고, 경찰부장을 경시로 보하여 관찰사를 보좌케 하였다. 이러한 조치는 종래 관찰사의 지휘를 받아 경찰서장이 하던 것을, 지방에도 「경찰부」를 두어 지방경찰을 통괄하는 지방경찰체제가 출범하게 되었다. 그 결과 제도상 도(道)에는 도관찰사 → 경찰부 → 경찰서 → 순사주재소 체제로 골격이 갖추어져, 오늘날의 경찰기구와 거의 유사하게 완성되었다. 따라서 이 제도를 우리나라의 현대식 지방경찰의 원형이라고 보아도 무방하다.[217]

5. 한국경찰권의 완전상실(1908~1910)

1) 각서 체결 과정과 내용

새로이 개편된 「경시청체제」하에서 한국은 일본과 일련의 각서를 체결함으로써 경찰권을 단계적으로 상실하게 되는데, 그 과정을 도표화하면 다음과 같다.

217) 대한민국 국회도서관편, 『한말근대법령 자료집 Ⅳ』, 서경문화사, 1991, p.66.

〈표 3-4〉 각서 체결과정

시기	각서의 체결 순서	내 용
1908.10.29	경찰사무에 관한 취극서(取極書)	재한국 일본인에 대한 경찰권
1909.3.15	재한국 외국인에 대한 경찰에 관한 한일협정	재한국 외국인에 대한 경찰권
1909.7.12	한국사법 및 감옥사무 위탁에 관한 각서	한국의 사법과 감옥사무
1910.6.24	한국경찰사무 위탁에 관한 각서	한국의 경찰사무

〈도표 3-4〉에 의한 한국경찰권의 피탈과정을 순차적으로 보면, 첫 번째 양도는 1908년 10월 29일 한국의 내각총리대신 이완용과 통감 이등박문과의 「경찰사무에 관한 취극서」에서 재한국(在韓國)일본인에 대한 경찰사무지휘감독권을 일본관헌의 지휘·감독을 받아 일본계(日本界)한국 경찰관이 행사토록 위양함으로써 시작되었는데, 이는 「한국거주 일본인」을 보호한다는 명목이었다. 두 번째 양도는 1909년 3월 15일 「재한국 외국인에 대한 경찰에 관한 한일협정」을 통하여 재한국 외국인에 대한 경찰사무의 지휘감독을 일본 관헌의 지휘감독사항이 되도록 이양하였다. 이는 「한국거주외국인」을 보호한다는 명목이었다. 세 번째는 위탁의 형식으로 1909년 7월 12일의 「한국사법 및 감옥사무 위탁에 관한 각서」에 의거 한국의 사법경찰권을 포함하는 사법과 감옥사무를 일본에 위탁한다는 내용이었다. 이는 사법 및 감옥사무를 완전히 정비할 때까지 「사법경찰권」을 위탁한다는 명목이었는데, 이로써 한국경찰의 반은 일본에 넘어가게 되었다. 최종적으로 1910년 6월 24일에 이루어진 「한국경찰사무 위탁에 관한 각서」는 명목상으로는 한국경찰제도를 완전히 개선하는 것이라고 하지만 실제로 헌병경찰제도를 통해서 식민지체제를 확고히 하는 「한국경찰권 상실」의 최종 확증서였다.

2) 한국측 조치

한국정부는 「내부관제」 외 「지방관제」에서 경찰에 관한 규정을 삭제하고 「경시청관제」를 폐지하였으나, 다만 비용에 관한 것만 한국정부가 부담하도록 규정하는 등 불평등한 약정이 체결되었다.[218] 이러한 내용은 모두 동년(1910년) 7월 1일부터 시

218) 金正明 編, 前揭書, pp. 300-304.

행되었는데, 이로써 한국의 경찰권은 1945년 일본이 패전할 때까지 완전히 일본에게 침탈되고 말았다.

6. 일본헌병 경찰제도의 시작과 확장

일본의 한국경찰권의 장악은 헌병경찰제도의 실행을 위한 전제로서 행하여졌다고 말할 수 있다. 왜냐하면 사내정의(寺內正毅)와 명석원이랑(明石元二郎)[219] 과의 사이에는 이미 한일합병과 그 후의 통치의 수단으로 헌병경찰을 활용하는데 의견이 일치하고 있었기 때문이다.

1) 일본헌병대의 조선 주둔과 임무

고종 33년(1896년)에 주둔한 일본의 임시헌병대는 1903년에 한국주차헌병대라고 개칭하여, 일본인 한국주둔사령관의 지휘를 받도록 하였다. 초기 이들의 임무는 한성(서울)의 경우 주로 군사경찰을 집행하고, 대구 등의 각 구대(區隊)는 한성과 부산간의 전신선 및 철도의 보호를 담당하고 있었다. 그 후 그 권한도 점점 확대되어 군사경찰업무 이외에도 의병의 토벌, 항일인사의 체포, 일본관민과 친일파보호 등의 고등경찰활동 및 보통경찰활동에도 종사했다.

2) 통감부 설치 이후의 헌병경찰대

(1) 고종 43년(1906년) 통감부가 설치되면서 헌병은 행정 및 사법경찰에 관하여는 통감의 지휘를 받고, 군사경찰에 관해서는 군사령관의 지휘를 받도록 하였다. 따라서 한국에 있어서의 일제의 소위 헌병경찰제(비군사적인 것은 일본 고문경찰이 맡고, 군사상 필요한 곳은 헌병이 맡음)는 이 시기부터 시작되었다.[220]

(2) 순종 1년(1907, 융희 1년) 10월 9일 편제를 개성하여 다시 「한국주차헌병대」로 승격시키고 한국주차헌병대장으로 소장(少將) 명석원이랑(마카시 모토지로)를 임명하였고, 이 날에 「한국주차헌병에 관한 건」을 제정하였다.

(3) 일본칙령 제323호 「한국주차헌병에 관한 건」 제1조에 헌병이 주로 「치안유지

219) 육군대신 사내정의(寺內正毅)는 1910년 5월 30일 통감으로 겸직발령된 자로써, 한국정부의 경찰권을 통감부에 이양하게 하여 한국의 경찰권을 완전히 장악하고, 합병후의 헌병제도의 기본적인 틀을 만든 인물이다. 반면 명석원이랑(明石元二郎)은 한국경찰권 장악에 커다란 역할을 한 인물로서, 한국 주재 헌병대 사령관에 임명된 자이다.

220) 고종실록 권47 고종 43년 2월 1일조.

에 관한 경찰」을 장악하고, 그 직무의 집행에 있어 통감이 관장하도록 규정하였다. 이 때부터 헌병경찰이 치안유지를 하는 경찰업무를 주로 하고 겸하여 군사경찰을 맡도록 하였다. 이것은 헌병의 임무가 군사경찰보다는 치안확보에 관한 일반경찰활동에 더 주안점을 주겠다는 포석이었다.

제 5 절 일제강점기의 경찰(1910-1945)

Ⅰ. 조선총독부의 설치와 제령권(制令權)

1. 조선총독부의 설치

일본은 1910년 8월 29일 한국의 국호를 대한제국에서 「조선」으로 다시 환원시키고 조선총독부라고 하는 새로운 통치기구를 설치했는데, 이러한 조선총독부는 36년 동안의 일제강점기에 전제적 권력을 행사하였다. 일제강점기 시대의 경찰제도[221]는 1) 무단통치시대의 헌병제도(1910-1919년), 2) 보통경찰제도(1919-1930), 3) 민족말살기의 경찰제도로 대별해 볼 수 있다.

2. 제령권

조선총독은 제령권이라는 일종의 입법권(立法權)을 가지고 있었는데,[222] 이 제령권을 통하여 조선의 행정·입법·사법의 삼권을 장악하고 식민지체제를 유지하였다. 일본천왕의 독립명령권과 유사한 이 「제령권」은 조선총독부 권력의 핵심인 경찰권의 행사에 대한 법적 근거를 충족시켰을 뿐만 아니라, 헌병경찰제도의 창설이나 경찰작용에 관한 각종 법령의 법률적 근거가 되었다.

221) 일제강점기의 경찰제도는 조선인에 대한 집회, 결사, 간행물, 독립운동에 대한 탄압적 수단의 상징이었다. 또한 경찰의 대상영역이 인간의 사상이나 이념까지도 통제하는 사상경찰적 영역까지 광범위하게 확대되었다.

222) 조선에서 별도 법률로 정해야 할 입법사항은 조선총독의 명령인 제령(制令)으로 정해졌는데, 이를 제령권이라 한다.

3. 경찰명령권

조선총독부 총독의 제령권과는 별도로 통감부 시절부터 이미 경시청의 경무총장이나 지방의 경무부장은 경찰명령권을 발할 수 있는 권한을 가지고 있었다.223) 따라서 조선총독의 제령권과 경찰명령권의 양자의 운영은 재량에 의한 입법을 통해 지배권을 보다 더 강화할 수 있는 법적 토대가 마련되었다.

Ⅱ. 무단통치하의 헌병경찰제도

1. 한일 강제병합과 헌병조례의 제정

1) 헌병과 경찰의 통합

일본은 한일합병 전인 1910년 「통감부 경찰관서관제」를 제정하여 헌병경찰제의 기초로 삼았다. 이 법에 따라 통감부에 경무총감부를 설치하고, 경무총감부를 관리하는 경무총장에 한국주차(韓國駐劄) 헌병대장인 육군장관을 임명하고, 각 도의 경무부장에는 당해 도의 헌병대장인 헌병좌관을 발령하여 경찰권을 장악하였다. 한편, 서울과 황궁의 경찰사무는 경무총감부 직할로 하고, 또한 각 도는 경무총장의 지휘를 받아 경무부장이 경찰사무를 관장하였다.

이 제도는 한일합병 직전에 갖추어진 「통감부 · 경무부 경찰체제」의 골격을 그대로 따른 것이다.

2) 조선주차 헌병 조례 제정

헌병경찰통합제도는 그 후 10년간(1910-1919)에 걸쳐 존속하였는데, 이것은 1910년 9월 10일 칙령 제343호 「조선주차헌병조례」로부터 그 기원점을 찾을 수 있다. 이 조례에는 헌병이 일반치안을 담당할 수 있는 내용과 헌병의 병기 사용범위를 그들의 편의대로 규정해 놓은 것이 주요골자이다.224)

---

223) 순종 4년(1910, 융희 4년) 8월 24일 통감부 경무총감부령 제3호 "당분간 정치에 관한 집회나 혹은 야외에서 많은 사람이 모이는 것을 금지한다. 이 지시를 위반한 자는 구류 또는 벌금에 처한다"고 내각고시로 게시 · 공포하였다(순종실록 권4 순종 4년(융희 4년) 8월 24일자 통감부 경무총감부령 제3호).

224) 조선주차헌병조례 명치 43년 9월 10일 칙령제343호. 제1조 조선주차헌병은 치안유지에 관한

3) 헌병경찰의 임무

일반경찰은 주로 개항장이나 도시에 배치된 데 대하여, 헌병은 주로 군사경찰상 필요한 지역이나 의병활동지역 등에 배치되었다.

헌병경찰의 임무는 첩보의 수집, 의병의 토벌 등에 그치지 않고 민사소송의 조정, 집달리(집행관) 업무, 국경세관 업무, 일본어의 보급 등 광범위하게 미치고 있었다.

2. 헌병경찰활동의 법적 근거

1) 치안입법과 경찰활동

이러한 헌병경찰제도를 뒷받침한 법령으로는 「보안법」, 「집회단속에 관한 법률」, 「신문지법」, 「출판법」, 그리고 총독에게 주어진 제령권을 통해 제정된 범죄즉결례(卽決例),[225] 조선태형령(笞刑令), 경찰범처벌규칙, 행정집행령 등이 있었다. 이와는 별도로 경무총장과 경무부장에게도 「경찰명령권」이 주어졌는데, 이것은 세계에서 유례가 없는 비정상적이며 강력한 경찰제도였다.

2) 3·1 독립만세운동

이러한 광범위한 업무범위와 폭넓은 재량권을 가진 헌병경찰의 무소불위의 권력에 의한 헌병정치 또는 무단정치는 결국 1919년 3·1 운동의 원인이 되어 헌병경찰제도는 종언을 고하게 되었다.[226]

경찰 및 군사경찰을 담당한다. 제6조 헌병은 폭행을 당할 때나 병기를 사용하지 아니하고는 직무를 집행할 수 없을 때, 또는 사람, 토지 기타 물건을 방위하는 경우 병기의 사용이 아니면 다른 수단이 없을 때를 제외하고는 병기를 사용할 수 없다. 이것은 여하한 경우 발포하더라도 법에 저촉되지 않고, 위법성을 피해가는 방도를 강구한 조항이었다.

225) 특히 1910년에 제정된 「범죄즉결례」에 의해 경찰서장 혹은 이와 동등한 위치에 있는 헌병대장은 1) 구류, 태형, 과료의 형에 해당하는 자 2) 3개월 이하의 징역 또는 100원 이하의 벌금에 해당하는 자 3) 행정법규 위반에 해당하는 자 등을 즉결처분을 할 수 있도록 하고 있다. 따라서 헌병경찰은 「범죄즉결례」, 「경찰범처벌규칙」에 따라 정식 법 절차나 재판을 거치지 않고 조선인에게 벌금을 물리거나 구류 등을 처할 수 있었다.

226) 박은식, 『한국독립운동지혈사』, 서문당, 1975, pp. 312-314.

Ⅲ. 문화통치기의 경찰(보통경찰로의 전환)

1. 헌병경찰제도에서 보통경찰제도로의 전환

1) 헌병경찰통합제도에 의한 무단정치는 1919년 3월 1일의 항일독립만세운동을 초래하였고, 이를 계기로 조선총독부는 헌병경찰제도를 「보통경찰제도」로 전환하면서 친일파에 의한 간접통치 방식을 택했다. 이를 문화정치[227]라고 일컫기도 하지만 실제로는 이전보다 더 심한 수탈과 착취가 이루어졌다.

2) 일본은 1919년 8월 19일 「조선총독 및 동 소속관서제」에 의거, 종래의 총독부 직속의 경무총감부를 폐지하고, 그 대신 총독부 밑에 경무국을 설치하였다. 신설된 경무국은 전국의 경찰사무와 위생사무를 감독하였고, 지방의 경우에도 각 도에 제3부(1920년에 경무부로 개칭)를 두어 경찰사무와 위생사무를 관장토록 하였다.

2. 보통경찰의 임무와 치안악법

헌병경찰제도로부터 보동경찰제노도 전환했다고는 하나 그 직무내용과 권한에 있어서는 이전의 헌병경찰과 차이가 없었다. 따라서 치안유지 업무 이외에 각종 행정지원과 민사소송사무와 집달리 사무 등도 계속 맡아 수행하였다. 더군다나 3·1운동을 기회로 「정치범처벌법」을 제정하였고, 1925년에 일본에서 제정된 「치안유지법」[228]을 우리나라에 적용시키는 등으로 억압적 지배체제는 한층 강화되었다.

---

227) 3· 운동을 무력으로 탄압한 일제는 '문화정치'로 그 통치의 방식을 전환하였다. 새로이 총독에 취임한 재등실(사이토마코토)은 한일강제병합 이래의 지배정책에 대한 기본방침인 동화주의를 계승하고, 원경(하라)수상의 '내지연장주의(조선을 일본에 동화시키는 방침)'를 실시하면서, 조선지배정책을 '문화정치'라는 새로운 말로 포장하여 제시하였다. 이에 따라 재등실(사이토마코토)은 조선인의 민의수용, 조선인의 임용상의 차별폐지, 조선의 존중 등을 비전으로 제시하였다. 그러나 이것은 조선인에게 '무단정치'에서 '문화정치'로의 전환을 하였다는 것을 보여주기 위한 일종의 연막전술이었을 뿐이고, 실제로는 이전보다 더 심한 수탈과 착취가 이루어졌다.

228) 「치안유지법」을 시행하기 이전(1926년), 조선에서의 사상통제는 「보안법」과 「정치범죄처벌의 건」을 통해 이루어졌으나, 민족해방운동의 새 지도이념으로서 사회주의를 통제하기에는 미흡했기 때문에 일제강점기에 민족해방운동의 탄압을 위해 만들어진 것이 치안유지법이다. 이 법은 1925년 4월 일본법률 제46호로 공포되었고, 「치안유지법을 조선 및 사할린에 시행하는 건」에 의해 5월 12일부터 조선에서도 시행되었다.

Ⅳ. 말기의 전시경찰제도

1. 통치체제의 전환

1930년대에 들어와 일본 군국주의는 대륙침략을 본격화하면서 전쟁에 몰입하게 되었다. 일본은 1931년 만주사변, 1937년 중일전쟁, 그리고 1941년에는 미국을 상대로 태평양전쟁을 일으켰다. 일본은 그 과정에서 한국을 전쟁물자 보급창으로 사용하려는 이른바 '병참기지화' 정책 및 '황국신민화' 정책을 펴면서, 한국의 완전한 일본화를 꾀했다.

2. 민족말살기의 경찰제도

1) 외사경찰과 · 경제경찰과의 신설

외사경찰과 경제경찰을 시작으로 하는 경찰권의 강화는 전시체제의 이행을 위한 필수적인 요건이었다.

(1) 외사경찰과는 국외에서 공산주의자의 조선내 잠입을 경계하고, 방송 · 경비 · 금의 밀수 · 수출 등을 통제하고 단속하는 것이 주임무였고, 반면, 경제경찰은 경제통제와 관련한 정부수집 · 통제법령위반자 단속 · 법령시행 상황을 감시하는 것이 주임무였다.

(2) 전시체제하의 경찰이 가진 기능상의 특징은 ① 사상작업 및 사상탄압, ② 전시수탈을 위한 경제경찰의 역할 등을 들 수 있다. 특히 이 시기에는 특별고등경찰의 활동을 통해 인간의 사상이나 이념까지도 통제하려는 사상경찰적 활동까지도 이루어졌다.

3. 문화통치기 · 말기 전시 경찰체제하의 치안입법과 경찰활동

1) 말기 전시체제하의 예비검속법

1941년 예비검속법[229]이 제정되어 독립운동에 대한 탄압과 전시체제의 강화에

229) 「예비검속법」은 "무슨 짓을 아직 하지도 않았지만 앞으로 무슨 짓을 할지 모른다는 이유로 그냥 잡아다 가둘 수 있는 것"으로 일제는 「치안유지법」, 「예비검속법」 등을 근거로 하여 우리

경찰이 동원되었다.

2) 일제강점기하의 4대 악법

일제강점기하에 만들어진 치안악법 중 「보안법」[230] · 「정치범처벌법」 · 「치안유지법」 · 「예비검속법」을 흔히 4대 치안악법이라 부른다. 이 중 「정치범처벌법」 · 「치안유지법」 · 「예비검속법」은 일본의 패전 후인 1945년에 폐기되었고, 가장 먼저 만들었던 「보안법」은 가장 늦은 1948년에 폐기되었다.

제 6 절 미군정시대(美軍政時代)의 경찰제도

Ⅰ. 개요

승전국 미국은 한국을 일본제국주의 국가의 속국으로 보고 패전국으로 취급하는 정책방침을 채택하였다. 따라서 한국은 독립의 대상이 아니라 점령통치의 대상이었다. 그 결과 미군은 조선총독부(1945년 9월 19일 미군정청으로 개칭)를 여전히 한국의 통치기관으로 활용하였고, 친일파 척결보다도 조선통치가 기능적으로 잘 유지될 수 있는가가 관심사였다. 따라서 미군정이 한국에 대해 실시한 점령정책의 기조는 개혁대상이 아니라 현상유지 정책이었고,[231] 이러한 방침은 경찰의 경우에도 마찬가지였다. 즉, 조선총독부의 경무국과 지방의 도지사 밑의 경찰부가 그대로 답습되었다. 결과적으로 경무국이 군정청의 하부조직인 하나의 국(局)으로 남게 되었고, 일제 강점기의 경찰관들도 총사령부 포고 제1호[232]에 의해 현직을 유지한 채 새로

민족을 감시하고 압살할 목적으로 악용하였고, 이 법은 미군정 때 폐지되었다.

230) 「보안법」은 1907년 7월 27일 일제 통감부가 집회 · 결사를 금지할 목적으로 대한제국 정부에게 강제로 제정 · 반포케 한 법령으로, 이 법에 근거하여 일제는 집회 · 결사 · 언론의 자유를 완전히 봉쇄하기 시작했다.

231) 1945년 9월 18일 아놀드 소장이 군정장관(軍政長官)으로 취임하면서 군정이 실시되었고, 해방 이후 남북의 분할통치와 좌우의 대립이라는 혼란 상황하에서 질서유지세력은 경찰뿐이었다. 따라서 당시의 군정청은 ① 직접통치 ② 억압적 국가기구 확보 ③ 법률적 규제 ④ 친일파, 보수우익 중용 등 기존체제 유지를 위한 식민지 경찰제도와 인력을 그대로 활용하는 정책을 택한 것 등은 역시 현상유지 정책의 일환이라고 볼 수 있다.

232) 「태평양미군총사령부 포고 1호」는 군정의 실시와 일제하의 구관리가 현직을 유지할 것을 내

운 체제를 맞이하였다. 그 결과 우리경찰은 해방이후 새롭게 창설된 것이 아니라 일제시대의 경찰을 그대로 유지한 데 지나지 않았다. 반면 패전국 일본은 타율적이기는 하지만 미군정의 통치를 받으면서 경찰체제를 비롯한 모든 전제주의적이고 비민주적인 제도들의 청산절차를 밟게 됨으로써, 오늘날 일본내에서 가장 신뢰받을 수 있는 조직으로 발전하는 발판을 마련하게 되었다.

Ⅱ. 미군정기의 경찰조직의 정비와 경찰제도

1. 경찰사무와 조직의 정비

1) 비경찰화

미군정하에서 경찰사무와 조직은 소규모의 정비가 이루어져 종래 광범위하게 이루어지던 행정경찰사무가 경찰의 관할에서 분리되었다. 즉, 경찰이 담당했던 위생사무가 위생국으로 이관되는 등 비경찰화작업이 진행되었다. 따라서 경찰과 일반행정의 완전한 분화(비경찰화)는 미군정 시대에 이루어졌다고 볼 수 있다.

2) 일제강점기의 악법 폐지와 조직 정비

(1) 일제강점기하의 치안악법 등의 법령이 폐지되었고, 악명이 높았던 특별고등경찰과 경제경찰을 폐지시키는 대신 정보업무를 담당할 사찰과(정보과)를 신설하였다.

(2) 민중에 대한 협박과 위협의 도구였던 경찰대검을 폐지하고 경찰봉으로 대체하는 한편, 일제의 고문행위를 폐지시켜 이를 법제화하였다.

2. 국립경찰의 창설

1) 1945년 10월 21일 미군정(美軍政)에 경무국을 설치하게 되었으며, 이것이 곧 국립경찰의 창설이다. 중앙은 조선총독부에 「경무국」이 군정청의 하나의 국(局)으로서 유지가 되고, 지방경찰은 도지사로부터 분리가 되었다. 따라서 시·도 경찰부장이 각 시·도 내의 법률과 질서를 유지할 책임을 시·도지사에게 지는 외에는 경찰의

용으로 하고 있다. 당시 군정청 경무부내에 잔류하고 있는 일제 강점기의 경위이상 간부급 1,157명 중 949(82%)명이 그대로 현직을 유지하였다.

조직과 관리, 재정, 인사 등에 관한 권한을 경찰부장이 갖는 체제가 이루어졌다.

2) 「국립경찰」이라는 이름으로 출범한 한국경찰은 군정법령에 근거를 둔 군정경찰의 성격을 띠고 있었으나 그 운영자체는 비교적 독립적이었다. 따라서 조선인 경무국장은 조선 내 전 경찰의 최고사령관으로서 국립경찰의 조직관리와 인사, 그리고 각종 경찰활동 등에 관하여 권한과 책임을 가졌다. 뿐만 아니라 경무국 예산자금도 경무국장에게 배당되고, 경무국장은 이를 각 도 경무부장에게 할당하는 독립적인 위치를 갖고 있었다.233)

3. 경무부 시대

1) 경무국에서 경무부로 승격

1946년 3월 29일에 「경무국 경무부에 관한 건」에 의해서 경무국은 경무부로, 각 과는 국(局)으로 개편됨으로써 경찰기관이 중앙기구로서 부처 수준에 이르렀으나 이는 어디까지나 미군정하의 과도기적 조치였다.234)

2) 경찰제도의 개혁

(1) 여자경찰

1946년 7월 1일 경무부 공안국에 「여자경찰과」를 신설한 것이 여자경찰의 효시이다. 1947년 2월 17일 수도관구 경찰청 및 각 도 관구경찰청에 여자경찰서가 신설되어, 부녀자와 14세 미만의 소년범죄를 취급했다.

(2) 국립경찰전문학교

1946년 2월 국립경찰학교가 국립경찰전문학교로 승격되고, 1947년 경찰간부후보생 과정을 설치하여 전문적인 경찰간부교육을 담당하게 하였다.235)

(3) 그 외에 경찰에 갖고 있었던 각종 허가권(목욕탕·음식점 허가 등)을 각 도 보건후생부로 이관시키거나 폐지시켰고, 「법의 실험소」를 설치·운영하여 과학적 수사를 위한 토대구축 마련에도 노력을 기울였다.

---

233) 1945년 12월 27일 경무국 고문인 매클린 헌병대령이 서명한 「조선국립경찰의 조직에 관한 건」은 당시 국립경찰의 위상을 말해주고 있다.

234) 1946년 3월 29일의 기구개편을 보면, 「경무국」을 국방부사령부와 같은 「경무부」로 승격·개편하고 지방에 3개의 경무총감부와 그 산하에 도지사로부 독립된 11개의 관구경찰청을 두었다.

235) 경찰종합학교, 「경찰종합학교 50년사」, 인천:경찰종합학교, 1994, pp. 78-107.

4. 미군정기의 경찰의 역사적 의의

미군정경찰은 다음과 같은 측면에서 역사적 의미를 가진다고 볼 수 있다.

첫째, 제2차 세계대전의 종전과 함께 미·영을 중심으로 하는 연합군에 의해 독일이나 일본에서 행했던 과거의 경찰사무의 정리, 이른바 비경찰화작업이 우리나라에서도 행하여졌다. 따라서 경찰이 담당했던 위생사무가 위생국으로 이관되었으며, 경제경찰업무도 경찰로부터 제외되는 등 경찰과 일반행정의 분화가 이루어졌다.

둘째, 영미법계의 「민주」개념이 도입되었다.

종래에는 경찰의 임무가 제국주의적 치안유지에만 몰두하였는데 반해, 이 시기에는 국민의 생명과 재산을 보호하는 것 또한 경찰의 업무로 삼아야 한다는 자각이 일어났다. 그리고 조직면에서도 「중앙경찰위원회」[236]를 통한 경찰통제가 시도되는 등 민주적 요소가 강화되었다.

셋째, 미군정기의 경찰은 영구성을 가진 것이 아니라 임시적 경찰이었다. 그 결과 일제강점기 시대의 경찰조직과 인력을 그대로 활용하는 정책을 택함으로써 경찰조직과 인적 구성원에 대한 청산작업이 부족하였다. 따라서 우리나라의 경우는 일본과는 달리 경찰을 개혁할 기회를 갖지 못하였으며, 이로 인해 독립 이후에도 국민의 경찰에 대한 태도는 상당기간 동안 부정적인 이미지를 심어 주었다는 점을 들 수 있다.

236) 1947년 11월 6인의 위원으로 구성된 중앙경찰위원회(National Police Board, 1947년)는 중요한 경무정책을 수립하고 경무부장이 회부한 경무정책과 운영에 대한 심의와 결정을 하였다. 그리고 경찰관리(警察官吏)의 인사관리(소환, 심문, 임면, 보직이동)를 담당하였으며, 기타 군정장관이 회부한 사항을 심의하였다. 그러나 이 제도는 효과를 보지 못하고 실패하였다.

제 7 절 대한민국 정부수립과 경찰제도

Ⅰ. 정부수립(1948년)~경찰법제정(1991년) 이전의 경찰[237)]

1. 내무부치안국

1948년 8월 15일 대한민국 정부가 수립·선포되면서 미군정 경찰은 종식되고, 대한민국 국립경찰로 새로운 발족을 하게 되었다.

독립 이후의 우리나라의 경찰체제는 정부조직법에 따라, 내무부 소속의 하나의 국(局)으로서 치안국(治安局)을 둘 것을 규정하였는데, 이는 경찰조직이 과도정부의 경무부에서 국(局)으로 격하된 것을 의미한다.

2. 치안본부

1) 독립이후 부(部)에서 국(局)으로 격하된 우리나라 경찰은 그 후 1975년「치안국」이「치안본부」[238)]로 개편된 후에도, 이러한 국(局)체제는 1991년 경찰청이 내무부의 외청으로 독립될 때까지 유지되었다. 이와 같이 중앙경찰조직은 독립이후 40년 이상 관청으로서의 지위도 없이 내무부의 일개 보조기관에 지나지 않았다. 또한 중앙경찰이 내무부의 보조기관이었던 것과 비슷하게, 지방경찰 또한 시도지사의 보조기관이었다. 다만 경찰서 혹은 경찰서장은 우리나라에서 1948년 독립후부터 1991년까지 유일하게 행정관청으로서의 지위를 가지고 있었다.

2) 경찰관계법령으로서는 1953년 12월 14일 법률 제299호로「경찰관 직무집행법」

237) 경찰사적 측면에서 현대의 경찰시대 구분을 어떻게 나눌 것인가? 하는 명제에 대하여 여러 가지 이론이 제기되고 있다. 본서에서는 1991년의 경찰법 제정을 기준으로 독립이후에서 경찰법 제정 이전까지의 경찰과 1991년 경찰법 제정 이후로 구별하여 설명하였다.

238) 여기서「부(部)와 국(局)」은 중요한 차이가 있다. 부(部)는「관청」의 지위를 가지는 반면, 국(局)은 그렇지 못하다.「관청」이라 함은 국가의사를 결정하여 외부에 표시할 수 있는 권한을 가진 기관을 뜻하며, 경찰행정법상 미군정 시기까지 경찰행정을 지휘했던「경무부」는「관청」이라 할 수 있다. 반면 1948년부터 1991년까지 우리나라의 치안을 담당했던「치안국」혹은「치안본부」는 독립적으로 국가의사를 결정할 권한이 없는 관청의 보조기관에 불과했다.

이 제정되었는데, 이 법은 특히 제1조에 "국민의 생명 · 신체 · 재산의 보호"를 규정함으로써 영미법적 사고를 반영하고 있다. 또한 1969년에는 경찰공무원법이 처음으로 제정되어 그동안 국가공무원법에 의거하던 경찰공무원을 특별법에 의하여 적용하기 시작했다.

3. 정부수립에서 경찰법제정시기 전까지의 경찰의 특징

이 시기에는 1) 국가경찰체제로서 중앙경찰과 지방경찰로 조직을 갖추었다는 것이며, 2) 경찰관계법령이 제정되었으며, 3) 전투경찰적 성격을 띤 경찰업무의 비중이 높았다는 점을 들 수 있겠다.

Ⅱ. 경찰법 제정 이후의 경찰(경찰청 시대)

1. 보조기관에서 독립된 관청으로 승격

우리나라 현대 경찰사에서 1991년 제정된 경찰법이 갖는 의의는 상당히 크다고 볼 수 있다. 그 이유는 우리 경찰의 조직과 위상에 근본적인 변화를 가져왔기 때문이다. 「경찰법」[239]의 제정으로 종래 내무부의 보조기관이었던 치안본부가 내무부의 외청으로 승격되었고, 지방경찰도 시도지사의 보조기관에서 독립된 관청으로 승격되었다. 경찰법 제정 이전에 경찰관청으로 경찰서장이 유일하였다. 그러나 경찰법 제정 이후 경찰업무를 수행하는 경찰관청은 경찰청장, 지방경찰청장, 경찰서장이다.

2. 경찰위원회 도입

내무부에 경찰위원회를 도입함으로써 민주적 통제와 정치적 중립을 구현하기 위한 시스템을 구축하였다. 정부는 1998년 2월 종래의 내무부와 총무처를 합쳐 하나의 행정기관으로 통합하면서 그 명칭을 행정자치부로 하고, 그 후 행정안전부(2008) → 안전행정부(2013) → 행정자치부(2014.11.19)로 다시 복원이 되었다. 이에 따라 경찰도 행정자치부의 외청으로 전환되었으나, 업무내용에는 변함이 없다.

---

239) 「경찰법」의 제정(1991년 7월 31일 시행)은 그동안 각종 법률과 시행령에 산재하고 있던 경찰조직에 관한 사항들을 하나의 법체계로 정비하였다는 법제도사적 의의가 있다. 더불어 경찰조직의 숙원인 독립성 확보문제를 부분적으로나마 해결하였다는데 실질적 의의가 있다고 하겠다.

제4편

경찰행정법

제 1 장

경찰행정법의 기초이론

제 1 절 경찰행정법의 의의 및 특색

Ⅰ. 경찰행정법의 의의

경찰행정법이란 경찰의 조직 · 작용 · 구제에 관한 국내 공법을 말한다.[1] 경찰행정법은 그 형식상 통일된 단일법전이 없고, 무수히 많은 개별법규로 형성되어 있다.

1. 경찰행정법은 경찰행정에 관한 법이다

경찰행정법은 경찰의 조직 · 작용 · 구제에 관한 법이다. 따라서 경찰행정법은 국가의 기본조직과 작용에 관한 「헌법」과 구별되고, 입법권의 조직과 작용에 관한 법인 입법법(「국회법」등), 사법권(司法權)의 조직과 작용에 관한 법인 사법법(「법원조직법」)등과도 구별된다.

---

1) 현행 「경찰법」은 경찰의 조직과 작용에 관하여 명실상부하게 기본법으로서 제구실을 다하지 못하고 있다는 지적이 있다. 경찰기본법으로 역할과 기능을 다하기 위해서는 경찰조직과 경찰작용 그리고 경찰구제에 관한 내용이 구체적으로 규정되어 있어야 한다. 그럼에도 불구하고 현행 「경찰법」은 경찰조직에 관한 내용이 단편적으로 구성되어 있을 뿐 경찰작용과 경찰강제, 경찰작용으로 인한 손해전보(損害塡補) 등에 관한 내용이 구체적으로 갖추어져 있지 않고 있다는 점이다. 따라서 경찰통합법 제정의 필요성이 제기되고 있다.

2. 경찰행정법은 경찰행정에 관한 공법(公法)이다

경찰행정법은 경찰행정에 관한 모든 법이 아니라, 경찰행정에 고유한 공법만을 말한다. 경찰기관도 때로는 사인(私人)과 같은 지위에서 행위를 할 때가 있으며, 이러한 경우에는 경찰기관도 사인(私人)과 같이 사법(私法)의 적용을 받음이 원칙이다. 예컨대, 경찰관청의 물품구입 · 수표발행 · 공사도급계약 등은 사법(私法)의 적용을 받는다.

3. 경찰행정법은 경찰행정에 관한 국내 공법이다

경찰행정법은 경찰행정에 관한 국내법인 점에서 국제법과 구별되나, 일정한 한도 안에서는 국제법도 경찰행정법의 일부를 구성한다. 즉 우리 「헌법」은 "헌법에 의하여 체결 · 공포된 조약과 일반적으로 승인된 국제법규는 국내법과 같은 효력을 가진다."고 규정하고 있다. 따라서 이러한 요건을 충족하는 국제조약 · 국제법규로서 경찰행정에 관한 것은 경찰행정법의 일부를 구성하게 된다.

Ⅱ. 경찰행정법의 특색

경찰행정법은 통일된 법전이 없이 무수한 개별법규[2])로 형성되어 있다.

1. 형식상의 특색

1) 성문성

경찰행정법은 국민의 권리 · 의무에 관한 사항을 일방적으로 규율하기 때문에, 국민의 법적 안정성과 예측가능성을 도모하기 위하여 다른 법 분야의 경우보다는 성문법주의가 강하게 나타난다.

---

2) 경찰청 소관 법령을 살펴보면 법률, 대통령령, 부령(部令)등의 개별법규로 산재해 있다.
- 법률로는 「경범죄처벌법」, 「경찰공무원법」, 「경찰관직무집행법」, 「경찰법」, 「총포 · 도검 · 화약류등단속법」, 「집회 및 시위에 관한 법률」, 「화염병사용 등의 처벌에 관한 법률」 등이 있다.
- 대통령령으로는 「경범죄처벌법 시행령」, 「경찰공무원임용령」, 「경찰공무원승진임용규정」 등이 있다.
- 부령(部令)으로는 「경범죄처벌법 시행규칙」, 「경찰병원 수가규정」, 「경찰복제에 관한 규칙」, 「참고인등 비용지급 규칙」 등이 있다.

2) 다양성

경찰행정법은 단일법전 및 통칙적 규정이 없다. 따라서 법률·명령·훈령 등 다양한 형식으로 존재하는 것이 특색이다.

2. 성질상의 특색

1) 획일성 · 강행성

경찰행정법은 경찰목적을 달성하기 위하여 개인의 의사를 불문하고 다수인을 상대로 획일성 있게 규율하고 이를 강행하는 것이 원칙이다. 또한 법규가 경찰관청에 재량을 인정하는 경우에도 그것은 법규에서 인정하는 테두리 안에서 합목적성의 판단에 지나지 않는 것이므로, 자유재량도 법규의 강행성의 예외라고 볼 수 없다.[3)]

2) 기술성 · 수단성

경찰행정법은 경찰목적을 능률적·합리적으로 수행하기 위하여 기술적·수단적 성질을 가지므로, 「헌법」처럼 민감하지는 않다.[4)]

3) 명령성

경찰행정법은 강행법이지만 강행법 중에서 효력규정보다 명령규정을 원칙으로 한다. 경찰행정법은 국민에게 의무를 명하는 명령규정(단속규정)을 원칙으로 하고, 법률상 능력의 형성에 관한 능력규정(효력규정)은 예외로 한다.

3. 내용상의 특색

1) 행정주체의 우월성

경찰행정법은 경찰작용의 실효성을 확보하기 위해 행정주체가 우월적인 지위에서 국민에 대하여 명령·강제하는 법률관계를 규율한다. 이러한 우월성으로부터 지배권(명령권, 형성권)·공정력·강제력·확정력 등이 인정된다.

---

3) 경찰관청에게 재량을 인정하는 경우에도 재량권의 한계를 벗어난 행위는 위법이 되고, 법이 인정하는 범위를 넘어선 재량은 허용되지 않는다.

4) 독일 「행정법」의 아버지 오토 마이어(O. Mayer)는 "헌법은 변하나 행정법은 변하지 않는다"고 하였다. 이는 혁명과 같은 정치적 변동이 있을 때에도 「행정법」은 「헌법」처럼 민감하게 변경되지 않는다는 뜻이다. 즉, 정치적 면역성이 있음을 의미한다.

2) 공익우선성

경찰행정법은 대부분 공익목적달성을 우선적으로 고려하여 규정된 법이기 때문에, 일반 사법(私法)과는 다른 특별규정을 두는 경우가 많다.

3) 집단성 · 평등성

경찰행정법은 일반적으로 많은 사람을 그 규율대상으로 삼는다는 점에서 집단성과 평등성을 갖는다.

Ⅲ. 경찰행정법의 구성

경찰행정법은 경찰의 조직과 작용 및 구제에 관한 국내공법을 말한다. 따라서 경찰행정법은 경찰조직법과 경찰작용법 그리고 경찰구제법으로 구성된다.

1. 경찰조직법

경찰조직법은 경찰행정을 운영하는 조직이나 기구에 관한 법률규범의 총체이다. 경찰조직법은 조직구성에 관한 규정 외에도 경찰관의 임용 · 변경 · 소멸의 관계를 규정함으로써 경찰공무원이 국민으로서 지니는 기본 권리도 규정하고 있다. 경찰의 조직에 관한 기본법은 경찰법[5]이다.

2. 경찰작용법

경찰작용법은 경찰행정 혹은 경찰조직이 실시해야 할 행정의 내용을 구체적으로 정한 법률규범의 총체로서, 경찰행정상의 법률관계의 성립 · 변경 · 소멸에 관련된 모든 법규를 말한다. 즉, 경찰의 직무 · 경찰권 발동의 근거와 한계 · 경찰책임 · 경찰처분 · 경찰강제 등을 규정하고 있다.

---

5) 경찰법은 1991년 5월 31일 법률 제4369호로 공포되고 7월 1일부터 시행되어 경찰의 조직에 관한 기본법을 갖게 되었다. 이 경찰법 제정으로 치안본부에서 내무부의 외청으로 승격되었고, 지방경찰도 시 · 도 지사의 보조기관에서 독립된 관청으로 승격되었다. 1998년 2월 내무부가 총무처와 합쳐 행정자치부로 바뀌면서 행정자치부의 외청으로 되었다가, 현재 행정안전부의 외청으로 전환되었다.

3. 경찰구제법

경찰구제법은 경찰조직법과 경찰작용법과는 달리 경찰만을 위한 특수한 법률이 존재하지 않고, 행정구제법의 원리를 원용하고 있다. 경찰구제법은 사전구제와 사후구제로 나눌 수 있다.

1) 사전구제란 위법한 경찰활동이 발생하여 국민의 권리를 침해하기 이전에 위법한 경찰활동이 발생할 법적인 가능성을 원천적으로 봉쇄하는 것이다.

2) 사후구제는 위법한 경찰활동에 의해 국민의 권리침해가 발생한 경우, 이미 침해당한 권리에 대한 보상을 가능하게 하는 것이다. 사후구제를 규정하는 법률로는 행정소송법 · 손해배상법 · 국가배상법 등이 있다.

제 2 절 경찰과 법적 토대

1. 경찰과 법치행정

1) 법치행정의 의의

법치주의란 '사람의 지배'가 아닌 '법의 지배'를 의미하는 것으로, 국민의 의사를 대표하는 의회가 제정한 법률에 의하여 국가권력이 행사되어야 한다는 사상이다. 특히 법치주의가 행정의 측면에 적용될 때 이를 법치행정이라 한다. 따라서 경찰행정은 반드시 국회에서 제정한 법률에 따라야 한다.

2) 법치행정의 원칙의 특징

법은 경찰관을 국가에 대하여 구속받게 할 뿐만 아니라, 국민에 대한 관계에서도 구속하게 하는 쌍면적 구속력을 특징으로 한다. 따라서 경찰은 국가와 국민 모두에게 법을 준수해야 할 책임을 진다.

2. 법치행정의 원칙과 경찰활동과의 관계

법치행정의 원칙은 경찰의 경찰작용이 법률에 의해 구속되어야 한다는 것을 의미하는데, 경찰행정활동은 다음 세 가지 차원에서 법에 구속된다.

1) 조직규범

모든 경찰기관의 활동은 '조직규범'으로서의 법률에 정해진 권한의 범위 내에서 행해져야 한다. 국가경찰의 임무를 규정하고 있는 경찰법 제3조에 따르면 "국가경찰은 ① 국민의 생명·신체 및 재산의 보호, ② 범죄의 예방·진압 및 수사, ③ 경비·요인경호 및 간첩작전의 수행, ④ 치안정보의 수집·작성 및 배포, ⑤ 교통의 단속과 위해의 방지, ⑥ 외국 정부기관 및 국제기구와의 국제협력, ⑦ 기타 공공의 안녕과 질서유지를 그 임무로 한다"고 규정하고 있다. 따라서 조직규범인 경찰법 제3조가 한정한 범위를 벗어난 행위를 하는 경우에는 그것을 직무행위로 볼 수 없으며, 그 행위의 책임은 국가에 귀속되지 않고 해당 경찰관에 있게 된다. 경찰관의 행위는 조직법에 근거가 있을 때, 비로소 경찰기관의 행위가 되며 경찰작용으로 인정되는 것이다.

2) 제약규범

어떠한 경찰활동도 경찰의 활동을 제약하는 법률의 규정에 위반해서는 안 된다. 이를 '제약규범(制約規範)'이라고 한다. 이 원칙은 법률우위의 원칙이라 말하기도 하며 모든 경찰활동에 적용된다. 즉, 경찰관은 어떠한 경우에도 국민에 대해서 법률의 취지에 저촉되는 명령을 해서는 안 되며, 경찰조직 내부에서도 법의 취지에 반하는 직무명령을 내려서는 안 된다.

3) 수권규범(법률유보의 원칙)

(1) 경찰관청은 국민의 권리·임무와 관계된 모든 작용에 있어서 법률에 따라야 하며, 특히 국민의 권리를 제한하는 행정행위(경찰처분)는 일정한 요건이 성립될 때만 허용하고 있다. 따라서 '조직규범'과 '제약규범'만으로 법과 경찰활동을 모두 설명할 수 없으며, 법률에 일정한 행위를 일정한 요건 하에 수행하도록 수권(授權)하는 '근거규범 혹은 수권규범'이 존재하여야 한다.

(2) 이 원칙의 요지는 수권규범 혹은 근거규범이 없으면 경찰기관은 자기의 판단에 따라 독창적 행위를 할 수 없다는 것을 말한다. 이것을 달리 '법률유보의 원칙'이라고 하는데, 경찰기관은 '법률의 유보(法律의 留保)'가 없는 행위를 해서는 안

된다는 것을 의미하는 것이다.

제 3 절 경찰행정법의 법원(警察行政法의 法源)

Ⅰ. 개설

1. 의의

1) 경찰행정법의 법원(法源)이라 함은 경찰행정권의 조직과 작용에 관한 법의 존재형식을 말한다. 이러한 법원에는 법조문(法條文)의 형식으로 정립한 성문법원(成文法源)과 관습법처럼 문서로서는 나타나 있지 아니한 불문법원(不文法源)이 있다.

2) 경찰행정법 분야에 있어서는 사법(私法)분야와는 달리 성문법이 차지하는 비중이 특히 크다. 왜냐하면 경찰권의 발동은 국민의 기본권과 깊은 관련이 있기 때문에 국민에게 예측가능성을 보장할 필요성이 있다. 그리고 경찰권 발동에는 민주적 정당성이 요청되므로, 반드시 국민대표기관인 국회에서 정립한 법률의 근거가 요구되고 있기 때문이다.

2. 보충법으로서 불문법

대륙법계 국가는 성문법을 원칙으로 하고, 영미법계 국가에서는 불문법을 원칙으로 한다. 그러나 복잡하고 다양한 경찰행정법의 영역에 성문법을 제정하여 완벽하게 규율한다는 것은 법 기술상으로나 인간능력의 한계 때문에 거의 불가능에 가깝다. 따라서 부득이 관습법 · 판례법 · 조리 등의 불문법으로 이를 보충할 수밖에 없게 된다.

Ⅱ. 성문법원(成文法源)

경찰행정법은 성문법주의를 원칙으로 하고 있다. 이들 성문법 상호간에는 상하우월

관계 · 신법우선관계 · 특별법 우선 등의 원리가 적용되는 체계적 구조를 취하고 있다.

1. 헌법

1) 「헌법」은 국가의 기본조직과 작용을 규율하는 근본법이며 최고법이다. 「헌법」상 행정조직 · 작용 · 구제에 관한 규정은 경찰행정법 중에서도 가장 기본적인 법원(法源)이 되고, 모든 법원(法源)에 우선한다.

2) 헌법 제96조(행정조직법정주의) · 헌법 제37조 제2항(국민의 자유 · 권리제한) · 신체구속의 영장주의 · 무죄추정의 원칙(제12조) · 국회의원의 회기 중 불체포특권(제44조)의 규정은 경찰행정법 중에서도 가장 기본적인 법원이며 대표적인 것이다.

2. 법률

1) 법률은 의회의 의결에 의하여 제정되는 법 형식을 말한다. 따라서 국민의 권리와 의무에 관계되는 국가의 일체 법규는 법률에 의하여 정해진다. 경찰권 발동의 근거도 모두 법률에 근거를 두어야 하기 때문에, 법률은 행정상의 법률관계에 있어 가장 중심적인 법원(法源)이다. 법률은 경찰행정상의 법률관계에 있어 가장 핵심적인 법원이며, 법률의 수권 없이 경찰기관은 국민에 대하여 명령 · 강제할 수 없다(법률유보의 원칙).[6]

2) 형식적 의미의 법률은 아니지만, 법률과 같은 효력을 갖는 대통령의 긴급명령, 긴급재정 · 경제명령 등도 행정법의 법원이 된다.

3. 조약 · 국제법규

1) 의의

조약이란 문서에 의해 이루어지는 국가 간의 약속을 말하며, 일반적으로 승인된 국제법규는 조약으로 체결된 것은 아니나 국제사회에서 일반적인 구속력을 갖고 있는 법규정을 말한다. 우리 「헌법」은 "헌법에 의하여 체결 · 공포된 조약과 일반적으로 승인된 국제법규는 국내법과 동일한 효력을 갖는다."고 규정하고 있다(제6조 제

6) 김형중, 『경찰행정법』, 경찰공제회, 2008, p. 43.

1항).

2) 효력

(1) 국회의 동의를 얻은 조약과 일반적으로 승인된 국제법규는 국내법과 동일한 효력을 가진다.

(2) 입법사항에 관한 조약 및 국제법규는 원칙적으로 법률 또는 명령(정부간의 행정협정의 경우)과 동등한 효력을 갖는다는 것이 지배적 견해이다.

(3) 조약이 국내법적 효력을 갖기 위해서 별도의 시행법률이 필요한가에 대해서는 필요없다는 일원설과 별도의 시행법률(변형절차)이 필요하다는 이원설의 견해대립이 있다. 국제법은 별도의 국내법으로 제정·수용하지 않더라도 행정법의 법원이 된다고 보는 일원론이 통설이다.

4. 명령

국회가 제정하는 법을 법률이라고 부르는데 대하여, 행정권에 의하여 제정되는 법을 총칭해서 명령이라고 부른다. 이에는 법규명령과 행정규칙이 있다. 명령도 경찰활동과 관련하여 구체적인 규정을 포함하고 있다면 당연히 경찰활동의 법원이 된다.

1) 법규명령

(1) 의의

법규명령이란 행정권이 정립하는 일반적·추상적 규정으로서 국민의 권리·의무에 관한 사항을 규율하고 국가와 국민 모두에게 구속력을 가지는 명령이다. 법규명령은 행정법의 법원이 된다.

(2) 종류

① "법규의 성질을 갖는 명령을 의미하며, 대통령령·총리령·부령[7]·중앙선거관리위원회규칙·국회규칙·대법원규칙·헌법재판소규칙이 이에 속한다. 이들 명령은 헌법에서 인정한 것이다.

② 명령 중에서 감사원규칙·노동위원회규칙 등은 헌법이 아닌 법률에서 인정한

---

7) 대통령의 긴급재정·경제명령과 긴급명령은 법률적 효력을 가지며, 대통령령은 총리령과 각 부령에 우선한다. 그리고 총리령과 부령(部令)은 학설의 다툼이 있다.

것이다. 여기서 「규칙」이라는 명칭은 일반적으로 제정기관이 다소 독립적이고 중립적인 기관으로, 행정권으로부터 독립하여 제정되는 명령에 붙여진다.

2) 행정규칙

(1) 행정규칙은 행정조직 내부 또는 특별권력관계 내부의 조직과 활동을 규율하기 위하여 행정권이 정립하는 일반적, 추상적 규정으로 행정기관 내부에서만 효력을 가질 뿐 일반 국민을 구속하는 효력이 없다. 행정규칙은 행정명령이라고도 한다.

(2) 행정규칙은 법원이 아니라는 견해도 있으나, 행정사무처리의 기준이 된다는 의미에서 「법원성」을 인정하는 견해가 다수설이다.[8)]

5. 자치법규(조례 · 규칙)

1) 의의

자치법규란 지방자치단체가 자치입법권에 의하여 법령의 범위 내에서 제정하는 자치에 관한 법규를 말한다.

2) 종류

(1) 자치법규에는 지방의회가 제정하는 조례, (2) 지방자치단체의 집행기관이 제정하는 규칙, (3) 집행기관인 교육감이 제정하는 교육조례 · 교육규칙 등이 있다.

2) 효력

자치법규는 당해 지방자치단체의 구역안에서만 효력을 가지며, 상위법령에 위반되는 경우에는 그 효력이 없다. 예컨대 지방자치단체가 제정한 조례가 국회의 동의를 얻어 공포시행된 조약을 위반한 경우에는 그 효력이 없다.

Ⅲ. 불문법원(不文法源)

행정법의 법원은 성문법주의를 취하는 것이 원칙이지만, 성문법이 정비되지 않는 분야에 대하여서는 불문법도 보충법원이 된다.

---

8) 홍정선, 『행정법특강』, 박영사, 2009, p. 32; 박균성 · 김재광, 『경찰행정법』, 박영사, 2016, p. 20.

1. 관습법

1) 의의

관습법이란 국민의 전부 또는 일부 사이에 다년간 계속하여 같은 사실이 관행(慣行)으로 반복되고, 그 관행이 국민 일반의 법적 확신을 얻음으로써 성립하는 법규범을 말한다.

2) 법원성

행정관습법과 관련하여 법원성을 인정할 것인가에 대해 학설의 대립이 있으나, 행정관습법의 법원성을 인정하는 것이 통설과 판례의 태도이다.

3) 성립요건

행정법이 법원으로서의 관습법이 성립하기 위해서는 국가의 승인이 필요한가에 대해서는 견해의 다툼이 있으나, 국가의 승인을 필요로 하지 않는다는 「법적확신설(국가승인불요설)」이 통설 · 판례의 입장이다.

4) 종류

(1) 행정선례법

① 행정선례법(行政先例法)은 행정청이 취급한 선례가 반복됨으로써 성립되는 관습법이다. 예컨대, 대통령의 특별선언 형식 · 지방경찰청의 문의에 대한 경찰청의 회답 · 행정 각부의 결정선례 · 훈령 · 고시(告示)에 대한 선례 등에 대하여 행정기관이 반복하여 사무 처리를 한 경우, 그 사무 처리는 나중에 사무 처리를 하는 선례(先例)가 되어 법적 확신을 얻게 됨으로 행정선례법이 된다(행정절차법 제4조 제2항). 따라서 경찰행정기관이 수년간에 걸쳐 취급한 경찰행정선례가 관행화하여 그것이 국민 사이에 법으로서 믿어지는 법적 확신이 얻어지는 경우에는 경찰행정기관은 이에 구속된다.

② 실정법은 행정선례법의 존재를 명문으로 인정하고 있다(행정절차법 제14조 2항의 신의성실 및 신뢰보호 · 국세기본법 제18조3항의 세법해석의 기준 및 소급과세의 금지).

5) 효력

관습법이 성문법규를 개폐할 수 있는가에 대해서는 견해의 대립이 있으나, 관습법은 성문법을 개폐하는 효력을 갖지 못한다는 「보충적 효력설」이 통설 · 판례의 입장이다(대판 1983.6.14, 80다 3231).

(2) 민중적 관습법

민중적 관습법은 민중 사이에 공법관계(公法關係)에 관한 일정한 관행이 다년간 계속됨으로써 성립하게 된 관습법을 말한다. 예컨대, 입어권 등이 그 예이며, 주로 공물 · 공수의 사용관계에 관하여 성립한다.

2. 판례법(判例法)

1) 의의

법원의 판결은 직접적으로 개별적 분쟁을 해결하기 위한 것이지, 일반적으로 통용하는 법을 정립하는 것은 아니다. 그러나 동일내용의 법원 판결이 반복되면 판결된 내용이 법으로서 승인되기에 이르는 경우가 있는데, 이것이 판례법이다.

2) 판례의 법원성

(1) 외국의 입법례

불문법주의를 취하고 있는 영미법계에서는 판례의 법원성을 인정한다. 따라서 유사사건에서 상급심의 판결은 하급심을 구속한다. 반면 성문법주의를 취하고 있는 대륙법계에서는 판례구속성의 원칙이 인정되지 않는다. 따라서 판례의 법원성은 부인된다.

(2) 우리나라

① 대법원

대법원 판례가 법원성을 갖는가에 대해서는 견해의 대립이 있으나, 현실적 · 사실적으로 사실상의 구속력을 무시할 수 없으므로, 대법원의 판결은 행정법의 보충적인 법원으로서의 성격을 갖는다고 본다(제한적 긍정설).

② 헌법재판소

헌법재판소의 판례가 법원성이 있는가에 대해서는 학설상의 다툼이 있으나, 헌법재판소의 위헌결정은 모든 국가기관을 구속하는 점에서 법원성을 갖는다.

3. 행정법상의 일반원칙 또는 조리

1) 의의

일반적으로 정의에 합치하는 보편적인 원리로 인정되어 있는 제원칙을 조리라고 부르고 법으로 취급되어 왔다. 최근에는 종래 조리로 보아온 것을 법의 일반원칙 또는 행정법의 일반원칙으로 부르는 경향이 일반적이다.

2) 최후의 보충적 법원

① 행정법상의 일반원칙 또는 조리는 최후의 보충적 법원에 해당된다. 따라서 구체적인 경찰행정법상의 관계에 있어서 성문법이나 관습법 내지는 판례법이 모두 없는 경우에 적용되는 최후의 보충적 법원으로서의 기능을 수행한다. 즉 조리는 불문법원으로서 실정법적 근거가 없어도 법원으로 인정된다.

② 행정법의 일반원칙은 헌법으로부터 도출되는 헌법적 효력을 가지는 원칙으로서, 「평등의 원칙」, 「행정의 자기구속의 원칙」, 「비례의 원칙」, 「신뢰보호의 원칙」 등을 들 수 있다.

③ 행정법의 일반원칙은 다른 법원과의 관계에서 보충적 역할에 그치지 않으며, 「헌법적 효력」을 갖기도 한다.

제 2 장

경찰조직법

제 1 절 경찰조직의 기초개념

Ⅰ. 경찰조직법의 개념

경찰조직법은 경찰조직에 관하여 규정한 법이며, 경찰의 조직에 관한 기본법은 경찰법이다. 국가행정조직에 관한 기본법인 정부조직법에 의하면 치안에 관한 사무를 관장하기 위하여 경찰청을 두고, 경찰청의 조직·직무범위 기타 필요한 사항은 따로 법률로 정하도록 되어 있다(정부조직법 제32조). 따라서 이에 근거하여 경찰에 그 존립의 근거를 부여하고, 경찰이 설치할 기관의 명칭·권한·관청상호간의 관계·경찰관청의 임면·신분·직무 등에 대해서 규정하고 있는 것이 경찰조직법이며, 그 기본 법률이 바로 경찰법이다.

Ⅱ. 경찰행정법 관계의 당사자

경찰행정법관계의 당사자라 함은 경찰행정법 관계에 있어서의 권리·의무의 주체를 말한다. 이에는 경찰행정주체와 경찰행정객체가 있다.

1. 경찰행정주체

1) 의의

경찰행정주체라 함은 행정을 행할 권리와 의무를 가지며, 자기의 이름과 책임하에 행정을 실시하는 단체나 법인을 말한다. 행정주체는 그 행정기관을 통하여 행정사무를 집행한다. 따라서 경찰행정기관의 지위에 있는 경찰공무원의 행위는 경찰행정권의 실제적인 행사에 해당하지만, 그 법적 효과는 경찰공무원 개인이 아니라 국가 또는 공공단체 등 행정주체에 귀속하게 된다.

2) 국가 또는 지방자치단체

현행 경찰법은 국가 경찰제도를 채택하고 있기 때문에, 경찰조직의 경우에는 국가만이 경찰행정의 주체가 될 수 있다. 그러나 자치경찰제를 실시하게 될 경우에는 지방자치단체도 당연히 행정주체가 된다.[1)]

2. 경찰상 행정객체

행정객체란 행정주체의 상대방으로서 행정작용(경찰작용)의 상대방이 되는 자를 말하며, 국가가 행정객체가 되는 경우는 없다. 이에는 자연인(내국인 · 외국인), 법인(공법인 · 사법인) 등이 있다.

제 2 절 경찰조직의 유형

Ⅰ. 경찰행정기관

1. 의의

경찰행정은 경찰행정주체가 자기 이름과 책임하에 실시한다. 그러나 경찰행정의

1) 2006년 7월 1일부터 제주특별자치도에서 자치경찰제도가 시행되고 있다. 따라서 제주특별자치도는 국가경찰인 제주지방경찰청 소속의 경찰관 외에 자치경찰인 자치경찰단을 두게 됨으로써 2원적 경찰제도를 갖게 되었다. 따라서 제주특별자치도는 당연히 경찰행정주체가 된다.

주체인 국가는 추상적 개념이고 추상적 존재이기 때문에, 경찰행정의 업무는 구체적 행위자에 의해 대행되어야 한다. 따라서 국가인 행정주체를 대행하여 실제 그 직무를 수행하는 경찰기관을 경찰행정기관이라 한다.

2. 경찰행정기관

1) 경찰행정기관이라 함은 경찰행정주체의 의사를 결정하고 외부에 표시하는 기관 및 그 결정을 집행하거나 조력하는 기관을 말한다. 즉, 경찰행정기관은 국가의 경찰사무를 담당하는 기관이다.

2) 경찰행정기관에는 법률에 의하여 일정범위의 권한과 책임이 주어지며, 경찰행정기관이 그 권한의 범위 내에서 행하는 행위의 효과는 법률상 오로지 행정주체인 국가에 귀속한다. 따라서 경찰행정기관이 국가의 대행자로서 소관사무의 범위내에서 위법행위를 저질렀을 경우에 손해배상의 책임은 1차적으로 국가가 지게 된다.

2. 경찰행정기관의 분류

현행의 경찰행정기관은 통상적으로 보통경찰기관과 특별경찰기관으로 구분할 수 있고, 특별경찰기관은 협의의 행정경찰기관과 비상경찰기관으로 나눌 수 있다.

Ⅱ. 보통경찰기관

보통경찰기관이란 보안경찰작용, 즉 타행정작용과 직접 관련 없이 그 자체 공공의 안전과 질서유지를 위한 경찰작용을 주된 관장사무로 하는 경찰기관을 말한다. 보통경찰기관은 그의 권한 및 기능에 따라 경찰행정관청·경찰의결기관·경찰협의기관·경찰집행기관으로 나눌 수 있다.

1. 경찰행정관청(보통경찰관청)

경찰사무 일반에 관한 국가의 의사를 결정하여 외부에 표시하는 권한을 가진 경찰행정기관을 말한다. 경찰행정관청은 경찰청장을 최상급의 기관으로 하여 지방경찰청장과 경찰서장으로 구성되는 계층제를 형성하고 있다. 경찰행정과 관련하여 행정책임은 최상급의 경찰관청인 경찰청장에게 귀속된다.

1) 경찰청장

치안에 관한 사무를 관장하게 하기 위하여 행정자치부장관 소속하에 경찰청을 둔다. 경찰청장은 치안총감으로 보하며, 경찰위원회의 동의를 얻어 행정자치부장관의 제청으로 국무총리를 거쳐 대통령이 임명한다. 이 경우 국회의 인사청문을 거쳐야 한다(「경찰법」제11조).

2) 지방경찰청장

경찰청의 사무를 지역적으로 분담·수행하기 위하여 시장·도지사 소속하에 지방경찰청을 둔다. 지방경찰청장은 시장·도지사 소속하에 있지만 시장·도지사의 지휘·감독을 받지 않고, 경찰청장의 지휘·감독을 받아 관할구역 안의 경찰사무를 관장하고 소속공무원 및 소속기관의 장을 지휘·감독한다.

3) 경찰서장

지방경찰청 소속하에 경찰서를 두며 경찰서에는 경찰서장을 둔다. 경찰서장은 경무관·총경 또는 경정으로 보하며, 지방경찰청장의 지휘감독을 받아 관내 경찰업무를 관장한다. 경찰서장 소속하에 지구대 또는 파출소를 두며 필요한 경우에 출장소를 둘 수 있다. 지구대장 또는 파출소장 등의 지역경찰관서장은 경찰행정관청이 아니고 보조기관에 속한다.

2. 해양보통경찰관청

해양경찰은 1996년 경찰청 소속에서 해양수산부의 외청인 해양경찰청으로 독립하였고, 그 후 국토해양부→해양수산부 소속으로 변경되는 일련의 과정을 거치면서 2014년 11월 19일에 국민안전처 산하기관인 해양경비안전본부로 개편되었다.

1) 해양경비안전본부장

해양에서의 경비·안전·오염방제 및 해상에서 발생한 사건의 수사에 관한 사무를 관장한다. 해양경비안전본부장은 치안총감인 경찰공무원으로 보하고, 해양경비안전본부장 밑에 해양경비조정관 1명(치안정감)과 해양경비안전국·해양오염방제국·

해양장비기술국을 둔다.

2) 지방해양경비안전본부

국민안전처장관의 소관사무를 분장하기 위하여 국민안전처장관 소속으로 지방경비안전본부를 둔다. 지방해양경비안전본부는 관할해양에서의 해양경비·안전·오염방제 및 해상에서 발생한 사건의 수사에 관한 사무를 수행한다.

3) 해양경비안전서

지방해양경비안전본부장 소속으로 해양경비안전서를 두고, 해양경비안전서에는 서장 1명을 두되, 서장은 총경으로 보한다.

4) 해양경찰안전본부의 성격

해양경비안전본부는 경찰청과 마찬가지로 보통경찰관청의 하나라고 보아야 한다. 왜냐하면 경찰청이 육상에서의 모든 경찰사무를 관장하는 것과 마찬가지로 소속만 다를 뿐 해양에서의 모든 경찰사무를 담당하고, 그 구성원도 경찰청의 구성원과 동일한 경찰공무원법에 따른 경찰공무원이기 때문이다.

3. 경찰의결기관(경찰위원회) 및 경찰협의기관(치안행정협의회)

1) 경찰위원회

경찰위원회는 경찰행정에 관한 중요사항을 심의·의결하기 위하여 행정자치부에 설치된 합의제 의결기관이다.

(1) 위원회 구성

경찰위원회는 행정자치부 장관의 제청으로 국무총리를 거쳐 대통령이 임명하는 7인의 위원으로 구성되며, 위원장 및 5인의 위원은 비상임, 1인은 상임위원으로 정무직 차관급이다. 위원의 임기는 3년으로 하며 연임할 수 없다.

(2) 위원회의 임무와 권한

위원회는 경찰청장의 임명에 대한 동의권을 가지는 외에, ① 경찰의 인사·예산·장비·통신 등에 관한 주요정책 및 경찰업무 발전에 관한 사항, ② 인권보호와 관련되는 경찰의 운영·개선에 관한 사항, ③ 경찰임무 외의 다른 국가기관으로부터의 업무협조요청에 관한 사항, ④ 기타 행정자치부장관 및 경찰청장이 중요하다고 인정하여 위원회에 부의(附議)한 사항에 대하여 심의하고 의결한다.

2) 치안행정협의회

지방행정과 치안행정의 업무협조 그 밖의 필요한 사항을 협의·조정하기 위하여 시·도지사 소속하에 치안행정협의회를 둔다. 협의회는 부시장 또는 부지사인 위원장과 8인의 위원 등 9인으로 구성되며 매 분기 1회 개최한다. 위원의 임기는 2년이고, 3인의 시·도 공무원, 3인의 경찰공무원, 3인의 지방행정과 치안행정에 관한 학식과 경험이 있는 자를 시·도 경찰청장의 의견을 들어 시·도지사가 위촉한다.

4. 경찰집행기관

1) 의의

경찰집행기관[2]은 소속 경찰관청의 명을 받아 경찰에 관한 국가의사를 사실상 실력으로써 집행하는 기관을 말한다. 경찰작용은 경찰하명이나 경찰허가와 같은 법률행위적 행정행위뿐만 아니라 사실행위도 포함하게 된다. 따라서 경찰기관에는 의사결정기관인 경찰관청 이외에 실력기관인 경칠집행기관이 필요하다(예컨대, 가동대 등).

경찰집행기관은 직무의 일반성 여부에 따라 일반경찰집행기관과 특별 경찰집행기관으로 나눌 수 있다.

1) 일반경찰집행기관

(1) 일반적인 경찰업무를 집행하는 기관으로서 경찰공무원(치안총감·치안정감·치안감·경무관·총경·경정·경감·경위·경사·경장·순경)이 이에 해당한다. 이들 경찰공무원 개개인은 경찰집행기관의 위치에서 경찰의사를 집행한다. 또한 경찰공무원법의 적용을 받는 특정직 국가공무원으로서, 제복을 착용하고 무기를 휴대할 수 있다.

(2) 일반경찰집행기관을 이루는 경찰공무원은 사법경찰(司法警察)에 관한 사무도

---

2) 경찰집행기관은 의사결정기관이 아니라 공권력에 의한 실력행사 등 다양한 수단을 동원하여 경찰의사를 구체적으로 실현하는 의사집행기관이다.

아울러 담당하도록 되어 있다. 이 경우의 경찰기관을 사법경찰관리[3]라고 하며, 이들은 검사의 지휘를 받아 「형사소송법」이 정하는 바에 따라 그 직무를 수행한다.

2) 특별경찰집행기관

특별경찰집행기관은 특정한 분야의 경찰작용에 관한 집행기관을 말하는데, 이에는 소방공무원 · 청원경찰 · 헌병 등이 있다.

Ⅲ. 특별경찰기관

1. 협의의 행정경찰기관

협의의 행정경찰기관이라 함은 경찰이라는 명칭이 붙지 않은 행정기관에 의하여 그 행정분야에서 생길 수 있는 사회공공의 안녕 · 질서에 대한 위해를 예방하고 제거하기 위한 작용을 하는 경찰기관을 말한다(예컨대, 위생경찰 · 건축경찰 · 철도경찰 등). 협의의 행정경찰은 학문상의 개념이며, 제도상으로는 경찰이라고 볼 수 없다.

2. 비상경찰기관

일반경찰조직으로는 치안을 유지할 수 없는 비상사태 발생 시에 병력으로써 공안을 유지할 수밖에 없다. 따라서 군사기관이 당연히 비상경찰기관으로 되며, 이에는 계엄사령관과 위수사령관이 이에 속한다.

1) 계엄사령관

계엄이 선포되면 계엄사령관이 병력으로 해당지역내의 경찰작용을 수행한다. 계엄은 경비계엄과 비상계엄으로 구분한다.

(1) 경비계엄

계엄사령관은 계엄지역내의 「군사」에 관한 행정사무와 사법사무를 관장한다.

3) 경찰집행기관을 이루고 있는 경찰공무원 중 경위에서 경무관까지를 사법경찰관(司法警察官)으로서, 순경에서 경사까지를 사법경찰리(司法警察吏)로서 사법경찰 사무를 담당하도록 되어 있다.

(2) 비상계엄

계엄사령관은 계엄지역내의 모든 행정사무와 사법사무를 관장한다.

2) 위수사령관

위수근무를 행하기 위하여 위수지역에 위수사령관을 둔다. 위수사령관은 재해 또는 비상사태에 즈음하여 지방경찰청장으로부터 병력출동의 요청을 받을 때에는 육군참모총장의 승인을 얻어 이에 응하는데, 이를 출병이라 한다. 이와 같은 위수사령관에 의한 출병은 일반경찰기관의 요청에 의하여 경찰을 응원하는 행정응원의 일종이라 할 수 있다.

Ⅳ. 제주자치도 자치경찰기관

우리나라의 경찰은 국가경찰을 원칙으로 한다. 그러나 이에 대한 예외로서 제주특별자치도에는 도지사 소속하에 자치경찰을 두고 있다.[4)]

1. 자치경찰기구

1) 자치경찰단

자치경찰사무를 처리하기 위하여 제주자치도에 자치경찰단을 두고, 자치경찰단장은 도지사가 임명하며 도지사의 지휘·감독을 받는다. 자치경찰단장은 자치경무관으로 보하되, 다만 도지사가 필요하다고 인정하는 경우에는 개방형직위로 지정하여 운영할 수 있다.[5)]

2) 자치경찰의 의결기관

제주특별자치도 도지사 소속으로 치안행정위원회를 둔다. 치안행정위원회는 (1) 국가경찰과 자치경찰 간 사무분담 및 사무수행에 관한 사항, (2) 자치활동에 관한 목표의 수립 및 평가에 관한 사항, (3) 자치경찰의 운영지원에 관한 사항 등을 심

---

4) 제주도 행정체제 등에 관한 특별법 및 제주특별자치도 설치 및 국제자유도시 조성을 위한 특별법(2006.7.1 시행)의 시행됨에 따라 제주특별자치도에 자치경찰이 설치되었다.

5) 제주특별자치도 설치 및 국제자유도시 조성을 위한 특별법 제107조 제2항 참조.

의 · 의결한다. 치안행정위원회는 위원장 1명과 당연직 위원 2명을 포함한 11명으로 구성되며, 위원장은 당연직 위원이 아닌 위원 중에서 호선한다.

3) 자치경찰집행기관(자치경찰대)

자치경찰단의 자치경찰사무의 집행을 담당하기 위하여 도 조례가 정하는 바에 따라 행정시에 그 업무를 담당할 보조기관(자치경찰대)을 설치한다. 자치경찰대장은 자치경정 또는 자치경감으로 보하되, 도지사가 임명한다.

2. 자치경찰사무

자치경찰의 사무로는 1) 주민의 생활안전운동에 관한 사무, 2) 지역교통활동에 관한 사무, 3) 공공시설 및 지역행사장 등의 지역경비에 관한 사무, 4) 「사법경찰관리의 직무를 행할 자와 그 직무범위에 관한 법률」에서, 자치경찰공무원의 직무로 규정하고 있는 사법경찰관리의 직무 등을 들 수 있다.

제 3 절 경찰관청의 권한

Ⅰ. 경찰관청의 권한

1. 개설

1) 권한의 의의

경찰관청의 권한이란 경찰관청이 법률상 유효하게 국가의사를 결정 · 표시할 수 있는 범위를 말하며, 이를 경찰관청의 관할 또는 직무범위라고도 한다. 경찰관청의 권한의 범위는 일반적으로 당해 경찰관청을 설치하는 근거 법규에 의하여 정하여지므로, 경찰관청 스스로가 이를 변경하지는 못한다.

2) 권리와의 구별

(1) 권한은 권리와 구별되어야 한다. 권리는 자기의 이익을 위하여 타인에게 일정

한 주장을 할 수 있는 법상의 힘으로서 인격주체만이 가질 수 있다. 그러므로 권리는 독립한 인격주체인 국가에 귀속하는 것이지, 국가의 기관에 불과한 경찰관청에 속하지 않는다.

(2) 경찰관청은 단지 국가가 가지는 권리를 행사할 권한을 가질 뿐이다. 따라서 권한행사의 효과도 국가에 귀속하며, 경찰관청 자신에게 귀속하는 것이 아니다.

2. 권한의 한계

경찰관청은 직무범위가 정해져 있으므로 그 직무의 범위 내에서 권한을 행사하여야만 한다. 이것을 경찰관청의 권한의 한계라고 하며, 이 한계를 넘어선 행위는 원칙적으로 무효이다.

1) 사항적 한계

경찰관청은 경찰에 관한 일정한 사무만을 관장할 수 있는데, 이를 사항적 한계 또는 사물관할이라고 한다. 따라서 상급경찰관청은 하급경찰관청의 권한 행사를 지휘·감독할 수는 있으나, 특별한 규정이 없는 한 그것을 대행(代行)할 수는 없다.

2) 지역적 한계

경찰관청의 권한에는 지역적으로 일정한 한계가 있는데, 이를 지역적 한계 또는 토지관할이라고 한다. 그 권한이 전국에 미치는 경우를 중앙경찰관청(예컨대, 경찰청장)이라 하고, 그 권한이 하나의 지방에 한정되는 경우를 지방경찰관청(예컨대, 지방경찰청장, 경찰서장)이라 한다.

3) 대인적 한계

경찰관청의 권한이 영향을 미치는 인적 범위를 말하며 인적 관할이라고 한다. 예컨대, 부산지방경찰청장의 권한은 부산지방경찰청 산하 경찰관에게만 행사될 수 있다.

4) 형식적 한계

경찰관청의 권한행사의 형식에 일정한 한계가 있는 경우가 있는 바, 이를 형식적 한계라고 한다.[6] 예컨대, 경찰청장은 법규명령제정권이 없고, 소관사무에 관한 법규명령을 제정하고자 하는 경우에는 행정자치부장관의 법규명령의 형식(부령)으로 제정할 수밖에 없다. 다만 법령의 구체적 위임을 받은 경우에는 행정규칙의 형식으로 새로운 법규사항을 정할 수 있다(법령보충적 행정규칙).[7]

3. 권한의 효과

1) 일반적 효과

(1) 경찰관청이 소관사무에 관하여 권한을 행사하는 경우에는 그 행위는 국가의 행위로서의 효력을 발생한다. 따라서 행위의 법적 효과는 경찰관청의 구성원인 경찰공무원이 변경되더라도 그 효과는 소멸・변경되지 않는다.

(2) 경찰관청의 행위는 반드시 의사표시를 요소로 하는 법적 행위만이 국가의 행위로서 효력을 발생하는 것은 아니고, 사실행위도 국가적 행위로서의 효과를 발생한다.

2) 위법한 권한행사의 효과

경찰관청이 권한의 한계를 넘어서서 권한을 행사한 때에는 그 권한행사는 위법이 된다. 위법한 권한행사가 경찰처분에 의한 경우에는 그 경찰처분은 하자의 정도에 따라 무효・취소할 수 있는 경찰행정행위로 구분된다.

Ⅱ. 경찰관청의 권한의 위임

1. 개설

1) 의의

권한의 위임이라 함은 경찰관청이 법령에 근거하여 그의 권한의 일부를 하급경찰관청 또는 보조기관에 이전하여 수임기관의 권한으로 행사하게 하는 것을 말한다. 권한의 위임이 있으면 수임기관은 자기의 명의와 책임으로 권한을 행사하며, 그 행위의 효과도 수임기관에 귀속한다.

---

6) 대법원은 "법률 또는 대통령령으로 규정할 사항이 부령으로 규정되었다고 하면 그 부령(部令)은 무효이다"라고 판시하고 있다(대판 1962.1.25, 4294민상9).

7) 박균성・김재광, 『경찰행정법』, 박영사, 2016, p. 110.

2) 유사개념과의 구별

(1) 내부위임

경찰관청이 그의 특정사항에 관한 권한을 실질적으로 하급경찰관청 또는 보조기관에 위임하면서 대외적으로는 위임자의 명의로 권한을 행사하게 하는 것을 말한다. 예컨대 부산지방경찰청장이 일정한 권한을 해운대경찰서장에게 내부적으로 위임하는 경우를 말한다. 권한의 귀속 자체에 대한 변경은 없고, 수임기관은 위임 경찰관청의 명의로 행사하는 점에서 위임 및 대리와 구별된다.

(2) 위임전결

결재 내지 권한의 일부를 보조기관에게 실질적으로 위임하되, 대외적인 권한의 행사는 경찰관청의 명의로 하는 것을 말한다. 위임전결은 그 실질에 있어 내부위임과 별 차이가 없다. 다만 내부위임이 상하경찰관청간에 행해짐이 보통인데 대하여, 위임전결은 경찰관청과 보조기관간에 행해진다는 점에 차이가 있다.

(3) 권한의 이양

권한의 위임은 본래 경찰관청이 법령에 근거하여 자기의 의사로서 권한의 일부를 하급경찰기관에 이전하는 것이다. 반면, 권한의 이양은 본래 경찰관청(행정청)의 의사와 관계없이 법령에 의하여 그 권한이 다른 행정기관의 권한으로 변동되는 것을 말한다.

2. 권한위임의 법적 근거 및 한계

1) 법적근거의 필요성

권한의 위임은 경찰관청의 권한의 일부를 하급경찰관청 또는 보조기관에 이전하여 수임기관의 권한으로 행사하게 하는 것을 말한다. 따라서 수임기관에 새로운 책임과 의무를 부담시키므로 권한의 위임과 재위임은 법률의 명시적 근거를 필요로 한다는 것이 통설 · 판례의 입장이다.[8)]

8) 대판 1995. 11. 28, 94누 6475.

2) 권한위임의 한계

(1) 일부위임

권한의 위임은 경찰관청의 권한의 일부에 대해서만 가능하며, 권한의 전부나 대부분에 대한 위임은 허용되지 아니한다. 따라서 권한의 일부에 한하여 허용되는 점에서는 임의대리와 같고 법정대리와는 다르다.

(2) 재위임(再委任)

권한의 위임을 받은 기관은 권한의 일부를 다시 보조기관 또는 하급경찰관청에게 재위임할 수 있다. 이 경우 위임청의 승인은 필요하지 않으며 판례 또한 같은 입장이다. 재위임의 경우에도 법령의 근거를 요한다.

3) 수임기관(권한위임의 상대방)

위임은 권한위임의 상대방 등을 기준으로 나누어 볼 수 있다.[9]

(1) 보조기관 및 하급관청에 대한 위임

가장 일반적인 위임유형으로 보조기관이나 하급관청에 대한 위임은 위임청의 일방적인 위임행위에 의하여 성립하고 수임기관의 동의를 요하지 않는다. 이 때 보조기관은 위임의 범위 내에서 경찰관청의 지위에 서게 된다. 경찰청장이 경찰청 차장에게 위임하는 것이 그 예이다.

(2) 지방자치단체 또는 그 기관에 대한 위임

① 권한의 위임은 위임청과 대등한 위치에 있거나 지휘계통을 달리하는 행정기관에 대하여 권한의 일부를 위임하는 것을 기관위임이라 하며, 기관위임된 사무를 「기관위임」 사무라 한다. 예컨대 국가사무가 지방자치단체의 장에게 위임된 경우, 자치단체장이 설치한 신호 등의 관리가 지방경찰청장에게 위임된 경우 등이다.

② 기관위임의 경우 수임기관은 위임청이 속한 행정주체의 지위를 가진다. 수임기관의 기관위임사무처리의 법적효과는 관리주체인 위임청이 속한 행정주체에 귀속되며, 특히 현행법상 행하여지고 있는 위임은 대체로 기관위임사무이다. 이 때 국가로부터 기관위임사무를 위임받은 지방자치단체의 기관은 위임의 범위내에서 국가기

9) 김동희, 전게서, pp. 23-24.

관의 지위에 서게 되며, 상급국가기관의 지휘·감독을 받게 된다.

(3) 사인에 대한 위탁(민간위탁)

① 행정기관은 법령의 정하는 바에 의하여 그 소관사무 중 조사·검사·검정·관리업무 등 권리·의무와 직접 관계되지 아니하는 사무를 지방자치단체가 아닌 법인·단체 또는 그 기관이나 개인 등 사인에게 위탁할 수 있다. 이를 「민간위탁」이라고 한다. 예컨대, 별정우체국장에 대한 체신업무위탁·경찰청 업무의 경비지도사 자격시험 관리업무에 대한 산업인력공단에로의 위탁·자동차검사의 대행·건축사자격시험관리업무 등을 들 수 있다.

② 수탁자는 업무처리권한과 이에 따른 수수료의 징수권을 부여받기 때문에, 독점적인 사업면허를 받는 것과 같은 효과가 있다. 따라서 위탁행정청은 수수료징수 등 수탁업무의 처리에 대한 지휘·감독권을 가지며, 위법·부당한 업무처리를 취소·정지시킬 수 있다. 또 위탁사무를 처리하는 사인의 처분에 불복하는 자는 행정심판 또는 행정소송을 제기할 수 있다.

4) 권한위임의 효과

(1) 권한의 이전

권한의 위임에 의해 위임청은 권한을 상실하는 동시에 위임된 권한은 수임관청에 이전되는 효과를 발생한다. 따라서 수임관청은 그 위임된 권한을 자기의 명의와 책임하에서 그 권한을 행사하며 그 효과도 수임관청 자신에게 귀속한다. 또한 위임된 사항에 관해서는 항고소송의 피고도 수임관청이 된다.

(2) 지휘·감독권

① 이에 내한 일반적인 견해는 수임기관이 위임청의 보조기관이나 그 지휘·감독하에 있는 하급기관인 때에는 위임청은 상급기관으로서 수임기관을 지휘·감독하고 그 처분이 위법·부당하다고 인정할 때에는 취소·중지가 가능하다.

② 다만, 대등기관이나 지휘감독계층을 달리하는 하급행정기관인 경우에는 지휘·감독권을 갖지 않는다는 것이 통설이다.[10)]

10) 김동희, 전게서, p. 25 ; 김철용, 『행정법』, 고시계사, 2013, p. 681.

5) 권한위임의 종료

권한위임은 법령 또는 위임관청의 의사표시에 의한 해제·종기의 도래 등에 의하여 종료되고, 당해 권한은 다시 위임청의 권한으로 된다.

Ⅲ. 경찰관청의 권한의 대리(代理)

1. 개설

경찰관청의 권한의 대리라 함은 경찰관청(본인)의 권한의 전부 또는 일부를 다른 경찰행정기관(보조기관 등 대리인)이 피대리관청을 위한 것임을 표시하고[11] 자기의 이름으로 대행하여, 그 대리인이 행한 행위는 피대리관청(본인)의 행위로서 효력을 발생하는 것을 말한다. 정부조직법은 이를 직무대행이라고 표현하고 있다. 예컨대, 경찰청장직무대리 경찰청 차장 치안정감 홍길동이 대행하여, 그 행위가 피대리관청(경찰청장)의 행위로서 효력이 발생하는 것을 말한다.

2. 대리의 종류

1) 임의대리(任意代理)

(1) 의의

임의대리는 피대리관청의 수권[12]에 의하여 대리관계가 성립하는 경우를 말하며 수권대리(授權代理) 또는 위임대리라고도 한다. 경찰관청은 개별적인 법률의 근거 없이도 그 보조기관 등에 일정한 범위 내에서 대리권을 수여할 수 있다.

(2) 대리권의 범위

임의대리는 경찰관청의 일반적·포괄적인 권한의 일부에 한해서만 가능하며 포괄적인 권한의 대리는 인정되지 않는다. 따라서 법령에서 개별적으로 지정되어 있

---

11) 보조기관 등 대리인은 어느 경우든 자신의 권한이 아니라 피대리관청(본인)의 권한을 행사하는 것이므로 대리자가 그 권한을 행사하는 경우 당연히 그 뜻을 명시할 것이 필요하다. 이를 현명주의(顯名主義)라 한다.

12) 수권행위(授權行爲)는 상대방의 동의를 요하지 않는 일방적 행위이며, 수권행위는 의사표시의 일반원칙에 따라 대리자에게 통지를 요하나 일반에게 공시할 필요는 없다.

는 권한(대통령령 · 총리령 · 부령처럼 법령에서 지정한 권한 등)은 수권할 수 없다.

(3) 감독 및 책임

피대리관청은 대리자의 권한행사를 지휘 · 감독할 수 있으며, 대리자의 행위에 대하여 선임 · 감독상의 책임을 진다. 그러나 대리자는 자신의 행위에 대하여 공무원법상 · 사법상(私法上) · 형사상의 모든 책임을 직접 진다.

2) 법정대리(法定代理)

(1) 의의

법정대리라 함은 법령에서 규정한 일정한 사실의 발생에 따라 당연히 또는 일정한 자의 지정에 의하여 비로소 대리관계가 성립하는 경우를 말한다. 이에 관한 일반법으로는 직무대리규정(대통령령)이 있다.

(2) 종류

법정대리에는 협의의 법정대리와 지정대리가 있다.

① 협의의 법정대리

법령에 대리자가 명시되어 있어서 일정한 법정사실이 발생함에 따라 별도의 행위가 없더라도 저절로 대리관계가 발생되는 경우이다. 예컨대, 국무총리의 대통령권한대리(「헌법」제71조), 경찰청장이 유고시에 경찰청차장이 직무대행을 하거나 경찰서장이 유고시에 경무과장이 직무대행을 하는 것 등이 협의의 법정대리에 해당한다.

② 지정대리

법정사실이 발생하였을 때에 일정한 자가 대리자를 지정함으로써 대리관계가 발생하는 경우이다. 예컨대, 국무총리 및 부총리가 모두 사고가 있을 때에는 대통령이 지명하는 국무위원이 국무총리를 대리하는 경우나(정부조직법), 경찰서장이 유고시에 지방청장이 지방청의 과장을 경찰서장 직무대리로 지정하는 경우는 지정대리에 해당한다.

③ 서리

지정대리는 피대리관청의 지위에 있는 자가 일시 사고가 있는 때에 행하여지는 것이 보통이지만, 피대리관청의 지위에 있는 자가 사망 · 면직 등의 사유로 궐위된 때에 일시 그 대리자를 지정하고 있는 경우를 특히 '서리'라고 한다.

(3) 대리권의 범위 및 책임

특별한 규정이 없는 한 피대리관청의 권한의 전부에 미친다. 따라서 피대리 관청은 대리자를 지휘감독 할 수 없으며 대리자는 자기의 책임으로 그 권한을 행사한다. 또한 피대리관청은 대리관청의 선임・감독상의 책임도 지지 않는다[13].

3. 대리행위의 효과

대리자가 행한 대리행위는 피대리관청의 행위로서의 효과가 발생하며, 쟁송법적으로 피고적격에 대해서는 견해의 대립이 있으나, 피대리관청이 피고가 된다는 것이 다수설・판례의 입장이다.[14]

4. 복대리(複代理)의 문제

경찰관청의 대리자가 피대리관청의 대리권을 타인에게 대리하게 할 수 있는가 하는 문제이다.

1) 임의대리

임의대리는 피대리관청의 권한의 일부대리이며 수권행위(授權行爲)를 통한 신임관계에 의하여 대리권이 부여되므로, 복대리는 원칙적으로 허용되지 않는다.

2) 법정대리

법정대리의 경우에는 대리자가 직접 자기행위에 책임을 지고 피대리관청의 권한의 전부에 걸쳐 대리권을 행사하고 있으므로, 대리자는 그 대리권의 일부에 대하여 복대리가 허용된다고 본다.

---

13) 김형중, 전게서, p. 456.
14) 김철용, 『행정법 Ⅱ』, 박영사, 2009, p. 33.

Ⅳ. 경찰관청 상호간의 관계

1. 개설

경찰관청이란 경찰행정에 관한 국가의사를 결정・표시하는 권한을 가진 경찰기관을 말한다. 경찰관청은 전체로서의 경찰목적을 통일적으로 수행하기 위하여 상하 또는 대등의 위치에서 각종의 법률관계를 맺고 있다. 따라서 경찰관청 상호간의 관계는 상하경찰관청간의 관계와 대등관청간의 관계로 나누어 볼 수 있다.

2. 상하경찰관청간의 관계

상하경찰관청간의 관계는 권한대리관계, 권한위임관계, 권한감독관계로 나누어진다. 권한대리관계와 권한위임관계는 앞에서 이미 살펴보았기 때문에, 여기서는 권한행사의 감독관계에 대해서만 기술하였다.

1) 권한행사의 감독의 의의

권한행사의 감독이란 상급관청이 하급관청의 적법성과 합목적성을 보장하고 아울러 국가의사의 통일적 실현을 도모하기위하여, 하급관청의 권한행사를 감시하고 필요에 따라 이에 대하여 일정한 통제를 가하는 작용을 말한다.

2) 권한행사의 감독수단

감독권한의 범위와 감독의 수단・방법은 관청의 종류와 사무의 성질에 따라 다르다. 그러나 통상적으로 인정되는 상급관청의 감독수단・방법으로는 감시, 훈령, 인가권, 취소・정지권, 주관쟁의 결정권 등이 있다.[15]

(1) 감시권

상급관청이 하급관청의 권한행사의 상황을 알기 위하여 보고를 받거나, 서류 장부를 검사하며 현장의 사무집행을 검열・시찰하는 등 실제로 사무 감사를 행하는 것을 말한다. 감시권 발동에 법적근거는 요하지 않는다.

---

15) 박윤흔, 『행정법강의(하)』, 박영사, 2005, p.50.

(2) 인가(승인)권

상급관청이 하급관청의 일정한 권한행사에 대하여 미리 인가를 주어 적법·유효하게 행정조치를 행할 수 있게 하여 주는 감독권을 말한다. 이러한 인가는 상급관청의 당연한 권능으로서 법령상 근거가 없는 경우에도 행할 수 있는 사전예방적 감독수단이다.

(3) 취소·정지권

상급관청이 직권 또는 당사자의 신청에 따라 하급관청의 위법·부당한 행위를 취소하거나 정지할 수 있는 것으로 원칙적으로 사후적인 교정적 감독수단이다. 상급관청은 법적 근거가 없는 경우에도 당연히 취소권을 행사할 수 있는가에 대하여 견해가 대립되고 있으나, 원칙적으로 감독청에게는 취소·정지권을 인정하지 않는 것이 타당하다고 본다.[16]

(4) 주관쟁의결정권(主管爭議決定權)

상급관청이 하급관청 상호간에 주관권한에 대한 다툼이 있는 경우에 이를 결정할 수 있는 권한이며, 예방적 감독수단이다. 경찰관청간의 권한쟁의는 행정조직 내부의 문제이기 때문에, 행정권에 의해 해결되어야 하며 법원에 제소할 수 있는 성질의 것은 아니다.

(5) 훈령권(訓令權)

경찰행정상의 법률관계에서 상급경찰관청이 하급경찰관청에 대하여 각종의 훈령을 발하고 있으며, 훈령은 실질적으로 법률 이상으로 국민생활이나 경찰행정업무처리와 관련하여 상당한 비중을 차지하고 있다. 따라서 경찰관청의 권한 감독의 주된 수단은 훈령이라고 볼 수 있다.

① 훈령

훈령이란 상급경찰관청이 하급경찰관청의 권한행사를 지휘하기 위하여 사전에 발

16) 명문의 규정이 없는 경우에도 취소·정지권 행사가 가능하다고 보는 견해도 있으나(홍정선, 전게서, p.835), 취소·정지의 효과는 행정조직의 내부에 그치지 않고, 당연히 국민에게 미치게 되며 또한 하급관청이 행한 행위를 감독청이 취소·정지한다는 것은 하급관청의 권한을 감독청이 대행한다는 대집행적 성질을 가진다고 보기 때문에 취소·정지권을 인정하지 않는 견해가 있다(한견우, 전게서, p.258).

하는 명령을 말하며, 훈령을 발할 수 있는 권한을 훈령권이라 한다. 훈령은 통상 일반·추상적 법조(法條)의 형식으로 발령되나, 그것은 행정조직 내부에서 발하여지는 행정규칙으로서 원칙적으로는 그 법규성이 인정되지 않는다. 따라서 수명기관이 그에 위반하더라도 당해 위반행위가 위법한 것은 아니며, 다만 징계사유가 될 뿐이다.

② 직무명령과의 구별

㉠ 훈령은 상급경찰관청이 하급경찰관청에 대한 명령이라는 점에서, 상관이 부하인 경찰공무원 개인에 대하여 발해지는 직무상의 명령인 직무명령과 구별된다. 훈령은 관청의 의사를 구속하여 관청 구성자가 교체되더라도 훈령의 효력에는 영향이 없다. 그러나 직무명령은 기관을 구성하는 공무원 개개인을 구속할 뿐이므로, 기관 구성자가 교체되면 직무명령은 그 효력을 상실한다.

예컨대, 지방경찰청장이 직무와 관련하여 직무명령을 발하였으나, 그 후 지방경찰청장이 전보되었다면 전보되기 전까지 발한 직무명령 등은 당연히 그 효력을 상실하게 된다.

㉡ 훈령은 하급기관의 구성원도 구속하므로 직무명령의 성질도 아울러 가지지만, 직무명령은 훈령의 성질을 가질 수 없다. 양자 모두 법령의 수권 없이도 발할 수 있다.

③ 훈령의 법적 성질

훈령은 행정조직 내부에서의 작용으로 하급관청을 구속할 뿐, 일반국민을 구속할 수 없다는 것이 통설·판례의 입장이다.[17] 따라서 훈령 위반은 명령복종의무 위반이 되므로, 훈령위반자는 징계의 대상이 된다. 그러나 훈령 중 일반적이고 추상적인 규범의 형식을 취하는 것은 법규명령으로서의 효력을 갖기도 하고, 행정규칙(해석규칙, 재량준칙 등)으로서 대외적 구속력을 갖기도 한다.

④ 훈령의 종류

상급관청이 하급관청의 권한 행사에 관한 명령인 훈령은 「행정업무의 효율적 운영에 관한 규정 및 동시행 규칙」에 의하면 근무규칙을 훈령·지시·예규·일일명령으로 구분하고 있다.

---

17) 대판 1994. 8. 9, 94누 3414.

㉠ 협의의 훈령

상급관청이 하급관청에 대하여 장기간에 걸쳐 그 권한행사를 일반적·추상적으로 지시하기 위하여 발하는 명령으로 행정규칙에 해당한다. 재량준칙 등 이른바 행위유도규칙(행위지도규칙)은 이에 해당한다.[18]

㉡ 지시(指示)

상급관청이 직권 또는 하급관청의 문의에 의하여 하급관청에 대하여 개별적·구체적으로 발하는 명령이다.

㉢ 예규(例規)

법규문서 이외의 문서로서 행정사무의 통일을 기하기 위하여 반복적 행정사무의 처리기준을 제시하는 명령이다.

㉣ 일일명령

당직, 출장, 특근, 각종 휴가 등 일일사무에 관하여 발하는 명령이다. 이러한 일일명령은 일반성과 추상성을 결하므로, 이론상으로는 훈령으로 보기 어렵다.

⑤ 훈령의 요건과 심사권

㉠ 훈령의 요건

㉮ 형식적 요건

훈령은 형식적 요건 및 실질적 요건을 갖추어야 유효하게 성립한다. 형식적 요건으로는 훈령권 있는 상급관청이 하급관청의 권한 내의 사항에 대하여, 그 직무상 권한행사가 독립적으로 보장되고 있지 않은 사항에 대하여 발하여야 한다.

㉯ 실질적 요건

훈령의 실질적 요건으로는 그 내용이 적법·타당하고, 실현가능성이 있고 명백한 것이어야 한다.

㉡ 하급관청의 훈령심사권

㉮ 상급관청이 발한 훈령에 대하여 수명하급관청은 그 훈령에 대하여 심사할 권한이 있는가에 대하여 학설상 견해가 대립되고 있다.

㉯ 하급관청은 형식적 요건에 대하여는 심사권이 있고, 그 요건을 구비하지 못한

---

18) 김남진, 『행정법 Ⅱ』, 법문사, 2002, p.35.

경우에는 복종을 거부할 수 있다. 그러나 하급관청이 실질적 요건을 심사할 수 있는가에 대해서는 견해가 갈리고 있으나, 실질적 요건에 대하여는 원칙적으로 심사권이 없다고 본다. 다만, 범죄를 구성하거나 중대하고 명백한 위법으로 절대무효인 경우에는 복종을 거부하여야 하고, 그에 따른 때에는 하급관청 스스로 책임을 져야 한다고 보는 것이 통설적 견해이고 판례의 입장이다.19)

⑥ 훈령의 형식 및 절차

훈령은 특별한 형식을 요하지 않고 구두나 문서 등 어느 형식으로도 가능하다. 사무관리 규정에는 일정한 서식(예컨대, 훈령과 예규는 조문형식에 의한 작성) 등의 제한이 있으나, 이는 훈시적 규정에 불과하다. 훈령은 관보를 통해 공포함이 보통이나 공포하지 않을 때도 있다(내훈 · 내규).

⑦ 훈령의 경합

㉠ 서로 모순되는 둘 이상의 상급관청의 훈령이 경합된 때에는 주상급관청의 훈령에 따라야 한다(예컨대, 행정자치부장관과 국토건설부장관이 경찰청에게 서로 모순되는 훈령을 발한 경우, 경찰청장은 주상급관청인 행정자치부장관의 훈령에 따라야 한다).

㉡ 주상급관청이 서로 상하관계에 있는 때에는 직근상급관청의 훈령에 따라야 한다. 예컨대, 경찰청장과 지방경찰청장이 경찰서장에게 서로 모순되는 훈령을 발한 경우, 경찰서장은 직근상급관청인 지방경찰청장의 훈령에 따라야 한다.

3. 대등관청 상호간의 관계

대등경찰관청 상호간에는 소극적으로 권한을 존중하고 적극적으로 서로 협력하는 관계에 있다.

1) 권한존중관계

(1) 대등경찰관청 사이에는 서로 다른 경찰관청의 권한을 존중하여야 하며, 다른 경찰관청의 권한을 침범해서는 안 된다. 이를 달리 표현하면 권한불가침의 구속이라고도 한다. 경찰관청이 그의 권한 범위 내에서 행한 행위는 비록 하자가 있더라

19) 김남진, 전게서, p.36; 대판 1988. 2. 23, 87도 2358.

도 무효가 아닌 한 구성요건적 효력(공정력)을 가지므로, 다른 관청들은 그에 구속된다.

(2) 만약 대등경찰관청간에 주관권한에 대한 다툼이 있는 경우에는 상호협의에 의하여 결정하고, 그것이 안 되는 경우는 결정권자의 순서로 결정한다. 즉, 공통의 상급경찰관청, 쌍방의 상급경찰관청간의 협의, 경찰청장 순으로 결정권을 가지고 결정한다.[20)]

2) 상호협력관계

경찰관청 사이의 협력은 크게 협의 · 동의 · 공동결정의 방식 등이 있다.

(1) 협의 · 동의 · 공동결정

① 협의

하나의 사항이 둘 이상의 경찰관청의 권한에 관련되는 경우에는 대등한 경찰관청간의 협의에 의하여 해결한다. 관계기관의 협의 의견은 주무경찰관청을 구속하지 않는다. 판례는 법에 정해진 협의를 거치지 않은 처분을 원칙상 취소할 수 있는 행위로 본다.

② 동의

주무경찰관청은 업무처리에 관한 결정을 함에 있어 동의기관의 동의를 받아야 한다(예컨대, 건축허가는 시장 · 군수가 권한을 갖지만, 소방서장의 동의를 얻어야 함). 처분청은 동의 의견 또는 부동의 의견에 구속된다.

③ 공동결정

둘 이상의 경찰관청이 공동주관 경찰관청으로서 대등하게 협의하는 경우에(예컨대, 도로교통법), 업무처리는 공동의 결정에 의해 공동의 명의로 하게 된다.

(2) 사무위탁(촉탁)

대등관청 사이에 있어서 어느 하나의 관청의 직무상 필요한 사무가 다른 관청의 관할에 속하는 경우에, 그 관청에 사무처리를 위탁(촉탁)하는 것을 말한다. 사무의 위탁은 법령의 근거를 요하며, 위탁을 받은 경찰기관은 위탁을 거부할 수 없다. 예

20) 김형중, 전게서, p. 465.

컨대, 경찰서장이 물건의 소재지 경찰서장에게 당해 물건의 압수를 위탁하는 것 등이 그 예이다.

(3) 행정응원

행정응원이란 행정사무의 처리를 위해 다른 행정기관으로부터 인력이나 장비 또는 전문지식의 도움을 받는 것을 말한다. 행정응원에 관한 일반조항으로 행정절차법(제8조)이 있고, 특별법으로 경찰직무응원법, 소방기본법, 위수령 등이 있다.

제 3 장

경찰공무원법

제 1 절 경찰공무원의 개념 및 분류

Ⅰ. 개설

1. 공무원법의 의의

공무원법이란 행정을 행하는 인적요소인 공무원의 법 관계를 규율하는 법규의 총괄개념이다. 공무원법은 국가조직 또는 지방자치단체 조직의 내부관계를 중심으로 하며, 공무원을 대상으로 한다.

2. 경찰공무원의 개념

경찰공무원은 경찰기관을 구성하는 공무원으로서, 국민의 자유와 권리의 보호 기타 사회 공공의 안녕과 질서유지를 그 임무로 하는 특정직 국가공무원이다.[1] 경찰공무원은 형식상으로 경찰청 · 지방경찰청 등에 소속되어 경찰업무를 담당하는 순경

1) 조직상 경찰기관에 근무하는 일반직이나 기능직 공무원들은 "경찰직무에 종사"하지 않기 때문에 경찰공무원에 해당되지 않으며, 전 · 의경 역시 경찰계급을 가지지 아니하기 때문에 경찰공무원에 해당되지 않는다. 다만 이들은 형법상 공무집행방해죄에서 말하는 공무원에 해당되며, 국가배상법상의 공무원에도 해당된다. 따라서 이들의 직무상 위법행위를 한 경우, 그로인해 피해를 입은 국민은 국가에 대해 손해배상을 청구할 수 있음을 의미한다.

에서 치안총감에 이르는 계급으로 되어 있는 국가공무원으로서, 경력직 공무원 중 특정직 공무원[2])이다. 그러나 조직상 경찰기관에 근무하는 일반직이나 기능직 등의 공무원 그리고 의무경찰순경 등은 경찰공무원의 개념에서 제외된다.

Ⅱ. 경찰공무원의 계급 · 경과

경찰공무원은 계급 · 경과와 특기 등에 의하여 분류할 수 있다. 계급제는 수직적 분류의 기준이며, 경찰 공무원을 상하로 구분하여 권위와 책임, 그리고 보수 등에 차이를 두기 위한 것이다. 반면 경과와 특기는 수평적 분류의 기준이며, 개인의 능력 · 적성 · 자격 등을 활용함으로써 전문성을 장려하려는 것이다.

1. 계급제

국가공무원 중 경력직 공무원은 1급에서 9급까지 계층을 두고 있다. 그러나 경찰공무원은 순경에서 치안총감까지 11개 계급단계가 상하로 체계화되어 있다. 경찰공무원의 계급체계는 신분상의 지위나 자격에 중점을 두고, 개인의 특성을 고려하여 만들고 있으며 임용의 중요한 기준이 된다. 계급이 높을수록 직무수행의 곤란도 · 책임도가 높아지고, 계급의 상승에 따라 경찰공무원의 보수가 증가하는 구조로 되어 있다.

2. 경과(警科)

경찰공무원은 직무의 종류에 따라 경과에 의해 구분할 수 있다.[3]) 경찰공무원의 경과는 일반경과(특수경과에 해당하지 않는 부서인 일반경찰기관에 근무하는 자로서, 순경에서 총경에게 주어진다), 수사경과(특수경과에 해당하지 않는 부서인 일반

2) 1981년 「국가공무원법」 및 「지방공무원법」개정 이후부터 채택하고 있는 분류방법으로 직무의 내용 · 임용자격 · 신분보장 등을 고려하여 경력직공무원과 특수경력직으로 대별한다. 경력직공무원이란 실적과 자격에 의하여 임용되고 그 신분이 보장되며 평생토록 공무원으로 근무할 것이 예정되는 공무원을 말한다. 경력직은 다시 ① 일반직 공무원(기술 · 연구 · 행정일반 업무를 담당) ② 특정직 공무원(경찰 · 법관 · 검사 · 외무 · 소방 · 교육공무원 · 군인 · 국가정보원 직원 등) ③ 기능직 공무원(기능적 업무담당)으로 구별할 수 있다.

3) 경과를 두고 있는 이유는 복잡하게 이루어지고 있는 경찰업무를 구분해 그 전문화를 이루기 위해서이다.

경찰기관에 근무하는 자로서, 순경에서 경정에게 주어진다), 보안경과(특수경과에 해당하지 않는 부서인 일반경찰기관에 근무하는 자로서 순경에서 경정에게 주어진다), 특수경과(항공경과 · 정보통신경과 · 운전경과 등을 말하며, 운전경과를 제외한 특수경과는 경과자체가 전문특기가 된다)로 구분된다.

3. 특기

경찰공무원의 보직은 크게는 경과에 의하여 결정되지만, 다시 그 보직은 특기에 의하여 제약을 받게 된다. 특기제도는 임용권자 또는 임용제청권자가 일정한 요건을 갖춘 경위 이상 경정 이하의 간부급 경찰공무원에 대하여, 경과별 직무분야에 따라 일반특기 또는 전문특기를 부여할 수 있다.[4]

제 2 절 경찰공무원관계의 발생 · 변경 · 소멸

Ⅰ. 경찰공무원관계의 성립

1. 임명의 의의와 성질

1) 임명의 의의

(1) 경찰공무원관계는 경찰공무원의 임명에 의하여 발생한다. 임명이라 함은 특정인에게 공무원으로서의 신분을 부여하여 공법상의 근무관계를 설정하는 행위이다. 이는 공무원의 신분을 취득한 자에게 일정한 직위를 부여하여 직무를 수행할 수 있도록 하는 행위인 보직과는 구별된다. 임명이라는 용어는 실정법상으로는 '임용'이라는 용어로 사용되고 있다.

(2) 경찰공무원 임용령 · 공무원 임용령 등에 보면, 임용은 신규채용 · 승진 · 전보 · 파견 · 휴직 · 정직 · 복직 · 면직 · 해임 및 파면을 포괄하는 의미로 쓰이고 있다.

---

4) 일반특기 및 전문특기는 다음과 같이 분류한다. 일반특기로서 기획, 감사, 경무, 방범, 교통, 경비, 작전, 형사, 수사, 정보, 보안, 외사특기로 분류한다. 전문특기는 조사, 감식, 정보관리, 정보분석, 보안수사공작, 보안수사실무, 외사 및 기술(정보통신, 항공, 운전) 특기로 분류된다.

2) 성질

임명행위의 법적 성질에 대해서는 공법상 계약설, 동의를 전제로 하는 단독 행위설, 쌍방적 행정행위설이 대립되고 있으나, 임명행위는 상대방의 동의가 있어야만 유효하다는 「쌍방적 행정행위설」이 통설 · 판례이다. 이 설에 의하면 상대방의 동의가 흠결된 경우 임명행위는 당연무효이다.

2. 경찰공무원의 임명요건

경찰공무원의 임명요건에는 소극요건(능력요건)과 적극요건(자격요건)의 두 가지가 있다.

1) 소극요건(능력요건)

일정한 결격사유에 해당하는 자는 경찰공무원이 될 수 없다. 즉, 결격사유에 해당하는 자는 경찰공무원으로 임명될 수 없다는 임용회피요건을 말하며(소극요건), 재직 중 결격사유가 발생시에는 당연퇴직사유가 된다. 경찰공무원의 임용자격 및 결격요건은 다음과 같다.

(1) 경찰공무원은 신체 및 사상이 건전하고, 품행이 방정한 자 중에서 임용한다.

(2) 아래 사항에 해당하는 자는 경찰공무원으로 임용될 수 없다.

① 대한민국 국적을 가지지 아니한 자, ② 금치산자 또는 한정치산자, ③ 파산자로서 복권되지 아니한 자, ④ 자격정지이상의 형의 선고를 받은 자, ⑤ 자격정지 이상의 형의 선고유예를 받고 그 선고유예기간 중에 있는 자, ⑥ 징계에 의하여 파면 또는 해임의 처분을 받은 자로 규정하고 있다. 위의 결격사유에 해당하는 자를 경찰공무원으로 임명하는 행위는 무효[5])이다.

2) 적극요건(자격요건)

(1) 경찰공무원으로 임명되기 위하여 소극적으로는 임용결격사유에 해당되지 않

5) 결격 사유자에 대한 공무원 임용의 효력에 관하여, 대법원은 "「국가공무원법」에 규정되어 있는 공무원 임용결격사유는 공무원으로 임용되기 위한 절대적인 소극적 요건으로서 공무원 관계는 국가의 임용이 있는 때에 설정되는 것이므로, 임용 당시 공무원임용 결격사유가 있었다면 비록 국가의 과실에 의하여 임용결격자임을 밝혀내지 못하였다 하더라도 그 임용행위는 당연무효로 보아야 한다"고 판시하고 있다(대판 1987.2.14, 86누459).

아야 하며 적극적으로는 일정한 자격요건을 갖추어야 한다. 즉 경찰공무원의 임용은 공개경쟁시험(신규임명의 경우), 특별채용시험(도서·벽지 등 특수지역에 근무할 자 임용, 외국어에 능통한 자 임용 등) 등의 시험 또는 근무성적, 기타 능력의 실증에 의하여 행하도록 되어 있으며, 공개시험합격자를 우선적으로 임용하도록 되어 있다.

(2) 경찰공무원의 채용시험방법은 경찰업무의 특성을 고려하여 일반공무원과는 달리 신체검사·체력검사·필기시험·종합적성검사·면접시험 또는 실기시험과 서류전형 등을 거쳐 최종합격결정을 하도록 규정하고 있다. 다만 경찰대학졸업자 등이 경위로 신규채용되는 경우는 예외로 한다.

3) 임용요건이 결여된 자에 대한 공무원의 임명효과

능력요건이 결여된 자에 대한 임명은 당연무효라는 것이 통설·판례이며, 재직 중에 이 결격사유에 해당하는 사유가 발생한 때에는 당연히 퇴직된다. 그리고 자격요건을 결여한 자에 대한 임명은 취소될 수 있다.[6]

3. 경찰공무원의 임명권자

경찰공무원은 계급에 따라 대통령, 경찰청장, 지방경찰청장이 임명권자가 된다.

1) 대통령

총경 이상의 경찰공무원은 경찰청장의 추천에 의하여 행정자치부장관 제청으로 국무총리를 거쳐 대통령이 임용한다. 또한 경정의 신규채용·승진·임용 및 면직도 경찰청장의 제청으로 국무총리를 거쳐 대통령이 행한다. 다만 총경의 전보·휴직·정직 및 복직은 경찰청장이 행한다.

2) 경찰청장

경정 이하의 경찰공무원은 경찰청장이 임용한다. 다만 경찰청장은 임용권의 일부를 대통령령이 정하는 바에 의하여 경찰 공무원의 임용에 관한 권한의 일부를 소속기관(경찰대학·경찰종합학교·경찰병원)의 장과 지방경찰청장에게 위임할 수 있다.[7]

6) 대판 1987. 4. 14, 86누459.

3) 지방경찰청장(경찰대학장, 경찰교육원장(구 경찰종합학교장), 중앙경찰학교장, 경찰병원장)

권한위임의 범위 내에서 그 소속 경찰공무원 중 경정의 전보·파견·휴직 및 복직에 관한 권한과 경감 이하의 임용권을 행사할 수 있다.

4) 경찰서장

지방경찰청장은 경위 이하의 경찰공무원에 대한 승진과 당해 경찰서 안에서의 "전보권"을 경찰서장에게 다시 위임할 수 있다. 따라서 경찰서장은 당해 관청내 경위 이하의 승진과 경감 이하의 전보권을 행사할 수 있다.

4. 임명의 형식

임명은 임용장의 교부에 의하여 행하여지는 것이 원칙이다. 그러나 임용장의 교부는 임용의 유효요건이 아니고, 단지 임용행위의 선언적·공증적 효력 밖에 없다. 따라서 기본적으로 임용행위는 불요식행위라고 할 수 있다.

5. 임명의 효력발생시기

경찰공무원의 임용시기는 임용장 또는 임용통지서에 기재된 일자에 임용된 것으로 본다. 임용장은 임용일자까지 임용될 자에게 도달할 수 있도록 발령하여야 하지만, 특수한 사정으로 인하여 임용장에 기재된 날짜 이후에 임용장이 교부된 경우에는 그 교부받은 날에 효력이 발생한다고 보아야 한다.[8)]

6. 시보임용

경정 이하의 경찰공무원을 신규채용하는 경우에는 1년의 기간 동안 시보로 임용하고, 그 기간이 만료된 다음날에 정규 경찰공무원으로 임용한다. 시보임용기간 중에 있는 경찰공무원이 근무성적 또는 교육훈련성적이 불량한 때에는 면직을 시키거나 면직을 제청할 수 있다.

---

7) 권한의 위임은 위임관청에서 수임관청으로 이동하며, 그 결과 수임관청은 자기의 명의와 책임하에 임명권을 행사할 수 있다.

8) 임명장 등에 기재된 일자보다 실제로 도달된 일자가 늦은 때에는 실제로 도달된 일자에 효력이 발생된다고 하는 것이 판례의 입장이다(대판 1962. 11. 15, 62누165).

Ⅱ. 경찰공무원관계의 변경

1. 의의

경찰공무원 관계의 변경이란 경찰공무원으로서의 신분을 유지하면서 경찰공무원 관계의 내용에 일시적 또는 영구적 변경이 생기는 것을 말한다. 임명행위와는 달리 행정주체의 일방적 행위로 행하여진다. 이에는 승진·정직·강등·파견·전보·휴직·직위해제·복직 등이 있다.

2. 변경요인

1) 승진

승진이란 동일한 직렬 안에서 하위직급에 재직 중인 공무원을 바로 상위직급에 임용하는 것을 말한다. 경찰 공무원의 승진은 필요한 최저 근무연수제도를 전제로 한다. 승진 소요최저 근무연수를 보면 총경은 4년, 경정·경감은 3년, 경위·경사는 2년, 경장·순경은 1년의 기간이 최소한 경과하여야 승진대상자가 된다. 승진에는 심사승진·시험승진·특별승진·근속승진 등이 있다.

2) 전보(轉補)

전보란 동일한 직위(계급) 내에서 장기근무로 인한 침체를 방지하고 직무수행 능률을 높이기 위한 동일직급 내에서의 보직변경을 말한다. 경찰공무원은 당해 직위에 보직한 날로부터 원칙적으로 1년 이내에는 다른 직위에 전보할 수 없으나(감사업무를 담당하는 경찰공무원의 경우는 2년이내), 다음의 경우는 예외로 한다.

(1) 직제상의 최저단위 보조기관(담당관을 포함한다)내에서의 전보
(2) 기구의 개편, 직제 또는 정원의 변경으로 인한 해당경찰공무원의 전보
(3) 당해 경찰공무원을 승진시키는 경우
(4) 징계처분을 받은 경우
(5) 형사사건에 관련되어 수사기관에서 조사를 받고 있는 경우
(6) 교육훈련기관의 교수요원으로 보직하는 경우

(7) 시보임용중인 경우

(8) 신규채용된 경찰공무원으로서 보직관리기준에 따라 순환보직중인 자의 전보 및 이와 관련한 전보

(9) 감사담당 경찰공무원 가운데 부적격자로 인정되는 경우 등이다.

3) 휴직

(1) 휴직이란 경찰공무원으로서의 신분을 보유하면서 일정한 기간 직무(직무담임)에는 종사하지 못하는 것을 말한다. 휴직은 직위해제와는 달리 제재적 성격이 없음이 특징이며, 최장 1년까지 휴직이 가능하다.

(2) 휴직에는 본인의 의사에 관계없이 당연히 휴직을 명하는 직권휴직[9]과 경찰공무원 본인의 의사에 의하여 임용권자가 행하는 의원휴직(依願休職)이 있다. 휴직기간 중 그 사유가 소멸된 때에는 30일 이내에 임용권자는 지체 없이 복직을 명하여야 한다.

4) 직위해제

(1) 직위해제라 함은 경찰공무원 자신에게 당해 직무수행을 계속하게 할 수 없는 사유가 발생한 경우에, 경찰공무원의 신분은 그대로 보유케 하면서 직위만을 부여하지 아니하는 것을 말한다. 직위해제는 휴직과는 달리 사후제재적인 성격을 가지는 보직해제를 의미하며, 복직이 보장되지 않는다. 직위가 해제되면 직무에 종사하지 못하며, 출근의무도 없다.

(2) 직위해제처분이 공무원에 대한 불이익한 처분이기는 하나 징계처분과 같은 성질의 처분이라 할 수 없으므로, 일사부재리의 원칙(一事不再理의 原則)에 위배된다고 할 수 없다.[10]

(3) 직위해제의 사유로는 1) 직무수행능력이 부족하거나 근무성적이 극히 불량한 자 2) 파면·해임·정직의 징계의결이 요구중인 자, 3) 형사사건으로 기소된 자(약식명령으로 기소된 때는 제외) 등이다. 직위해제는 징계의 성격이 있으나, 징계의

---

9) 직권휴직은 1) 신체·정신적 장애로 장기요양을 요하는 경우나, 2) 병역법에 의하여 소집·징집되었을 때, 3) 천재지변·사변으로 생사가 불분명하거나, 4) 기타 법률의 규정에 의한 의무를 수행하기 위해 직무를 이탈할 때 실행할 수 있다.

10) 대판 1984. 2. 28, 83누 489.

종류로 분류되지는 않는다.

5) 복직

복직이란 휴직 또는 직위해제 중에 있는 경찰공무원을 직위에 복직시키는 것을 말한다. 휴직중인 경찰공무원은 휴직기간 중 그 사유가 소멸되면 30일 이내에 이를 임용권자 또는 임용제청권자에게 신고하여야 하며, 임용권자는 지체 없이 복직을 명하여야한다.

6) 정직

정직은 징계처분 중 중징계의 일종이다. 정직은 경찰공무원의 신분을 가지고 있으면서 1개월 이상 3개월 이하의 기간 동안 직무담당이 정지되고, 보수의 2/3가 감액된다.

7) 강등

해임과 정직 사이에 강등제를 신설하였다(국가공무원법 일부개정 2008.12.31, 2009.4.1. 시행) 강등은 1계급 아래로 직급을 내리고 공무원 신분은 보유하나 3개월간 직무에 종사하지 못하며, 그 기간 중 보수의 2/3를 감한다. 그리고 18개월간 승진 및 승급이 제한된다.

8) 감봉

감봉은 경찰공무원으로 신분을 보유하고 직무를 수행하지만, 1월 이상 3월 이하의 기간 동안 보수의 3분의 1을 감하는 것을 말한다.

9) 파견

국가사업의 수행, 행정지원, 연수, 기타, 능력개발 등을 위해 경찰공무원을 국가기관·공공단체·교육기관·연구기관 등에 파견근무하게 하는 것을 말한다. 파견은 전보에 준하는 변경행위의 일종이라 보아야 한다.[11]

파견기간은 1년 6월 이내로 한다. 다만, 특히 필요한 경우에는 6월의 범위안에서 이를 연장할 수 있다.

---

11) 한견우, 전게서, p.56.

Ⅲ. 경찰공무원관계의 소멸

경찰공무원관계의 소멸이란 경찰공무원으로서의 신분이 해소되는 경우를 말한다. 경찰공무원관계의 소멸에는 퇴직과 면직이 있다.

1. 퇴직

1) 의의

퇴직이란 퇴직사유의 발생과 더불어 당연히 경찰공무원의 신분이 상실되는 것을 의미한다. 현행법상 퇴직사유로는 「경찰공무원법」상의 결격사유발생, 사망, 임기만료, 정년, 국적상실의 경우가 있다.

(1) 당연퇴직

당연퇴직이란 임용권자의 처분에 의해서가 아니고, 법이 정한 일정한 사유가 발생함으로 인해 당연히 경찰공무원관계가 소멸되는 것을 말한다. 당연퇴직은 법정사유가 발생하면 곧바로 경찰공무원관계가 소멸되고, 퇴직자는 더 이상 경찰공무원이 아니다. 따라서 당연퇴직의 인사발령이 있었다고 하여도 이는 법률상 당연히 발생하는 퇴직사유를 공적으로 확인하여 주는 관념의 통지에 불과하므로, 항고소송의 대상이 되지 아니한다.[12)]

(2) 정년퇴직

경찰공무원의 정년퇴직에는 연령정년과 계급정년이 있다. 연령정년의 경우 계급에 상관없이 60세이며, 연령정년은 연장될 수 없다. 계급정년의 경우에는 치안감은 4년, 경무관은 6년, 총경은 11년, 경정은 14년을 근무하면 퇴직한다.

2. 면직

면직이란 특별한 행위에 의하여 경찰공무원관계가 소멸되는 경우이다. 이에는 경찰공무원의 사의표시에 의한 의원면직과 국가의 일방적 의사에 의한 일방적 면직이

12) 대판 1992. 1. 21, 91누 2687.

있다.

1) 의원면직(依願免職)

(1) 경찰공무원 자신의 사의표시에 의하여 경찰공무원관계를 소멸시키는 행위이다. 의원면직행위는 공무원 본인의 신청을 요건으로 하는 쌍방적 행정행위로 보는 것이 통설이다. 그러므로 공무원의 사의표시가 있어도 임용권자에 의한 면직처분이 있기까지는 공무원관계는 존속된다. 따라서 경찰공무원이 사직원만 제출하고 직장을 무단이탈하는 경우에는 징계 및 형사책임의 원인이 된다.[13]

(2) 의원면직은 공무원의 자유로운 사의표시를 전제로 하는 것이므로, 상사 등의 강요에 의한 사의표시를 이유로 면직 처분하는 것은 위법한 것으로 취소 또는 무효사유가 된다.[14] 또한 의원면직의 특별한 경우로 20년 이상 근속한 공무원이 정년 전에 자진하여 퇴직하는 명예퇴직제도도 이의 한 형태라고 할 수 있다. 이 경우에는 예산의 범위안에서 명예퇴직수당이 지급될 수 있다.

2) 일방적 면직(강제면직)

본인의 의사와는 상관없이 일방적으로 행해지는 면직처분으로서 강제면직이라고 한다. 여기에는 징계면직과 직권면직이 있다.

(1) 징계면직

징계면직은 징계처분에 의하여 공무원신분을 소멸시키는 것으로 이러한 징계면직에는 파면과 해임이 있다. 해임의 경우는 연금이 지급되는 점에서 연금이 제한되어 지급되는(퇴직급여액의 1/4~1/2 감액) 파면과 다르다. 파면은 5년간, 해임은 3년간 공직 재임용이 제한된다.

(2) 직권면직

① 국가공무원법상의 직권면직 사유

직권면직은 법정사유가 있는 경우에 본인의 의사에 불구하고 임용권자가 직권으로 행하는 면직처분을 말한다. 「국가공무원법」상의 직권면직 사유로는 ㉠ 직제와 정원의 개폐 또는 예산의 감소 등에 의하여 폐직 또는 과원이 되었을 때, ㉡ 휴직

13) 김철용, 전게서, p. 204.
14) 대판 1975. 6. 24, 75누46.

기간의 만료 또는 휴직사유가 소멸된 후에도 직무에 복귀하지 아니하거나 직무를 감당할 수 없을 때, ㉢ 당해 경과에서 직무를 수행하는데 필요한 자격증의 효력이 상실되거나 면허가 취소되어 담당 직무를 수행할 수 없게 된 때 등은 징계위원회의 동의를 요하지 않는 직권면직의 사유가 된다.

② 징계위원회의 동의를 요하는 직권면직 사유

㉠ 직위해제로 인하여 대기명령을 받은 자가 그 기간 중 능력의 향상 또는 근무성적의 향상을 기대하기 어렵다고 인정할 때

㉡ 경찰공무원으로서 부적합할 정도로 직무수행능력 또는 성실성이 현저히 결여된 자

㉢ 직무수행에 있어서 위험을 일으킬 우려가 있을 정도의 성격 또는 도덕적 결함이 있는 자 등이다.15)

Ⅳ. 경찰공무원의 불이익처분에 대한 구제

징계처분 기타 공무원의 의사에 반하는 불이익한 처분에 대한 구제수단으로는 처분사유 설명서의 교부 · 후임자 보충발령의 유예 · 고충심사청구 · 소청 · 행정소송 등이 있다.

1. 처분사유 설명서의 교부

1) 경찰공무원에 대하여 징계처분 · 휴직 · 직위해제 · 면직처분을 행할 때에는 처분권자는 처분사유 설명서를 교부하여야 한다. 다만 본인의 원(願)에 의한 휴직, 면직의 경우는 예외이다. 이처럼 처분사유 설명서를 교부하는 이유는 피처분권자에게 출소(出訴)의 기회를 부여하고 처분의 적법성을 보장하기 위한 것이다.

2) 처분사유 설명서의 교부가 처분의 효력발생요건인가 하는 것이 문제가 되는데, 처분사유 설명서 교부의 취지 및 당해 공무원이 처분사유 설명서를 받은 날을 소청제기 기간의 기산점으로 정하고 있는 점에 비추어 볼 때, 긍정적으로 보아야 할 것이다.

15) 김형중, 전게서, p. 481.

2. 소청(訴請)

1) 의의

소청이란 징계처분 기타 본인의 의사에 반하는 불이익처분을 받은 자가 관할 소청심사위원회에 심사를 청구하는 제도이다. 이는 행정심판의 일종으로서 공무원의 권리구제와 행정의 적정성 확보를 목적으로 한다.

2) 소청사항

소청의 대상은 징계처분·휴직·직위해제·면직처분 기타 본인의 의사에 반하는 불리한 처분[16]이나 부작위이다. 기타 본인의 의사에 반하는 불리한 처분이나 부작위에는 일반적으로 의원면직 형식에 의한 면직·대기명령·전직·전보 등이 포함된다.

3) 소청절차

소청은 징계처분·휴직·직위해제·면직처분에 대해서는 처분사유 설명서를 받은 날로부터 30일 이내, 기타의 경우에는 처분이 있음을 안 날로부터 30일 이내에 소청심사위원회에 심사를 청구할 수 있다. 여기서 '처분사유 설명서를 받은 날로부터'라 함은 공무원이 현실로 이를 수령한 날이 아니라, 공무원이 이를 볼 수 있는 상태에 놓여진 날을 의미한다는 것이 판례의 입장이다.[17]

4) 소청심사기관

소청심사위원회는 경찰공무원의 징계처분 기타 그 의사에 반하는 불리한 처분에 대한 소청을 심사하는 합의제 행정청이다. 행정자치부에 설치되며, 위원장을 포함한 5인 이상 7인 이내의 상임위원으로 구성된다. 다만 필요한 경우에는 약간 명의 비상임위원을 둘 수 있다.

5) 소청의 심사

소청심사위원회에 직권조사권이 부여되어 있다. 그리고 소청심사 시에는 반드시 소청인 또는 대리인에게 진술의 기회를 주어야 하며, 진술기회를 부여하지 아니한

16) 훈계, 권고, 내부적 결정 등은 '처분'의 성질을 가지지 않는 것이 명백하므로, 여기서 말하는 '처분'에서 제외된다.

17) 김형중, 전게서, p. 482.

결정은 무효이다.

6) 소청심사위원회의 결정

소청심사위원회의 결정은 재적의원 3분의 2이상의 출석과 재적위원 과반수의 합의에 의한다. 소청심사위원회의 결정은 기각·각하·취소 또는 변경·무효 확인·의무이행결정으로 구분된다. 소청을 심사한 경우에는 원징계보다 중한 징계를 과하는 결정을 하지 못하도록 하는 불이익변경금지의 원칙이 적용된다. 소청심사위원회의 결정은 관계 행정청을 기속한다. 따라서 처분청은 위원회의 결정내용에 따른 작위·부작위의 의무가 발생하게 된다.[18]

7) 소청심사위원회의 결정에 대한 불복

소청심사위원회의 결정에 대하여 불복이 있는 경우에는 바로 행정소송을 제기할 수 있다.

3. 행정소송

1) 소청을 제기한 자가 소청심사위원회의 결정에 불복이 있는 때에는 위법하다고 생각되는 경우에 한하여 결정서의 송달을 받은 날로부터 90일 이내에 행정소송을 제기할 수 있다. 이 경우 행정소송의 피고는 경찰청장이 됨이 원칙이나, 임용권을 위임한 경우에는 그 위임을 받은 자를 피고로 한다(「경찰공무원법」).

2) 또한 이러한 소송에도 행정심판전치주의가 적용되므로 원칙적으로 소청을 거치지 않고는 소송을 제기할 수 없다. 그러나 위원회가 60일이 경과되어도 결정을 하지 않거나, 긴급한 필요가 있을 때에는 직접 관할행정법원에 소송을 제기할 수 있다(「행정수송법」)

---

18) 김형중, 전게서, p.157.

4. 고충심사의 청구[19)]

1) 경찰공무원은 인사·조직·처우 등 직무조건과 기타 신상문제에 관하여 인사상담이나 고충심사를 청구할 수 있다. 이를 위하여 경찰청·지방경찰청 등에 경찰공무원 고충심사위원회를 둔다. 경찰공무원 고충심사위원회의 심사를 거친 고충심사와 경정 이상 경찰공무원의 고충심사는 「국가공무원법」에 의하여 설치된 중앙고충심사위원회에서 심사한다. 이 경우 중앙고충심사위원회의 기능은 소청심사위원회에서 관장하는데, 이러한 고충심사위원회는 공무원을 위한 옴부즈만(Ombudsman)적 성격을 가진다고 할 수 있겠다.

2) 경찰관청은 소청심사위원의 결정에 기속되는데 대하여, 고충심사위원회의 결정에는 법적 기속력이 인정되지 않으며 행정쟁송의 대상이 되지 않는다.

제 3 절 경찰공무원의 권리·의무

Ⅰ. 경찰공무원의 권리

1. 개설

국가공무원은 국민의 지위와 국가기관으로서의 지위라는 이중적 지위를 가지고 있기 때문에 일반국민이 부담하지 않는 특별한 의무와 책임을 지는 반면에, 일반국민에게 인정되지 않는 여러 가지 권리를 갖는다. 특히 경찰공무원은 사회질서유지라는 업무의 특수성으로 인하여 다른 공무원이 갖지 않는 특수한 권리를 가진다. 경찰공무원의 권리는 크게 나누어 신분상의 권리와 재산상의 권리로 나누어지는데,

---

19) 고충심사와 소청심사의 차이를 보면
첫째, 고충심사는 경찰공무원의 모든 신상문제가 대상이나, 소청은 신분상 불이익처분이 주요 대상이고,
둘째, 고충심사는 단순히 적정한 행정상 조치를 구하는 심사기능으로 심사청구기간도 별도로 정하여져 있지 않으나, 소청은 행정심판의 일종이고,
셋째, 고충심사는 심사결과에 기속력이 없으나, 소청은 결정에 기속력이 있다(김철용, 전게서, p. 215 참조).

이는 경찰공무원이 국가에 대하여 가지는 개인적 공권에 속한다.

2. 신분상의 권리

1) 일반공무원과 공통으로 갖는 권리

(1) 신분 및 직위보유권(職位保有權)

경찰공무원의 신분은 법률에 의해 보장된다(「헌법」). 즉, 경찰공무원은 형의 선고, 징계처분 또는 「국가공무원법」 및 「경찰공무원법」에 정하는 사유에 의하지 아니하고는 그 의사에 반하여 신분 및 직위를 상실당하지 아니한다. 다만, 시보임용기간(試補任用期間) 중에는 이 권리가 인정되지 아니하며, 치안총감 및 치안정감에 대하여도 이 권리가 인정되지 아니한다(「경찰공무원법 제30조」).

(2) 직무집행권과 직명사용권(職名使用權)

경찰공무원은 자기가 담당하는 직무를 방해받지 아니하고 집행하고,[20] 그 직명을 사용할 권리를 가진다. 따라서 직무를 방해한 자는 공무집행방해죄를 구성한다.

(3) 쟁송제기권(소청권, 행정소송권)

경찰공무원은 위법·부당하게 권리가 침해된 경우에는 소청 기타 행성소송을 제기할 권리가 있다. 이 경우에 행정소송의 피고는 경찰청장이 됨이 원칙이나, 임용권을 위임한 경우에는 그 위임을 받은 자를 피고로 한다.

2) 경찰공무원의 특수한 권리

(1) 제복·제모 착용권

경찰공무원은 제복·제모를 착용할 권리를 갖는데 이는 권리임과 동시에 의무이기도 하다.[21]

---

20) 직무집행권을 직위보위권의 한 내용으로 보는 견해도 있으나(홍정선, 전게서, p.179), 직무집행권과 직위보위권을 구별하여 다루는 견해도 있다(김남진, 전게서, p.217; 김철용, 전게서, p.216).

21) 제복을 입는다는 것은 특권이라기보다는 제약으로서의 성질이 강하므로 이는 권리로서 파악하기보다는 의무로서의 성질을 강조하는 것이므로, 제복착용권을 부인하는 견해도 있다(류지태, 『행정법신론』, 신영사, 2006, p.612 참조).

(2) 무기 등 휴대 · 사용권

경찰공무원은 그 직무의 특성상 공무수행에 필요하다고 인정되는 상당한 이유가 있을 때는 합리적으로 판단하여 필요한 한도 내에서 수갑 · 포승 · 경찰봉 등 경찰장구를 사용할 수 있다. 그리고 직무수행을 위하여 필요한 때에는 무기를 휴대할 수 있고, 일정한 요건 하에서 무기를 사용할 수 있다(「경찰관직무집행법」).

3. 재산상의 권리

1) 보수청구권

(1) 의의

경찰공무원은 근로의 대가로서의 보수청구권을 가지며, 보수라 함은 봉급과 기타 각종 수당을 포함한 금액을 말한다. 보수의 성질에 대하여는 직무에 대한 반대급부라고 보는 반대급부설과 공무원의 생활보장을 위하여 국가가 지급하는 금품이라는 생활자금설이 있으나, 공무원의 보수는 이러한 두 가지 성질을 모두 갖는다고 보아야 한다.

(2) 보수청구권의 성질 · 양도 · 소멸시효

보수청구권은 공법상의 권리로서 그에 대한 분쟁은 행정쟁송의 방법으로 해결되어야 할 것이며, 양도 · 포기는 불가능하다. 공무원의 보수에 대한 압류는 2분의 1에 대해서만 가능하고, 보수청구권의 소멸시효는 국가재정법상 5년이다. 그러나 대법원은 보수청구권의 소멸시효를 3년으로 판시하고 있다(대판 1966.9.20, 65다 2506).

2) 연금청구권

(1) 의의 및 종류

연금이란 경찰공무원이 퇴직 또는 사망하거나 공무로 인해 질병 · 부상당한 경우에 공무원 또는 그 유족에게 지급되는 급여를 말한다. 연금에는 단기급여(공무상요양비 · 재해부조금 등)와 장기급여(퇴직급여 · 장해급여 등)가 있다.

(2) 급여의 결정과 불복

「공무원연금법」상의 급여는 행정자치부장관의 결정으로 공무원연금관리공단이 지급하는 것을 원칙으로 하며, 현재 행정자치부장관의 결정권은 공단에 위탁되어 있다. 급여에 관한 결정에 이의가 있는 자는 공무원급여 재심위원회에 심사를 청구할 수 있고, 그 심사결정에 불복하는 경우에는 공무원연금관리공단의 결정을 대상으로 항고소송을 제기할 수 있다.[22]

(3) 양도 · 압류 · 소멸시효

연금을 받을 권리는 원칙적으로 이를 양도 · 압류하거나 담보에 제공할 수 없다. 연금을 받을 권리는 그 급여의 사유가 발생한 날로부터 단기급여에 있어서는 1년간, 장기급여에 있어서는 5년간 행사하지 않으면 시효가 소멸한다(「공무원연금법」).

3) 실비변상(實費辨償) · 실물대여(實物貸與)를 받을 권리

(1) 실비변상을 받을 권리

경찰공무원은 공무집행상 특별한 비용을 요할 때에는 따로 실비변상을 받는다(예컨대, 여비 · 운임 · 숙박료 등).

(2) 실물대여를 받을 권리

경찰공무원은 경찰공무원 급여품 및 대여품 규정에 의하여 제복 기타 물품의 급여 · 대여를 받는다. 경찰관이 급여품 또는 대여품을 분실하거나 훼손한 것이 고의 또는 중대과실로 인한 것인 때에는 그 대가를 변상 하여야 한다. 그리고 경찰관이 퇴직하였을 때에는 급여품 및 대여품을 반납하여야 한다.

4) 보훈을 받을 권리

국가경찰공무원으로서 전투 기타 직무수행 또는 교육훈련중 사망한 자(공무상 질병으로 사망한 자 포함) 및 상이(공무상의 질병을 포함)를 입고 퇴직한 자와 그 유족 또는 가족은 국가유공자등예우및지원에관한법률이 정한 바에 의하여 예우를 받는다. 제주자치도 자치경찰공무원의 경우도 같다.[23]

---

22) 공무원연금관리공단의 급여결정에 불복하는 자는 공무원연금급여재심위원회의 심사결정을 거쳐 공무원연금공단의 급여결정을 대상으로 행정소송을 제기하여야 한다(대판 1996. 12. 6, 96누6417).

23) 홍정선, 전게서, p. 187.

Ⅱ. 경찰공무원의 의무

1. 개설

공무원은 주권을 가진 국민의 수임자(受任者)이며, 국민 전체에 대한 봉사자로서의 지위에 있기 때문에 일반 국민이 가지지 아니하는 특별한 의무를 진다. 종래 공무원의 근무관계의 본질은 특별권력(행정법) 관계에서 구하는 것이 통설이었다. 그러나 오늘날에는 공무원에 관한 사항은 모두 법률 또는 대통령령 등으로 정하도록 되어 있기 때문에, 공무원의 의무에 대한 근거는 법률의 근거에서만 가능하다.

경찰공무원의 의무는 모든 공무원이 가지는 「공통적 의무」와 경찰공무원만이 가지는 「특수한 의무」로 나눌 수 있다. 모든 공무원이 지켜야 할 「공통적 의무」는 국가공무원법에, 경찰공무원에게만 해당되는 「특수한 의무」는 경찰공무원법에 규정되어 있다.

2. 경찰공무원의 주요의무

1) 국가공무원법상 의무

(1) 선서의무

모든 공무원은 취임할 때에 소속기관장 앞에서 선서할 의무를 지고 있다. 선서는 공무원의 직무행위에 대한 법률상 효과발생의 요건이 아니므로, 선서를 하지 않고 한 행위라 할지라도 법적 효과 발생에는 영향이 없다.

(2) 성실의무

모든 공무원은 국민 전체에 대한 봉사자로서 공익을 위하여 성실히 근무하여야 한다. 이 성실의무는 공무원의 의무 중에서 가장 핵심적이며 기본적인 의무이다. 공무원의 성실의무는 경우에 따라서는 근무시간 외에 근무지 밖에까지도 미칠 수 있다는 것이 판례의 입장이다.[24] 따라서 이 의무는 윤리적 성격이 강하기는 하지만, 윤리적 의무보다는 법적 의무로 이해되어야 한다.

24) 대판 1997. 2. 11, 96누 2125.

(3) 직무상 의무

직무상 의무에는 ① 법령준수의 의무 ② 복종의 의무 ③ 직무전념의 의무 ④ 친절·공정의 의무 등이 있다.

① 법령준수의무

모든 공무원은 법령을 준수하여야 할 의무를 진다. 이 의무는 합법성을 요구하는 공무원의 직무상 의무이다. 법령준수위반은 위법행위 또는 불법행위로서 무효·취소의 원인이 되며, 공무원 자신은 징계·형사 또는 민사상 책임을 진다.

② 복종의무

공무원은 직무를 수행함에 있어서 소속상관의 직무상의 명령에 복종하여야 한다. 이 같은 복종의무는 직무수행상의 통일적이고 유기적인 수행을 확보하기 위한 것이다.

가) 소속 상관

소속 상관이라 함은 당해 직무에 관하여 지휘·감독권을 가진 기관의 직에 있는 자로서 직무상 소속 상관을 말한다. 이러한 의미의 소속 상관에는 소속기관의 장뿐만 아니라, 보조기관의 상급자와 기타 지휘·감독권을 가진 상급자를 포함한다.

나) 직무명령

㉠ 의의

직무명령이란 소속상관이 직무에 관하여 발하는 일체의 명령을 의미한다. 이는 법조(法條)의 형식으로 발해지더라도 일반 국민을 구속할 수 없다는 점에서 법규와 구별된다. 그리고 직무명령은 상관이 직무에 관하여 부하에게 발하는 명령인 점에서, 상급관청이 하급관청에 대하여 발하는 명령인 훈령과도 구별된다.

㉡ 직무명령의 요건

직무명령이 유효하기 위해서는 형식적 요건과 실질적 요건을 갖추어야 하며, 이러한 요건을 하나라도 결한 직무명령은 위법·부당한 것이 된다.

㉮ 형식적 요건

형식적 요건으로는, 첫째, 직무상 상사가 발한 것일 것, 둘째, 부하공무원의 직무에 관한 것일 것, 셋째, 직무상 독립적으로 보장되고 있지 않은 사항에 관한 것일 것, 넷째, 적법한 절차로 발해진 것일 것, 다섯째, 기타 법규에 저촉하는 것이 아닐 것 등을 들 수 있다.

㉯ 실질적 요건

실질적 요건으로 직무명령은 적법·타당하며, 실현 가능하고, 명백할 것이 요구된다.

다) 복종의무의 한계와 심사권

㉠ 형식적 요건과 복종의무

형식적 요건은 구비 여부가 외관상 명백한 것이 보통이므로 부하 공무원은 형식적 요건에 관해서는 심사권을 가지며, 요건이 결여된 경우에는 복종을 거부하여야 한다. 따라서 위법함을 알고도 복종을 거부하지 않았다면 그에 대한 책임을 면할 수 없다.[25]

㉡ 실질적 요건과 복종의무

직무명령의 내용이 명백하게 범죄를 구성하거나 직무명령에 중대하고 명백한 하자가 있는 경우에는 부하 공무원은 복종을 거부하여야 한다. 그러나 상관의 직무명령에 하자(흠)가 있더라도 단순히 법령해석상의 견해 차이에 불과하거나 직무명령이 부당하다고 인정되는데 그치는 경우, 부하공무원은 자기의 의견을 진술할 수 있을 뿐 복종을 거부할 수 없다.

라) 직무명령이 경합된 경우

둘 이상의 상급공무원으로부터 서로 모순되는 직무명령을 받았을 때에는, 상급의 상관에게 복종해야 한다는 상급상관설과 직근상관에게 복종하여야 한다는 직근상관설의 대립이 있다. 직근상관설이 통설적 견해이다.

③ 직무에 전념할 의무

가) 직장이탈금지의무

공무원은 직무에 전념할 의무를 진다. 따라서 공무원은 소속상관의 허가나 정당한 이유 없이 직장을 이탈하지 못한다. 이 의무는 근무시간 중에 성립하는 것이나, 시간 외 근무명령이 있는 경우에도 성립한다. 이를 위반하면 형법상의 직무유기죄를 구성한다.[26]

25) 대판 1988. 2. 23, 87누 2358; 대판 1967. 2. 7, 66누 168.

나) 영리업무 및 겸직금지의무

경찰공무원은 공무 이외에 영리를 목적으로 하는 업무에 종사하지 못하며, 소속 기관장의 허가 없이 다른 직무를 겸하지 못한다.[27]

④ 친절·공정의무

경찰공무원은 국민 전체의 봉사자로서, 공(公)·사(私)를 불문하고 인권을 존중하며 친절·공정하게 직무를 수행하여야 한다. 친절공정의 의무는 단순한 도덕상 의무에 그치는 것이 아니고 법적 의무로서, 이에 위반하면 징계의 사유가 된다.

(4) 신분상 의무

① 비밀엄수 의무

가) 의의

직무상 비밀이란 공무원 자신이 처리하는 직무에 관한 비밀뿐만 아니라 직무에 관련하여 지득한 비밀도 포함한다. 공무원은 재직 중은 물론 퇴직 후에도 직무상 알게 된 비밀을 엄수하여야 한다.

나) 비밀의 개념

비밀의 개념 정의에는 형식설과 실질설이 대립하고 있다. 형식설은 행정기관이 비밀로 취급한 것은 모두 비밀에 해당하는 것으로 보는 견해이고, 실질설은 객관적·실질적으로 비밀성이 있는 것으로서, 형벌로서 보호할 만한 가치가 있는 것만을 비밀로 보는 견해이다. 오늘날 민주국가에서의 행정의 공개원칙 및 국민의 알권리와 관련하여 볼 때 실질설이 타당하며,[28] 판례도 이와 같은 입장이다.[29]

다) 직무상 비밀과 증언 등의 거부

㉠ 형사소송법·민사소송법상의 규정

공무원 또는 공무원이었던 자가 법원 기타 법률상 권한을 가진 관청의 증인 또는 감정인이 되어 직무상 비밀에 '대하여 심문을 받을 때에는, 소속공무원 또는 감독관청

---

26) 공무원이 출장 중 점심시간대를 훨씬 지난 시각에 근무장소가 아닌 유원지에 들어가 함께 출장근무 중이던 여직원에게 성관계를 요구한 것은 직장이탈금지에 해당한다(대판 1984. 5. 29, 83누 266).

27) 국가공무원복무규정 25조(영리업무의금지), 제26조(겸직허가) 참조.

28) 김동희, 전게서, p. 169.

29) 대판 1996. 10.11, 94누7171.

의 허가를 받은 사항에 한하여 진술할 수 있고 기타의 사항은 거부하여야 한다.[30]

ⓛ 국회에서의 증언 · 감정

공무원 또는 공무원이었던 자가 국회로부터 증언의 요구를 받은 경우에는 특례가 인정되어, 그 증언할 사항이 직무상 비밀에 속한다는 이유로 증언을 거부할 수 없다(「국회에서의 증언 · 감정 등에 관한 법률」). 다만, 군사 · 외교 · 대북관계의 국가기밀에 관한 사항으로서 그 발표로 말미암아 국가안위에 중대한 영향을 미친다는 주무장관의 소명이 있는 경우에는 그러하지 아니하다.

라) 비밀엄수의무의 위반효과

비밀엄수에 위반한 경우에는 징계사유가 될 뿐만 아니라, 특히 법령에 의해 직무상 비밀로 규정되어 있는 내용을 누설한 경우에는 형사상의 피의사실공표죄, 공무상 비밀누설죄로 처벌된다.

② 품위유지의무

모든 공무원은 직무의 내외를 불문하고 그 품위를 손상하는 행위를 하여서는 아니된다. 그러나 품위유지의무는 공직의 체면 · 위신 · 신용에 직접적인 영향이 있는 경우를 제외하고는 공무원의 사생활(예컨대, 단순한 방탕이나 술을 자주 마시는 행위 등)에까지 미치지는 않는다고 할 것이다.

③ 청렴의무

「공직자윤리법」[31]은 일정한 공직자의 재산등록 및 공개, 선물의 신고의무, 일정한 직급 또는 직무분야에 종사하였던 퇴직공무원에 대한 취업제한 등을 규정하고 있다.

가) 직무상의 증여 등의 수수 · 공여의 금지

공무원은 직무와 관련하여 직접 또는 간접을 불문하고 사례 · 증여 또는 향응을 수수할 수 없으며, 직무상의 관계 여하를 불문하고 그 소속상관에게 증여하거나 소속공무원으로부터 증여를 받아서는 아니된다. 이 의무위반은 징계사유가 될 뿐만 아니라 형법상의 증 · 수뢰죄를 구성하게 된다.

---

30) 형사소송법 제147조, 제177조; 민사소송법 제276조, 제305조.

31) 공무원이 공직자 윤리법상 의무를 위반한 경우는 징계책임 뿐만 아니라 형사책임(재산등록거부의 죄 · 허위자료 제출 등의 죄 · 출석거부의 죄 등)까지 지게 된다.

나) 재산등록 및 공개의무

경찰공무원 중 재산등록 의무자는 경사 이상의 모든 경찰관이며, 경찰공무원 중 치안감 이상의 경찰공무원 및 특별시·광역시·도(道)의 지방청장의 경우에는 공개하는 것을 원칙으로 하고 있다.

④ 외국정부의 영예등의 제한

공무원은 대통령의 허가 없이 외국정부로부터 영예 또는 증여를 받지 못한다. 이것은 공무원이 국민에 대한 봉사자임을 일깨우며, 공무원에 대한 외국정부의 영향을 배제하기 위한 규정으로 볼 수 있다.

⑤ 정치운동금지의무

공무원은 국민 전체의 봉사자로서 정치적 중립성을 지키기 위하여 정치 목적을 가진 일체의 행동을 못하며, 정당에 가입하거나 정치단체 결성에 관여하는 행위 등 정치행위를 금지하고 있다.

⑥ 집단행위의 금지의무

「헌법」은 "공무원인 근로자는 법률이 정하는 자에 한하여 단결권·단체교섭권 및 단체행동권을 가진다"고 규정함으로써, 원칙적으로 공무원의 근로삼권을 부정하고 있다. 또한 「국가공무원법」도 노동운동을 비롯한 공무 이외의 집단적 행위를 포괄적으로 금지하고 있다. 따라서 사실상 노무에 종사하는 공무원과 대통령령으로 정하는 공무원 이외에는 노동운동 등 기타 집단행동은 하지 못한다.

2) 경찰공무원법상의 특수한 의무

경찰공무원법상 다음과 같은 사항 등은 경찰공무원이 갖는 특수한 의무규정 등이라고 볼 수 있다.

(1) 허위보고 및 통보금지의무

경찰공무원은 직무에 관하여 허위보고나 통보를 하여서는 아니되며, 또한 직무를 태만히 하거나 유기하여서는 아니된다.

(2) 지휘권남용 등의 금지의무

전시·사변 기타 이에 준하는 비상사태에 처하거나 작전수행중인 경우 또는 많은 인명손상이나 국가재산손실의 우려가 있는 위급한 사태가 발생한 경우에, 경찰공무원을 지휘·감독하는 자는 정당한 사유없이 그 직무수행을 거부 또는 유기하거나 경찰공무원을 지정된 근무지에서 진출·퇴각 또는 이탈하게 하여서는 아니된다.

(3) 제복착용·무기휴대의 의무

경찰공무원은 제복·제모를 착용할 권리를 갖는 동시에 이를 착용하여야 할 의무도 갖는다.

또한 경찰공무원은 직무수행을 위하여 필요한 때에는 무기를 휴대할 수 있으며, 무기를 휴대하라는 명령에 따른 휴대는 의무의 성질을 갖는다.

3) 경찰공무원 복무규정상의 의무

경찰공무원복무규정에 의거 직무수행시 행동규칙으로 다음과 같은 것 등이 있다. ① 근무시간중 음주금지의무, ② 민사관계의 부당개입금지의무, ③ 상관에 대한 신고 및 보고의무, ④ 지정장소 외에서의 직무수행금지의무와 비상대기의무, ⑤ 휴무일 또는 근무시간 외에 공무 아닌 사유로 즉시 직무에 복귀하기 어려운 지역으로 여행을 하고자 할 때에는 소속기관의 장에게 신고를 하여야 할 「여행제한 의무」 등이 있다.

Ⅲ. 경찰공무원의 책임

1. 개설

경찰공무원이 경찰공무원의 신분에서 의무를 위반함으로써 받게 되는 불이익이나 법적 제재를 경찰공무원의 책임이라 한다. 경찰공무원의 책임은 광의와 협의의 책임으로 나눌 수 있다.

1) 협의의 경찰공무원 책임

경찰공무원이 경찰공무원으로서 지는 의무를 위반하였기 때문에 경찰공무원 관계 내부에서 지게 되는 법적 제재이다. 이에는 징계책임과 국고에 대한 변상책임이 있다.

2) 광의의 경찰공무원 책임

협의의 경찰공무원 책임뿐만 아니라 그밖에 경찰공무원의 행위가 사회법익을 침해함으로써 지는 형사상의 책임·타인의 권리를 침해하여 손해를 발생시킴으로써 지게 되는 민사상의 책임을 포함한다.

2. 경찰공무원법상 책임(행정상의 책임)

1) 징계책임

(1) 징계의 의의 및 성질

① 징계의 의의

징계란 경찰공무원의 의무위반에 대하여 공법상 특별행정법 관계의 질서를 유지하기 위하여 국가가 특별권력에 의거하여 과하는 제재를 말하며(징계벌), 이 징계벌을 받을 지위를 징계책임이라 한다.

② 징계벌과 형벌의 비교

징계벌과 형벌은 권력의 기초·목적·내용·대상을 달리하기 때문에, 동일한 행위에 대하여 양자를 병과하더라도 일사부재리의 원칙에 저촉되지 아니한다.[32)]

㉠ 권력적 기초

징계벌은 직접적으로 경찰공무원관계에 입각한 특별권력에 기초하고 있는데 반하여, 형벌은 일반통치권에 근거하여 과해진다.

㉡ 목적

징계벌은 경찰공무원관계 내부의 질서를 유지하는 것을 목적으로 하는데 반하여, 형벌은 일반사회의 질서유지를 목적으로 한다.

㉢ 내용

징계벌은 경찰공무원의 신분상 이익의 전부 또는 일부를 박탈함을 내용으로 하는데 반하여, 형벌은 신분상·재산상 이익·신체의 자유까지도 박탈함을 포함한다.

㉣ 대상

징계벌은 경찰공무원법상의 의무위반을 대상으로 하는데 반하여, 형벌은 형법상

---

32) 대판 1986. 11. 11, 86누 59.

의 의무위반을 대상으로 한다.

(2) 징계사유

① 징계사유는 원칙적으로 징계책임법정주의가 채택되어 있다. 국가공무원법상의 징계사유로는 ㉠ 법령위반, 즉 국가공무원법 및 동법(同法)에 의한 명령에 위반하였을 때(법령위반), ㉡ 직무상의 의무위반, 즉 직무상의 의무에 위반하거나 직무를 태만한 때(의무위반 · 직무태만), ㉢ 직무의 내외를 불문하고 그 체면 또는 위신을 손상하는 행위를 한 때 등이다. 이러한 징계사유는 고의 · 과실의 유무와 관계없이 성립하며, 그 감독자도 감독의무를 태만히 한 경우에는 그 책임을 면치 못한다.

② 징계의 시효기간은 징계사유가 발생한 날로부터 2년, 단 금품 · 향응의 수수 또는 공금의 횡령 · 유용의 경우는 5년이 경과하여야 시효기간이 소멸된다. 특히 징계사유의 시효가 5년인 의무위반행위 및 「성폭력범죄의 처벌 및 피해자 보호 등에 관한 법률」에 따른 성폭력범죄는 감경을 할 수 없는 징계감경금지대상이다.

(3) 징계의 종류

원칙적으로 징계종류의 선택은 징계권자의 재량적 판단에 속하나, 징계사유와 징계벌 사이에 비례원칙이 준수되지 않으면 재량권남용으로 위법한 것이 된다. 공무원법상 징계의 종류는 파면 · 해임 · 강등 · 정직 · 감봉 · 견책의 6가지가 있다. 파면 · 해임 · 강등 또는 정직은 중징계이며, 감봉 또는 견책은 경징계라고 한다.

(4) 징계의 양정(量定)에 있어서의 재량인정 여부

① 징계사유

징계사유가 있는 때에는 징계요구권자는 반드시 징계위원회에 징계를 요구해야 하므로, 징계를 요구할 것인가에 관하여는 결정재량이 인정되지 않는다.

② 징계의 종류

징계의 종류 중 어느 것을 선택할 수 있는지에 대해서는 선택재량이 인정된다. 대법원은 징계종류의 선택과 관련하여 기속적 재량행위로 본 경우도 있고, 자유재량행위로 본 경우도 있다. 최근 판례는 단순히 재량행위로 보고 있다.[33]

33) 공무원인 피징계자에게 징계사유가 있어서 징계처분을 하는 경우 어떠한 처분을 할 것인가는 징계권자의 재량에 맡겨진 것이다(대판 1997. 11. 25, 97누14637).

(5) 징계부가금(국가공무원법 제78조의2)

① 징계의결을 요구하는 경우 그 징계사유가 금품 및 향응수수, 공금의 횡령·유용인 경우에는 해당 징계 외에 금품 및 향응 수수액, 공금의 횡령액·유용액의 5배 내의 징계부가금 부과의결을 징계위원회에 요구하여야 한다.

② 징계위원회에서 징계부가금 의결을 하기 전에 금품 및 향응수수, 공금의 횡령·유용으로 다른 법률에 따라 형사처벌을 받거나 변상책임 등을 이행한 경우(몰수나 추징을 포함)에는 징계위원회는 징계부가금을 조정하거나 감면 등의 조치를 하여야 한다.

③ 징계부가금 부과처분을 받은 사람이 납부기간 내에 그 부가금을 납부하지 아니한 때에는 처분권자(대통령이 처분권자인 경우에는 처분제청권자)는 국세체납처분의 예에 따라 징수할 수 있다.

(6) 징계의 절차

경찰공무원의 징계는 반드시 징계위원회의 절차를 거쳐야 하며, 징계권자가 징계의결을 집행[34]한 때에는 징계의결서의 사본을 첨부하여 징계처분사유설명서를 교부하여야 한다. 따라서 징계절차를 거치지 아니한 징계는 무효가 된다. 징계의 절차는 경찰기관장의 요구 → 징계위원회의 의결 → 인사권자의 집행(징계변경) 순으로 집행된다.

(7) 징계권자

경찰징계권은 인사권자(임용권자)가 보유하는 것이 원칙이다. 징계권자는 대통령과 경찰청장, 그리고 (징계위원회가 설치된)소속기관의 장이 집행한다.

① 중징계의 집행

경무관 이상의 강등·정직과 경정 이상의 파면·해임은 경찰청장의 제청으로 행정자치부장관과 국무총리를 거쳐 대통령이 집행한다. 반면, 총경 및 경정의 강등·정직, 그리고 경감 이상의 파면·해임·강등·정직은 경찰청장이 행한다.

34) 징계의결을 요구한 자는 감봉 또는 견책의 징계의결을 통고받은 때에는 통고를 받은 날로부터 15일 이내에 집행하여야 한다.

② 경징계의 집행

징계위원회의 의결을 거쳐 징계위원회가 설치된 소속기관의 장이 행사한다. 그리고 국무총리 소속하에 설치된 징계위원회에서 의결한 경무관 이상의 경징계는 경찰청장이 행사한다.

(8) 징계의 효과

① 징계처분을 받은 자는 그 징계처분을 받은 날 또는 그 집행이 종료된 날로부터 승진임용과 승급에 있어 제한을 받으며, 파면 또는 해임처분을 받은 자는 경찰공무원의 임용자격이 박탈된다.

② 경찰공무원의 징계는 준사법적 행정행위로서, 징계처분 등에 대해서는 징계권자가 이를 취소하거나 철회할 수가 없다.

③ 징계는 경찰관청의 권력적 의사표시인 법집행행위로서 경찰처분에 해당하기 때문에, 행정소송의 대상이 된다.

(9) 징계에 대한 구제

① 징계처분을 받은 자는 처분사유서를 받은 날로부터 30일 이내에 소청심사위원회에 이의신청을 할 수 있고, 소청심사위원회의 결정에 대해서 불복이 있거나 소청제기 후 60일이 지나도 위원회의 결정이 없는 때에는 행정소송을 제기할 수 있다.

② 「국가공무원법」은 행정소송을 제기하기 위해서는 소청심사위원회의 심의·결정을 반드시 거쳐야 하는 필수적인 소청심사전치주의를 규정하고 있다(「국가공무원법」). 그리고 소청심사위원회의 결정에는 불이익변경금지원칙이 적용된다.

(10) 재징계 의결요구(국가공무원법 제 78조의 3, 법률 일부개정 2010.3.22. 공포·시행)

① 처분권자(대통령이 처분권자의 경우에는 처분제청권자)는 아래의 사유로 소청심사위원회 또는 법원에서 징계처분 등의 무효 또는 취소(취소명령포함)의 결정이나 판결을 받은 경우에는 다시 징계의결 또는 징계부가금 부과의결을 요구하여야 한다. 재징계의결 사유로는

㉠ 법령의 적용, 증거 및 사실조사에 명백한 흠이 있는 경우(실체적 하자),

㉡ 징계위원회의 구성 또는 징계의결, 그 밖에 절차상의 흠이 있는 경우(절차적 하자),

㉢ 징계양정이 과다한 경우 등이다. 다만 징계양정이 과다한 사유로 무효 또는 취소의 결정이나, 판결을 받은 "감봉이나 견책" 처분에 대하여는 징계의결 등을 요구하지 아니할 수 있다.

② 처분권자는 소청심사위원회의 결정 또는 법원의 판결이 확정된 날로부터 3개월 이내에 관할징계위원회에 재징계의결등을 요구하여야 한다. 이 경우 관할징계위원회에서는 다른 징계사건에 우선하여 징계의결 등을 하여야 한다.

2) 변상책임

(1) 국가배상법에 의한 변상책임

경찰공무원은 「국가배상법」이 정하는 바에 의하여 국가에 대하여 변상책임을 진다. 즉, 경찰공무원이 그 직무를 행함에 있어서 고의 또는 중대한 과실로 법령에 위반하여 타인에게 손해를 가하여, 국가가 배상을 한 때에는, 그 경찰공무원에게 구상할 수 있게 되어 있다. 그리고 그 구상권에 따라 해당 경찰공무원은 국가에 대하여 변상책임을 지게 된다(「국가배상법」).

(2) 회계관계직원 등의 변상책임

「회계관계직원 등의 책임에 관한 법률」 등에 의해 ① 회계관계경찰공무원이 고의·중과실로 의무위반행위를 함으로써 국가 등의 재산에 손해를 끼친 경우, ② 현금 또는 물품의 출납·보관자가 그 보관에 속하는 현금 또는 물품을 망실·훼손하였으나 선량한 관리자의 주의를 태만하지 않았다는 입증을 못하는 경우에는 변상책임이 있다. ③ 공무원의 변상책임 유무의 판정과 배상액의 결정은 감사원이 행한다.

3) 민·형사상 책임

경찰공무원이 직무상 불법행위로 개인에게 재산상의 손해를 가한 경우에 경찰공무원이 개인에게 직접 배상책임을 지느냐에 대하여는 견해가 대립하고 있다. 판례는 공무원의 고의·중과실에 기인하여 손해가 발생한 경우에는 선택적 청구권을 인정하고, 경과실(가벼운 과실)에 기인한 경우에는 이를 부정하고 있다.[35] 즉, 공무원

35) 대판 1996. 2. 15, 95다38677.

이 고의·중과실인 경우 공무원 개인의 민사책임을 인정하고 있다. 아울러 경찰공무원의 일정한 행위가 형사상의 범죄를 구성하는 경우에는 형사상의 책임을 지게 된다.

제 4 장
경찰작용법

제 1 절 경찰권의 발동근거

Ⅰ. 개설

경찰작용은 권력적·명령작용으로서 사회공공의 안녕과 질서를 유지하기 위하여 국민의 권리와 자유를 침해하는 전형적인 권력작용이다. 따라서 법치주의 원칙상 경찰권의 발동에는 반드시 법률의 근거가 있어야 하며, 개별법적 근거를 요한다. 「경찰관직무집행법」을 비롯한 개별법은 경찰권발동을 위한 근거가 되며, 이를 개별적 수권규정(표준적 직무행위)이라고 한다. 그러나 경찰작용은 목전의 급박한 위험방지를 임무로 할 뿐만 아니라, 경찰작용의 성질상 요건과 효과를 입법기관이 법률에 구체적으로 규정하는 것은 불가능하다. 따라서 어느 정도 불확정 개념의 사용이 불가피하며, 더 나아가 일반조항에 의한 경찰권 발동이 가능하다고 본다. 이처럼 경찰작용과 관련하여 일반적 수권조항(授權條項)을 허용할 수밖에 없다면, 우리나라의 경우 일반적 수권조항이 존재하는가 하는 문제와 경찰권 발동에 관한 경찰행정법의 일반법원칙에 의한 기속여부가 검토되어야 한다.

Ⅱ. 경찰권의 근거

1. 법률유보의 원칙과 경찰권 발동의 근거

1) 경찰권은 국민의 기본권을 제한·침해하는 전형적 권력작용이므로, 법률에 의한 행정의 원칙에 따라 국회가 제정한 법률에 따라서만 발동될 수 있다. 예외적으로 법률에서 구체적으로 범위를 정하여 위임한 경우에는 법규명령의 형식으로 경찰권 발동의 근거를 찾을 수 있다.

2) 다만 법률의 근거가 있는 경우에도 1) 국민의 자유와 권리의 본질적인 내용은 침해할 수 없으며(헌법 제37조 제2항), 2) 그 법률은 원칙적으로 개별적 작용법(개별적수권규정)이어야 한다는 점이다.

2. 법률유보의 방식

경찰작용의 법적근거의 방식에는 ① 일반경찰법상 개별적 수권조항에 의한 개별수권의 방식(경찰관직무집행법상 제3조 이하). ② 특별경찰법상 조항에 의한 개별수권의 방식[1](도로교통법·식품위생법·폐기물관리법 등), ③ 일반경찰법상 일반조항(개괄조항)에 의한 개괄수권의 방식이 존재한다.

Ⅲ. 일반적 수권조항에 의한 경찰권 발동의 근거

1. 개설

경찰권 행사는 국민의 기본권을 제한·침해하는 전형적 권력작용이다. 따라서 경찰작용은 다른 어떤 행정작용 분야보다도 법치주의 대원칙에 따라, 개별적인 경찰상의 처분 등은 법률의 근거가 있어야 한다는 법률유보의 원칙이 적용된다. 이러한

1) 위험방지의 목적에 기여하는 법규는 일반경찰행정법외에 특별법으로 규정되기도 한다. 특별법에 따른 위험방지는 반드시 제도적 의미의 경찰에 의해서 수행되는 것만은 아니며, 그것은 관련 주무장관 등에 의해 수행되기도 한다. 예컨대 교통상 안전 및 질서유지를 위한 법령(도로교통법·선박법·항공법), 식품위생법, 공중위생관리법 등 영업경찰법령, 의료법 등 보건관계법령 등 특별행정법의 모든 영역에서 경찰권을 개별적으로 수권하고 있다.

법률적 근거는 일반적 수권조항의 형태로, 또는 개별적 수권조항의 형태로 존재할 수 있다.

1) 의의

일반적 수권조항이라 함은 경찰권의 권한을 규정한 조항으로서 그 내용이 개별적인 권한 내용을 구체화하고 있는 것이 아니라, 일반적인 위해방지를 위한 추상적인 내용으로 규정되어 있는 것을 말한다.

2) 경찰관직무집행법 제2조 제7호의 내용에 관한 논의

(1) 「경찰관직무집행법」제2조는 '경찰관은 다음 각 호의 직무를 행한다'라고 하여 ① 국민의 생명·신체 및 재산의 보호 ② 범죄의 예방·진압 및 수사, ③ 경비·요인경호 및 대간첩작전수행, ④ 치안 정보의 수집·작성 및 배포, ⑤ 교통의 단속과 위해의 방지, ⑥ 외국 정부기관 및 국제기구와의 국제협력, ⑦ 기타 공공의 안녕과 질서유지"를 경찰관의 직무범위로서 규정하고 있다.

(2) 경찰관직무집행법 제2조는 경찰관의 임무를 정하는 규범일 뿐이지, 경찰의 임무수행에 필요한 사인(私人)에 대한 침해까지 가능하게 하는 규범은 아니다. 문제는 제7호의 '기타 공공의 안녕과 질서유지'에 관한 규정을 임무규정[2]으로 파악할 것인가, 아니면 일반적 수권조항으로 볼 것인가 하는 점이다.

2. 일반적 수권조항의 필요성

원칙적으로 경찰권 발동의 근거가 되는 수권법규는 구체적으로 또 명확하게 규정되어 있는 개별적 수권조항으로 되어 있는 것이 이상적이다. 그러나 기술수준의 변화, 사회적 사정의 변화 등으로 입법자가 예상할 수 없는 경찰상의 위해가 발생하는 경우에는 미리 규정된 개별적인 수권조항에 의하여 해결되지 못하는 경우가 존재한다. 뿐만 아니라 개별적 수권조항에 있어서도 경찰작용의 성질상 불확정 개념을 사용하거나 재량을 인정하는 것이 불가피한 경우가 있다. 따라서 경찰작용의 긴

2) 경찰의 임무규범은 경찰이 수행하여야 할 과제인 동시에 다른 행정권과의 직무 한계를 설정해주는 것으로 비침해적 경찰작용을 위한 근거가 된다. 반면 수권규범은 경찰이 행할 수 있는 조치에 대한 권한을 부여하고 경찰상 필요한 조치의 발동요건 및 한계를 정하는 점에서 임무규범과 구별된다.

박성 · 다양성 · 상황적응성을 고려하여 경찰권 발동의 요건과 관련한 일반적 수권조항의 존재가 필요하다.[3)]

3. 경찰권 발동근거로서의 일반적 수권조항의 인정여부

1) 학설

우리나라의 「경찰관직무집행법」제2조 제7호에 '공공의 안녕과 질서유지' 규정을 소위 일반적 수권조항으로 볼 수 있는가?. 그리고 이를 근거로 하여 경찰권을 발동할 수 있느냐 하는 것이 논의의 초점이다. 즉, 개별적인 근거규정이 없더라도 「경찰관직무집행법」제2조 제7호에 규정된 '공공의 안녕과 질서유지'라는 규정만으로 경찰권을 발동할 수 있는가 하는 것이다.

이에 대하여는 긍정설[4)]과 부정설[5)] 그리고 입법필요설[6)]로 학설의 견해가 대립하고 있다.

2) 판례

대법원은 「경찰관직무집행법」제2조 제7호를 경찰권 발동의 근거규정으로 하여 개별적인 법적 근거가 없는 청원경찰의 직무집행을 방해한 피고인에게 공무집행방해죄의 성립을 인정함으로써, 동 조항을 일반적 수권조항으로 보고 있다(대판 1986. 1. 28, 85도 2448). 생각건대, 위험방지를 위한 경찰권 발동의 요건이나 효과를 개별적인 특별법률로 상세히 정하는 것은 입법 · 기술적으로 불가능하고, 또한 일반적 수권조항은 개별적 수권조항이 없는 경우에만 제2차적 · 보충적으로 경찰권의 근거규정이 될 수 있다고 보는 것이 타당하다고 할 것이다.

Ⅳ. 경찰권 발동의 효과

일반적 수권조항에 의한 경찰권을 발동하기 위해서는 '공공의 안녕'이나 '공공의

---

3) 김동희, 『행정법 Ⅱ』, 박영사, 2004, p. 194.
4) 김남진, 『행정법 Ⅱ』, 법문사, 2002, p. 263; 강구철, 『경찰권의 근거와 한계』, 고시연구, 1991. 9; 류지태, 『행정법신론』, 신영사, 2006, p. 758 등 참조.
5) 김동희, 전게서, p. 164; 박윤흔, 『최신행정법강의(하)』, pp. 306-307 등 참조.
6) 홍정선, 『행정법특강』, 박영사, 2009, p. 1040 참조.

질서'에 대한 위험이 존재하여야 한다. 따라서 '공공의 안녕, 질서, 위험'이라는 불확정개념의 해석이 중요한 의미를 가진다.

1. 경찰편의주의와 재량권 0으로의 수축이론

1) 경찰편의주의 원칙

(1) 경찰편의주의 원칙이라 함은 경찰권 발동의 요건이 구비되고(공공의 안녕·질서에 대한 위해라고 하는 요건이 충족), 경찰권을 발동할 대상인 경찰책임자가 특정된 경우에도 여전히 경찰권을 발동할 것인지 개입여부에 대하여 경찰기관에게 재량권이 인정되는 것을 말한다. 즉, 전통적인 행정법이론에 의하면 공공의 안녕 혹은 질서에 대한 위험이 존재하는 경우에도 그에 대한 개입여부의 결정권은 경찰기관에게 있다는 법원칙을 말한다.

(2) 경찰편의주의가 적용되는 경찰권 발동은 형사소송법 각 조(條)가 "~한다"로 규정되고 있는 강행규정인 사법경찰권 발동과는 달리, 「경찰관직무집행법」과 다양한 개별법에 의해 "~할 수 있다"라는 편의주의 원칙의 형태로 명문화되어 있다.

2) 경찰재량의 유형

경찰기관이 경찰권을 발동할 때에 "~할 수 있다"라는 편의주의가 인정되는 경우의 행위를 재량행위라 한다. 독일의 볼프와 바호프는 경찰의 개입여부를 결정함에 있어서 경찰관에게 허용된 2단계의 구조로 구성된 재량이 있다고 하였다. 이를 결정재량과 선택재량이라 한다.[7]

(1) 결정재량

결정재량은 공공의 안녕과 질서에 대한 위험이 존재하는 경우, 경찰에게 경찰조치를 할 것인가 말 것인가의 개입여부에 대한 결정권이 인정되는 재량행위를 말한다.[8]

(2) 선택재량

경찰개입이 결정되었다면 경찰기관은 법규가 허용한 여러 가지의 경찰조치 중에서 어떤 수단을 선택할 것인가에 대하여 재량이 인정되는데, 이를 선택재량이라 한다.[9]

---

7) 볼프R·쉔케 저·서정범 역, 전게서, pp.57-64.
8) 김형중, 『경찰행정법』, 경찰공제회, 2007, p.509.
9) 김형중, 전게서, pp.509-510.

2. 경찰편의주의의 한계로서 재량권 0으로의 수축

경찰권 행사는 편의주의 원칙상 경찰기관이 현존하는 위험에 대하여 개입하지 않더라도 반드시 위법한 것은 아니다. 그러나 학설・판례는 예외적인 상황 하에서는 오직 하나의 결정(조치)만이 의무에 합당한 재량권[10] 행사로 보고 있다. 이것을 재량권의 영(또는 1)으로의 수축[11]이라고 하는데 분설하면 다음과 같다.

1) 재량권 0으로의 수축이론은 경찰기관의 부작위(불행사)에 대한 경찰개입청구권과 손해배상청구권을 구성하기 위한 법리로서 성립・발전되어 왔다. 경찰권의 행사여부는 원칙적으로 재량처분으로 인정되고 있기 때문에, 일반국민이 경찰권의 발동을 요청하였음에도 불구하고 경찰권이 발동되지 않았다고 해서 일반국민은 당해 경찰기관에 대하여 경찰권의 발동을 요구하는 행정쟁송을 제기할 수 없다. 그러나 특정인의 생명・신체가 타인에 의해 위협받고 있는 긴급한 상황이라면 경찰개입결정에 대한 해석을 달리해야 할 필요가 생긴다.

2) 목전의 상황이 매우 중대하고 긴박한 것이거나, 그로 인하여 국민의 중대한 법익(생명・신체에 대한 위협)이 침해될 우려가 있는 경우에는 경찰권은 반드시 발동되어야 하고, 경찰권발동여부에 대하여 결정할 재량의 여지는 없어진다.

이와 같이 경찰권발동여부에 대한 결정재량권이 영으로 수축되면 경찰권을 발동하여야 할 의무가 발생하게 된다. 따라서 이러한 경우 국민은 경찰기관에 대해 경찰권의 발동을 청구할 수 있는 권리(경찰개입청구권)가 발생한다. 그럼에도 불구하고 경찰기관이 경찰권을 발동하지 않아 그 특정인에게 손해가 발생한 경우, 이는 경찰기관의 부작위로 인한 위법이 되고 국가는 이에 대하여 배상책임을 지게 된다.

3) 독일의 행정법판례에 있어 그 초기에는 재량권이 영으로 수축되는 것으로 인정되기 위하여는 개인의 법익침해 위험의 절박성 또는 피침해법익의 중대성을 요건으로 보았다. 그러나 이러한 요건은 점차 완화되고 있다. 이처럼 재량권이 영으로 수축되는 경우 당해 재량행위는 내용적으로는 기속행위(羈束行爲)로의 전환을 의미

10) '의무에 합당한 재량'에 따른다는 것은 법적근거를 가지고 경찰권이 발동되어야 하고, 나아가 공공의 안녕 혹은 질서가 관련될 가능성이 있는지 여부, 그 같은 가능성이 구체적 위험이나 장해로 발전되어 있는지의 여부가 심사되어야 하고 그 심사에 따라 결정되어야 한다.

11) 재량권의 0이란 뜻은 재량영역이 없다는 의미이고, 1이란 적법한 행위는 한가지뿐이라는 것을 의미하는 것이다.

하고, 따라서 경찰권 발동의 결정재량이 부정된다.[12)]

3. 경찰개입청구권

1) 의의

경찰개입청구권(警察介入請求權)이라 함은 경찰기관이 공공의 안녕과 질서에 대한 위험방지를 위해 경찰권을 발동해야 함에도 불구하고 발동하지 않음으로 인해 법익을 침해받은 자가 자신의 이익을 위하여 경찰기관에 경찰권의 발동을 청구할 수 있는 권리를 말하며, 이를 경찰권발동청구권이라고도 한다.

2) 경찰개입청구권 인정 여부

(1) 학설

긍정설과 부정설의 견해로 학설이 대립하고 있다. 긍정설은 경찰편의주의에 따른 재량에도 한계가 있어 국민의 생명・신체에 위험이 있는 경우에는 경찰권을 발동해야 될 의무가 있다는 것이다. 따라서 이러한 경우 경찰권발동여부에 대한 재량권이 영으로 수축되어 경찰권발동의 의무만이 남게 된다는 견해로써 다수설의 입장이다. 반면 부정설은 경찰권을 발동할 것인가의 여부는 경찰기관의 재량이므로 경찰권 발동을 개인이 청구할 수 없다는 견해이다.

(2) 판례

대법원은 무장공비 청와대 습격사건인 '1・21사태'와 관련하여 군인과 경찰공무원들이 즉시 출동하지 않아 직무유기로 청년이 사망하였다고 인과관계를 인정함으로써 국가의 배상책임을 인정하고 있다(대판 1971.4.6, 71다214). 또한 근래에는 개인의 신변보호요청에 대하여 게을리한 경찰관에 대해 배상책임을 인정하고 있다(대판 1998.5.26, 98다11635).

3) 반사적 이익의 공권화 확대 경향

(1) 반사적 이익이란 경찰기관이 법규에 의해 공익을 위한 경찰권 발동의 결과 개인이 어떤 이익을 얻게 되더라도 법에 의한 보호를 받지 못하는 이익을 말한다. 대법원은 유기장영업허가로 인한 영업상의 이익은 반사적 이익에 불과하다고 판시

12) 김형중, 전게서, p.510.

하고 있다(대판 1985.2.8, 84누 369).

(2) 오늘날 국가관의 변천, 개인의 지위향상 등에 따라서 과거에는 반사적 이익으로 보았던 이익들이 법적으로 보호되는 이익 또는 공권으로서의 성격이 인정되는 경우가 점차 늘어남으로써, 개인의 경찰개입청구권의 범위가 넓어지고 있다.

따라서 반사적 이익이 「보호이익화」될 경우 경찰개입청구권이 인정된다는 것이 판례의 입장이다. 특히 독일의 띠톱판결,[13] 우리나라에서 연탄공장 건축허가처분 취소소송을 인정한 사건은 반사적 이익의 공권화 확대 경향을 나타내는 판례라고 할 수 있다.[14]

4) 경찰개입청구권과 구제책

(1) 경찰개입청구권이 성립되는 경우 개인은 경찰기관에 대하여 제3자에 대한 규제·단속 등을 위하여 개입하여 줄 것을 직접 청구할 수 있다. 또한 개인의 청구행사에 대하여 경찰기관이 아무런 조치를 하지 않는 경우, 그 청구인은 행정심판 또는 행정소송을 제기할 수 있다.

(2) 만약 경찰기관이 개입의무가 존재함에도 개입하지 않음으로써 손해가 발생한 경우에는 손해배상을 청구할 수 있으며, 판례도 이를 인정하고 있다.

4. 무하자 재량행사청구권

1) 의의

행정기관(경찰기관)의 재량이 인정되는 경우에 재량행위의 상대방 기타 이해관계인에게는 행정기관에 대하여 재량권을 하자없이 행사하여 줄 것을 청구할 수 있는 권리를 말한다. 무하자 재량행사청구권은 현대행정의 발전에 따른 재량영역의 확대에 대응하여 행정청의 위법한 재량권 행사로부터 개인의 권리·이익을 보장하기 위한 이론이라고 볼 수 있다.

13) 띠톱판결은 주거지역에 설치된 석탄제조업소에서 사용하는 띠톱에서 배출되는 먼지와 소음으로 피해를 받고 있던 인근주민이 행정청에 건축경찰상의 금지처분을 발할 것을 청구한 것에 대해 1968년 8월 18일 독일 연방헌법재판소에서 재량권의 0으로의 수축으로 인한 경찰개입청구권을 인정한 판례이다.

14) 대판 1975. 5. 13, 73누 9697.

2) 성질

무하자 재량행사청구권은 특정한 처분을 구할 수 있는 권리는 아니다. 그러나 행정기관이 어차피 결정해야 할 사항에 대하여 개인이 그 과정에 관여하여 하자(흠) 없는 처분을 할 것을 요구한다는 점에서 절차적 공권에 해당한다고 보아야 한다. 또한 단순히 위법한 처분을 배제하는 소극적 또는 방어적 권리가 아니라, 행정기관에 대하여 적법한 재량처분을 할 것을 구하는 적극적 공권이다.

3) 경찰개입청구권으로의 전환

경찰기관에 인정된 재량권이 예외적으로 영으로 수축되어 단 하나의 결정만이 경찰기관에 허용되는 경우, 즉 재량권을 행사치 않으면 국민의 생명 · 신체 · 재산에 중대한 위험이 가해진다고 판단되는 경우에 재량권은 영으로 수축된다.

이 경우 무하자 재량행사청구권은 상대방인 경찰기관에 대하여 일정한 행위를 행사해 주도록 요구할 수 있는 경찰개입청구권으로 전환된다.

V. 개별적 수권조항(個別的授權條項)

1. 개별적 수권규정에 근거한 경찰권(표준적 직무행위)

1) 의의

독일의 경찰법규에서는 이러한 개별적 수권규정들을 '표준적 직무행위'라고 부르고 있다.[15] 경찰상의 표준적 · 전형적 직무행위는 자주 반복되는 경찰상의 조치를 유형적으로 표준화해서 특별히 규정한 것이다. 따라서 표준적 직무조치라 함은 일반적 수권조항이외의 경찰법상 규정되어 있는 개별적인 경찰권 발동요건 및 내용에 관한 일체의 수권조항을 의미한다. 현행법상 「경찰관직무집행법」제3조(불심검문)이하가 개별적 수권조항이다.[16]

15) 독일의 일반경찰-질서법에는 경찰의 개별적 조치를 위한 일련의 개별적 수권조항이 존재한다(연방 및 주의 통일경찰법모범초안 제9조에서 24조까지 규정). 따라서 이러한 경찰의 개별적 조치를 「경찰상의 표준적 직무조치」라고 한다(볼프R · 쉔케 저 · 서정범 역, 전게서, p.64).

16) 김형중, 전게서, pp.514-523.

2) 경찰의 표준적 직무행위

경찰권발동의 개별적 수권조항 가운데 「경찰관직무집행법」제3조(불심검문) 이하의 규정은 특별한 의미를 가진다고 볼 수 있다. 그 이유는 그들 개별조항에 의거한 경찰작용은 경찰의 표준적 또는 전형적 직무행위로 볼 수 있기 때문이다. 즉, 실질적 의미의 경찰작용(또는 경찰조치) 가운데 표준적·전형적 직무행위에 해당하는 것들이 그곳에 모아져 있기 때문이다.

2. 개별적 수권조항(표준적 직무행위)에 의한 수단

경찰권의 발동에 대한 개별적 수권규정, 즉 표준적 직무행위를 엄밀하고 구체적으로 규정함으로써 경찰권 발동의 요건과 한계를 명확히 할 수 있고, 또한 경찰권의 남용으로부터 국민의 자유와 권리를 보호할 수 있다.

1) 불심검문(경찰관직무집행법 제3조)

(1) 의의

불심검문이란 경찰관이 거동이 수상하다고 인정되는 자를 정지시켜 직접 질문하여 조사하는 행위를 말하며, 임의동행·흉기의 소지여부 조사까지 포함하는 권력적 사실행위이다.

(2) 성격

① 행정경찰·사법경찰작용

불심검문은 범죄의 예방이나 위험의 방지라는 행정경찰작용과 이미 행하여진 범죄에 대한 사법경찰작용인 수사가 중복적으로 행하여지는 경우가 적지 않다. 따라서 행정경찰작용과 사법경찰작용으로서의 성격을 아울러 가진다.[17)]

② 대인적 즉시강제

불심검문이 경찰상 즉시강제에 해당하느냐에 따라 견해의 대립이 있다. 불심검문을 행함에 있어 불심검문을 당한 자는 답변을 강요당하지 않고, 임의동행 요구 시 동행요구를 거절할 수 있다는 점에서 즉시강제에 해당하지 않는다고 볼 수도 있다.

---

17) 김성수, 『개별행정법』, 법문사, 2005, pp.474-475.

그러나 실제 불심검문 시 신체적 접촉이 불가피하고, 소지품검사와 질문에 응하지 않고 도주 시 추적하여 어느 정도의 신체에 대한 물리력 행사(예컨대, 팔 등을 붙잡는 행위 등)를 할 수 있다. 따라서 즉시강제에 해당한다고 보는 견해도 있다.[18)]

③ 근거

불심검문은 국민의 자유와 권리를 제한하는 전형적인 권력작용이기 때문에, 엄격한 법률적 근거를 요한다(형사소송법, 경찰관직무집행법, 주민등록법 등). 그러나 불심검문 거부 시에는 현행법상 처벌규정이 없어 처벌할 수 없다.

(3) 수단

「경찰관직무집행법」상 불심검문의 수단으로는 정지 및 질문 · 임의동행 · 흉기조사 등이 인정되고 있다.

① 정지

정지라 함은 경찰관이 보행자를 불러 세우거나 차를 정지시켜 질문할 수 있는 상태에 두는 것을 말한다. 정지의 수단은 요구나 설득과 같은 임의적 수단에 의하는 것이 원칙이다. 그러나 예외적으로 상대방이 불응에 그치지 않고 도주하는 경우와 같이 급박하고 부득이한 경우에는 강제에 이르지 않는 정도의 유형력의 행사는 허용된다고 보아야 할 것이다.[19)]

② 질문

경찰관은 수상한 거동 기타 주위의 사정을 합리적으로 판단하여 검문대상자(범죄혐의관련자 등)를 정지시켜 질문할 수 있다. 이 때 질문을 받는 사람은 정지의 의무를 부담하지도 않으며, 그 의사에 반해 답변을 강요당하지 않는다.

③ 흉기조사 및 소지품 검사

경찰관은 불심검문의 대상자에 대하여 질문을 할 때에 흉기의 소지여부를 조사할 수 있다. 여기서 흉기라 함은 사회통념상 사람을 살상할 수 있는 일체의 장구를 말한다(예컨대, 등산용 칼 · 망치 등). 소지품 검사의 수단은 착의를 가볍게 만지거나 가방을 두드리는 방법에 의하는 외표검사에 한한다. 다만 검사결과 흉기소지의

---

18) 박윤흔, 전게서, pp. 363-364; 이에 대하여 불심검문을 경찰조사의 성격으로 보는 견해도 있다(김동희, 전게서, p. 188; 홍정선, 전게서, p. 1,034 참조).

19) 김동희, 전게서, p. 187.

개연성이 클 경우에 폭력을 사용하지 않는 범위에서 내부검사를 할 수 있다고 본다.[20]

④ 임의동행

㉠ 경찰관이 불심검문을 할 때는 그 장소에서 질문을 하는 것이 원칙이다. 그러나 그 장소에서 질문을 하는 것이 당해인에게 불리하거나 교통의 방해가 된다고 인정되는 경우에는 본인의 승낙을 얻어 부근의 경찰관서나 지구대 또는 치안센터에 동행을 요구할 수 있다. 경찰관의 동행요구가 있는 경우에도 당해인은 경찰관의 동행요구를 거절할 수 있다.

㉡ 경찰관은 임의동행 시에 반드시 상대방의 동의나 승낙을 얻어야 하며, 상대방의 승낙을 얻지 못한 연행은 위법한 행위로서, 상대방이 이에 항거하여 폭행・협박을 가하여도 공무집행방해죄를 구성하지 않는다.

㉢ 또한 임의동행을 하였더라도 6시간을 초과하여 경찰관서에 머무르게 할 수 없다는 규정은 선언적 규정에 불과하다. 따라서 당해인은 6시간을 초과하기 전이라도 언제든지 퇴거할 자유가 있으며, 경찰관은 6시간 이내라고 해서 그를 머무르게 할 수 없다.[21]

2) 보호조치(경찰관직무집행법 제4조)

(1) 개념

경찰관은 수상한 거동 기타 주위의 사정을 합리적으로 판단하여 응급의 구호를 요한다고 믿을만한 상당한 이유가 있는 자를 발견한 때에는 보건의료기관이나 공공구호기관에 긴급구호를 요청하거나, 경찰관서에 보호하는 등 적당한 조치를 취할 수 있다.

(2) 보호조치의 대상자

① 보호조치의 대상자에는 본인의 의사와는 관계없이 강제보호 할 수 있는 강제보호대상자(예컨대, 정신착란자・자살기도자 등)와 임의보호대상자(예컨대, 미아・병자・부상자 등)가 있다.

---

20) 김남진, 『행정법 Ⅱ』, 법문사, 2005, p. 331.
21) 대판 1997. 8. 22, 97도1240.

② 강제보호조치는 대인적 즉시강제의 성질을 가지며, 임의보호조치는 비권력적 사실행위의 성질을 갖는다. 다만 보호조치와 관련하여 임의보호대상자가 이를 거절할 경우에는 예외로 한다.

③ 보호조치는 경찰강제 중 대인적 즉시강제에 속하며, 적극적으로 국민의 복리증진에 기여한다는 특징이 있으며, 보호조치의 발동을 위하여는 구체적인 위험의 존재가 필요하다. 본 조항에 따른 보호조치는 위험방지를 목적으로 하는 것이며, 범죄수사의 목적으로 위해 활용될 수는 없다.[22]

(3) 보호기간

경찰관서에서의 일시보호는 24시간을 초과할 수 없다. 따라서 경찰관은 24시간이 경과하기 전에 피구호자를 보호자나 관계기관에 인계하거나 또는 보호조치를 해제하여야 한다.

(4) 임시영치

피구호자가 휴대하고 있는 무기 · 흉기 등 위험을 야기할 수 있는 물건에 대해서는 경찰관서에 임시로 보관할 수 있으며, 영치물의 보관은 10일을 초과할 수 없다. 임시영치는 대물적 강제처분의 성질을 가진다.

3) 위험발생의 방지조치(경찰관직무집행법 제5조)

(1) 의의와 법적 성격

위험발생의 방지라 함은 경찰관이 인명 · 신체에 위해를 미치거나 재산에 중대한 손해를 끼칠 위험한 사태가 발생한 경우에 취하는 경찰조치를 말한다. 위험발생의 방지조치는 경찰상 즉시강제수단의 일종이며, 대인적 · 대물적 · 대가택 강제수단에 해당한다. 위험발생방지는 공공의 안녕 · 질서에 대한 위험을 발생시키지 않는 책임이 없는 사람(경찰비책임자)에게도 경찰조치를 취할 수 있다.

(2) 수단

① 위험한 사태란 현실적으로 사람의 생명 · 재산에 위해를 미칠 우려가 있는 상황을 말하며, 구체적인 위험사태의 인정은 경찰관이 스스로 판단하여 위해방지상

22) 홍정선, 전게서, p. 1035.

필요하다고 인정되는 조치를 취할 수 있다.

② 실정법상 구체적인 위해 방지조치수단으로는 ㉠ 경고 ㉡ 억류 및 피난조치(예컨대, 산사태나 폭설 등 기상악화 시 등산객들을 억류 또는 피난조치시키는 행위 등) ㉢ 위험방지조치 등을 들 수 있다.

4) 범죄의 예방과 제지(경찰관직무집행법 제6조)

(1) 의의와 법적 성격

경찰관은 범죄행위가 목전에 행하여지려고 하고 있다고 인정될 때에는 이를 예방하기 위하여 관계인에게 필요한 경고를 발하고, 그 행위로 인하여 인명·신체에 위해를 미치거나 재산에 중대한 손해를 끼칠 우려가 있어 긴급을 요할 때 그 행위를 제지하는 것을 말한다. 이는 경찰상 즉시강제수단의 일종이다.

(2) 수단(경고·제지)

범죄예방을 위하여 관계인에게 필요한 경고조치와 범죄행위를 제지하는 것이다. 경고의 방법에는 제한이 없으며(예컨대, 경적, 확성기 사용, 구두신호 등), 제지의 형태에도 또한 아무런 제한이 없고 범죄행위의 양상에 따라 달라질 수 있다.[23] 여기서 범죄행위는 모든 형벌법령에 저촉되는 일체의 행위를 말하며, 범죄 실행의 예비·음모의 직전도 포함된다고 봄이 타당하다.[24]

5) 위험방지를 위한 출입(경찰관직무집행법 제7조)

(1) 의의 및 성질

경찰관은 위험한 사태가 발생하거나 범죄예방을 위한 경우에 인명·신체 또는 재산에 대한 위해가 절박하여 그 위해를 방지하기 위하여 부득이 하다고 인정할 때에 타인의 토지·건물 및 공개된 장소에 출입할 수 있다. 위험방지를 위한 출입은 대가택적 즉시강제의 성질을 가진다.

(2) 종류

위험방지를 위한 출입은 위해방지 및 피해자 구조를 위한 긴급출입과 범죄 및 위

23) 범죄행위를 행하려는 자를 뒤에서 껴안는 행위, 손에 쥐고 있는 흉기를 빼앗는 행위 등도 제지방법의 일종이다.

24) 조철옥, 『경찰학개론』, 대영문화사, 2008, p. 178.

해예방을 위한 예방출입 그리고 대간첩작전지역안에서의 검색으로 구분된다.

① 예방출입

범죄의 예방 또는 인명·신체 또는 재산에 대한 위해예방을 목적으로 하는 예방출입(흥행장·여관·음식점 등)의 경우에는 상대방의 동의를 얻어야 출입이 가능하다. 이 경우의 출입은 경찰조사의 성질을 갖는다.

② 긴급출입

경찰관은 위험한 사태가 발생하여 인명·신체 또는 재산에 대한 위해가 절박한 경우에 타인의 토지·건물·선박과 차량 등에 출입하는 경우에는 주야를 불문하고 허용되며, 상대방의 동의를 요하지 않는다.[25] 이 경우의 출입은 대가택즉시강제의 성질을 갖는다.

③ 대간첩작전수행

경찰관은 대간첩작전수행을 위하여 작전지역안의 장소를 출입할 수 있다. 이러한 검색은 법관의 영장없이 주·야간 가리지 않고 가능하다. 작전지역 안에서의 검색은 사생활보호에 대한 중대한 예외로 대간첩작전수행을 위한 목적에만 국한된다.

6) 사실의 확인 등(경찰관직무집행법 제8조)

(1) 사실의 조회

경찰관서의 장은 직무수행에 필요하다고 인정되는 상당한 이유가 있을 때에는 국가기관 또는 공사단체 등에 대하여 사실을 조회하거나, 긴급을 요할 때에는 소속경찰관으로 하여금 현장에 출장하여 당해 기관 또는 단체장의 협조를 얻어 그 사실을 확인하게 할 수 있다. 여기서의 사실확인 및 출석요구는 형사소송법상 범죄수사를 위한 출석요구, 공무소 등에 의한 조회와는 구별된다.[26]

(2) 출석요구

경찰관은 미아를 인수할 보호자의 여부, 유실물을 인수할 권리자의 여부, 사고로 인한 사상자 확인, 행정처분을 위한 교통사고 조사상 사실확인을 위해 필요한 때에

25) 김남진·서정범, 『경찰법』, 화학사, 1998, p.335.
26) 본 조항에 의한 사실조회는 형사소송법 제200조(피의자의 출석요구와 진술거부권의 고지)와 형사소송법 제199조(수사와 필요한 조사)의 조회와는 구별되는 개념이다.

는 관계인에게 출석을 요하는 사유·일시 및 장소를 명확히 한 출석요구서에 의해 경찰관서에 출석요구를 할 수 있다. 여기서 출석요구는 출석의무를 부과하는 행정행위로 보기는 어렵고, 경찰법상 사실행위로 보는 것이 타당하다. 따라서 행정목적이 아닌 수사목적을 위한 출석요구는 할 수 없다.

7) 경찰장비의 사용 등(경찰관직무집행법 제10조)

경찰장비의 사용에는 「경찰장구의 사용」, 「분사기 등의 사용」, 「무기의 사용」 등이 있다.

(1) 경찰장구의 사용

① 의의

㉠ 경찰관이 직무를 집행하는 과정에 상대방을 물리적으로 제압하는 경우 사용하는 기본적 도구가 경찰장구이다. 경찰장구의 사용은 경찰관의 무기사용 다음으로 인명·신체에 실력을 가하는 수단이다.

㉡ 「경찰관직무집행법」은 경찰장구로서 수갑·포승·경찰봉·방패 등을 예시적으로 규정하고 있으나, 호신용경봉·전자충격기·진압장구 등도 경찰장구에 포함된다. 경찰장구의 사용은 대인적 즉시강제처분이다.

② 경찰장구의 사용요건

경찰관은 「경찰관직무집행법」 제10조의 2의 사유가 있는 경우 그 사태를 합리적으로 판단하여 필요한 한도 내에서 경찰장구를 사용할 수 있다고 규정하고 있다. 그 요건으로 ㉠ 현행범인 경우와 사형·무기 또는 장기 3년 이상의 징역이나 금고에 해당하는 죄를 범한 범인의 체포와 도주 방지, ㉡ 자기 또는 타인의 생명·신체에 대한 방호, ㉢ 공무집행에 대한 항거의 억제를 위하여 필요하다고 인정되는 상당한 이유가 있을 경우 등이 이에 해당한다.

③ 장구사용의 한계

장구사용에는 상당성과 최소침해의 원칙이 지켜져야 한다. 즉, 경찰장구를 사용할 만한 상당한 이유가 존재하더라도 필요한 한도 내에서만 사용하여야 한다. 따라서 단순한 경범피의자에게 수갑이나 포승 등을 사용하는 것은 상당성과 최소침해의 원칙에 위배되는 행위이다.

(2) 분사기 등의 사용(제10조의 3)

① 의의

경찰관은 범인의 체포·도주의 방지, 또는 불법집회·시위로 자기 또는 타인의 생명·신체와 재산 및 공공시설 안전에 대한 현저한 위해의 발생을 억제하기 위하여 부득이한 경우, 현장책임자의 판단으로 필요한 최소한의 범위 안에서 신체에 직접 위해를 가하지 않는 범위 내에서 분사기 또는 최루탄을 사용할 수 있다.

② 사용방법과 한계

경찰관이 가스발사총을 사용하는 경우에도 1미터 이내의 거리에서 상대방의 얼굴을 향하여 이를 발사하여서는 아니된다. 또한 최루탄발사기로 최루탄을 발사하는 경우에도 30도 이상의 발사각을 유지하여야 한다.

(3) 무기의 사용(제10조의 4)

「경찰관직무집행법」상의 무기사용은 원칙적으로 사람에게 직접적인 위해를 주지 않는 사용을 기본으로 하고, 다른 수단이 없다고 인정되는 최후의 수단으로서 무기사용을 허용하고 있다.

① 무기의 개념

「경찰관직무집행법」제10조의 4의 무기는 "인명 또는 신체에 위해를 가할 수 있도록 제작된 권총·소총·도검 등 성질상의 무기"[27]만을 말하며, 채찍·돌팔매·각목·쇠파이프 등은 무기의 사용에 포함되지 않는다.

② 법적근거

경찰관의 무기휴대의 근거는 「경찰공무원법」제20조에, 무기사용의 근거는 「경찰관직무집행법」제10조의 4에 규정하고 있다.

③ 무기의 사용요건

무기사용에는 「위해를 수반하지 않는 무기의 사용」과 「위해를 수반하는 무기사용」으로 나눌 수 있다.

27) 무기는 사람을 살상하는 용도에 쓰일 목적으로 제작된 성질상 무기와 제작목적은 사람의 살상이 아니라 사용에 따라 사람의 살상에 이용할 수 있는 용법상 무기(예컨대, 식도·과도 등)로 나누어지는데, 「경찰관직무집행법」제10조의 4의 적용을 받는 무기는 성질상의 무기만이 해당된다.

가) 위해를 수반하지 않은 무기사용

경찰관이 범인 등 상대방에게 신체적 손상을 주지 않고 단지 무기를 위협적으로 사용하는 경우를 말한다. 그 요건으로는[28]

첫째, 범인의 체포 · 도주의 방지를 위해 필요한 때

둘째, 자기 또는 타인의 생명 · 신체에 대한 방호를 위해 필요한 때

셋째, 공무집행에 대한 항거를 억제하기 위해 필요한 때 등의 경우이다.

나) 위해를 수반하는 무기사용

경찰관이 범인 등 상대방에게 위해를 수반하는 무기사용 요건은 다음과 같다.

첫째, 사형 · 무기 또는 장기 3년 이상의 징역이나 금고에 해당하는 죄를 범하거나 범하였다고 의심할 만한 충분한 이유가 있는 자가 경찰관의 직무집행에 대하여 항거하거나 도주하려고 할 때 또는 제3자가 그를 도주시키려고 경찰관에게 항거 할 때, 이를 방지 또는 체포하기 위하여 무기를 사용하지 아니하고는 다른 수단이 없다고 인정되는 상당한 이유가 있을 때

둘째, 체포 · 구속영장과 압수 · 수색영장을 집행할 때에 본인이 경찰관의 직무집행에 대하여 항거하거나 도주하려고 할 때 또는 제3자가 그를 도주시키려고 경찰관에게 항거할 때, 이를 방지 또는 체포하기 위하여 무기를 사용하지 아니하고는 다른 수단이 없다고 인정되는 상당한 이유가 있을 때

셋째, 범인 또는 소요행위자가 무기 · 흉기 등 위험한 물건을 소지하고 경찰관으로부터 3회 이상[29]의 투기명령 또는 투항명령을 받고도 이에 불응하면서 계속 항거하여, 이를 방지 또는 체포하기 위하여 무기를 사용하지 아니하고는 다른 수단이 없다고 인정되는 상당한 이유가 있을 때

넷째, 정당방위와 긴급피난에 해당하는 경우에 경찰관은 자신 또는 타인의 생명 · 신체의 보호를 위하여 범인에게 무기를 사용할 수 있다. 특히 이 경우에는 「비례의

---

28) 경찰관은 경미 범죄자의 체포 · 도주방지를 위해 필요한 때에는 무기를 사용할 수 있으나 상대방에게 신체적 손상을 주어서는 안 된다(예컨대, 공포탄 발사, 총구를 하늘로 향한 위험발사 등). 그리고 자기 또는 타인의 생명, 신체의 보호를 위해서는 무기사용이 가능하나 재산을 포함하지 않는다. 끝으로 항거란 적법한 공무집행을 적극적 또는 소극적으로 방해하거나 거부 내지 저항하는 것을 말한다.

29) 3회 이상이란 적어도 3회 이상 투기기회를 주어야 한다는 것을 의미하는 것으로, 각 회마다 투기 및 투항에 필요한 시간적 간격이 있어야 한다. 따라서 투기 및 투항에 필요한 시간적 간격도 없이 연속하여 투기명령을 하는 경우는 1회의 투기명령으로 보아야 한다.

원칙」, 「보충성의 원칙」, 「긴급성」 등이 요구된다.

다섯째, 대간첩작전수행에 있어 무장간첩이 경찰관의 투항명령을 받고도 이에 불응하는 경우 등에는 공포탄 발사나 위협사격 없이 실탄사격을 할 수 있다.30)

④ 무기사용의 한계

가) 경찰비례의 원칙

필요하다고 인정되는 상당한 이유가 있을 때에는 그 사태를 합리적으로 판단하여 필요한 한도 내에서 사용하여야 한다.31)

나) 보충성의 원칙

무기를 사용하지 아니하고는 다른 수단이 없다고 인정되는 상당한 이유가 있을 때 사용하여야 한다.

⑤ 사용기준

총기발사를 하기 전에 미리 구두 또는 공포탄에 의한 사격으로 상대방에게 경고하여야 한다. 공포탄인 경우에도 하늘을 향하여 발사하여야 한다. 그러나 상황이 급박하고 경고의 시간적 여유가 없을 때, 경찰관 급습 · 타인의 생명 · 신체에 중대한 위험을 야기하는 범행이 목전에 실행되는 때에는 사전경고 없이 총기사용을 할 수 있다.

⑥ 무기 · 탄약의 회수 및 보관

분사기나 최루탄 또는 무기를 사용한 경우 그 책임자는 사용일시 · 사용장소 · 사용대상 · 현장책임자 · 종류 · 수량 등을 기록하여 보관해야 한다.32)

30) 김형중, 전게서, p. 523.

31) 대법원은 "범인의 체포를 위하여 필요한 한도를 넘어 무기를 사용하는 것은 비례의 원칙에 반하는 행위로서 위법하다"고 판시하고 있다(대판 1991. 5. 28, 91다10084).

32) 경찰관직무집행법시행령 제7조.

제 2 절 경찰권 발동의 한계

Ⅰ. 개설

경찰권 발동의 한계라 함은 경찰권을 발동함에 있어 요구되는 한계를 말한다. 법치국가에 있어서 경찰권의 발동은 반드시 엄격한 법규의 근거를 요한다. 그러나 경찰법규는 오직 경찰권의 발동에 관한 근거만을 제시하고 구체적인 경찰권 발동의 정도나 조건 등에 관하여 규정하지 않는 것이 일반적인 경향이다. 그 이유는 장래에 발생할 위해를 모두 예측하여 입법화한다는 것은 사실상 불가능하기 때문이다. 따라서 경찰권의 구체적인 발동 및 정도 등에 관하여는 추상적인 수권규정만을 규율하고, 경찰권 발동의 요건이 충족된 경우에도 경찰권을 발동할 것인지 개입여부의 결정권은 경찰에게 있다(경찰편의주의의 원칙). 물론 경찰편의주의가 인정된다고 하여 경찰에게 무제한의 재량이 인정되는 것은 아니며, 이러한 경찰의 재량에도 한계가 있다. 경찰권 발동의 한계로는 법규상의 한계와 행정법상의 일반원칙에 의한 한계(조리상의 한계)를 들 수 있다.

Ⅱ. 법규상의 한계

경찰권의 발동은 국민의 자유와 권리를 제한하는 권력작용으로서 법치행정의 원칙상 반드시 법규의 근거가 있어야 하며, 그 법규가 허용하는 한도 안에서만 행사되어야 한다. 따라서 경찰법규는 경찰권의 근거이자 한계로서 경찰권에 대한 제1단계적 제약이다.[33] 예컨대, 경찰관직무집행법상의 보호조치(동법 제4조), 무기사용의 한계(동법 제10조 4항) 등의 그 예이다.

33) 김동희, 전게서, p.200.

Ⅲ. 행정법상의 일반원칙에 의한 한계(조리법상의 한계)

경찰법규는 경찰권 발동의 요건을 불확정개념으로 규정하고 있다. 뿐만 아니라 경찰권발동의 요건이 충족된 경우에도 경찰권 행사와 관련해서는 경찰편의주의원칙이 적용되는 결과, 법규적 제약이 형식적인 것에 불과한 경우가 많다. 따라서 국민의 인권을 보장하기 위하여 경찰권 발동에 대한 조리법상의 한계가 요청된다. 이러한 조리법상의 한계는 경찰권 발동에 대한 제2단계적 제약으로서 중요한 의미를 가진다. 경찰권의 발동·행사를 제한하는 이러한 행정법의 일반원칙으로는 소극목적의 원칙·평등의 원칙·공공의 원칙·비례의 원칙, 책임의 원칙 등이 있다.

1. 경찰소극목적의 원칙

경찰권은 법령에 특별한 규정이 없는 한 공공의 안녕과 질서유지라는 소극목적을 위해서만 발동될 수 있으며, 적극적으로 공공복리를 증진시키거나 사회경제를 유도할 목적으로 경찰권을 행사할 수 없다. 이를 경찰소극목적의 원칙이라고 한다. 따라서 소극적인 경찰목적을 넘는 경찰권의 행사는 권한남용금지의 원칙 위반으로 위법하다.

2. 경찰평등의 원칙

1) 경찰평등의 원칙은 종래 경찰권 발동의 한계로서 열거되지 않았었다. 그러나 이 원칙은 「헌법」 제11조에 규정된 평등원칙에서 도출되는 경찰행정법의 일반원리이므로, 경찰권 행사에 있어서도 중요한 제한원리가 된다.[34]

2) 경찰평등의 원칙이라 함은 경찰권을 행사함에 있어서 특별한 합리적인 사유가 없는 한, 모든 국민에 대하여 성별·종교·인종·사회적 신분 등을 이유로 불합리한 차별을 해서는 안 된다는 원칙을 말한다.

34) 김동희, 상게서, p.206; 홍정선, 전게서, p.1044.

3. 경찰공공의 원칙

1) 의의

경찰권은 사회공공의 안녕과 질서유지를 위해서만 발동될 수 있고, 사회공공의 안녕과 공공질서에 직접적인 영향이 없는 사적 생활(私的 生活)에 대하여는 발동할 수 없다는 원칙이다. 이를 사생활자유의 원칙이라고도 한다. 경찰공공의 원칙은 다시 사생활불가침의 원칙 · 사주소 불가침의 원칙 · 민사관계불간섭의 원칙 · 사경제자유의 원칙으로 나누어진다.

2) 내용

(1) 사생활불가침의 원칙

이는 사회생활과 직접 관련이 없는 사적 생활의 범위 내에서의 행위는 경찰이 관여할 수 없다는 원칙을 말하며, 이에 위반하면 위법이 된다. 다만 사생활이라도 사회질서에 직접적인 영향을 줄 때에는 경찰권 발동의 대상이 된다. 예컨대, 미성년자의 음주 · 흡연과 같이 사회의 공공질서에 영향을 미치는 경우, 전염병이 발생(강제접종 · 강제격리)한 경우, 또는 술취한 자가 술취한 상태로 인하여 자기 또는 타인의 생명 · 신체와 재산에 미칠 우려가 있는 경우에는 경찰권 발동의 대상이 된다.[35]

(2) 사주소불가침의 원칙(私住所不可侵의 原則)

① 경찰은 공공의 질서유지를 직접 목적으로 하는 것이므로, 직접 공중과 접촉하지 아니하는 사주소(私住所)내의 행위에는 관여할 수 없다는 원칙을 말한다. 그러나 사주소(회사 · 사무실 · 개인용 주거 · 연구실 등)안의 행위라 할지라도 공공의 안녕과 질서유지에 영향을 미치는 경우(예컨대, 외부에서 보이도록 되어 있는 사주소내의 나체행위, 인근에 불편을 주는 과도한 소음발생 행위 등)에는 경찰권 발동의 대상이 된다.

② 다만, 경찰상 공개된 장소(예컨대, 불특정 다수인이 출입하는 흥행장 · 여관 · 음식점 · 극장 등)는 사주소에 속하지 아니한다.

35) 김철용, 전게서, p.270.

(3) 민사관계불간섭의 원칙

① 경찰기관은 사회공공의 안녕 및 질서와 관계없이 민사관계에 개입해서는 안 된다는 원칙을 민사관계불간섭의 원칙이라고 한다. 예컨대, 경찰관이 개인과 개인 간의 채무불이행·불법행위에 관여하는 행위, 사람이 살도록 방의 전세를 내줄 것을 명(命)하는 행위, 범죄의 종료 후 범죄로 생긴 손해를 배상시키려고 한 행위 등은 그 직무상의 행위로는 볼 수 없고, 권한을 넘는 위법행위라 할 것이다.[36]

② 다만 민사관계라 하더라도 사회공공의 안녕과 질서유지에 영향을 미치는 경우(예컨대, 미성년자에 대한 술·담배의 판매제한·총포·도검·화약류의 거래제한 등)에는 경찰권발동의 대상이 된다.

(4) 사경제자유의 원칙

사유재산제도와 계약자유의 원칙이 인정되는 사경제적 거래는 개인의 자유영역에 속하므로, 경찰은 원칙적으로 이에 관여하지 못한다는 원칙을 말한다. 그러나 사경제문제라 하더라도 공공의 안녕 및 질서에 위해를 야기하는 경우에는 경찰권이 발동될 수 있다. 예컨대 경찰기관은 경범죄처벌법을 근거로 암표매매행위를 단속할 수 있다.

4. 경찰비례의 원칙

1) 의의

① 경찰권 발동은 사회질서 유지를 위하여 묵과할 수 없는 장해발생 또는 장해발생의 직접적인 위험을 제거하기 위하여 필요한 경우에만 발동할 수 있으며, 또한 필요한 최소한도의 범위 내에서 발동되어야 한다는 원칙을 말한다.

② 경찰비례의 원칙은 「헌법」제37조 제2항(자유권리 제한)에서 도출되는 헌법원리이고, 「경찰관직무집행법」제1조 제2항(경찰관의 직권은 그 직무수행에 필요한 최소한도 내에서 행사되어야 하며 이를 남용하여서는 아니된다)은 이를 구체화한 것이다.

36) 강구철, 『경찰권의 근거와 한계』, 고시연구, 1991, p. 83.

2) 경찰권 발동의 조건

경찰권의 발동조건에는 필요성의 원칙이 적용되는데, 이에는 진압작용으로서 발동되는 경우와 예방작용으로서 발동되는 경우로 구분할 수 있다.

(1) 진압경찰의 경우

경찰권이 진압작용으로 발동되는 경우에는 사회질서유지상 묵과할 수 없는 장해를 제거하기 위해서만 발동하여야 한다. 여기서 묵과할 수 없는 장해라 함은 그 장해를 방치함으로써 생기는 사회적 불이익의 정도가 그 장해를 제거함으로써 생기는 사회적 불이익보다 큰 장해를 말한다.

(2) 예방경찰의 경우

경찰권이 장해 발생 전에 예방작용으로 발동하는 경우에는 묵과할 수 없는 장해가 발생할 직접적 위험이 있거나 또는 상당한 확실성이 있는 경우에만 발동해야 한다. 그러나 발생여부가 불확실하거나 단순히 가능성만 존재하는 경우에는 경찰권을 발동하지 못한다.

(3) 판단기준

묵과할 수 없는 장해, 직접적 위험발생, 또는 상당한 확실성의 판단은 시간과 장소에 따라 달라지게 된다. 따라서 그 발동조건의 판단에는 경찰기관의 주관이 개입되어서는 안 되며, 건전한 사회통념과 지방적 관습에 의하여야 한다.

3) 경찰권 발동의 정도

우리나라의 경우 전통적으로 경찰비례원칙상의 경찰권 발동의 조건과 정도는 사회공공의 안녕과 질서를 유지하기 위하여 묵과할 수 없는 장해 또는 위해발생의 위험을 제거하기 위하여 필요한 경우에 최소한의 범위 내에서 발동되어야 한다는 것이 통설적 견해이다.

현행 「경찰관직무집행법」제1조 제2항은 비례의 원칙을 명시적으로 규정하고 있는 조항이다.

(3) 경찰비례원칙의 내용

경찰비례원칙의 구체적인 내용으로서 ① 적합성의 원칙, ② 필요성의 원칙(최소

침해의 원칙), ③ 상당성의 원칙(협의의 비례원칙)을 들 수 있다.

① 적합성의 원칙

적합성의 원칙이란 경찰기관이 취한 조치 또는 수단이 공공의 질서에 대한 위험 방지의 목적을 달성하는 데에 적합해야 한다는 것을 의미한다.

② 필요성의 원칙

필요성의 원칙이란 위험이나 장해의 제거를 위한 많은 수단들 중에서 불특정 다수인이나 또는 경찰상 위험을 제거하기 위한 경찰권 발동의 대상이 되는 특정인에게 가장 적은 침해를 주는 수단을 선택해야 한다는 원칙을 말한다. 이를 최소 침해의 원칙이라고도 한다.

③ 상당성의 원칙[37]

상당성의 원칙이란 경찰상의 조치가 비록 경찰상의 목적을 달성하기 위한 최소한의 범위 내의 것이라 할지라도, 경찰권의 발동으로 침해되는 불이익이 그것에 의해 초래되는 이익보다 큰 경우에는 당해 경찰조치를 취해서는 안 된다는 것을 의미한다. 이를 협의의 비례의 원칙이라고도 한다.

④ 적용단계

㉠ 비례의 원칙은 이 세 가지 원칙이 모두 충족되어야 하므로, 어느 하나의 원칙에 대한 위반이 이루어져도 즉시 비례의 원칙에 대한 위반으로서 위법의 효과가 발생한다.

㉡ 적합성의 원칙·필요성의 원칙·상당성의 원칙은 단계적 구조를 이루고 있으므로, 적합한 수단은 필요성의 원칙에 의해 검증이 필요하고, 그 후 공공의 이익과 개인적 이익의 비교형량을 통한 수단의 상당성 평가가 요구된다.[38]

5. 경찰책임의 원칙

1) 의의

경찰책임의 원칙이라 함은 경찰권은 원칙적으로 경찰위반의 행위나 상태의 발생,

37) "참새를 잡기 위하여 대포를 쏘아서는 안 된다"는 예문은 상당성의 원칙을 잘 표현하고 있는 말이다.

38) 김형중, 전게서, p.529.

또는 발생위험에 대하여 직접 책임을 질 지위에 있는 자(경찰책임자)에 대하여서만 발동할 수 있고, 그 밖의 제3자에 대하여는 발동할 수 없다는 원칙을 말한다. 즉, 경찰권 발동의 대상에 관한 원칙을 말한다.

2) 경찰책임의 주체

경찰책임을 지는 당사자를 경찰책임자라고 한다. 모든 자연인은 경찰책임자가 될 수 있다. 그리고 사법상(私法上)의 법인뿐만 아니라 사법상 권리능력 없는 법인도 경찰책임을 진다. 그러나 위험방지를 위한 경찰처분은 법인이 아닌 대표의 권한을 가진 성질상 법인의 구성원에게 발해져야 한다.

3) 경찰책임의 종류

경찰상의 의무위반으로 개인이 부담하게 되는 경찰책임의 종류에는 행위책임과 상태책임이 있다.

(1) 행위책임

① 의의

행위책임에는 자기행위에 대한 책임과 타인의 행위에 대한 책임이 있다.

㉠ 자기행위에 대한 책임

자기행위에 대한 책임은 자기의 행위로 인하여 사회적 장해의 발생 또는 위험을 야기하게 한 자가 지는 책임을 말한다.

㉡ 타인의 행동에 대한 책임

타인의 행위에 대한 책임은 자기의 지배에 속하는 타인(예컨대, 피고용인·무능력자 등)을 보호·감독할 지위에 있는 자(예컨대, 친권자·사용주 등)는 자신의 지배를 받는 자의 행위로부터 발생하는 경찰위반의 상태에 대하여도 책임을 지는 것일 말한다.[39] 이 경우 책임은 대위책임(代位責任)이 아니라 자기의 지배권의 범위 내에서 공공의 안녕·질서에 대한 위험을 발생케 한 것에 대한 자기책임의 성격을 갖는다.

---

39) 이때의 행위책임은 구체적 행위자의 책임을 대신하는 것이 아니라 개별적 행위자의 책임과 병존하는 책임의 성질을 갖는다. 따라서 경찰기관은 어느 당사자에게 경찰권을 발동할 것인가에 대해 재량권을 행사할 수 있다.

② 행위책임과 고의 · 과실 등

행위책임의 경우, 위해발생에 대한 경찰책임자의 고의 · 과실 · 그리고 행위능력이 있는가 없는가의 유무와는 상관없이 인정된다. 예컨대, 발작으로 인해 도로교통을 위협하는 간질병자나 만취상태에서 차도에 누워 있는 자도 행위책임자(자기책임자)에 해당된다.

(2) 상태책임

① 의의

물건(토지 · 공작물) 또는 동물의 소유자 · 점유자 기타 관리자가 그 물건 또는 동물로 말미암아 발생한 경찰위반상태에 대하여 지는 책임을 말한다. 예컨대, 태풍에 의하여 가옥이 파괴되거나 파괴될 우려가 있고 거주자나 통행인의 생명 또는 신체에 위해를 미칠 우려가 있는 경우에, 경찰관은 관리자에게 필요한 경고를 발하거나 위해방지상 필요하다고 인정되는 조치를 취하게 할 수 있다.

② 행위책임의 귀속

경찰상의 위해를 야기한 물건을 현실적으로 지배하고 있는 사실상의 지배권자에게 경찰권을 발동할 수 있다. 또한 통상적으로 당해 물건의 소유권자는 2차적으로라도 경찰책임의 대상이 된다. 그러나 사실상의 지배권자가 소유자의 의사에 반하여 지배권을 행사하는 경우에는 소유권자는 이러한 상태책임으로부터 면제된다. 예컨대, 제3자가 타인의 자동차를 절취하여 사용한 후 도로에 버린 경우, 이 때 제3자는 소유자의 의사에 반하여 지배권을 행사하였기 때문에, 이 경우에는 소유권자에게 경찰책임을 물을 수 없다는 것이 다수의 견해이다.[40]

③ 상태책임의 범위

상태책임의 범위는 물건으로부터 발생하는 손해에 대하여 원인여하를 불문하고 원칙적으로 전적인 책임을 진다. 그러나 소유권자가 감당할 수 있는 위험영역을 넘는 비정형적인 사건(예컨대, 불가항력 · 자연재해 등)에 의하여 당해 물건이 경찰위반상태를 발생시킨 경우에는 소유권자의 책임이 배제된다. 예컨대, 유조차가 노상에서 전복되어 흘러나온 기름이 스며든 토지의 소유자에게 자신의 토지에 기름으로

40) 김철용, 전게서, p. 273.

인한 수질오염의 위해가 존재한다 할지라도, 그 기름오염으로 인한 위해 제거책임을 토지의 소유자에게 물을 수는 없다고 보아야 한다.[41]

(3) 행위책임과 상태책임의 경합(복합적 책임)

① 의의

하나의 경찰위반사실이 다수인의 행위 또는 다수인이 지배하는 물건의 상태에 기인하였거나, 행위책임과 상태책임이 결합됨으로써 발생하는 경우를 포괄하여 복합적 책임이라 한다. 이처럼 다수인의 행위 또는 다수인의 물건이 합쳐져 경찰위해를 일으키고 있는 경우에 누구에게 경찰권을 발동할 것인가 하는 것이 문제시된다.

② 다수인의 행위에 대한 책임

단일의 경찰위반 사실이 다수인의 행위에 의해 이루어진 경우의 책임이다. 이 경우 그 내용이 명확한 때에는 그 부분에 따라 각각 책임범위가 정해질 수 있다. 그러나 책임범위가 불명확할 때에는 결국 경찰기관의 성실한 재량(선택재량)에 의해 그 책임범위를 결정할 수밖에 없다는 것이 다수설의 입장이다.[42]

③ 행위책임과 상태책임과의 중복

행위책임과 상태책임이 경합하는 경우에는 행위책임자에게 우선 경찰권이 발동되어야 한다. 예컨대, 타인의 토지에 매설한 위험물이 폭발한 경우 토지소유자에게 책임을(상태책임) 먼저 물을 것이 아니라, 이를 매설한 자에게 책임을(행위책임) 먼저 물어야 한다.

4) 경찰긴급권 이론(경찰책임에 대한 예외)

(1) 의의

경찰권은 경찰위반의 직접책임자(직접원인제공자)에게만 발동되는 것이 원칙이지만, 예외적으로 경찰장해제거를 위한 급박한 경우에는 경찰책임이 없는 자(경찰비책임자)에게도 경찰권을 발동할 수 있다. 예컨대, 화재현장에 있는 자를 소화작업에 동원시키는 소화종사명령 등과 같이 경찰권발동이 인정되는 경우 등을 말한다(「소방기본법」제24조).

---

41) 김형중, 『경찰행정법』, 수사연구사, 2005, p. 424.
42) 김현준, 『수인(數人)의 경찰책임자』, 공법연구(한국공법학회), 제35집 제3호, p. 233 이하.

(2) 발동근거

① 경찰책임이 없는 자에게 경찰책임을 부과하는 경우, 그 발동근거로서 반드시 개별적·구체적 수권조항이 있어야 발동할 수 있다는 견해와 일반적 수권조항에 의하여 경찰권을 발동할 수 있다는 견해가 대립하고 있다. 후자가 통설적인 견해이다.[43]

② 후자의 견해는 경찰긴급권 발동의 근거로 「경찰관직무집행법」제2조 제7호의 공공의 안녕과 질서유지에 관한 규정을 일반적 수권조항으로 보고, 이 일반조항에 근거하여 경찰권을 발동할 수 있으나, 다음과 같은 요건 하에서만 가능하다고 주장한다. 첫째, 위험이 급박하고 다른 방법을 통한 위험방지가 불가능할 것, 둘째, 제1차적 경찰책임자에 대한 경찰권발동으로는 위험의 제거를 기대할 수 없는 경우, 셋째, 경찰비책임자의 생명이나 건강을 해치지 않아야 하고, 비책임자의 본래의 급박한 업무를 방해하는 것이 아닐 것, 넷째, 일시적·임시적 방편이어야 하며, 경찰권 발동의 대상이 된 경찰비책임자가 입은 손실에 대하여 보상이 행해질 것 등이다.

Ⅳ. 한계일탈의 효과와 구제

경찰권의 한계를 일탈한 경찰권의 발동은 위법한 경찰작용으로서 무효 또는 취소사유가 된다. 이에 대한 구제수단으로 다음과 같은 것이 있다.

1. 위법한 경찰권 발동의 구제책으로는 1) 행정소송 또는 직권에 의한 취소·정지, 2) 행정상 손해배상 또는 원상회복청구, 3) 고소·고발, 4) 정당방위, 5) 공무원의 형사·징계책임, 6) 헌법소원 및 청원제도 등이 있다.
2. 적법한 경찰권발동에 의한 구제책으로는 '특별한 희생'에 대한 손실보상 청구권이 인정되고 있다.

43) 김남진, 전게서, p.269; 김철용, 전게서, p.275.

제 5 장

경찰작용의 내용

경찰작용은 사회공공의 안녕과 질서유지를 그 목적으로 하므로 원칙적으로 권력적 방법에 의하여 행하여지는 것이 보통이며, 경찰명령 · 경찰처분 · 경찰허가가 중요한 수단이 된다. 그러나 예외적으로 경찰목적을 달성하기 위하여 필요한 경우 비권력적 방법(경찰상 행정지도 · 비권력적 경찰조사)에 의하는 경우도 있다.

제 1 절 경찰하명(警察下命)

Ⅰ. 개념

경찰하명의 개념은 종래 법률 또는 법규명령에 의한 하명과 행정행위로서의 하명을 구별하지 아니하고, 국민에 대하여 경찰상의 의무를 명하는 것이면 모두 경찰하명개념에 포함시키는 것이 일반적이었다. 그러나 최근에는 행정행위에 의한 하명만으로 이해하려는 견해가 유력하게 제기되고 있다.

Ⅱ. 경찰하명(경찰상 행정행위로서 하명)

1. 경찰하명의 의의

경찰하명이라 함은 경찰기관이 사회공공의 안녕과 질서의 유지라는 경찰목적을 위하여 일반통치권(경찰권)에 의거하여 특정인 또는 불특정 다수인에게 작위·부작위·급부·수인 등의 의무를 명하는 경찰작용을 말한다.

2. 경찰하명의 종류

1) 내용상의 분류

(1) 작위하명

작위하명이란 적극적으로 일정한 행위를 행할 의무를 부과하는 행정행위를 말한다. 일반인에 대한 작위하명은 급박한 필요가 있거나 경미한 부담인 경우에 한하여 명하여진다. 작위하명은 특정인에게 대하여 행하여지는 것(예컨대, 신고·장부비치 명령 등)이 원칙이나, 불특정다수인에 대한 것도 있다(예컨대, 일정도로상의 차량우회명령 등).

(2) 부작위하명

부작위하명이란 소극적으로 어떤 행위를 행하지 아니할 의무를 명(命)하는 행위이다. 이는 경찰하명 중에서 가장 많은 하명으로 경찰금지라고도 한다. 예컨대, 국가중요시설에 대한 접근제한명령 등을 들 수 있다.

(3) 수인하명

수인하명이란 경찰강제에 대하여 저항하지 않고 감수해야 할 의무를 명하는 경찰처분행위이다. 경찰강제 그 자체는 사실상의 작용이지만, 그것이 적법하게 행하여지기 위해서는 수인하명이 수반되어야 한다. 따라서 수인하명에 의하여 경찰강제는 법령에 의한 행위로서 위법성이 조각되고, 이에 저항하면 공무집행방해죄가 된다. 예컨대, 경찰조사·경찰강제 등에 반항하지 않고 응해야 하는 의무 등을 말한다.

(4) 급부하명

금전 또는 물품의 급부의무를 명하는 것이다. 경찰작용이 특정인을 위하여 행하여지거나 또는 특정인을 필요하게 된 경우에, 그 비용에 충당하기 위하여 수수료 기타의 급부를 명하기 위하여 행하여진다. 예컨대, 운전면허시험 등에 수수료 납부를 명하는 것이 그 예이다.

2) 대상에 의한 분류

경찰하명은 직접 사람에 대해 의무·불이익 등을 부과하는 것인가, 물건의 성질 내지 상태에 관해 규율하는 것인가에 따라 대인적 처분과 대물적 처분으로 나눌 수 있다. 대인적 처분은 그 규율의 범위 여하에 따라 개별처분과 일반처분으로 나누어진다.

(1) 대인적 하명

경찰하명은 특정인에 대하여 행하여지는 개별하명이 보통이나(예컨대, 특정인에 대한 일정기간 영업정지처분·운전면허 취소 등), 불특정 다수인에 대하여 일반적으로 행하여지는 경우도 있다. 이를 일반하명이라 한다. 예컨대, 위험 도로상의 통행금지·전염병 발생지역의 출입금지 등 규율의 대상은 다수인이나 규율의 범위가 시간적·장소적으로 한정되어 있는 경우를 말한다.

(2) 대물적 하명

특정 물건이나 설비 등 물적 사정에 중점을 두고 행하여지는 경찰하명이다. 예컨대, 무등록차량의 운행금지나 주차금지구역 지정 등이 있다. 오늘날 일방통행 등 교통표지의 법적 성격을 어떻게 이해할 것인가에 관하여, 학설의 다수는 법규명령이 아닌 행정행위(경찰처분)의 일종으로 보고 있다.[1)]

(3) 혼합적 하명

대인적 하명과 대물적 하명의 요소가 혼합된 경우로써, 원칙적으로 이전이 제한된다. 예컨대, 총포·도검·화약류 등의 영업금지를 들 수 있다.

---

1) 교차로·커브길·경사 등에 관한 위험표지판·도로교통의 원활을 위한 방향표지판은 규율적 성격이 결여되어 있으므로 경찰명령도 경찰처분(물적처분)도 아니고 사실행위이다. 그러나 우선통행·주차금지·대기선은 경찰처분에 해당한다. 또한 교차로상의 신호도 계속적으로 변화하는 색깔의 표시를 통한 교통규율이므로, 일반처분에 해당한다고 본다.

3. 경찰하명의 형식

1) 법규하명

별도의 행정행위의 존재를 요하지 아니하고 법령에 의해 직접 일정한 경찰의무를 발생케 하는 경우의 경찰하명을 말한다. 법규하명은 원칙적으로 일반적·추상적 규범이기 때문에, 비록 이에 하자가 있더라도 항고소송의 대상이 되지 않는다. 그러나 법규하명이 처분성을 가지며 명령의 형식을 취하는 경우에는 항고소송의 대상이 되고, 법률의 형식을 취하는 경우(예컨대, 이륜자동차에 대한 고속도로 등 통행금지를 명하는 도로교통법 제63조 통행등의 금지)는 헌법소원의 대상이 된다(헌재 2007.1.17, 2005 헌마1111). 법규명령은 엄밀한 의미의 하명(행정행위인 하명)이 아니다.

2) 경찰처분(처분에 의한 하명)

(1) 의의

경찰처분이라 함은 법령에 의거하여 특정한 경찰의무를 과하기 위해 행하는 구체적인 행정행위를 말한다(예컨대, 불법사행행위업소에 대한 영업장 폐쇄 등).

경찰처분은 법치주의의 원리에 입각해서 법이 주어진 범위내에서 이루어져야 한다. 따라서 경찰처분은 「경찰권의 한계」에 관한 원칙의 적용을 받는다.

(2) 경찰처분권자

경찰처분은 경찰관청에 의하여 행하여지는 것이 원칙이나, 그의 명을 받은 경찰집행기관이 행하는 경우도 있다(예컨대, 교통정리를 행하는 경찰관 등).

(3) 경찰처분의 형식

경찰처분은 반드시 문서에 의해 행해질 필요는 없으며, 구술·행동·그 밖의 여러 가지 표시를 통해 행하여진다. 예컨대, 자동감응장치에 의해 가동되는 교통신호 등에 의한 신호, 교통경찰관의 수동에 의한 교통지시 등은 경찰처분에 해당한다.

4. 경찰하명의 효과

1) 경찰의무의 발생

경찰하명은 그 내용에 따라 특정인 또는 특정의 다수인에게 작위・부작위・급부・수인 등의 의무를 발생시킨다. 경찰하명의 효과로서 발생되는 의무를 경찰의무[2]라 한다. 이와 같은 경찰의무는 원칙적으로 행정주체에 대하여 지는 것이지, 수명자(受命者)의 제3자에게까지 경찰의무를 발생시키는 것은 아니다.[3] 따라서 수명자가 경찰의무를 이행하지 않은 경우에는 강제집행을 하거나 경찰벌을 과할 수는 있으나, 제3자가 수명자에게 경찰의무이행을 청구하거나 손해배상 등을 청구할 수는 없다.

2) 경찰의무와 법률행위의 효력

경찰하명은 직접 상대방에게 작위・부작위・수인・급부의무를 사실상으로 행할 의무를 부과할 뿐이며, 상대방이 행하는 법률상의 능력이나 법률행위의 효력에는 직접적으로 아무런 관련이 없다. 예컨대, 경찰관청이 특정인에게 총포・도검・화약류의 판매를 금지시킨 경우, 그 사람이 경찰관청의 매매금지명령을 위반하여 매매계약에 의한 양도가 행하여졌다 하더라도 당해 매매계약의 효력이 부인되지는 않는다.

5. 경찰하명의 효과가 미치는 범위

경찰하명의 효과가 미치는 범위는 인적 범위와 지역적 범위로 나누어 볼 수 있다.

1) 인적 범위

경찰하명의 효과가 미치는 인적 범위는 당해 처분의 성질에 따라 다르게 나타난다.

(1) 대인적 하명

일신전속적(一身專屬的) 대인적 하명은 특정인의 개인적 사정에 두고 행하여지는 처분으로, 처분의 상대방에 대하여서만 효과가 생긴다(예컨대, 운전면허정지).

---

2) 경찰의무는 사회공공의 안녕과 질서의 유지를 위하여 법률에 의하여 또는 법률에 근거한 명령이나 행정행위에 의하여 개인에게 부과되는 의무이지만, 여기서는 경찰하명에 의하여 상대방이 지는 의무만을 경찰의무로 보고 있다.

3) 예컨대, 「의료법」제16조에 의한 의사의 의료법상의 의무(환자를 진료할 의무)는 행정주체에 대한 의무이지 환자에 대한 의무가 아닌 까닭에 환자는 의사에게 '자기를 진료하여 줄 것을 요구할 수 있는 권리'를 가지지 않는다.

(2) 대물적 하명

대물적 하명은 특정물건이나 설비 등 물적 사정에 중점을 두고 행하여지는 처분으로, 그 효과가 처분의 상대방에게만 미치는 것이 아니고 그 물건 또는 설비의 양수인(讓受人)·승계인에게도 미친다(예컨대, 검사불합격자동차의 사용금지).

(3) 혼합적 하명

대물적 하명이면서 대인적 하명의 요소를 아울러 지닌 혼합하명의 경우는 원칙적으로 하명의 상대에게만 미치고, 그 효과성의 제한을 받는다. 그러나 대물적 효과는 이전이 가능하다(예컨대, 풍속영업에 관련한 처분).

2) 지역적 범위

경찰하명의 효과가 미치는 지역적 범위는 다른 행정처분에 있어서와 마찬가지로 경찰하명의 지역적 효과도 당해 경찰행정청의 관할구역 내에만 미친다. 다만, 대물적 하명의 경우는 그 성질상 그 효과가 관할구역 밖에까지 미치는 경우가 있다. 예컨대, 운전면허정지처분을 받은 자동차는 전국 어느 곳에서도 운행하지 못하는 것이 그 예이다.[4)]

6. 경찰하명의 위반의 효과

경찰하명에 의하여 명하여진 작위·부작위 등의 의무를 수명자가 불이행한 경우에는 경찰상의 강제집행에 의하여 그 의무이행을 확보할 수 있다. 그러나 강제집행수단[5)]에 의하여 의무이행을 실현시킬 수 없는 경우에는 경찰벌을 과하여 간접적으로 당해 경찰의무의 이행을 확보할 수밖에 없다. 경찰의무를 위반한 경우에는 그 의무위반에 대한 제재로서 경찰벌을 과하는 것이 보통이다.[6)]

---

4) 김형중, 전게서, p.547.

5) 현행법의 경찰상 강제집행의 수단으로는 공법상의 대체적 행위의무(大替的 行爲義務)에 대해서는 대집행(代執行)이 일반적으로 인정되고(행정대집행법), 금전급부의무의 불이행에 대해서는 강제징수(국세징수법)만이 일반적 수단으로 인정되어 있다. 그 이외의 의무불이행에 대하여는 극히 예외적으로 직접강제가 인정되고 있다.

6) 김동희, 전게서, p.213.

제 2 절 경찰허가(경찰상 행정행위로서 허가)

Ⅰ. 개념

1. 의의

1) 경찰허가라 함은 경찰상 목적을 위해 일반적 금지를 특정한 경우에 해제함으로써 적법하게 일정한 행위를 할 수 있게 해주는 경찰상의 행정행위이다. 금지에는 절대적 금지와 상대적 금지가 있다. 예컨대, 미성년자에 대한 주류·담배 판매금지나 마약복용 금지 그리고 인신매매금지는 허가대상이 될 수 없다. 왜냐하면 절대적으로 금지(절대적 금지)된 사항이기 때문이다. 반면 상대적 금지에 해당되는 무면허운전금지나 영업금지는 일정한 조건이 충족되는 경우에는 허가의 대상이 될 수 있다.

2) 경찰허가는 경찰하명과 함께 경찰상의 행정행위의 중심을 이루고 있으며, 실정법상으로는 허가 외에도 면허·특허 또는 승인·동의 등 여러 가지 용어로 사용된다.

Ⅱ. 경찰허가의 종류

1. 일반적 허가와 예외적 허가(승인)

1) 일반적 허가

일반적 경찰허가는 법규상 예방적 통제의 목적으로 규정된 잠정적 금지를 일정한 전제요건이 갖추어지면, 그 금지를 해제시켜 주는 것을 말한다. 일반적 허가는 본래의 허가 또는 협의의 허가라고도 한다.[7]

2) 예외적 허가(승인)

예외적 허가(승인)라 함은 일정행위가 유해하거나 사회적으로 바람직하지 않은

7) 홍정선, 전게서, p. 347.

것으로서 법령상 원칙적으로 금지되어 있으나, 예외적인 경우에는 이러한 금지를 해제하여 당해 행위를 적법하게 할 수 있게 해주는 행위를 말한다(예컨대, 치료목적 등 특정의 경우에만 아편사용을 허용하는 경우 · 개발제한 구역 내에서의 개발행위허가 · 카지노 개설허가 등). 일반적 허가나 예외적 허가(승인) 등은 형식상으로 보면 모두 금지의 해제라는 점에서 동일하다.

2. 대인적 허가 · 대물적 허가 · 혼합적 허가

경찰허가에는 대인적 허가 · 대물적 허가 · 혼합적 허가가 있다.

1) 대인적 허가

사람의 능력 · 지식 등 주관적 요소를 기준으로 하는 대인적 허가는 이전이 불가능하다. 예컨대, 운전면허 · 외국인의 체류허가 · 무기소지허가 · 마약류취급허가 등이 있다.

2) 대물적 허가

물건의 내용 · 상태 등 객관적 요소를 기준으로 하는 대물적 허가는 이전이 가능하다. 예컨대, 음식점영업허가 · 차량검사합격처분 등을 들 수 있다.

3) 혼합적 허가

인적 요소 · 물적 요소를 기준으로 하는 혼합적 허가는 타인에게 이전이 제한된다. 예컨대, 총포 · 화약류제조허가, 가스사업허가 등을 들 수 있다.

Ⅲ. 경찰허가의 형식

1. 경찰허가는 경찰법규에서 규정한 일반적 금지를 특정한 경우에 해제하는 행위이므로, 언제나 구체적인 행정행위(행정처분)의 형식으로 행하여진다. 이 점에서는 경찰처분의 경우와 같다.

2. 경찰허가는 상대방의 출원에 의하여 문서로 행하여지는 것이 원칙이나, 법령에 특별한 규정이 없는 한 반드시 요식행위는 아니며 구두에 의해서도 출원이 가능하다.[8]

Ⅳ. 경찰허가의 성립 · 효력발생요건

경찰허가도 적법하게 성립하고 효력을 발생하기 위해서는 주체[9] · 내용 · 절차 · 형식 · 외부적 표시 등에 관한 요건을 갖추어야 함은 다른 행정행위와 동일하다. 경찰허가는 일반행정행위의 요건을 구비하는 것 외에 절차적 요건과 형식적 요건 등을 갖추어야 한다.

1. 절차적 요건

1) 신청(출원)

경찰허가는 상대방의 신청에 의하여 행하여지는 것이 원칙이나, 예외적으로 신청없이 이루어지는 허가도 있다(예컨대, 통행금지해제 · 입산금지해제 등).

2) 시험 · 검사(檢査) 등

경찰법규에서 경찰허가의 요건으로서 일정한 시험이나 검사 등을 거치도록 규정한 경우가 있다. 예컨대, 자동차운전면허와 같이 일정한 시험 · 검사 등에 합격한 자에 대하여서만 경찰허가를 부여하는 경우에도, 시험(운전면허) · 검사(물품 · 시설 등 검사) 등 시험합격결정이나 검사합격결정 등의 확인행위를 거치지 아니한 경찰허가는 무효이다.

3) 수수료 · 조세의 납부

경찰허가를 함에 있어서는 그 허가사무에 대한 반대급부로서, 법령에 의하여 수수료 또는 조세의 납부를 그 요건으로 할 때가 있다. 경찰허가에 대하여 수수료를 징수하는 경우로는 운전면허시험 · 운전면허증의 교부 · 재교부시에 수수료 등이 그 예이다. 수수료는 경찰허가의 부관(附款)으로서 정해지는 경우가 대부분이다.

---

8) 경찰허가는 일정한 형식으로 행해지는 경우가 많으나(예컨대, 운전면허증, 영업허가증 등), 구두에 의한 경찰허가도 가능하다(김남진, 전게서, p. 299).

9) 경찰상 허가의 성립요건인 주체상 요건(허가권자)과 관련하여 제도상의 경찰뿐만 아니라 특히 특별행정기관(예컨대, 식품위생관련청, 산림행정청, 건축행정청)도 허가권자가 될 수 있음에 유념하여야 한다.

2. 형식적 요건

경찰허가는 법령의 규정에 의하여 일정한 형식에 의한 공적 증명(공증행위)을 허가의 효력발생요건으로 할 때가 많다. 예컨대, 자동차의 운전면허는 면허증의 교부에 의하여 행하여지고(「도로교통법」), 자동차의 운행허가가 자동차검사증의 교부와 자동차등록원부에의 등록에 의하여 행하여지는 것이 그 예이다(「자동차관리법」).

Ⅴ. 경찰허가의 부관(附款)

1. 의의

일반행정행위의 부관은 행정행위의 효과를 제한 또는 보충하기 위하여 행정행위의 주된 내용에 부과하는 부수적인 의사표시를 말한다. 경찰허가의 부관은 경찰관청이 경찰허가를 함에 있어서 지장을 주게 되는 경찰장해를 제거하는 목적으로 이용되고 있다.

2. 가속행위

1) 경찰허가는 기속행위인 것이 원칙이다. 따라서 법령에 의하여 엄격하게 기속된 경찰허가의 경우는 법정 부관, 즉 법정조건·법정기한·법정부담만을 붙일 수 있으며, 경찰행정청의 재량으로 부관을 붙일 수는 없다. 부관 중에는 법정부담이 가장 일반적이며, 보통은 허가와 동시에 부담을 명한다. 예컨대, 도로공사를 위한 도로점용 허가 시 교통소통 및 안전을 위한 경찰서장의 통제수 배치 및 안전시설설치 지시가 그 예이다.

2) 다만 예외적으로 특정허가에 재량성이 인정되는 경찰허가에 대하여는 일반의 행정행위에 있어서의 부관과 같이 조건·기한·부담·철회권의 유보·법률효과의 일부배제 등의 부관을 붙일 수 있다.

Ⅵ. 경찰허가의 효과

1. 경찰허가의 효과의 내용

1) 경찰금지의 해제

경찰허가는 경찰행정상의 목적을 위한 일반적 금지를 해제하여 일정한 행위를 적법하게 행사할 수 있게 하여 주는 효과를 가진다. 따라서 허가는 단순한 자연적 자유를 회복시켜 주는 행위가 아니라, 헌법상의 자유권을 적법하게 행사할 수 있는 법적 지위를 설정하여 주는 행위이다. 예컨대, 영업허가로 인해 금지가 해제된 영업의 자유는 직업의 자유(직업의 자유권)를 의미한다. 따라서 음식점 영업허가 등의 경우 새로운 영업권이 설정되는 것이 아니고, 헌법상 영업의 자유권을 적법하게 행사할 수 있는 지위가 설정되는 데 그치는 것이다.[10)]

2) 경찰허가와 타법률과의 관계

경찰허가는 경찰상의 금지만 해제할 뿐이지, 다른 법령에 의한 금지까지 해제하여 주는 것은 아니다. 예컨대, 경찰공무원이 식품위생법상 영업허가를 받았더라도 공무원법상 영리업무종사금지의 제한은 여전히 받으므로, 결국 경찰공무원은 영업을 할 수 없다.[11)]

3) 경찰허가와 법률행위의 효력

경찰허가는 일정한 행위를 적법하게 할 수 있도록 하는 적법요건일 뿐이다. 따라서 허가를 요하는 행위를 허가 없이 한 경우에는 처벌의 대상은 될지라도 그 법률행위의 효력이 부인되는 것은 아니다. 예컨대, 무허가음식점의 음식물판매행위는 그대로 유효하나, 허가를 받지 않고 한 영업행위는 경찰벌이나 경찰상 강제집행의 대상이 될 뿐이다.

2. 경찰허가의 갱신(更新)

1) 경찰허가에 기한이 붙어 있는 기한부 경찰허가는 종기(終期)의 도래로 효력을

10) 김동희, 전게서, p.234.
11) 국가공무원법 제64조 제2항 참조.

상실하는 것이 원칙이지만, 영업허가 등 관계 법령에서는 관계인의 이익의 보호 또는 거래관계의 안정을 도모하기 위하여 허가의 갱신을 인정하는 경우가 많다.

2) 허가의 갱신은 새로운 경찰허가가 아니고, 종래의 경찰허가를 전제로 하여 그 효과를 계속시키는 행위이다. 따라서 허가청은 경찰상 장해가 발생할 새로운 사정이 없는 한 갱신을 허가하여야 한다.[12] 다만 허가의 갱신은 그 기한이 도래하기 전에 신청하여야 하며, 갱신의 신청이 없으면 그 종기의 도래로써 경찰허가의 효력은 소멸된다.

3. 경찰허가의 효과가 미치는 범위

경찰허가의 효과도 경찰처분과 같이 일정한 인적·지역적 범위 내에서만 발생한다.

1) 인적 범위

(1) 대인적 허가

대인적 허가는 특정인의 주관적 사정을 고려하여 행하여지는 것이므로 허가의 효과는 일신전속적이며, 타인에게 이전 또는 상속이 금지된다(예컨대, 운전면허·의사면허).

(2) 대물적 허가

대물적 허가는 물건의 구조·성질·설비 등의 객관적 사정을 기준으로 하는 경찰허가로서 그 물건 등의 상속 또는 양도에 의하여 승계인에게 당연히 효과가 승계된다(예컨대, 건축허가 등).[13]

(3) 혼합적 허가

혼합적 허가는 신청인의 주관적 사정과 객관적 사정을 동시에 고려하여 행하여지는 경찰허가이다(예컨대, 총포·화약류 제조허가 등). 혼합적 허가는 그 이전이나 상속에 대하여는 경찰관청의 허가를 받도록 규정하고 있는 것이 보통이다. 이 경우 허가관청의 심사대상은 양수인이나 상속인의 인적 요소의 적부(適否)에 한정된다

12) 기한부허가의 갱신(대판 1996. 11. 10, 94누11866).

13) 대법원은 "건축허가는 대물적 성질을 가지는 것으로 그 허가의 효과는 허가대상건축물에 대한 권리변동에 수반하여 이전되고, 별도의 승인처분에 의하여 이전되는 것이 아니다"라고 판시하고 있다(대판 1979. 1. 30, 79누190).

할 것이다.[14)]

4. 지역적 범위

경찰허가의 효과는 원칙적으로 당해 경찰관청의 관할구역 내에 한정된다. 따라서 중앙관청에 의한 경찰허가는 전국에 미치고, 지방관청에 의한 경찰허가는 그 관할구역 내에 그 효과가 미친다. 다만, 법령의 규정이나 그 성질상 허가관청의 관할구역에 한정시킬 수 없을 때에는, 그 허가의 효과는 당해 허가관청의 관할구역 밖에까지 미치게 된다. 예컨대, 허가관청인 지방경찰청장이 교부한 자동차운전면허 등은 전국 어디서나 그 허가의 효과가 미친다.

14) 김동희, 전게서, p. 237.

제 6 장

경찰상 의무이행확보수단

제 1 절　경찰상 강제집행

Ⅰ. 개설

경찰은 공공의 안녕과 질서유지를 그 직무로 한다. 이와 같은 직무를 위하여 경찰은 경찰의무자에게 경찰처분을 통해서, 또는 긴급한 경우에는 경찰의무자가 아닌 제3자에 대한 경찰처분을 통해서 직무를 수행한다. 그러나 경찰의무자가 그 의무를 이행하지 않은 경우, 또는 자발적인 의무이행을 기대하기 어려운 경우에 상대방의 의무이행을 직접적·간접적으로 강제함으로써 경찰목적을 실현하는 수단을 총칭하여 경찰작용의 실효성 확보수단이라고 한다.

그 수단으로는 경찰강제가 사용된다. 경찰강제란 경찰에 발해진 처분을 경찰의무자가 준수하지 않은 경우에 경찰이 경찰목적을 위하여 개인의 신체·재산·가택 등에 실력을 가하여 경찰상 필요한 상태를 실현하는 사실상의 작용[1]을 말한다.

---

1) 경찰작용의 행위형식 중에는 사실행위가 중요한 위치를 차지한다. 왜냐하면 경찰작용의 중심이 위험의 예방에 있기 때문에 위험에 대한 감시를 내용으로 하는 사실작용이 중심에 놓인다. 사실행위는 법효과를 의도하는 것이 아니라 사실상의 작용이라는 데에 특징이 있다. 예컨대, 무주동물의 사살, 도주자에 대한 총기의 발사, 행패자에 대한 경찰봉 사용 등을 들 수 있다(홍정선, 전게서, p.1058 참조).

경찰강제는 직접적 강제수단(경찰상 강제집행 · 경찰상 즉시강제)과 간접적 강제수단(경찰벌)이 있다. 그리고 새로운 의무이행확보수단으로 과징금 · 위반사실의 공표제도 · 공급거부 · 관허사업의 제한 등을 들 수 있다.

Ⅱ. 경찰상 강제집행의 의의 및 구별개념

1. 의의

경찰상 강제집행이라 함은 경찰상의 의무불이행에 대하여 경찰기관이 의무자의 신체 또는 재산에 실력을 행사하여 장래에 향하여 그 의무를 이행시키거나, 그 의무이행이 있었던 것과 같은 상태를 실현하는 경찰작용을 말한다. 이는 경찰기관이 직접 실력을 가할 수 있다는 점에서 자력집행에 속한다.[2]

2. 구별개념

1) 경찰상 즉시강제와의 구별

양자는 실력으로 필요한 상태를 실현시키는 사실행위라는 점에서는 동일하다. 그러나 경찰상 강제집행은 의무의 존재와 불이행을 전제로 하는 반면, 의무불이행을 전제로 하지 아니하고 급박한 경우에 즉시 실력을 행사하는 경찰상 즉시강제와 구별된다.

2) 경찰벌과의 구별

양자는 의무이행을 강제하는 행정상의 목적을 실현한다는 점에서는 동일하다. 그러나 경찰상 강제집행은 장래의 의무불이행을 강제한다는 점에서, 과거의 의무위반에 대한 제제인 경찰벌과 구별된다.

2) 김남진, 『행정법 Ⅱ』, 박영사, 2005, p.326.

Ⅲ. 경찰상 강제집행의 근거

1. 이론적 근거

종래 일부 견해로 명령권에 강제권이 포함되므로 강제집행을 하는 경우에는 별도의 법적 근거가 필요 없다는 견해도 있었다. 그러나 오늘날 경찰상 강제집행은 국민의 권리와 자유를 침해하는 권력적 작용이기 때문에, 법치행정의 원칙상 반드시 법적 근거가 있어야 한다는 것이 통설적 입장이다.[3]

2. 실정법적 근거

현행법상 경찰상 강제집행의 전반에 관한 일반법은 없으며, 행정상 강제집행의 일반법으로 「행정대집행법」, 「국세징수법」이 있다. 개별법으로는 「경찰관직무집행법」, 「도로교통법」, 「출입국관리법」, 「식품위생법」 등이 있다.

Ⅳ. 경찰상 강제집행의 수단

경찰상 강제집행의 수단에 대해서는 별도로 규정한 것이 없으므로, 행정상 강제집행의 수단이 그대로 적용된다. 경찰상의 강제집행의 수단으로는 대집행·집행벌·직접강제·경찰상의 강제징수 등이 있다. 그러나 우리나라에서는 대집행과 강제징수만이 일반적으로 인정되고, 직접강제와 집행벌은 개별법상 예외적으로 인정되고 있다.

1. 대집행(代執行)

1) 의의

경찰상의 대집행이라 함은 경찰하명에도 불구하고 대체적 작위의무(代替的 作爲義務)를 진자가 그 의무를 이행하지 아니한 경우에 그 당해 행정청이 스스로 또는 제3자로 하여금 이를 행하게 하고, 그에 관한 비용을 의무자로부터 징수하는 경찰

3) 박윤흔, 『행정법강의(하)』, 박영사, 2005, p.359.

상의 강제집행을 말한다. 대집행은 경찰상 강제집행의 일반적 수단이므로, 행정대집행법이 정한 요건이 충족되는 한 경찰기관은 대집행을 할 수 있다고 본다.

2) 대집행의 주체(대집행권자)

대집행을 할 수 있는 자는 당해 경찰관청, 즉 처분청을 말한다. 여기서 처분청이라 함은 당초에 의무를 명하는 행정행위를 한 경찰관청을 말한다. 따라서 당해 경찰관청의 위임을 받아 대집행을 실행하는 제3자는 대집행의 주체가 아니다.

3) 대집행의 요건

(1) 대체적 작위의무의 불이행이라는 사실이 존재할 것

대체적 작위의무라 함은 타인이 대신 행할 수 있는 행위, 즉 타인이 하더라도 의무자가 스스로 행한 것과 동일한 행정상의 목적을 실현할 수 있는 성질의 의무를 말한다. 예컨대, 교통장애물 제거의무 · 위법건축물 제거의무 · 불법광고물 제거 등을 들 수 있다. 따라서 대집행을 하기 위해서는 대체적 작위의무의 불이행이 있어야 한다.

(2) 다른 수단으로는 그 이행확보가 곤란할 것

의무이행의 확보를 위한 방법으로서 대집행은 상대방에 대한 침해정도가 크기 때문에 침해성이 적은 다른 수단이 있는 경우에는 그에 의하여야 하고, 대집행은 그러한 수단이 없는 경우에 부득이한 수단으로서만 발동되어야 한다(보충성의 원칙).

(3) 그 불이행을 방치함이 심히 공익을 해하는 것일 것

어떤 사실이 이 요건에 해당하는가는 사안에 따라 개별적 · 구체적으로 판단해야 한다. 그리고 그 판단(요건충족 여부) 성질에 대하여, 판례는 재량으로 보는 것이 일반적인 경향이었으나, 최근에는 사법적판단의 대상으로 보고 있기도 하다.[4]

5) 대집행의 절차

대집행은 대집행의 계고⇒ 대집행 영장에 의한 통지⇒ 대집행의 실행⇒ 비용징수의 4단계 순서로 행하여지며, 이는 상호 결합하여 대집행이라는 효과를 완성시킨다.

---

4) 대법원은 "요건판단에 위법이 있는 경우 사법심사가 가능하다"고 판시하고 있다(대판 1992. 3. 12, 90누10070).

2. 집행벌(執行罰)

1) 집행벌이라 함은 행정법상 부작위의무를 위반하였거나 또는 비대체적 작위의무를 이행하지 않는 경우에 그 이행을 강제하기 위한 수단으로서 부과하는 금전부담을 말하며, 강제금이라고도 한다(예컨대, 건축법상의 이행강제금 등).

2) 강제금은 이미 행한 불법에 대한 속죄를 위한 처분이 아니다. 그것은 미래의 행위의 도입을 위한 강제수단일 뿐이며, 의무가 이행될 때까지 계속적으로 강제금을 부과할 수 있다.

3) 집행벌(강제금)은 의무자가 자신의 의무를 이행한 경우에는 더 이상 부과할 수 없지만, 시정명령을 이행한 경우에도 이미 부과된 이행강제금은 납부해야 한다. 집행벌은 경찰벌과는 목적 및 성질이 다르므로 병과할 수 있다.

3. 직접강제

1) 의의

직접강제라 함은 경찰법상의 의무자가 의무를 이행하지 않은 경우에 경찰권이 직접 의무자의 신체 또는 재산에 실력을 가하여 의무가 이행된 것과 같은 상태를 실현하는 경찰상의 강제집행을 말한다. 직접강제는 인권침해의 가능성이 높아 원칙적으로 허용되지 않으며, 의무이행확보를 위한 최후의 보충수단으로 간주된다.[5]

2) 근거

직접강제의 실정법적 근거로서 일반법은 없고, 개별법으로서 예외적으로 인정하고 있다. 예컨대, 「도로교통법」상의 위험방지를 위한 조치·도로의 위법공작물에 대한 조치·도로의 지상공작물 등에 대한 위험방지조치·「식품위생법」상의 폐쇄조치·「출입국관리법」상의 외국인의 강제퇴거·예방접종의 강제실시·「집회 및 시위에 관한 법률」상의 시위군중의 강제해산 등이 직접강제의 예이다.

4. 강제징수

경찰상의 강제징수라 함은 「경찰법」상 금전급부의무의 이행을 담보하기 위하여

5) 김남현 외, 『경찰행정법』, 경찰공제회, p.201.

경찰관청이 의무자의 재산에 실력을 가함으로써 그 의무가 이행된 것과 동일한 상태를 실현하는 경찰상 강제집행을 말한다. 일반적으로 국세징수법이 정하는 바에 따라 강제징수할 수 있다. 예컨대, 도로교통법 제35조(주차위반에 대한 차량)는 경찰서장 또는 시장 등이 조치를 취할 수 있고, 주차위반차의 이동·보관·공고·매각 또는 폐차 등에 소요된 비용은 그 차의 사용자 부담으로 하고, 그 비용의 징수에 관하여는 「행정대집행법」제52조 및 제6조의 규정을 적용한다.

제 2 절 경찰상 즉시강제

Ⅰ. 개설

경찰상 즉시강제라 함은 목전의 급박한 경찰상 장해를 제거하여야 할 필요가 있는 경우에 미리 의무를 명할 시간적 여유가 없거나 또는 그 성질상 의무를 명하여서는 목적달성이 곤란할 때, 직접 국민의 신체 또는 재산에 실력을 가하여 경찰상 필요한 상태를 실현시키는 작용을 말한다.[6] 경찰상 즉시강제는 급박한 위험으로부터 개인을 보호하거나 위험을 방지하고자 하는데 그 목적이 있기 때문에, 제한적으로 사용되어야 한다.

Ⅱ. 법적근거

경찰상 즉시강제는 개인의 자유와 권리를 제한하는 전형적인 권력작용이므로, 반드시 실정법적 근거를 요한다고 보는 것이 통설이다. 일반법으로는 「경찰관직무집행법」이 있고 그 외에 개별법으로서 「마약류관리에 관한 법률」·「식품위생법」·「소방기본법」·「전염병예방법」등이 있다.

---

6) 류지태, 『행정법신론』, 신영사, 2006, p.256; 한견우, 『행정법 Ⅱ』, 홍문사, 1996, p.300.

Ⅲ. 경찰상 즉시강제의 수단

경찰상 즉시강제의 수단은 경찰관직무집행법상의 수단과 개별법상의 수단으로 나눌 수 있다. 그리고 그들 수단은 그 대상에 따라 다시 대인적 강제・대물적 강제・대가택 강제로 구별된다.

1. 대인적 강제

대인적 강제라 함은 신체에 실력을 가하여 경찰상 필요한 상태를 실현시키는 작용, 즉 사람의 자유를 구속・제한하는 경찰강제이다.

1) 경찰관직무집행법상의 대인적 강제수단

「경찰관직무집행법」상의 보호조치(제4조), 경고・억류・피난 등의 위험발생방지조치(제5조), 범죄의 예방과 제지(제6조), 경찰장비의 사용 등(제10조) 및 무기의 사용(동법 제10조의 4) 등이 있다.

2) 개별법상의 대인적 강제수단

대인적 강제수단으로는 「소방기본법」에 의한 소방활동 종사명령, 「전염병예방법」상의 강제격리, 「마약류관리에 관한 법률」에 의한 마약류 중독자의 치료보호, 「출입국관리법」상 무기사용 등이 있다.

2. 대물적 강제

대물적 강제라 함은 타인의 물건에 대해 실력을 가하여 경찰상 필요한 상태를 실현시키는 작용, 즉 물건에 관한 소유권과 기타의 권리를 침해하는 경찰강제행위이다.

1) 「경찰관직무집행법」상의 대물적 강제수단

「경찰관직무집행법」상의 무기・흉기・위험물의 임시영치, 위험발생의 방지조치 등이 있다.

2) 개별법상의 대물적 강제수단

「경찰관직무집행법」이외의 개별법규가 인정하고 있는 대물적 강제수단으로는 「식품위생법」에 의한 물건의 폐기, 「도로교통법」상의 교통장애물의 제거, 「소방기본법」상의 위험시설 등에 대한 긴급조치 등을 들 수 있다.

3. 대가택 강제

대가택 강제라 함은 소유자 또는 관리자의 의사에도 불구하고 타인의 가택·영업소 등에 대하여 실력을 가하여, 경찰상 필요한 상태를 실현하는 작용을 말한다.

1) 「경찰관직무집행법」의 대가택 강제수단

「경찰관직무집행법」상의 대가택 강제수단으로는 「위험방지를 위한 가택출입」 등이 있다.

2) 개별법상의 대가택 강제수단

「경찰관직무집행법」이외의 개별법규가 인정하고 있는 대가택 강제수단으로는 「총포·도검·화약류 등 단속법」에 의한 출입·검사 등이 있다. 종래의 대가택 강제로 인식되었던 것들이 최근에는 경찰조사의 범주에 속하는 것으로 보는 경향이 유력해지고 있다(다수설). 왜냐하면 오늘날 대가택 강제는 대부분 경찰작용에 필요한 자료의 수집을 목적으로 하는 것이어서, 성질상 경찰조사[7]에 속하기 때문이다.

Ⅳ. 경찰상 즉시강제의 한계

1. 실체법적 한계

경찰상 즉시강제의 발동에는 법적 근거가 필요하다. 그러나 모든 경찰권의 발동사태를 상정해서 그 요건을 법률에 규정하는 것은 불가능하다고 볼 수 있다. 따라

7) 경찰조사라 함은 행정조사의 일종으로 경찰기관이 경찰상 필요한 정보·자료 등을 수집하기 위하여 행하는 권력적 조사작용을 말한다. 경찰조사는 경찰상 즉시강제와는 달리 경찰목적의 궁극적 실현을 위한 예비적·보조적 작용으로서 반드시 시간적으로 급박한 경우에만 사용되는 것은 아니다.

서 실제 관계법규는 불확정개념이나 일반적 수권규정을 사용하여 경찰기관에게 광범위한 재량을 인정하는 경우가 많다. 그렇다고 해서 여기에서의 재량은 자유재량을 의미하는 것이 아니라, 의무에 합당한 재량권 행사를 의미하는 것이다. 따라서 경찰상 즉시강제권을 발동하는 경우에도 반드시 행정법의 일반원칙(비례의 원칙·보충성의 원칙 등) 등을 준수하면서 행해져야 한다.

2. 절차법적 한계(영장주의와의 관계)

즉시강제의 발동에 관하여 영장이 필요한가에 대하여 명문의 규정이 없으므로, 헌법상 영장주의가 경찰상 즉시강제에도 적용될 수 있을 것인가에 대하여 견해가 대립하고 있다.

1) 영장불요설(令狀不要設)

헌법상 영장주의는 형사사법권의 남용방지를 목적으로 하는 규정들이므로, 경찰목적수행을 위한 경찰상의 즉시강제에는 영장이 적용되지 않는다는 견해이다.

2) 영장필요설

영장주의가 형사사법권 발동에만 적용된다는 명문의 규정이 없는 이상, 헌법이 보장하는 영장주의는 국민의 기본권을 보장하기 위한 것이다. 따라서 특별한 예외적 규정이 없는 한 영장주의는 경찰상 즉시강제에도 일반적으로 적용되어야 한다는 견해이다.

3) 절충설

헌법상 영장주의는 경찰상 즉시강제에도 원칙적으로 적용되고, 다만 즉시강제의 특수성을 고려하여 경찰목적달성에 불가피하다고 인정할 만한 합리적인 이유가 있는 경우에 한하여, 영장주의의 예외를 인정해야 한다는 입장이다. 통설적 견해이며, 판례의 입장이다.[8]

---

8) 대법원은 "행정상 즉시강제는 상대방의 임의이행을 기다릴 시간적 여유가 없을 때 하명없이 바로 실력을 행사하는 것으로서, 그 본질상 급박성을 요건으로 하고 있어 법관의 영장을 기다려서는 그 목적을 달성할 수 없다고 할 것이므로, 원칙적으로 영장주의가 적용되지 않는다고 보아야 할 것이다"라고 판시하고 있다(헌재 2002. 10. 31, 2000헌가12).

Ⅴ. 경찰상 즉시강제에 대한 구제

1. 적법한 즉시강제에 대한 구제

경찰상의 즉시강제가 적법한 경우라도 그로 인하여 귀책사유없이 수인(受忍)의 정도를 넘는 특별한 손실을 입은 자에게는 정당한 손실보상이 이루어져야 한다.

2. 위법한 즉시강제에 대한 구제

1) 행정쟁송

경찰상 즉시강제는 권력적 사실행위로서 행정쟁송의 대상인 '처분' 등에 해당하므로 행정심판과 행정소송의 대상이 된다. 그러나 즉시강제는 단기간에 그 효과가 완성되는 경우가 보통이므로, 그 취소 또는 변경을 구할 실익이 없는 경우가 많다. 따라서 행정쟁송의 제기는 현실적으로 실효성 있는 구제수단이라고 할 수 없다.

2) 손해배상

위법한 즉시강제로 인하여 재산상의 손해를 받은 자는 국가에 대하여 배상을 청구할 수 있다. 손해배상청구는 위법한 재산권침해행위에 대한 가장 실효성 있는 구제수단이라 할 수 있다.[9)]

3) 정당방위

위법한 경찰상의 즉시강제에 대해서는 「형법」상의 정당방위의 법리에 의한 항거가 가능하며, 이 한도 내에서는 공무집행방해죄를 구성하지 않는다는 것이 판례의 입장이다.[10)]

9) 박윤흔, 전게서, p. 371; 김남진, 전게서, p. 336.
10) 대판 1992. 2. 11, 91도2797.

제 3 절 경찰벌(警察罰, 행정벌)

Ⅰ. 개설

1. 경찰벌의 의의

경찰벌이라 함은 「경찰법」상의 의무위반에 대한 제재로서 일반통치권에 의거하여 과하는 처벌을 말하며, 이러한 경찰벌이 과하여지는 의무위반행위자를 경찰범(警察犯)이라 한다. 경찰벌은 과거의 의무위반에 대한 제재로서, 간접적으로 경찰법상의 의무의 이행을 확보하는 수단이 된다.

2. 경찰벌의 성질

1) 경찰벌과 징계벌과의 구별

경찰벌은 경찰법상의 의무위반자를 대상으로 경찰법규의 실효성을 확보하기 위하여 과하는데 대하여, 징계벌은 공법상 특별권력(행정법) 관계에서 그 내부질서유지를 목적으로 질서문란자에게 과하는 제재이다.

2) 경찰벌과 집행벌과의 구별

(1) 경찰벌은 과거의 의무위반에 대하여 과하는 제재인 데 대하여, 집행벌은 경찰법상의 의무불이행이 있는 경우에 장래의 이행을 강제하기 위한 경찰상 강제집행의 일종이다.

(2) 경찰벌은 일사부재리의 원칙이 적용되어 반복적으로 과할 수 없으나, 집행벌은 일사부재리의 원칙이 적용되지 않으므로, 의무이행이 있을 때까지 반복적으로 과할 수 있다.

Ⅱ. 경찰형벌(행정형벌)

경찰벌은 「형법」상의 형을 과하는 벌이기 때문에 죄형법정주의 원칙상 반드시 법률의 근거가 있어야 한다. 그러나 우리나라는 실정법상 경찰벌에 관한 총칙적 규정이 없기 때문에, 각 단행법에서 형사벌과 구별되는 개별적 특칙을 규정하고 있다. 예컨대, 「경찰관직무집행법」, 「도로교통법」, 「집회 및 시위에 관한 법률」, 「청소년보호법」 등이 그 예이다.

Ⅲ. 경찰벌(행정벌)의 종류

경찰벌은 그 처벌의 내용에 따라 경찰형벌과 경찰질서벌로 구별된다.

1. 경찰형벌

1) 의의

경찰형벌은 경찰법상의 의무위반에 대하여 사형 · 징역 · 금고 · 자격상실 · 자격정지 · 벌금 · 구류 · 과료 · 몰수와 같이 형법상의 형벌을 과하는 경찰벌을 말하며, 경찰벌은 대부분 이에 속한다.[11]

2. 경찰형벌의 특수성

(1) 형법총칙의 적용

경찰형벌에 형법총칙이 적용될 수 있느냐의 문제인데, 「형법」제8조는 "본법(本法) 총칙은 타법령에 정한 죄에 적용된다. 단 그 법령에 특별한 규정이 있을 때에는 예외로 한다"라고 규정하고 있다. 따라서 경찰형벌에 대하여 형법총칙의 적용을 배제하는 명문의 규정이 있거나, 해석상 적용을 배제하는 것으로 인정되는 경우를 제외하고는 형법총칙이 적용되는 것이 통설이다.

11) 김남진, 전게서, p. 229.

(2) 경찰형벌의 특수성

일반적인 견해에 따르면 경찰형벌에 관하여 형법총칙이 적용된다고 할지라도 명문규정상 또는 해석상 형법총칙의 적용이 배제되거나 변형될 수 있다고 보고 있다. 예컨대, ① 형사범과는 달리 경찰범의 성립에는 반드시 고의를 요하는 것은 아니며, ② 법인(法人)에게는 형사범의 범죄능력이 인정되지 않으나, 경찰범에서는 처벌하는 규정을 두는 경우가 많고, ③ 형사범은 행위자만이 책임을 지나, 경찰범의 경우에는 타인의 행위에 대한 책임(행위자 이외의 친권자・후견인・감독자)을 지는 경우가 있는데, 이러한 책임은 주의의무를 게을리한 자기책임으로 이해된다.[12]

3) 과벌절차

경찰형벌은 형사범과 같이 「형사소송법」이 적용되고 법원에서 형사절차에 의하여 처벌하는 것이 원칙이나, 예외적으로 경범죄처벌법・도로교통법상의 통고처분・즉결심판절차와 같은 특별한 절차에 의하여 처벌할 수 있는 규정을 두고 있다.

3. 경찰질서벌(행정질서벌)

1) 의의

경찰질서벌은 「경찰법」상의 의무위반에 대한 제재로서 「형법」에 형명이 없는 벌인 과태료를 과하는 금전적 제재수단을 말한다. 경찰형벌이 직접적으로 경찰목적과 사회공익을 침해하는 경우에 과하여지는 것인데 대하여, 경찰질서벌은 간접적으로 경찰목적달성에 장애를 미칠 위험성이 있는 경우에 과하여지는 것이다. 경찰질서벌, 즉 과태료 처분은 형벌이 아니므로 형법총칙이 적용되지 않는다.

2) 경찰질서벌의 특수성

경찰질서벌은 행정형벌의 경우와는 달리 원칙적으로 「형법」총칙이 적용되지 아니한다. 따라서 경찰질서벌인 과태료의 부과에는 법률에 특별한 규정이 없는 한, 고의・과실을 요하지 아니하며 위법성의 인식도 필요없다. 다만 의무자에게 의무를 탓할 수 없는 정당한 사유가 있는 경우에는 과태료를 부과할 수 없다고 하는 것이 판례의 입장이다.[13]

12) 홍정선, 전게서, pp.397-398.

3) 경찰질서벌의 과벌절차(科罰節次)

(1) 일반적으로 행정관청은 위반사실을 적발하여 통보하면, 과태료에 처할 자의 주소지를 관할하는 지방법원이 「비송사건절차법」에 따라 결정으로서 과태료를 부과한다. 그러나 최근에는 과태료 부과절차의 번잡성을 없애기 위해 경찰기관이 직접 부과・징수하는 절차를 채택하고 있다.

(2) 과태료 부과처분을 받은 자는 처분을 고지받은 날로부터 30일 이내에 부과권자에게 이의신청을 할 수 있으며, 이의신청이 제기되면 부과권자는 지체없이 관할법원에 그 사실을 통보하여야 한다. 통보를 받은 관할법원은 비송사건 절차법에 따라 과태료의 재판을 하게 된다.

(3) 과태료처분은 현행법상 행정소송의 대상이 되는 행정처분이라고 볼 수 없다는 것이 판례의 입장이다.[14)]

13) 대법원은 "의무해태시 정당한 사유가 있는 경우에 과태료 부과는 무리"라고 판시하고 있다(대판 2000. 5. 26, 98두5972).

14) 대법원은 "과태료처분은 행정소송의 대상이 되는 행정처분이라고 볼 수 없다"고 판시하고 있다(대판 1993. 11. 23, 93누16833).

제5편

경찰행정학

제 1 장

경찰행정학 서론

제 1 절 경찰행정

Ⅰ. 서 설

경찰행정의 개념은 크게 경찰행정법학적 경찰개념과 경찰행정학적 경찰개념으로 나누어 볼 수 있다. 현재 우리나라에서 「행정」이라는 동일한 현상을 연구대상으로 하는 학문은 「행정법」과 「행정학」을 들 수 있다. 그러나 행정법과 행정학은 성립과정과 그 내용에 있어서 현격한 차이가 있다. 행정법은 「국민의 권익」을 보호하는데 치중하는 편이고, 행정학은 「막대한 자원이 투입되는 행정의 합리화」에 치중한다고 할 수 있다. 따라서 이런 이유 등으로 「행정법」과 「행정학」은 상호보완하여 연계 발전시킬 필요성이 있다.

Ⅱ. 경찰행정법학적 경찰행정의 개념

1. 경찰행정법학적 경찰행정개념은 1) 최광의의 경찰행정 2) 광의의 경찰행정 3) 협의의 경찰행정 개념으로 정의되어지고 있다. 그러나 이들 모두 행정의 본질인 경찰활동을 수행하는 인간적인 측면을 무시하고 있다는 데서 법학적 개념의 한계를

뛰어넘지 못하고 있다.

2. 최광의의 경찰행정 개념은 국민 그리고 기업의 경제활동까지 규제하는 작용으로 보고 있기 때문에 현실과는 괴리가 있고, 광의의 경찰행정 개념은 광의의 행정경찰, 즉 권력적 강제작용인 보안경찰과 협의의 행정경찰(예컨대, 위생경찰・철도경찰 등)까지 포함하고 있는 전형적인 법학개념이다. 따라서 이 개념은 경찰의 사회봉사적인 측면과 조직구성원의 협동행위 측면을 간과하고 있다.[1] 협의의 경찰행정은 직접 사회공공의 안녕과 질서를 유지하기 위한 권력적 명령, 경찰강제작용만을 의미하며 비권력적 서비스 작용은 포함하지 않는다. 따라서 협의의 경찰행정 개념은 조직관리의 측면을 무시하고 있다는 문제점을 가지고 있다.[2]

3. 이런 맥락에서 본다면 경찰행정법학적 경찰개념은 다시 재정립될 필요성이 있다. 왜냐하면 경찰의 기본적 임무가 위험의 방지와 범죄수사가 전통적인 사명이라고 한다면, 현대경찰의 중요한 임무로 부과되고 있는 경찰서비스(예컨대, 계몽・권고・조언 등의 비권력적 수단)는 영미법계 경찰개념의 영향을 받아 오늘날 우리나라 경찰의 기본적 임무 중의 하나로 이미 정착화되었기 때문이다.

Ⅲ. 경찰행정학적 행정개념

1) 경찰행정은 조직과 인간 그리고 환경과 제도 모두 중요한 개념적 구성요소이다. 조직은 목적과 수단을 가지며 그것들은 인간들에 의해 결정되고 추구된다. 이 과정에서 구성원의 협동행위가 무엇보다 중요하나 현실적으로 자율적인 협동은 대단히 어렵다. 따라서 그들을 관리하기 위한 다양한 유인체계나 상벌체계를 법제화하고 있다.[3]

2) 이런 측면에서 경찰행정학적 경찰개념을 정의해 본다면 '경찰행정은 사회의 범죄와 다양한 비범죄적 위난으로부터 국민의 생명・신체・재산을 보호하는 권력적 규제활동・비권력적 활동・그리고 다양한 사회봉사활동을 성공적으로 수행하기 위한 구성원들의 협동행위이다. 따라서 경찰행정조직은 다양한 유인제도나 보상체계,

1) 김형중, 『경찰학총론』, 청목출판사, 2009, p. 340.
2) 김형중, 상게서, p. 340.
3) 조철옥, 『경찰행정론』, 대영문화사, 2003, pp. 96-97.

그리고 조직관리 체계를 형성하고 유지하는 것'이라고 볼 수 있다.

제 2 절 경찰관리

Ⅰ. 경찰관리의 의의

경찰관리란 경찰목적을 달성하기 위하여 조직을 구성하고 있는 인력·장비·시설·예산 등을 확보하고 이를 유기적으로 연결하는 작업이다.[4] 이 때 인력·예산·시설·장비 등의 구성요소들을 확보·조직하고 유기적으로 연결하는 작업은 구체적으로 두 가지 목표를 지향하고 있다. 첫째, 경찰전체의 활동을 효율적이며 신속하게 운영하며, 둘째, 경찰관 각자에게 적절한 임무를 부여하고 이 임무의 수행을 위한 적절한 환경을 조성하는 것이다.

경찰관리는 조직관리·인사관리·예산관리·장비관리 등으로 나누어 볼 수 있다.

Ⅱ. 경찰관리자와 관리계층

1. 의의

경찰관리자는 경찰조직의 목적을 위하여 조직의 인적·물적 자원을 활용하여 경찰업무를 조직적이고 체계적으로 관리하면서, 조직의 발전을 도모하는 자이다. 따라서 경찰관리자는 이를 위해 사회로부터 이해와 협력을 이끌어 내며 조직구성원에 대해 리더십을 발휘하고, 조직구성원들이 좋은 환경과 조건에서 일할 수 있도록 지원해야 한다.

4) 이상안, 『신경찰행정학』, 서울: 대영문화사, 1995, pp. 252-253.

2. 관리층의 종류

1) 경찰 최고관리층

경찰의 최고관리층은 경찰관료제 조직의 최상위 계층에 위치하는 직위를 차지하고 있는 자를 말하며 경찰청장·차장·각국의 국장·지방경찰청의 청장 등을 포함한다고 할 수 있다. 그리고 경찰조직의 관청이며 중요한 집행기관인 경찰서장이 총경인 점을 감안한다면, 경찰의 고위관리자는 총경급(경찰서장) 이상을 지칭하는 것이라고 볼 수 있다.

2) 경찰 중간관리층

경찰 중간관리층은 중앙경찰조직의 과장·계장급 그리고 지방경찰청의 계장급·일선경찰기관의 과장·계장 등 주로 보조기관을 중간관리자로 부를 수 있다. 경찰 중간관리층은 전문적인 지식과 기술을 통하여 하위정책의 결정 및 집행을 담당하고 있다. 실제로 개인이나 사회의 위험방지를 위해 경찰권을 발동하는 경찰작용이나 사건처리는 중간관리층의 지시에 의해 대부분 이루어지고 있는 것이 일반적인 경향이다.[5]

Ⅲ. 관리자의 역할

1. 고위관리자의 일반적 기능

Gulick과 Urwick(1937년)은 행정학논문집에서 수록된 '조직이론 소고'에서 관리자의 중요한 역할이 무엇인가에 대해서 기획·조직·인사·지휘·조정·보고·예산의 7대 기능을 제시하였다. 그리고 이들 기능을 나타내는 단어의 첫 글자를 따서 POSDCORB라는 약어를 만들었다.[6]

① 기획(Planning)

수행하여야 할 업무를 기획하고, 정해진 목표나 정책의 합리적 운영을 위한 방법

5) 조철옥, 『경찰학개론』, 서울:대영문화사, 2007, p. 225.
6) 이종수·윤영진외 공저, 『새 행정학』, 서울:대영문화사, 2008, p. 114.

을 계획하는 것이다.

② 조직화(Organization)

인적·물적 및 정보를 설정하고, 한정된 행정목적을 위하여 직무를 조정하는 것이다.

③ 인사(Staffing)

조직 내 인적자원(직원)을 채용·훈련하고, 행정업무를 효율적으로 수행하기 위하여 임용배치·관리하는 인사기능 전반을 가리킨다.

④ 지휘(Directing)

목표달성을 위하여 명령과 지시 등 지침을 내리는 과정을 말한다.

⑤ 조정(Coordinating)

행동통일을 이룩하도록 직무의 여러 부문을 서로 유기적으로 관련시켜 행정업무가 효율적으로 수행되도록 조정하는 것이다.

⑥ 보고(Reporting)

집행자가 행정책임자에게 무엇이 어떻게 진행되고 있는가를 보고하는 과정이다.

⑦ 예산(Budgeting)

예산을 편성하고 관리하며 통제하는 제반활동을 말한다. 특히 경찰조직은 기획예산처에 필요한 예산을 요구하여 예산을 배정받아야 하는 위치에 있으므로, 관리자의 예산 확보기능은 중요한 의미를 가진다.

Gulick이 제시한 POSDCORB는 조직관리가 최고관리층의 명령·지시에 의해 하향적으로 이루어지는 것을 전제로 하는 하향적 조직관리방법이다. 따라서 구성원의 동기부여나 환경과의 관련성 등은 고려치 못하고 있다.

2. 경찰고위자의 역할

경찰고위자는 다음과 같은 능력과 자질을 필요로 한다.[7]

7) 경찰대학, 전게서, pp. 192-193.

1) 조직의 목표 및 정책의 결정(비전의 제시)

경찰조직의 관리자는 조직의 목적에 의거하여 조직의 중・장기 상위 비전을 제시하고, 그 범위 내에서 하위목표를 구체적으로 제시함으로써 조직 구성원들이 미래 전망을 가지고 조직활동에 매진할 수 있도록 유도하여야 한다.

2) 인적・물적 등 자원의 동원(환경에 대한 적응성 확보)

관리자는 조직이 자신을 둘러싼 환경의 변화에 신축적으로 대응하기 위해 경찰조직의 최적화에 노력하고, 조직이 속해 있는 지역사회의 지지와 협력을 끌어모아 경찰목적달성에 기여하도록 하여야 한다.

3) 조정과 통합

관리자는 하위부서들 간의 갈등과 대립을 조정해야 할 뿐만 아니라, 기관 간의 상충되는 이익을 통합・조정하여 전체 조직의 목적에 기여할 수 있도록 지도력을 발휘해야 한다.

4) 조직구성원의 능력과 자질 향상 개발(직원의 지도・육성)

관리자는 조직구성원들이 가지고 있는 능력을 향상시키고 창조적으로 업무를 수행할 수 있도록 하여야 한다. 즉, 직원 개인이 스스로 가능성에 도전하고 성장하도록 해야 한다.

5) 조직구성원의 사기관리

관리자는 조직구성원 개개인이 자긍심과 조직에 대한 애정과 믿음을 가지고 업무에 임할 수 있도록 노력해야 한다. 직원의 사기관리는 리더의 중요한 책무이며, 그것은 조직의 성과에 직접 연결된다. 따라서 근본적으로 '공정한 인사와 대우', '인격적 대우', '경찰관의 인권보장' 등의 여건을 조성해 줄 때 구성원들의 사기는 높아진다.

6) 직원의 사생활에 대한 윤리규범 확립

경찰관은 사적 생활에도 품위유지의무가 있다. 따라서 부하직원의 사생활이나 품위의 문제는 조직전체의 신뢰와 직결되므로, 평소에 조직구성원들과 신뢰와 교감을 나누는 관계를 형성・유지하여야 한다.

7) 건전한 판단력과 지적 유용성

고위관리자는 비일상화된 문제해결에 직면하는 경우가 많다. 이러한 문제에 대한 해결은 고위관리자의 건전하고 합리적인 판단에 의존할 수밖에 없다.

3. 중간관리자의 역할

중간관리자는 상·하의 중간에 위치한 관리자로서 상하 간에 원활한 관계가 형성·유지되도록 '조정' 역할에 충실하여야 한다.

1) 정책결정의 집행·조언기능(상사의 보좌)

중간관리자는 기본적으로 상급관리자가 결정한 방침에 따라 각 부문의 실천계획을 수립·시행해야 한다. 중간관리자는 고위관리자에 대해 지나치게 수동적인 태도를 취하기보다는 자발성과 책임성을 가지고 상사의 보좌와 부하의 관리에 임하여야 한다.

2) 의사전달기능(communication)

중간관리자는 상하 그리고 좌우에 걸쳐 의사소통이 원활하게 이루어지도록 하여야 한다. 경찰조직은 고위관리자와 하위업무층의 직원이 서로 대면하여 의사전달을 하기가 대단히 어려운 조직구조의 특성을 가지고 있다. 따라서 중간관리자는 중간적 지위에서 서로의 요구를 조정함으로써 조직내 갈등을 감소시켜야 할 뿐만 아니라, 의사전달이 중간관리자에 의해 이루어지도록 노력하여야 한다.

4. 하급관리자의 역할

하급관리자는 중간관리층의 지시와 통제하에 구체적인 업무를 직접 집행·감독하는 계층이다. 따라서 하급관리자는 업무처리와 관리에 직접적인 책임을 진다.

Ⅳ. 경찰관리자의 요건

경찰관리자는 관리자로서의 역할을 감당하기 위해서 다음과 같은 요건을 갖추어야 한다.

1. 조직관련 요건

1) 넓은 시야

경찰관리자는 조직을 전체적으로 파악하는 능력을 갖추어야 한다. 따라서 조직의 복합요소가 증대할수록, 그리고 조직이 전문화될수록 관리자는 전체적인 관점에서 부분까지 파악할 수 있어야 한다. 또한 조직과 환경의 관계에 대해서도 종합적이며 균형 잡힌 시각을 견지하는 능력이 필요하다.

2) 대외교섭력

관리자는 대외적으로 조직을 대표하고, 경찰목적을 달성하기 위하여 다른 기관이나 시민들의 협력을 얻어내는 대외적 교섭능력을 갖추어야 한다.

2. 직무관련요건

1) 목표설정과 정책결정능력(기획능력[8])

기획능력은 부분적인 정보들을 종합적이며 체계적인 관점에서 파악하여 창조적인 안을 구상해 내는 능력이다. 따라서 관리자는 조직이 중·장기 목적을 달성할 수 있도록 단기목표를 설정하고, 이를 추진할 정책결정능력을 갖추어야 한다.

2) 집행력

경찰기관은 집행조직이라고 할 수 있다. 따라서 관리자는 주어진 조건에서 어떤 방침과 정책을 결정한 후에는 이것을 일관성 있게 추진해 나가는 능력을 갖추어야 한다.

3) 업무지식

관리자는 자신의 업무에 대한 깊은 지식을 가지고 있어야 한다. 그러나 단순한 업무지식만으로는 부족하고 경험에 바탕을 둔 현실성 있는 지식까지도 갖추어 두어야 한다.

---

8) 기획능력은 목표설정능력과 정책결정능력을 말하는 것이다.

4) 판단력

경찰활동은 현장성과 적응성이 높기 때문에 관리자는 신속하고 정확히 판단하고 결단을 내려야 사태를 조기에 수습할 수 있다. 따라서 관리자는 참모의 협조를 받아 정확한 정보나 자료에 기초하여 일차적으로 상황을 정확하게 파악한 후에 냉철한 판단을 내릴 수 있는 능력을 배양하고 있어야 한다.

3. 통합적 요건(리더십)

관리자는 조직관련요건과 직무관련요건을 두루 겸비하면서 지도력(leadership)을 발휘하여야 한다. 특히 경찰업무는 많은 직원들뿐만 아니라 기타 관련된 다른 부서의 사람들과 협력을 하면서 활동을 하는 경우가 허다하다. 따라서 경찰관리자에게는 통솔력과 지도력이 불가결한 관리능력의 하나이다.

제 2 장 경찰조직관리

제 1 절 경찰조직의 기초이론

Ⅰ. 경찰조직의 의의

1. 경찰조직의 의의

경찰조직은 경찰특유의 목적을 달성하기 위하여 경찰구성원과 물적 자원을 결합하는 체계적인 협동방식인 동시에, 자체의 생명력을 가지고 있는 유기체(有機體)이다. 즉, 경찰목적을 달성하기 위해서는 '경찰조직'이 필수불가결이고, 조직구성원들이라는 인적자원과 물적자원을 체계적으로 결합하는 하나의 협동방식이다. 그리고 경찰조직은 하나의 단위로서 스스로 설정한 목표를 의지적으로 성취하기 위해 다양한 행위와 모색을 하는 생명체처럼 활동하고 있다.

2. 경찰의 조직상의 이념

1) 경찰은 민주적인 관리·운영과 효율적인 임무수행을 위하여 조직되어야 하고 직무범위가 정해져야 하는데, 이를 규정한 것이 경찰법이다. 경찰법은 경찰행정을 운영하는 조직이나 기구에 관한 법률규범의 총체이다.

2) 경찰법은 조직구성에 관한 규정 외에도 경찰관의 임용·변경·소멸의 관계를 규정함으로써, 경찰공무원이 국민으로서 지니는 기본권리도 규정하고 있다. 경찰법은 민주적 통제장치인 경찰위원회를 도입하고, 경찰청장·지방경찰청장·경찰서장의 관청화를 통해 권한과 책임의 조화를 도모하고 있다.

Ⅱ. 경찰조직의 특성

1. 관료조직

경찰조직은 전형적인 관료조직으로서 일반조직의 성격을 가지고 있는 동시에, 국민의 생명과 재산을 보호하고 범죄의 수사 및 범인의 체포 등의 특수임무를 수행하고 있다. 따라서 조직적 측면에서는 일반조직과는 다른 특수한 요소를 내포하고 있다.[1]

1) 막스 웨버의 관료제

관료제라는 개념을 최초로 만들어낸 막스 웨버(M. Weber)는 이상적인 관료제의 구조적 특성을 다음과 같이 보고 있다.[2]

첫째는 합법성이다.

관료의 권한, 직무범위는 법규에 규정되어 있다. 경찰조직도 조직에 관한 기본법인 경찰법에 의하여 조직의 직무범위가 정해져 있으며, 경찰작용에 관하여는 경찰관직무집행법에 의하여, 그리고 수사에 관하여는 형사소송법에 수권하고 있다. 이러한 법들의 규정은 경찰관료가 권한을 행사할 수 있는 원천이 된다.

둘째, 직무조직은 계층제적 구조로 되어 있다.

계층제는 지시·명령을 하는 자와 그 명령을 수행하는 자를 분명히 구분하고 있다. 경찰조직의 경우 경찰청에서부터 지방경찰청, 지방경찰청에서 경찰서로 이어지는 계층을 이루고 있으며, 상급자와 하급자의 계급구분이 명백하여 지시·명령자와 집행자가 분명히 구분되고 있다.[3]

셋째, 직무수행은 서류에 의해 이루어지며, 기록은 장기간 보존된다.

---

1) 김상호 외 공저, 『경찰학개론』, 서울:법문사, 2006, pp. 78-79.
2) 이종수 외 공저, 『새행정학』, 서울:대영출판사, 1997, p. 364.
3) 경찰대학, 전게서, pp. 197-198.

현재는 대부분 문서의 형태로 전자화되고 있지만 사전 또는 사후 결재와 기록보존의 특성은 변하지 않고 있다.

넷째, 관료는 직무수행 과정에서 애정이나 증오 등의 개인적 감정에 의존하지 않고 법규에 따라 임무를 수행한다.

다섯째, 모든 직무는 전문지식과 기술을 가진 관료가 담당하며, 이들은 시험과 자격 등에 의해 공개적으로 채용된다. 경찰공무원도 능력주의에 따라 시험 또는 자격에 의하여 채용되고 있으며, 경찰대학·경찰교육원 등 경찰교육기관과 외부의 교육기관에의 파견교육을 통하여 전문화시키고 있다.

여섯째, 관료는 직무수행의 대가로 급여를 받고 승진, 퇴직금 등의 직업적 보상을 받으며, 겸직은 금지된다.

일곱째, 관료제에서 구성원의 신분은 계급에 의한 관계가 아니라 계약관계이다.

2) 경찰의 계층적 관료제

막스 웨버의 관료제의 특성 중 경찰조직에서 가장 뚜렷하게 나타나는 것은 구조의 계층제적 측면이다. 즉, 대다수의 조직 구성원을 수평적으로 배열하는 것이 아니라, 수직적으로 배열하고 상위에 있는 사람이 지시·명령하고 하위에 있는 사람은 지시·명령을 집행하도록 하는 것이다.

2. 경찰직무상의 특성

1) 경찰조직은 그 직무가 공공의 안전 및 질서를 유지하고, 아울러 그 구성원으로 하여금 개인에게 절박한 위험들을 방지하기 위하여 필요한 수단을 사용하도록 하고 있다. 이런 측면에서 볼 때 경찰직무는 위험성·돌발성·시급성의 특성을 포함하고 있다.[4)]

2) 경찰직무수행은 명령과 강제 등의 경찰권의 발동을 필요로 하며, 실력행사를 할 경우에 무기를 사용할 수 있다. 나아가 경찰은 국민의 자유·재산권 등을 제한하는 경우가 있기 때문에, 강제성·권력성·직접성의 특성을 가지고 있다.

---

4) 신현기 외, 『경찰조직관론』, 서울:법문사, 2003, pp. 3-4.

제 2 절 경찰조직과 인간

Ⅰ. 개설

현대인은 조직인이라 할 만큼 조직과 개인은 밀접 · 불가분의 관계에 있다. 조직의 구성원인 개인은 조직을 통하여 자기 자신을 실현하고 동시에, 조직은 그 성원의 협동행위를 통하여 그 목표를 달성한다. 반면, 개인은 가치관 · 태도와 지식 · 기술을 가지고 조직에 참여하며, 조직은 개인에게 보수 · 지위 · 역할 · 자격을 부여한다. 그럼에도 불구하고 조직과 개인은 다음과 같은 문제점을 안고 있다.

1. 조직과 개인의 갈등은 필연적 현상이다.

조직의 목표와 개인의 욕구가 일치 · 조화 · 융합될 수 있는 조직이 가장 바람직하나, 현대조직에서 조직과 개인의 조화는 용이치 않다. 따라서 구성원의 욕구와 조직의 목표는 상충관계에 있고, 필연적으로 갈등 · 대립의 요소를 내포하고 있다.

2. 현대인은 개인의 변이성(變異性)이 높아 관리하기가 더욱 어려워지고 있다.

개인의 변이성이란 조직의 구성원으로서 개인이 지닌 신념 · 동기 · 가치관에 따라 나타난 상이한 성향을 말하는데, 이는 조직활동에 저해가 되는 경우가 많다.

3. 현대조직의 당면과제

현대인은 다양한 욕구와 변이성을 갖고 있는 존재이다. 따라서 가능한 한 변이성을 감소시켜 양자 간의 갈등 · 대립을 극복하고, 양자의 목표를 어떻게 접근 · 일치시켜 나가느냐가 현대조직이론의 당면과제이다.[5)]

5) Argyris는 조직과 개인의 관계에서 조직의 목표와 개인의 욕구가 일치 · 조화 · 융합될 수 있는 조직이 가장 바람직스럽지만 실제로 조직과 개인은 각각 그 목표를 추구하는 과정에서 갈등 · 대립현상이 나타나는데, 이러한 양자의 상호작용을 악순환 과정으로 파악하였다.

Ⅱ. 인간관 및 동기부여에 관한 이론

경찰조직에서 인간관 및 동기부여에 관한 전략은 실제적으로 경찰조직의 목표를 달성하는데 중요한 요인이다. 동기부여는 인간의 욕구가 무엇인가를 알고 그것을 충족시키는 방법에 의해 이루어지기도 하며, 혹은 그 충족을 억제하는 방법에 의해서 이루어진다. 따라서 동기부여는 조직구성원에게 바람직한 행동을 계발 내지 유도하고, 조직목표의 달성을 위하여 높은 수준의 자발적 노력을 통하여 욕구를 충족해가는 과정을 총칭한다.

1. 매슬로우(A. Maslow)의 욕구계층 5단계이론

매슬로우(A. Maslow)는 인간의 동기가 되는 욕구를 일정한 순서로 체계화하고, 이러한 체계는 단계별·상향적으로 충족되어질 수 있도록 예정된 질서라 하였다. 매슬로우는 대부분의 사람은 다섯 가지의 기본적 욕구를 가지고 있으며, 하위욕구로부터 상위욕구로 발전한다고 보았다.

1) 인간에 대한 가정

인간의 욕망은 충동적·동물적이며, 늘 욕구가 있고 더 많은 욕구충족을 위해 노력한다는 것을 전제로 한다. 욕구는 한 단계의 욕구가 충족되어야 다음 단계로 순차적·상향적으로 표출된다. 따라서 한 계층의 욕구가 만족되면 그 욕구는 더 이상 동기부여 요인으로서의 의미가 없어진다.

2) 욕구단계설(욕구의 5단계)

인간의 욕구는 다섯 개의 단계적 구조를 갖고 있다. 그러나 부분적으로 밖에 충족시키지 못하기 때문에, 인간은 지속적으로 무엇인가를 원하고 충족시켜 나가는 것이 매슬로우의 욕구계층이론이다.[6] 인간의 다섯 가지 기본욕구단계는 다음과 같다.

(1) 생리적 욕구

가장 기본적이며 가장 선행되어야 할 욕구(공기·물·음식·주거·성적욕구 등)

---

6) Maslow, A. H. *Motivation and Personality*. N.Y. : Harpe and Row, 1954, p. 92.

로서 의식주에 대한 충족이며, 이 욕구 이전에는 어떤 욕구도 일어나지 않는 우선순위가 가장 높은 욕구를 말한다. 예컨대, 경찰관이 생활하기에 어려울 정도로 임금이 책정된다면, 의식주에 대한 생리적 욕구는 경찰관에게 동기유발의 요인이 된다.

(2) 안전 욕구

자기의 생명과 소유물을 안전하게 보호하고, 질서 있고 안정된 생활유지를 위해 공포나 불확실·위협으로부터 벗어나고 싶어하는 욕구이다. 예컨대, 폭력시위가 난무하는 집회현장에서의 군중통제 등과 같은 요소들이 이 단계에 고려될 수 있다. 경찰조직은 이 단계에 대한 동기부여제도로 신분보장·연금제도·직무환경의 안정성을 위한 대책 마련이 필요하다.

(3) 소속 및 애정적 욕구

조직 내외적 환경변수에 대한 적응욕구이며, 이웃과의 따뜻한 정, 사랑, 집단에서의 소속감을 유지하고자 하는 것이다. 예컨대, 경찰조직내부의 동료애 욕구 등이 이에 해당되고, 동기부여제도로 인간관계 개선(개인간의 갈등제거)·고충처리상담 등을 들 수 있다. 매슬로우는 대부분의 사람들이 이 단계 이상을 넘어서지 못한다고 하였다.

(4) 존경의 욕구

존경받거나 존경하고 싶어 하는 욕구로서 자존심·명예·위신·인정감 등이다. 이 욕구는 개인자신의 자질을 나타낼 기회를 찾는 동기를 마련해 주어야 한다. 동기부여제도로 제안제도·포상제도·참여확대·교육훈련 등을 들 수 있다.

(5) 자아실현욕구

자기가 진실로 바라고 원하는 일을 자긍심을 가지고 자율적으로 수행함으로써 자기를 만드는 욕구로서, 가장 고차원적이며 최종적인 욕구단계이다. 이 단계에서 인간은 스스로 동기를 유발하며, 관리자의 역할은 동기유발이 아니라 개인에 대한 지원만이 있을 뿐이다. 예컨대, 공정하고 합리적인 승진·노조설립·사명감 고취 등을 들 수 있다.

3) 비판[7)]

매슬로우(A. Maslow)의 욕구계층 5단계이론은 다음과 같은 점에서 그 한계성을 나타내고 있다.

(1) 모든 인간에게 다섯 가지 욕구의 계층이 항상 고정적인 것은 아니다. 즉, 다섯 가지 계층의 우선순위가 개인별로 바뀔 수도 있다.

(2) 항상 하나의 욕구가 하나의 행동을 유발한다기보다는 두 가지 이상의 복합적인 욕구가 하나의 행동을 유발한다고 보는 것이 타당하다.

(3) 인간의 욕구는 하급욕구에서 고급욕구로 이어진다는 가정은 비현실적이다. 따라서 인간은 욕구 만족에 의해서 욕구발로가 단계적으로 전진하는 것이 아니라, 욕구가 좌절되면 욕구발로가 후진적·하향적으로 진행될 수도 있다는 점을 간과하고 있다는 비판을 받고 있다.

2. 앨더퍼(C. Alderfer)의 E.R.G이론

1) 의의

앨더퍼는 A.Maslow의 기본이론을 수정하여 조직체 내에서의 인간의 욕구나 동기를 보다 현실적으로 설명하기 위해 ERG(존재-관계-성장) 이론을 개발하였다. ERG는 존재욕구(Existence needs)·관계욕구(Relatedness needs)·성장욕구(Growth needs)의 영문 첫 글자이다.

2) Maslow이론과 Alderfer이론의 관계

Maslow	생리적 욕구·안전욕구	애정욕구·존경욕구	자기실현욕구
Alderfer	존재욕구(E)	관계욕구(R)	성장욕구(G)

3. Maslow이론과의 차이[8)]

1) Maslow는 인간의 욕구를 다섯 가지로 분류한 반면, Alderfer는 존재욕구, 관계욕구·성장욕구 등의 세 가지로 분류했다.

---

7) 오석홍, 『조직이론』, 서울:박영사, 1990, pp. 299-302.
8) 오석홍, 상게서, p. 303.

2) Maslow는 욕구충족 시 욕구가 최하급의 생리적 욕구에서부터 자아실현의 욕구까지 진행되어 가는 과정만을 제시한 반면에, Alderfer는 욕구만족 시 욕구발로의 전진적·상향적 진행뿐만 아니라, 욕구좌절로 인한 후진적·하향적 퇴행을 제시하고 있다.

3) Alderfer이론은 한 가지 이상의 욕구가 동시에 작용할 수도 있고, 어떤 경우에는 고급욕구가 충족되면 하급욕구가 등장하기도 한다.

4. 맥그리거(D. McGregor)의 X·Y이론

맥그리거는 매슬로우(A. H. Maslow)의 욕구단계이론을 바탕으로 삼아 인간모형을 X이론과 Y이론으로 대별하였다. 이 중 X이론은 매슬로우가 말한 욕구단계 가운데서 하급욕구를 중요시하는 것이고, Y이론은 비교적 고급욕구를 중요시하는 것이다.

1) 의의

맥그리거는 「기업의 인간적 측면」에서 인간이 일에 대하여 가지고 있는 상반된 태도·관점을 기준으로 X이론과 Y이론으로 분류하였다.

2) X이론의 인간관과 관리전략

X이론은 인간이 생리적 욕구와 안전욕구 같은 하급욕구가 충족되면 존경욕구와 자기실현욕구 같은 고급욕구로 이동한다는 매슬로우의 욕구단계이론을 오류라고 비판한다. 인간은 하급욕구에 의해 행동이 통제될 뿐, 고급욕구에 의해서 통제되지 않는다는 것이 X이론의 가정이다.

(1) X이론적 인간관

① 인간은 본성적으로 일을 싫어하며 가능하면 일을 회피하려고 한다.

② 일을 시키고자 하면 강제·명령·위협·벌칙 등이 가해져야 한다.

③ 인간은 야망이 없고, 책임지기를 싫어하며 안정된 생활만 추구하는 수동적·피동적·소극적 성향을 갖고 있다.

④ 인간은 자기중심적이고 이기주의적이며, 자신이 앞서서 무엇을 하기보다는 누가 해주기를 기대한다.

⑤ 인간에 대한 동기유발은 주로 생리적 욕구나 안전욕구를 자극함으로써 가능하다.

(2) X이론에 입각한 관리전략

X이론에 입각한 관리전략은 당근과 채찍에 의한 전략이 효과적이라고 제시하였다. 즉, 경제적 보상체계의 강화·권위주의적 관리·엄격한 감독과 통제(강제·명령·처벌 등)·조직구조와 명령체계 확립·엄격한 상벌체계 등을 효과적인 관리전략이라고 보고 있다.

3) Y이론의 인간관과 관리전략

(1) Y이론적 인간관

맥그리거의 Y이론은 X이론과는 달리 조직속의 인간이란 자기실현욕구를 가진 존재이고, 조직목표를 자신의 목표에 통합할 줄 아는 이상적인 존재로서 묘사한다. 따라서 그는 조직속의 인간을 다음과 같이 가정한다.

① 인간은 본질적으로 일을 반드시 싫어하는 것은 아니고, 상황이나 조건에 따라서 일을 보는 견해가 다르다. 따라서 일은 작업조건만 제대로 갖추어지면 그 자체에서 성취감과 즐거움을 찾을 수 있는 하나의 조건이다.

② 조직의 목표달성을 위한 활동은 수동적인 명령·위협도 있지만, 개개인의 자발적·능동적인 활동이 중시된다.

③ 자발적이고 의욕적인 참가를 통하여 보람을 느끼고, 책임을 지려 하고 책임있는 행동을 수행하려 한다.

④ 대부분의 사람들은 동기부여가 되면 비교적 높은 수준의 창의력과 상상력을 발휘할 수 있는 창조적인 인간이다.

⑤ 대부분의 인간은 자기이익만을 추구하는 것이 아니라, 타인이나 집단의 이익을 배려하는 존재이다.

⑥ 조직구성원의 동기유발은 매슬로우의 5단계 욕구 등에 의해 가능하지만, 그 중에서도 존경욕구·자기실현욕구와 같은 고급욕구가 주된 동기유발요인이다.

(2) Y이론에 입각한 관리전략

조직관리에서는 조직구성원에 대한 지시와 통제를 과다하게 사용해서는 안되고, 조직구성원의 잠재력이 능동적으로 발휘되게 하면서 개인과 조직이 원하는 바를 서로 통합시킬 수 있는 Y이론적 인간관이 바탕이 되어야 한다고 주장했다.[9] Y이론적 인간관에 따른 관리전략으로는 경제적 및 인간적 보상체계의 혼용·민주적 리더십·분권화와 권한의 위임·비공식적 조직의 활용·목표에 의한 관리(MBO)·자기평가제도 등이 효과적이라고 제시하였다.

4) X·Y이론에 대한 비판

인간의 한쪽 측면만을 관찰하여 일방적인 관리전략을 주장한 것은 모순이다. 인간은 양면성을 띠고 있으므로, 인간에 대한 가정은 복합적이고 신축적이어야 한다는 것이다.

5. Z이론

1) 룬드슈타트(S. Lundstedt)의 이론

룬드슈타트는 인간에 대한 기계적인 가정[10]을 포기하고, White 등이 제시한 자유방임적 리더십을 내세워 각 개인의 개성과 잠재능력을 최대한 발휘할 수 있는 분위기를 조성해야 한다는 데 역점을 둔다. 따라서 인간의 관리전략방식은 자유방임적이어야 한다는 것이다.

2) 오우치(W. Ouchi)의 이론

오우치는 미국식 관리를 A이론, 일본식 관리를 J이론이라 부르고, 미국 내의 일본식 조직 관리를 Z이론이라 하였다. Z이론의 주요관리방식은 평생고용제·참여와 조정을 거친 순환보직(전문적인 경력통로)·자율적 규범으로 통제의 실효성확보·참여와 조정을 거친 집단적 의사결정과 책임을 통한 만족감고취·하의 상달식 품의제 등을 활용하는 것 등이다.

6. 허즈버그의 욕구충족이론(욕구충족 2요인이론)

1) 의의

허즈버그(F. Herzberg)는 종업원들과 대화식 면접으로 실증적 연구를 한 결과,

---

9) 이종수 외 공저, 전게서, p. 354.

10) X이론적 인간관은 지나치게 수동적이고 편협한 해석이고, Y이론적 인간은 지나치게 이상적이기 때문에 인간에 대한 가정이 너무나 기계적이라는 것이다.

직무에 불만족을 느끼고 있을 경우에는 작업조건이나 환경이 문제시되었고, 직무에 만족을 느낄 때는 그것을 직무자체와 관련성이 있다고 보았다. 따라서 허즈버그는 작업자와 환경과의 욕구범주들을 위생요인 또는 불만족요인이라 불렀고, 인간의 만족요인으로 작용한다는 측면에서 이를 동기요인 또는 만족요인이라고 불렀다.[11]

2) 위생요인과 동기요인

위생요인	위생요인은 직무수행과 관련된 외적요인(환경적요인)으로 정책과 관리 · 감독방법, 작업조건, 개인 상호간의 관계, 보수 등이 해당한다.
동기요인	동기요인은 인간에게 만족을 주고 직무수행을 위한 동기유발의 요인이다. 동기부여요인은 인간내부의 욕구충족과 관련된 내적요인(심리적요인)으로 성취감, 책임감, 안정감, 승진, 일 자체 등이 해당한다.

3) 위생요인과 동기요인과의 관계

(1) 위생요인이란 불만족을 제거해 주는 것으로서 불만의 요인의 제거는 단순히 불만족을 제거하는 소극적이고 단기적인 효과만 있기 때문에, 동기를 유발시켜 사기를 높이기 위해서는 만족요인의 개선이 필요하다고 본다.

(2) 불만족의 반대는 만족이 아니라 불만족에서 벗어나는 상태를 말한다. 위생요인은 그것이 충족되지 않을 경우 조직구성원에게 불만을 주지만, 그것이 충족되더라도 생산성 증대와는 직접 관계가 없고 다만 작업의 손실을 막아줄 뿐이다. 따라서 조직구성원의 직무수행동기를 유발시키는 동기부여요인이 필요하다고 보았다.

7. 맥클랜드(David McClelland)

1) 성취동기이론의 내용

맥클랜드(David McClelland)는 성취동기이론을 주장하였는데, 작업 환경에는 세 가지 주요한 관련된 동기 또는 욕구가 있다고 하였다.

---

11) Frederick Herzberg, *The Motivation : Hygiene Concept and Problems of Manpower* (1964) in Shafritz and A.C. Hyde(ed), *Classics of Public Administration*, Oak Park : Moore, 1978, pp. 217-222.

① 성취욕구(need for achievement)

성취욕구란 어려운 일을 성취하려는 것, 물질·인간·사상을 지배하고 조종하고 관리하려는 것, 그러한 일을 신속히 그리고 독자적으로 해 내려는 것, 스스로의 능력을 성공적으로 발휘함으로써 자긍심을 높이려는 것 등에 관한 욕구라고 심리학자들은 규정하고 있다. 이러한 성취욕구가 강한 사람은 성공에 대한 강한 욕구를 가지고 있다. 또 그들은 책임을 적극적으로 수용하며, 행동에 대한 즉각적인 피드백을 선호한다.

② 권력욕구(need for power)

높은 권력욕구를 가지고 있는 사람은 리더가 되어 남을 통제하는 위치에 서는 것을 선호하며, 타인들로 하여금 자기가 바라는 대로 행동하도록 강요하는 경향이 크다.

③ 친화욕구(need for affilation)

친화욕구가 높은 사람은 다른 사람들과 좋은 관계를 유지하려고 노력하며, 타인들에게 친절하고 동정심이 많고 타인을 도우며 즐겁게 살려고 하는 경향이 크다.

2) 맥클랜드의 성취동기이론과 매슬로우의 욕구5단계설의 비교

(1) 맥클랜드의 성취-동기이론을 매슬로우의 욕구5단계설과 비교해 보면, 성취욕구와 권력욕구는 욕구단계설의 존경 및 자아실현욕구와 일맥상통하며, 사회적 욕구는 친화욕구와 비슷하다고 할 수 있다. 물론 약간의 개념상의 차이는 존재한다.

(2) 맥클랜드는 세 가지 욕구 중에서 성취욕구의 중요성을 지적하였는데, 성취욕구가 높은 사람을 다음과 같은 특성을 갖고 있다고 하였다. 높은 성취욕을 가진 사람들은 ① 문제 해결책을 찾는데 개인적인 책임을 부여하는 상황을 선호하고, ② 그들의 성과에 대하여 개선 여부를 알기 위하여 신속하고 명확한 피드백을 받을 수 있는 상황을 원하고, ③ 적절한 도전적인 목표를 설정할 수 있는 상황을 원한다. 높은 성취욕구를 가진 자가 도박사는 아니며 그들은 유연히 성공하는 것을 원하지 않는다. 그들은 타인들의 행동이나 우연에 의해서 결과가 나오는 것보다는 성공이나 실패에 대하여 자신이 책임을 지는 도전적인 일을 선호한다. 중요한 것은 그들은 매우 쉽거나 어려운 과업이라고 인지하는 것은 회피한다는 것이다.

3) 성취동기론의 이용

맥클랜드의 성취동기이론은 세 가지 욕구의 분류에 따라서 종업원을 알맞은 직무에 배치함으로써 이용할 수 있다.

(1) 권력욕이 강한 사람은 타인의 권력이 미치는 직무에 배치하는 것보다는 자기가 타인에 행동을 통제하는 직무에 배치하는 것이 동기부여가 되고,

(2) 친화욕이 강한 사람은 독립적으로 직무를 수행하는 곳에 배치하는 것보다는 다른 사람과 밀접한 관계를 유지할 수 있는 직무에 배치하는 것이 동기부여의 효과가 있고,

(3) 성취욕이 강한 사람은 도전할 가치가 없거나 우연에 의해서 목표를 달성할 수 있는 직무보다는 개인에게 많은 책임과 권한이 주어지는 도전적인 직무에 배치하는 것이 동기부여가 된다.

제 3 절 조직편성의 원리

Ⅰ. 개설

경찰조직의 편성원리란 경찰업무를 어떻게 하면 가장 효율적이고도 합리적으로 수행할 수 있도록 편성할 수 있는가 하는 것이 조직편성의 관리기술이라고 볼 수 있다.

경찰조직의 편성원리는 구체적으로 분업 · 계층제 · 통솔범위 · 명령통일 · 조정과 통합의 원리 등을 들 수 있다.[12] 경찰관리자는 조직편성의 원리와 실제운영에 대한 깊은 통찰력이 있어야 된다.

12) 이상안, 『신경찰행정학』, 서울: 대한문화사, 1995, pp. 252-253.

Ⅱ. 분업(分業)의 원리

1. 의의

1) 전문화의 원리라고도 하는 분업의 원리는 조직의 업무를 세분화하여 분담시키고 이를 반복하게 함으로써, 조직관리상의 능률을 향상시키는 것을 말한다. 분업에는 수평적 분업(기능적 분업)과 수직적 분업으로 나눌 수가 있다.

2) 경찰조직의 경우에 경무과・교통과・생활안전과・수사과・정보과 등의 분화는 바로 수평적 분업(기능적 분업)을 말하는 것이다. 반면 수직적 분업은 관료제적 계층제처럼 상・하 계층사이의 종적 업무 부담을 말한다. 예컨대, 경찰서의 경우에 서장・과장・계장 등 계층 간의 업무분화는 수직적 분업이다. 경찰업무는 이처럼 수평적 분업과 수직적 분업의 협동행위로 이루어진다.

2. 역기능

분업은 아래와 같은 내용 등이 문제점으로 지적되기도 한다.

1) 과도한 분업은 정형화된 일을 반복함으로써, 업무에 대한 흥미상실과 창조적 능력을 잃게 할 수 있다.

2) 전문화의 정도가 클수록 할거주의로 인한 조정과 통합이 상대적으로 어려워진다.

3) 인간적 소외감과 전체적인 통찰력이 부족하여, 업무 범위에서 벗어나는 문제에 대해서는 해결점을 찾지 못하는 등 전문가적 무능력 현상을 초래한다.

4) 너무 지나친 전문화는 과도한 경쟁을 초래하고 비밀을 증가시키며, 경찰조직 내부에 부패를 조장할 수 있다는 역기능이 발생한다.

5) 업무의 동질성을 기준으로 각자의 능력을 고려한 적정한 분업이 이루어지는 것이 필요하다는 점을 들 수 있다.

Ⅲ. 계층제의 원리

1. 의의

계층제의 원리는 권한·의무와 책임의 정도에 따라 직무를 상·하로 등급화시키고, 상·하계층간에 명령복종과 지휘감독체계를 확립하는 조직의 원리를 말한다. 계층제는 조직의 일체감과 통일성을 유지하는 데 가장 적합한 원리로서, 경찰과 군대와 같은 조직에서 주로 사용되고 있다. 계층제는 분업의 원리인 수직적 분담이기도 하다.

2. 순기능

경찰조직은 계층제의 원리로 조직을 편성하고 상명하복을 기본원리로 하고 있기 때문에, 조직의 일체감과 통일성을 가장 큰 강점으로 하고 있다. 계층제의 원리는

1) 지휘계통을 확립하고 대규모 경찰조직의 업무수행에 질서와 통일을 기할 수 있다. 이는 계층제가 명령과 지시를 수행하도록 하는데 적합한 조직원리이기 때문이다.

2) 권한과 책임을 계층에 따라 적정하게 배분함으로써, 업무처리에 신중을 기할 수 있다.

3) 경찰조직 내의 분쟁과 갈등 및 대립의 조정으로 내부통제를 확보할 수 있다는 점 등을 장점으로 하고 있다.

3. 역기능

그러나 계층제의 원리는 위와 같은 장점과는 달리

1) 계층제 하에서는 원칙적으로 지시와 명령에 의한 결정이 이루어지므로, 조직의 경직화를 초래한다.

2) 계층의 수가 많을수록 최종결정을 위한 의사소통의 단계 또한 늘어나게 되며, 이에 따라 업무흐름이 차단되거나 처리시간이 지연될 수 있다. 즉, 의사소통의 능률성을 저해하거나 정보의 왜곡을 초래하기 쉽다.

3) 계층제는 지나친 수직주의를 강조함에 따라 외부환경의 변동에 즉각적인 적응을 하지 못하고 보수성을 띠기 쉽다.

4) 계층제를 비합리적인 인간지배의 수단으로 인식할 우려가 있다. 따라서 직무상의 상하관계가 신분상의 상하관계로 전환될 위험이 있다.

5) 계층의 심화는 업무처리과정이 지연되어 관리비용이 증가하게 되고, 계층간 갈등의 원인이 될 수 있다는 점 등을 단점으로 들 수 있다.

Ⅳ. 통솔범위의 원리

1. 의의

통솔범위의 원리란 계층제의 구조의 상위자가 효과적으로 직접 지휘·감독할 수 있는 부하의 수에 관한 원리로서, 그 수(數)는 반드시 일정한 한계를 가져야 한다는 것이다. 그 이유는 첫째, 상관과 부하의 관계는 집단적 관계이고, 인간의 주의능력은 한계가 있다는 점 둘째, 인간의 지식·정력·시간에도 한계가 있기 때문이라는 것이다.

2. 통솔범위에 관한 이론

1) 패이욜(H. Fayol)의 견해[13)]

프랑스의 행정학자인 패이욜은 개인차가 있는 사람의 집단에서 한 사람의 상관이 통솔할 수 있는 사람의 적정 수는 하위층 통솔범위가 20-30인, 상위층은 통솔범위가 5-6인이라고 했다.

2) 영국의 홀데인위원회

영국의 홀데인위원회는 내각의 수는 10-12명이 적정수라고 건의하였다.

---

13) 프랑스의 행정학자인 패이욜(H. Fayol, 1949:1984)은 최고관리자의 관점에서 관리의 문제를 취급했는데, 그가 주장하는 관리의 원칙에는 분업·권한과 책임, 명령통일 등 11가지가 포함되어 있다.

3) 그레이쿠나스(A. Graicunas)의 연구

감독자와 부하와의 관계에 있어서 부하와의 직접관계 뿐만 아니라, 부하집단과 부하 사이에 이루어지는 교차관계도 고려되어야 한다는 것이다. 즉, 감독자와 부하 개인과의 직접관계는 부하의 증가에 비례하여 증대하지만, 집단관계 및 교차관계는 그 비율보다도 훨씬 더 증가한다. 따라서 적정인원은 6인이라고 하였다.

3. 통솔범위의 결정요인

통솔범위는 조직의 여건에 따라 달라질 수 있다.

1) 시간적 요인

신설조직의 감독자보다 기존조직이나 안정된 조직의 감독자가 더 많은 부하직원을 통솔할 수 있다. 왜냐하면 기존조직이나 안정된 조직은 이미 구성원들이 명령체계에 익숙해 있기 때문이다.

2) 공간적 요인

지리적으로 분산된 부서보다는 한 장소에 모여 있거나 근접할 부서일수록, 그리고 교통이 발달하면 훨씬 많은 부하들을 직접 통솔할 수 있다.

3) 직무의 성질

복잡한 전문적·지적·이질적 사무(異質的事務)를 담당하는 부하를 감독하는 경우보다는 동일성질의 단순반복업무에 종사하는 부하들일수록 통솔범위가 확대된다.

4) 감독자와 부하들의 능력

관리자 및 부하들의 능력이 우수하고 훈련이 잘 된 경우일수록 통솔범위가 확대된다.

5) 관리자의 부하집단에 대한 신임도가 높거나 사기 및 인간관계가 양호할수록 통솔범위가 확대된다.

6) 참모기관과 정보처리관리체계가 발달할수록 통솔범위가 확대된다.

7) 통솔범위와 계층제(역관계)

피라미드 조직의 위로 올라갈수록, 즉 조직계층의 상층부로 갈수록 통솔범위는 좁아지고, 피라미드 조직의 아래로(하층부) 내려올수록 통솔범위는 넓어진다. 그리고 계층의 수를 많게 하면 통솔범위는 상대적으로 좁아지고, 계층의 수를 적게 하면 평면조직에 가까워지므로 통솔범위는 넓어진다.

Ⅴ. 명령통일의 원리

1. 의의

명령통일의 원리는 조직체계의 구성원 간에 지시나 보고를 주고받을 때 누구나 한사람의 상관에게만 보고하며, 또 명령을 받아야 한다는 원칙을 말한다. 명령통일의 원리는 업무수행의 혼선과 이로 인한 비능률을 방지하고, 행정책임의 소재를 분명히 하고자 하는 것이 목적이다.

2. 문제점 및 보완책

1) 이 원리는 행정기능의 전문화가 심화될수록 그 타당성이 약화된다. 명령통일의 원리는 계선조직에는 타당하나, 전문가인 막료가 포함되어 있는 조직에는 적용되기 어렵다. 명령일원화는 이중명령을 방지하여 조직의 안정성을 유지하려는 것이다. 그러나 막료기능이 중시되고 조직의 동태성이 요구되는 오늘날에 있어서 명령일원화를 주장하는 것은 하나의 망상이라고 Simon은 비판하고 있다.

2) 명령통일의 원리는 관리자의 유고 등의 경우에 오히려 업무의 공백과 혼란을 초래할 수 있다. 따라서 평상시에 조직관리기능의 대행체제를 갖추어야 한다.

3) 명령통일의 원리는 분권화와 권한위임을 저해한다. 따라서 계층제에 의해 상위직에 부여된 권한과 책임을 하위자에게 분담시키거나, 권한의 위임제도 등을 활성화시켜야 한다.

Ⅵ. 조정과 통합의 원리

1. 의의

조정과 통합의 원리는 경찰목표를 효율적으로 달성하기 위하여 조직의 운영에서 계층간・부서간・구성원간의 갈등 등 내부의 갈등을 조정해야 한다는 원리이다. 즉,

분업의 원리 · 계층제의 원리 · 통솔범위의 원리 · 명령통일의 원리가 보다 큰 차원의 목적을 위해 조정되고 통합되어야 한다는 원리이다. 무니(D. Mooney)는 조정의 원리를 중시하여 조정을 목표달성과 직결되는 조직의 제1의 원리이며, 최고의 원리라고 강조하였다.

2. 조정과 통합의 원리의 필요성

앞에서 설명한 4가지 원리는 모두 조직의 목적을 합리적이며 효율적으로 달성하기 위한 것이다. 그러나 이 원리들은 각자 장점만이 있는 것이 아니라 단점도 가지고 있기 때문에, 조직전체의 관점에서 본다면 상호충돌의 가능성이 있다. 따라서 그러한 장단점간의 갈등을 조정하여야 한다는 원리가 조정과 통합의 원리이다.

3. 갈등의 조정과 통합의 방법

갈등의 조정과 통합의 방법으로 1) 갈등이 세분화된 업무처리에서 나오는 것이라면, 업무처리과정을 통합한다든지 연결하는 장치나 대화채널을 확보해 주는 것이 필요하고,

2) 한정된 인력이나 예산을 가지고 갈등이 생기는 경우에는 가능하면 예산과 인력을 확보하고 업무추진의 우선순위를 관리자에게 지정해 주는 것이 효과적이고,

3) 시간적으로 급박하거나 이해관계가 첨예할 경우 최후의 수단으로 상관의 판단과 명령에 의해 해결하는 방법 등을 선택해야 한다.

제 4 절　경찰조직의 리더십

Ⅰ. 개념

1. 의의

리더십(leadership)이란 조직목표의 달성을 위하여 구성원이 자발적으로 적극적 행동을 하도록 동기를 부여하고 영향력을 미치는 관리자의 쇄신적 · 창의적인 기

술·능력을 의미한다. 또는 리더십은 조직의 효과성을 위해 구성원들을 자극하고 일정한 방향으로 행동을 이끌어 내는 과정으로 정의되기도 한다.

2. 리더십의 중요성 대두

과학적 관리론이 지배하던 시대에는 합리적·기계적 인간관 때문에 리더십이 중시되지 않았으나, 구성원의 동기부여를 중시하는 1930년대 인간관계론과 발전행정론이 본격적으로 대두됨에 따라 리더십에 대한 중요성이 강조되기 시작하였다.

3. 리더십(Leadership)과 직권력(Headship)과의 차이

리더십과 직권력의 공통점은 십(ship)이라는 공통된 단어 외에는, 다음과 같이 근거·성격·심리적인 면에서 전혀 그 의미를 달리한다는 점에 유의하여야 한다.

1) 직권력은 공식적인 직위의 권위를 근거로 하는데 비해, 리더십은 자신의 권위, 즉 사람의 권위를 근거로 한다.

2) 직권력의 권위의 성격은 제도적 권위인 반면, 리더십은 심리적 권위이다.

3) 직권력은 지도자와 피지도자간에 공감이나 자발성을 전제로 하지 않으나, 리더십은 공감이나 일체감이 강하다는 점 등에서 차이가 난다.

Ⅱ. 리더십 이론

1. 자질론(특성론)

1) 의의

자질론은 리더십에 관한 전통이론으로 리더란 특수한 자질을 가지고 태어나야 리더로서의 자격이 있다는 이론이다. 즉, 리더십은 개인적 자질 특성(용모·지능·언어구사력·통찰력·판단력·결단력·사교성 등)에 따라 발휘된다는 입장이다.

2) 자질론의 한계

자질론은

(1) 집단의 특징·조직목표·상황에 따라 리더십의 자질은 전혀 달리 요청될 수

있다.

(2) 지도자라 하더라도 누구나 동일한 자질을 갖는 것은 아니다. 이런 맥락에서 자질론은 지도자가 반드시 갖추어야 할 보편적인 자질은 없다는 것을 간과하고 있다는 것이 한계점으로 지적되고 있다.

2. 행태이론

1) 의의

행태이론은 리더 개인의 행태 또는 리더십 유형(style)에 중점을 두는 이론이다. 리더십 유형은 권위형 · 민주형 · 자유방임형으로 나누어지며, 이 중 민주형이 가장 효과적이라고 본다.

2) 유형[14)]

(1) 권위형 리더십

리더가 중요한 결정을 내리고 부하에게 명령 · 지시하는 유형이며, 직무수행에 중점을 둔다. 리더는 부하에게 권한의 위임을 거의 하지 않으며, 자기의 명령에 부하가 순종하기만을 기다린다.

(2) 민주형 리더십

부하를 적극적으로 참여시켜 정책이나 문제를 함께 검토하고 해결안을 모색하며, 인간관계에 중점을 두는 유형을 말한다.

(3) 자유방임형 리더십

리더가 결정권을 대폭적으로 위임하여 부하가 업무수행의 목표를 확립하도록 하는 유형이며, 사실상 리더십으로는 별로 큰 의미가 없다.

3) 한계

효과적인 리더의 행동은 상황에 따라 다르다는 사실을 간과하고 있다는 점이다. 이에 따라 리더십 과정에 영향을 미치는 상황변수에 관심을 가지기 시작하였다.

---

14) 김상호 외 공저, 『경찰학개론』, 서울:법문사, 2006, p. 164.

3. 상황이론

1) 의의

리더십이 지도자 개인의 자질과는 관계없이 그때그때의 상황, 즉 그가 속하는 집단의 조직목표, 구조, 성격 또는 조직이 속하는 사회·문화의 성격, 상황적 조건에 따라 결정된다는 이론으로 개인적 요인보다 사회적 요인을 중시한다.

2) 피들러(E. Fiedler)의 상황적합적 리더십 이론[15]

리더의 효과성은 상황에 의해 결정되며, 결과적으로 어느 조직 상황에서는 효과적이지만 다른 상황에서는 그렇지 못할 수도 있다고 보는 것이다. 따라서 업무의 성공여부는 조직의 상황에 따라 달라진다. 그 결과 어떤 경우에는 권위주의적 리더십이 효과적일 수도 있고, 반대로 민주적인 리더십이 효과적일 수도 있다는 것이다. 피들러는 리더십 효과성에 중요한 영향을 미치는 3가지의 상황변수를 제시하고 있다.

(1) 지도자와 구성원관계에서의 신임관계

부하가 리더를 좋아하고 지지하고 신임하는가에 관한 변수이다. 추종자들로부터 많은 신뢰를 받는 지도자는 비록 직위가 높지 않더라도 많은 영향력을 행사할 수 있다는 것이다.

(2) 과업구조

업무수행 방법의 명확성·구체성·예측가능성에 관한 변수이다. 예컨대, 업무의 한계가 명확하게 규정되어 있지 않은 경우, 지도자가 구성원에게 행사할 수 있는 영향력의 범위는 축소될 수밖에 없다.

(3) 직위에 부여된 권력

리더의 직위에 부여된 공식적이고 합법적인 권력의 크기나 강도에 따른 변수를 말한다. 예컨대, 남보다 더 큰 권한을 가진 지도자는 더 효율적인 지도력을 발휘할 수 있다는 것이다.

15) 조철옥, 『경찰학개론』, 서울: 대영문화사, 2007, p. 259.

Ⅲ. 경찰리더십 유형과 리더의 역할

1. 경찰리더십의 유형

모든 조직 · 집단이나 상황을 초월한 이상적인 리더유형은 존재하지 않는다. 리더십의 적절한 유형은 조직이 놓여 있는 상황, 특정국가의 정치적 · 경제적 · 사회적 · 문화적 요인, 리더의 퍼스낼리티와 피지도 집단과의 관계, 조직의 목표와 활동의 성질 등 여러 복합적 요인에 의하여 결정된다.

경찰조직에 있어서 리더십은 특수한 계급조직과 권력구조 때문에 권위적 리더십으로 보여지는 경향이 있으나, 실상은 경찰내부에서는 오히려 민주적 리더십이 더 요구된다. 그러나 범죄 진압 · 대규모 집회시위 등 상황에 따라서는 민주형의 리더십만이 최선의 것이라고 단정할 수는 없다. 따라서 경찰리더십은 경찰조직내의 하부조직별 특성이나 하부조직별 추구하는 가치관에 따라서 달라져야 할 것이다.[16]

2. 경찰리더의 역할

경찰조직에 있어서 리더는 원만한 조직구성원의 자발적 행동을 유도하기 위하여 갈등해소 · 조직통제 · 성과촉진의 세 가지 주요한 역할을 수행하여야 한다.[17]

1) 경찰조직에서의 갈등은 조직 전체의 조화를 깨뜨리며 경찰조직 내부의 개인과 개인 그리고 집단과 집단을 상호 분리할 뿐만 아니라, 경찰조직과 다른 조직 간의 긴장을 고조시키는 결과를 초래한다. 따라서 경찰리더는 경찰조직 내에서 발생되는 다양한 갈등을 효과적으로 해소하는 역할을 수행하여야 한다.

2) 경찰리더는 효과적인 조직 통제에도 관심을 가져야 한다. 경찰리더가 경찰조직에 대한 통제를 수행하기 위해서는 첫째, 그 통제가 구체적이고 효율적이어야 하고, 둘째, 주요한 사건과 관련되어야 하며, 셋째, 적절한 방향지시 등이 적시에 이루어져야 하고 명료해야 한다는 점이다.

---

16) 김상호 외 공저, 전게서, p. 166.

17) Charles R. Swanson and Leonard Territo, *Police Administration : Structures, Processes and Behavior*, Macmillan Publishing co., Inc., 1983, pp. 119-124.

3) 경찰리더는 경찰조직의 성과촉진을 도모하여야 한다. 따라서 경찰리더는 성과촉진을 효과적으로 실천하기 위해서 첫째, 제반 실태를 명확히 파악하고, 둘째, 가시적 기여도에 관심을 두며, 셋째, 조직역량을 강화하며, 넷째, 역점분야에 집중하며, 다섯째, 효율적인 결정을 내릴 줄 알아야 한다.[18)]

18) 김충남, 전게서, pp. 249-250.

제 3 장 경찰인사관리

제 1 절 인사관리 일반론

Ⅰ. 경찰인사관리의 개념

1. 경찰인사관리의 의의

경찰인사관리는 조직의 효율성을 달성하기 위하여 경찰관을 체계적이고 합리적인 기준에 따라 분류·모집·채용·관리 등을 해 나가는 활동을 말한다. 경찰조직의 인사관리는 우수한 인력의 모집·채용 외에 배치전환, 교육훈련과 승진제도, 동기부여, 신분보장 등에 이르기까지 조직차원의 체계적이고 동태적인 활동을 의미한다.

2. 경찰인사관리의 목적

경찰인사관리는 유능한 인재의 선발과 교육훈련, 근무성적의 평가·승진·전보를 통하여 능력을 발전시킴과 동시에, 동기부여나 사기관리 등으로 그들이 업무수행에 있어서 조직에서 바라는 수준의 성과를 올려야 한다는데 있다. 따라서 채용·능력발전·사기관리 등은 경찰인사관리의 3대 변수라고 할 수 있다.

Ⅱ. 인사행정의 발달

인사행정은 시대적 상황, 국가의 이념 및 국가 발전의 수준에 따라 그 기준과 중요성이 달라진다. 정치권력에 의한 공직이 좌우되던 미국의 엽관주의 시대와는 달리 산업혁명 이후 인사행정의 경향도 능력과 실적을 강조하는 실적주의로 바뀌게 되었다. 따라서 현대 민주국가의 경찰공무원은 어느 특정개인이나 특정정당을 위해 봉사하는 것이 아니라 전체 국민에게 봉사하는 공공봉사자로서 자리매김하게 된 것이다.

1. 엽관주의(Spoils System)

엽관주의는 집권한 정당의 추종자들을 정당에 대한 공헌도와 충성심의 정도에 따라 공직에 채용해야 한다는 원리를 말한다. 이는 선거라는 전쟁에서 승리한 정당이 전리품에 해당하는 공직을 차지하는 권한을 가지는 것을 의미한다.[1)]

미국에서는 제7대 잭슨 대통령이 취임하면서 자기를 지지해 준 서부 개척민들에게 공직을 개방하는 것이 행정의 민주화와 지지에 대한 보상이라고 여긴 정치원리를 채택하면서, 엽관주의적 인사행정이 활발하게 이루어졌다. 그러나 잭슨의 공직경질사상(公職更迭思想)은 공직경질의 기준을 정당에 대한 충성심에 두고, 전문성이 없는 정당인들을 공직에 채용하는 엽관제로 타락하게 되었다. 따라서 매관매직 등 정치적·행정적 부패를 초래하고, 행정의 비능률·비중립성·계속성·일관성·안전성을 훼손하는 폐단을 초래하였다.

2. 실적주의(Merit System)

정치권력에 의해 공직이 좌우되던 엽관주의 시대는 시민적 요청과 내부적 반성 및 개혁으로 1883년 팬들톤(Pendleton)법이 제정되었다. 그 결과 중립적인 위치에 있는 인사위원회의 설치와 같은 제도적인 개혁에 의해 능률에 의한 실적주의로 이동하게 되었다.

1) 이종수·윤영진 외, 전게서, p. 393.

실적주의는 공직의 임용기준을 실적, 즉 개인의 능력·자격·적성에 두는 제도이다. 실적주의는 행정이 복잡화·전문화되는 등 정치적·사회적 환경이 변화하고 엽관주의 폐해가 극심해짐에 따라 엽관주의적 비판운동에서 출발하였다. 이와 관련하여 경찰조직에서도 구성원의 전문성·조직구조의 정교화·규칙에 의한 통제·선발과 교육과정의 제도화 등에서 개혁이 이루어졌다. 그러나 이러한 제도적 또는 직업주의적 경찰개혁은 실제 경찰활동상의 능률성과 생산성을 강조하기보다는 인사관리의 개선·합리적인 내부통제개발·유능한 인재 발굴 등과 같은 경찰효과성을 향상시키기 위한 간접적인 수단의 변화만을 강조하였다. 이와 같은 인사제도상의 개혁은 실질적인 경찰활동과는 직접 연결이 되지 않는 등 제도만의 개혁에 머무는 한계점을 노정시켰다.[2)]

3. 직업공무원제

직업공무원제도는 독일이나 프랑스 등 유럽대륙의 절대군주국가 시대부터 발달한 제도로서, 19세기 후반 미국에 도입된 실적주의 보다 역사적으로 먼저 확립된 제도이다.

1) 의의

(1) 직업공무원제도는 젊고 유능한 인재들이 공직을 매력적인 직장으로 인식하고, 그들을 신규 채용하고 각자의 업적과 능력을 발전시켜 공직자로서 한평생을 살아가는 것이 매우 보람 있는 일이라고 생각할 수 있게끔 제도적 장치를 마련하는 인사제도 이다. 따라서 경찰직업공무원제는 유능한 인재를 경찰직에 흡수·확보함은 물론 이들이 경찰직에 근무함으로써 이를 일생의 영예로 생각하고 긍지를 느끼게 하는 공직관을 갖도록 하는 제도라고 말할 수 있다.

(2) 직업공무원제도는 일반적으로 계급제에 입각하면서 폐쇄형을 수용하고 있는 국가에서 채택하고 있다.

2) 조철옥, 전게서, 2003, p. 305.

2) 직업공무원제의 장 · 단점

(1) 장점

① 정권교체나 정쟁에 영향을 받지 않을 뿐만 아니라 공무원의 장기근속을 장려하기 때문에, 행정의 안정성, 계속성, 중립성을 확보할 수 있다.

② 전문직업의식으로 단체정신 및 충성심이 강화되고, 공복으로서의 사명감과 공공봉사정신이 강해지는 동시에 사기가 올라간다.

③ 공무원의 성장 · 발전에 대한 동기부여 등으로 장기적인 발전가능성과 잠재력을 중요시한다.

(2) 단점

① 공직자에 대한 민주적 통제를 어렵게 하여 관료집단화를 초래할 수 있다.

② 하위직에서 상위직으로 승진하는 것을 원칙으로 하기 때문에, 행정의 전문화와 기술화를 저해하게 된다.

③ 외부인사의 중 · 고위직에로의 임용을 금지하는 폐쇄적인 인사제도로 인하여, 특정분야의 전문가 채용이 곤란해진다.

④ 학력 · 연령의 제한으로 인한 공직임용의 기회균등이 제한되어 민주주의 평등원칙에 위배된다.

3) 실적주의(성적주의)와의 관계

(1) 의의

실적주의는 공무원의 채용을 정실[3]에 의하지 아니하고 실적과 자격에 의하고 신분보장을 하는 등 엽관주의와 대립되는 개념이다. 반면 경찰직업공무원제도는 실적주의가 의미하는 실적과 자격에 의한 채용, 그리고 신분보장은 물론 젊은 나이에 경찰공무원으로 들어와 평생을 통하여 근무하며 이로 인하여 보람된 삶을 향유하도록 하는 제도를 의미한다.[4]

---

3) 엽관주의와 정실주의 개념을 혼용하는 경우도 있으나, 엄격히 말하면 엽관주의가 개인의 특정정당이나 정권에 충성하는 정도가 공직임용의 기준이 되는 인사제도라면, 정실주의는 지연 · 학연 · 혈연 등 인사권자와의 친분관계가 공직임용의 기준이 된다는 점에서 차이가 있다.

4) 배철호 외 공저, 전게서, p. 577.

(2) 직업공무원제와 실적주의의 구체적인 비교

① 직업공무원제는 영국 · 독일 · 프랑스 · 일본 · 한국 등에서 채택하고 있는 반면, 실적제도는 미국 · 캐나다 · 호주 등에서 채택하고 있다.

② 직업공무원제는 계급제, 근무연한을 중시하는 폐쇄형, 그리고 일반능력자 위주의 임용체제 등을 바탕으로 하는 제도인 반면, 실적주의는 직위분류제, 능력을 중시하는 개방형 그리고 전문가 위주의 임용체계를 바탕으로 하는 인사제도이다.

③ 직업공무원제는 생활급, 승급제(호봉), 사기 · 사회적 능률성을 중시하는 인간화에 중점을 두는 반면, 실적주의는 직무급, 근속호봉제가 없고, 명확화 · 능률화 · 전문화를 중시하는 합리화에 중점을 둔다.

④ 직업공무원제와 실적주의는 정치적 중립성, 능력 · 업적에 따른 공개 경쟁시험에 의한 임용, 신분보장, 기회균등에서는 공통점을 갖는다. 다만 신분보장면에서는 직업공무원제가, 기회균등면에서는 실적주의가 직업공무원제보다 더 우수하다고 볼 수 있다.

4. 직위분류제

직위분류제는 직무의 종류와 책임도에 따라 직종 · 직급을 분류하는 제도로서, 20세기 초 미국 시카고에서 처음 실시되었다.

1) 장점

직위분류제를 계급제와 비교해 보면, (1) 시험 · 채용 · 전직의 합리적 기준을 제공함으로써, 인사행정의 합리화를 기할 수 있다. (2) 동일직무에 대한 동일보수의 원칙을 확립함으로써, 보수제도의 합리적 기준을 제시할 수 있다. (3) 개인이 동일한 직무를 장기간 담당함으로써, 행정조직의 전문화와 분업화에 기여하여, 전문행정가의 양성에 유리하다는 장점 등이 있다.

2) 단점

직위분류제는 (1) 유능한 일반행정가를 확보하기 어려우며, (2) 전문화의 결과 인사관리를 융통성 있게 해 나가기가 어렵고, (3) 공무원의 신분보장이 미흡하다는 단점이 있다.

5. 계급제

1) 계급제는 직위에 보임하고 있는 공무원의 자격 및 신분을 중심으로 계급을 만드는 인간중심의 분류방법이다. 이 제도는 관료제의 전통이 강한 영국 · 독일 · 프랑스 · 한국 · 일본 등에서 채택하고 있으며, 보통 계급의 수가 적고 계급간의 차별이 심한 것이 특징이다.

2) 계급제는 외부로부터 충원방식이 힘든 폐쇄형의 인사충원방식을 채택하고 있다. 이 제도는 유능한 인재를 채용할 수 있고, 신축적인 인사관리를 할 수 있을 뿐만 아니라 유능한 일반행정가를 양성해 내기에 유리하다.

6. 기타 인사관련제도(신규인원의 충원방식)

1) 폐쇄형과 개방형

(1) 폐쇄형

① 폐쇄형은 계층구조의 중간에 외부로부터의 충원을 허용하지 않는 인사제도를 말한다. 폐쇄형은 최하위계급에 젊은 사람을 신규채용하여 상위계급으로 승진해 올라가게 하는 제도이므로, 최상위 계급에까지 내부승진이 보장된다.

직업공무원제도가 확립된 영국 · 프랑스에서는 신규 채용자는 하위계급에 임용하여 결원은 승진임용에 의하여 충원하는 폐쇄형을 채택하고 있다. 우리나라 경찰조직은 폐쇄형 제도에 개방형 인사제도를 가미하고 있다.

② 폐쇄형은 조직의 안정과 일체감, 승진기회보장으로 사기진작, 평생직장보장에 의한 직업공무원제도 확립이라는 측면에서 이점이 있으나, 환경의 변화에 대한 적응이 어렵고, 무사안일에 빠질 수 있는 단점이 있다.[5]

(2) 개방형

① 개방형은 공직의 모든 계급에 대한 신규임용을 허용하는 인사제도이다. 직업공무원제도가 확립되어 있지 않은 미국은 개방형을 채택하고 있다. 개방형은 다른 직업에 종사하던 사람이라도 승진과정을 거치지 않고 상위직에 임용될 수 있는 기회를 부여한다. 따라서 전문가주의와 직위분류제를 채택하는 공무원제도에서는 외

---

5) 박연호, 『인사행정신론』 서울: 법문사, 1996, p. 104

부의 전문가를 채용할 수 있는 개방형이 유용하다.

② 개방형은 외부로부터 새로운 전문성을 갖춘 인재를 확보할 수 있으므로, 조직의 신진대사를 촉진하고 행정의 질을 높일 수 있다는 이점이 있는 반면, 하위계급에서 출발한 기존 공무원들의 승진의 길이 좁아지고, 조직구성원 사이에 보이지 않는 갈등을 조성하는 문제점들이 있다.[6]

2) 발탁인사제도

발탁인사제도는 미국의 잭 웰치(Jack Welch)식 인사기법에서 유래한다.

발탁인사제도는 자질과 능력이 우수하다고 평가받은 인물을 나이와 경력에 관계없이 상위계급에 승진시키거나 보직하는 제도이다. 이 제도는 조직의 침체를 해소하기 위한 것이 목적이지만, 구성원간의 갈등과 조직의 인사질서를 파괴하는 부작용을 초래할 수 있다.[7]

3) 우리나라 경찰인사관리

오늘날 인사관리는 실적주의가 지배함에 따라 경찰공무원에 대한 인사관리기관은 분권적인 부처인사기관 형태가 보편적이며, 경찰의 인사기관 역시 부처인사형태이다. 또한 우리나라는 계급제를 원칙으로 하고 직위분류제요소를 가미하고 있기 때문에 양자는 상호보완적 관계에 있다. 경찰조직 역시 계급제를 기본으로 직위분류제[8]를 가미하고 있다.

---

6) 오석홍, 『인사행정론』, 서울: 박영사, 1994, pp. 49-50

7) 조철옥, 전게서, p. 302

8) 직위분류제의 구성요소는 직위, 직급, 등급, 직군, 직렬로 구분된다. 직위(position)는 한 사람의 근무를 필요로 하는 직무와 책임을 말하고, 직급(class)은 직위에 내포되어 있는 직무의 종류, 곤란도, 책임도, 자격요건 등이 상당히 유사하여 채용, 보수 기타 인사행정상 동일하게 다룰 수 있는 직위의 집단을 말한다. 등급(grade)은 직무의 종류는 다르지만 직무의 곤란도, 책임도와 자격요건이 유사하여 동일한 보수를 줄 수 있는 모든 직위의 집단을 의미하는데, 우리의 경우 계급이라 부른다. 직군(group)은 직무의 성질이 유사한 직렬의 군, 즉 행정, 공안, 시설직군 등을 말하며, 직렬(series)은 직무의 종류는 유사하지만, 곤란도·책임도가 상이한 직급의 군, 즉 경찰, 행정, 전산, 감사직렬 등과 같은 것이다.

제 2 절 경찰조직과 인력관리

Ⅰ. 경찰공무원의 채용

1. 의의

채용은 특정인에게 경찰공무원으로서의 신분을 부여하여 근무관계를 설정하는 행위를 말한다. 경찰공무원의 신규채용은 공개경쟁채용시험에 의함을 원칙으로 하고, 특별한 경우에 한하여 특별채용[9]을 한다. 이러한 채용과정은 모집→채용시험→시보→임용의 순서에 따라 이루어진다.

2. 모집 및 채용

1) 모집

모집은 경찰조직이 원하는 인력을 확보하기 위해서 행하는 유인(誘因)활동이다. 종래에 모집은 부적격한 사람을 제거하는 것으로 생각해 왔으나, 오늘날에는 적극적으로 많은 사람으로 하여금 공직에 응시하도록 흥미를 유도하는 것을 말한다.

2) 채용시험

경찰공무원의 채용시험은 신체검사 · 체력검사 · 필기시험 · 종합적성검사 · 면접시험 또는 실기시험(통신 · 운전 · 전산 등의 분야에 종사할 사람을 선발 시 사용) · 서류전형[10] 등에 의한다.

3) 시보임용

시보임용은 신규임용된 경찰관을 바로 경찰 공무원으로 임명하는 것이 아니고,

---

9) "특별채용"의 명칭을 "경력경쟁채용"으로 변경하는 경찰공무원법 일부 개정안이 2011.9.30 정부안(案)으로 국회에 발의되었다.

10) 서류전형은 퇴직 경찰공무원을 복직시키거나 또는 자격증 소지자와 대학이나 전문대학 재학생 중 장학금을 지급받은 자 등을 경찰공무원으로 채용하는 경우에 서면에 의하여 심사하는 것을 말한다.

경찰관으로서의 적격성을 보유하고 있는지를 확인하기 위해 경찰적응기간을 부여한다. 그리고 그 기간 동안 경찰관으로서 부적격이라고 인정될 때는 임용권자의 재량으로 면직시킬 수 있는 조건부임용제도이다. 경정이하의 경찰관을 신규채용하는 경우에 1년을 시보임용기간으로 하며 그 기간 중에는 경찰공무원으로서 신분이 보장되지 못하며, 기간이 만료되는 다음날에 정규경찰관으로 임명된다.

Ⅱ. 경찰공무원의 근무성적 평정제도

1. 경찰공무원의 근무성적 평정

근무성적 평정제도는 경찰공무원 관계의 변경과 관련하여 심사승진 · 시험승진 · 전보 · 성과급지급 등에도 중요한 평가요소 중의 하나이다.

1) 의의

(1) 근무성적평정은 경찰공무원 개개인의 근무실적 · 직무수행능력 · 근무태도 · 그리고 공직관이나 경찰관 개인의 인품 등을 공식적이며 체계적으로 감독자가 평가하는 제도이다. 이런 맥락에서 보면 근무성적평정제도는 개인의 능력 발전과 조직의 효과성을 높이고, 더 나아가 개인과 조직의 발전에 기여하기 위한 것으로 평가되기도 한다.[11] 그러나 이는 이상적이고 관념적인 주장에 불과하고, 경찰관 개개인들이 실제로 근무평정 점수를 중요시하는 이유는 승진(심사승진이나 시험승진)[12], 보직 · 포상 · 성과급 등의 결정에 중요한 점수 요인이 된다는 점이다. 이처럼 근무성적 평가제도는 이론상의 목적과 실질적인 차원에서의 목적이 괴리되어 있는 것만은 틀림이 없다. 그러나 근래에는 개인의 동기유발과 직무에 대한 헌신적 노력 촉진과 능력발전, 그리고 직무수행개선과 행정발전을 위한 적극적인 목적을 위한 제

11) 신현기의 공저, 전게서, p.220.

12) 경찰인사관리의 실무적인 차원에서 본다면, 근무성적 평가는 심사승진 대상자 명부를 작성하고 시험승진 대상자의 성적집계를 위한 것이 실질적인 목적이라고 할 수 있다. 근무성적 점수는 심사승진 대상자 서열명부 작성시에 50%의 비율을 차지하는 필수적인 요소이기 때문에, 심사승진 대상자 서열명부 작성을 위해서는 반드시 필요하다. 뿐만 아니라 시험승진의 경우에도 25%의 비율을 차지하기 때문에 경찰관 개개인은 주어진 근무성적 평가항목에 대해서 꾸준히 점수를 관리해야 높은 점수를 얻을 수 있다.

도로 이행되고 있다.[13)]

(2) 우리나라 경찰공무원 승진임용규정에 따르면 총경 이하의 경찰공무원에 대해서는 근무성적을 평정하여야 하며, 그 평정의 결과는 승진 · 전보 특별승급 · 특별상여금 지급 등 각종 인사관리에 반영하고 있다. 한편, 인사평정제도는 경무관 이상을 대상으로 근무성적을 평가하는 제도이다.

2) 근무성적 평정의 방법

(1) 평정의 방법

근무성적 평정의 방법에는 도표식 평정척도법[14)] · 강제배분법[15)] · 서술법[16)] · 목표관리형 평정법[17)] · 다면평가방법 등이 있다. 우리나라의 근무성적 평정방법은 도표식 평정척도법과 강제배분법을 채택하고 있으며, 평가결과의 비공개주의를 채택하고 있다. 이 중 다면평가방법(다면평가제)에 대해서만 간단하게 기술하고자 한다.

2. 다면평가제(다면평가방법)

1) 의의

다면평가제는 360°평정법 또는 집단평정법이라고도 하는데, 공무원의 근무평정시에 기존의 전통적인 감독자 평정 방식에서 벗어나, 상급자 · 동료 · 하급자 · 민원인 · 타부서의 관리자 등 다수의 평가자가 여러 방면에서 평가를 하는 인사평정방식을 말한다. 다면평가는 민간기업을 중심으로 적용되다가, 공기업 · 공공기관에서도

---

13) 근무성적 평정의 목적은 ① 근무성적 평정은 통하여 경찰공무원 개개인의 장 · 단점을 파악함으로써 개개인의 능력발전을 도모하는데 활용한다.
② 근무성적평정 결과를 승진 및 전보, 훈련, 보수 지급 등의 기준으로 활용함으로써 공정하고 객관적인 인사행정을 기할 수 있다.
③ 근무성적평정을 통해 채용시험의 타당성을 측정하고, 훈련수요를 파악하는데 적용된다.
④ 적재적소의 인사배치, 감독자와 부하간의 협조, 이해의 증진 등에 활용된다(신현기의 공저, 전게서, p. 291; 이상현, 전게서, p. 205).

14) 도표식 평정척도법은 가장 일반적인 방법으로 전형적인 양식은 다수의 평정요소(경찰의 경우 7개의 평정요소임)와 각 평정요소마다 실적수준을 평가할 수 있는 등급(수, 우, 양, 가)으로 구성된다.

15) 강제배분법은 평정의 객관성과 신뢰성을 어느 정도 확보할 수 있는 방법이다.

16) 서술법은 평정대상자가 평정대상자의 실적, 능력, 태도 및 장단점에 대하여 직접 기술하는 것으로, 자유서술법과 제한서술법이 있다.

17) 목표관리형 평정법은 관리자와 조직구성원들의 공동으로 목표를 정하고 일정한 시간이 경과한 후 이를 측정하여 성과에 대한 공동토의를 거쳐 새로운 목표를 설정하는 일련의 연속적 관리과정이다.

지도력과 관리능력이 요구되는 고위직에 적용이 확대되는 추세에 있다. 최근에는 객관성과 신뢰성을 확보 내지는 보완할 수 있는 평가방법의 하나로 인식되고 있다. 따라서 경찰에서도 중하위직보다는 총경이상의 고위직 평가에 더 적합하다는 평가를 받고 있다.

2) 장점

다면평가제도는 (1) 상사에게만 잘 보이면 된다는 단일평가의 폐해를 시정할 수 있으며, (2) 인사의 공정성확보가 가능하다는 점이다. (3) 조직구성원 상하간의 의사소통을 활성화시키고, 조직관리자의 리더십을 향상시키는 계기가 된다는 장점이 있다.

3) 단점

다면평가제도는 (1) 상호평가로 인해 조직 내 갈등이나 불신이 유발될 수 있고, (2) 하급자에 의한 평가라는 점에서 전통적인 하향식 행정문화와 마찰이 발생할 수 있기 때문에, 비공개를 원칙으로 해야 한다는 점을 들 수 있다. (3) 평가자의 선발·평가의 시행·파벌의식에 의한 평가의 왜곡·평정절차의 복잡성 등으로 시간과 비용이 많이 든다는 단점이 있다.

Ⅲ. 사기관리(士氣管理)

1. 사기의 의의

경찰관의 사기는 경찰조직의 구성원인 경찰관에게 경찰조직의 목적달성을 위한 직무수행의 동기·근무의욕 등을 고취시키는 개인과 집단의 정신자세 또는 태도를 말한다.

2. 경찰사기의 결정요인

1) 경찰사기는 조직 내의 인간관계·근무조건·신분의 안정·보수·승진 등과 관련되는 복합적 요인에 의해 포괄적·전체적으로 영향을 받는다.

2) 경찰관의 사기는 앞에서 기술한 Maslow의 욕구5단계설과 맥락을 같이 하므

로, 이러한 기본적 욕구들의 충족여부에 의하여 영향을 받는다고 할 수 있다.

3. 사기의 성격 및 제고방안

1) 사기의 성격

사기는 자주적·자발적 성격, 조직적·집단적 성격, 그리고 사회적 성격을 가진다.

(1) 자주적·자발적 성격

사기가 고취되면 자발적이며 적극적인 근무의욕이 생성됨으로써, 개개인의 경찰관이 보다 창의성과 자기개발을 통한 자기혁신을 계속하게 되어 조직목표달성에 기여하게 된다.

(2) 집단적·조직적 성격

사기의 고취가 개인 경찰관의 직무향상뿐만 아니라, 그 개인이 소속된 조직의 목표달성에 기여하는 것을 말한다. 이런 측면에서 사기는 협동성, 단결성, 단체성 등을 전제로 하는 것이다.

(3) 사회적 성격

사기가 단순히 개개인의 경찰관 또는 경찰기관의 자기만족을 의미하는 것이 아니라, 보다 큰 사회적 가치 및 효용과 결부될 때 진정한 의미가 있는 것이다.

2) 사기의 제고방안

사기의 요인은 동기이론에 따르면 인간의 기본적 욕구와 관련이 있다는 것이고, 사기의 앙양과정은 기대이론과 맥락을 같이한다. 사기를 앙양하기 위해서는

(1) 인간의 자율성을 발휘하게 하여 자발적 근무의욕과 창의성을 증진시켜 주어야 한다.

(2) 경찰관 개개인을 계급으로서가 아니라 인격의 주체로서 합당하게 대우해 줄 때 상사에 대해서나 동료·부하에 대해서 인간적인 인정감이나 귀속감을 갖게 된다. 따라서 근무시간이나 근무방법에 있어 기본권 인격을 존중해 줄 때 사기와 직결된다는 것을 명심하여야 한다.

(3) 능력주의에 따라 승진·전보 등 기회의 평등성이 보장되어야 한다. 따라서

평등하고도 차별 없는 인사가 이루어져야 하며, 지역・학연 등에 의한 편파적인 인사나 대상에 따라 다른 기준이 적용되는 인사는 당연히 배제되어야 할 것이다.

(4) 경찰공무원에게 기본적 생활의 안정과 품위유지가 가능한 수준의 적정한 보수가 이루어져야 할 뿐만 아니라, 실적에 따른 상훈 등이 공정하게 이루어져야 한다.

(5) 인사상의 불이익 처분・불만・갈등 등을 해결할 수 있는 통로가 마련되어, 신속하고 적절하게 해결될 때 사기진작과 직결됨을 명심하여야 한다. 예컨대 경찰관의 고충처리 등을 심사하고, 그 해결책을 강구하는 고충처리심사위원회를 활성화시키는 방안 등이 그 예이다.

(6) 경찰공무원의 참여의식과 과학적인 문제해결 능력의 증진 및 사기앙양을 도모할 필요가 있다. 예컨대, 제안제도 활성화 등이 그 예이다.

4. 사기의 효과

경찰관의 사기를 고취・유지함으로써 경찰기관과 경찰관에게 미치는 효과는 다음과 같다.[18] 경찰은 사기가 양호할 때

1) 능률적인 직무수행을 가능하게 하여 임무를 열성적으로 수행한다.

2) 경찰기관의 이미지가 개선됨으로써 보다 우수한 자질을 갖춘 인재가 경찰기관에 지원하게 된다.

3) 경찰관은 사기가 높아짐으로써 경찰조직과 그 관리자에게 충성을 다하게 되며, 조직에 대한 자긍심을 가지게 된다.

4) 규칙이나 직무명령 및 규범들을 자발적으로 준수하게 된다.

5) 경찰관들이 조직 활동과 담당직무에 대한 관심을 높이고, 창의력을 드높인다.

6) 경찰관의 자발적인 협력을 바탕으로 경찰기관의 위기극복 능력을 증대시켜 준다는 점 등을 들 수 있다.

18) 경찰대학, 전게서, p. 213.

Ⅳ. 경찰공무원의 교육훈련

1. 의의

경찰조직의 교육훈련은 경찰공무원이 직책을 수행함에 있어 필요로 하는 전문적 지식이나 기술은 물론 가치관·태도까지를 발전시키려는 체계적·계속적인 과정을 의미한다. 경찰공무원의 교육훈련은 학교교육·위탁교육·직장훈련 등으로 나누어 실시하고 있다.

2. 교육훈련의 종류

1) 학교교육

경찰교육기관인 경찰대학·경찰교육원(구 경찰종합학교)·중앙경찰학교에서 실시하는 교육훈련을 말한다.

(1) 신임교육

신임교육은 신규채용자를 대상으로 경찰임용을 전제로 실시하는 적응 및 기초훈련을 말한다. 신임교육 중 간부후보생은 경찰교육원에서 52주간, 신규채용순경은 중앙경찰학교에서 34주간의 교육을 받고 소정의 성적을 취득해야 임용될 수 있다.

(2) 기본교육

기본교육과정은 재직경찰관이 승진한 경우 당해 계급의 직무와 관련한 학식·기술의 습득은 물론 직무수행능력과 관리기법을 배양할 수 있도록 실시하는 교육훈련이다. 기본교육 대상자는 해당 교육과정을 수료하지 않으면, 상위계급으로 진급할 수 없다. 교육과정 별 교육대상·교육기간 및 교육기관은 경찰공무원 교육훈련규칙에 따른다.

(3) 전문화 과정

각 기능별 전문기술 능력을 향상하기 위하여 경정 이하의 경찰관들을 대상으로 전문교육을 실시하고 있다. 전문화 과정의 대표적인 교육은 경찰수사연구소에서 실시하는 수사간부 연수교육과정(4개월)이다. 수사기능에 근무희망자는 반드시 이 과정을 이수해야 한다.

(4) 직장훈련

직장훈련은 경찰기관의 장이 소속 경찰공무원의 직무수행능력을 향상시키기 위하여 일상 업무를 통하여 행하는 훈련으로, 업무관련 직무교육・각급 상사지시사항에 대한 전달교육을 월 1회 이상 하도록 규정되어 있다.

(5) 위탁교육

경찰공무원의 국내외 대학원의 학위취득 및 단기연수를 위하여 국내외의 교육기관 등에 위탁하여 교육시키는 것을 말한다. 이에는 국외파견교육과 국내위탁교육이 있다.

제 4 장

경찰예산관리

제 1 절 경찰예산관리의 기초이론

Ⅰ. 경찰예산의 의의

국가예산이란 회계연도 내의 국가 활동을 위한 국가의 세입과 세출의 예정적 계획을 말한다. 국가의 주요정책이나 사업계획은 예산을 통하여 구체화되고 실제 행동에 옮겨지게 된다. 그러므로 예산은 국가의 정책이념이나 사업계획을 구체화하는 일련의 계획과정이라 할 수 있다. 이런 맥락에서 경찰예산은 정부예산 중 치안업무 수행을 위해 경찰조직에 배분된 예산을 말하며, 경찰의 사업계획은 예산을 통하여 구체화된다.

Ⅱ. 경찰예산의 기능

1. 예산의 일반적 기능

국가예산은 일반적으로 정치적 기능, 행정 관리적 기능, 법적 기능, 경제적 기능을 한다.[1)]

1) 정치적 기능

의회는 예산을 통하여 행정부를 통제하며, 정치적 단체들 간의 이익과 주장을 통합·조정하는 기능도 한다. 즉, 예산의 규모와 내용은 정부·정당·압력단체 그리고 이해관계자의 투쟁의 결과라는 점에서 예산이 정치적 기능을 가지고 있는 것으로 보고 있다.

2) 행정 관리적 기능

중앙예산기관은 각 부처의 사업계획과 경비를 검토·시정한 후 예산을 배정한다는 점에서 행정 관리적 기능을 갖고 있다.

3) 법적 기능

예산은 예산안이 의회에서 심의·확정됨으로써, 행정기관은 예산을 지출할 수 있는 권한을 인정받는 동시에 예산의 목적과 금액의 범위 내에서 지출하도록 구속을 받고 있다. 즉, 예산은 원칙적으로 이미 정해진 항목에 따라 집행하고, 예외적인 경우에는 법의 절차에 따르도록 되어 있다. 따라서 예산은 법령을 시행하는 법적 성격을 갖고 있다.[2)]

4) 경제적 기능

예산은 경제안정 기능·경제성장 촉진 기능·소득재분배 기능·자원배분기능을 한다. 즉, 불경기를 극복하여 경제적 안정을 기하고 경제성장의 주된 역할을 할 뿐만 아니라, 세입·세출의 양면에서 소득의 재분배기능을 수행한다. 나아가 사회보장적 지출을 행함으로써 소득재분배를 수행하는 경제적 기능을 한다.

2. 경찰예산의 기능

경찰예산의 기능도 앞에서 설명한 예산의 일반적 기능에 준한다고 볼 수 있다. 따라서 경찰예산은 경찰재정의 통제기능·법적 기능·행정 관리적 기능, 그리고 간접적인 경제적 기능까지도 수행하고 있다. 즉, 경찰예산은 인건비 등 경상적 지출예

---

1) 유훈, 『재무행정론』, 서울:법문사, 1983, pp. 82-89.
2) 이종익, 『재무행정론』, 서울:박영사, 1981, pp. 114-115.

상과 더불어 범죄예방과 수사 활동, 질서유지 등 경찰활동에 관한 예산관리로 사회적 안정을 확보함으로써 경제적 안정에 간접적으로 기여한다.[3)]

Ⅲ. 경찰예산의 종류

국가예산은 먼저 일반회계와 특별회계로 분류될 수 있고, 예산 성립의 과정을 중심으로 본 예산 · 수정예산 · 추가경정예산 · 준예산으로 분류될 수 있다.

1. 일반회계와 특별회계

1) 일반회계

일반회계는 국가 활동에 관한 세입 · 세출에 관한 회계를 의미한다. 일반회계는 중앙정부 예산의 중심회계로서 치안, 사법, 국토방위 등 국가의 안녕과 질서유지를 위한 기본적인 기능은 거의 모두 일반회계를 통하여 이루어지고 있다. 따라서 경찰예산의 대부분은 일반회계에 속한다.

2) 특별회계

(1) 특별회계는 특정한 세입으로 특정한 세출을 충당하는 회계를 말하며, 국가가 특별히 필요한 경우에는 일반적인 세입 · 세출과 구분하여 특별회계를 설치할 수 있도록 규정하고 있다.

(2) 경찰의 특별회계예산으로는 종전의 특별회계예산인 「국유재산관리특별회계」, 「자동차교통관리개선특별회계」 등은 일반회계로 편입되고, 책임운영기관특별회계(경찰병원의 세입 · 세출)만이 존속하고 있다. 특별회계는 원칙적으로 이를 설치한 소관부서가 관리하며, 국회나 기획재정부의 직접적인 통제를 받지 않는다. 이런 이유로 특별회계의 확대는 국회(국민)의 예산통제원칙에 악영향을 미치기 때문에, 정부는 특별회계의 무차별 적용에 제한을 가하고 있다.

---

3) 조철옥, 전게서, p. 343.

2. 본예산 · 수정예산 · 추가경정예산 · 준예산

1) 본예산

본예산은 행정부에 의해 편성되고 국회의결을 거쳐 최초로 확정된 예산을 말한다. 정부는 예산안을 편성하여 회계연도 개시 120일 전까지 국회에 제출하고, 국회는 이를 회계연도 개시 30일 전까지 의결하여야 한다.

2) 수정예산

수정예산은 행정부가 예산을 편성하여 국회에 이미 예산안을 제출한 이후 성립·확정되기 전에 국제정세나 국내외의 여건의 변동으로 예산안의 일부 내용을 변경하여 다시 국회에 제출한 예산을 말한다. 수정예산은 예산금액의 감소나 증가, 예산목적이나 예산총칙의 변경 등 예산전반에 걸친 수정을 가져올 수 있다.

3) 추가경정예산

추가경정예산은 예산확정 후에 생긴 사유로 인하여 필요한 경비의 부족이 생기는 등 예산에 변경을 가할 필요가 있을 때 편성하는 예산을 말한다. 추가경정예산이 성립되면, 본예산과 추가경정예산을 통산해서 전체로서 집행한다.

4) 준예산

(1) 준예산은 새로운 회계연도 개시 이전까지 예산안이 성립되지 못할 경우, 전년도에 준하여 지출하는 예산을 말한다. 국회의 의결은 불필요하고, 경비지출기간에는 제한이 없으나 지출항목에는 제한이 있다. 준예산은 예산집행에 신축성을 부여하고, 예산의 불성립으로 인한 행정의 중단을 방지하는 기능을 한다.

(2) 준예산은 ① 헌법이나 법률에 의하여 설치된 기관 또는 시설의 유지·운영 ② 법률상 지출의무의 이행(예컨대, 공무원의 보수·사무처리에 관한 기본경비들) ③ 이미 예산으로 승인된 사업의 계속을 위해서 지출할 수 있다.

Ⅳ. 예산제도의 변천

1. 개설

예산은 해당 국가의 시대별 여건에 따라 다양한 목적으로 운영된다. 따라서 중점 목적이 무엇이냐에 따라서 예산의 종류가 구분될 수도 있는데, 여기에는 품목별예산·성과주의예산·계획예산·영기준예산 등이 포함된다.

2. 품목별 예산

1) 의의

(1) 품목별 예산제도는 1688년 영국의 명예혁명 이후 국왕의 재정권을 통제하기 위한노력에서 대두되었고, 선진국들에 의해 가장 오래되고 가장 많이 사용되고 있는 방법이다. 품목별예산은 지출품목을 먼저 결정하고 품목마다 그 비용이 얼마인가에 따라 예산을 배정하는 제도이다. 예컨대, 세출예산을 인건비·물건비·자본지출 등과 같이 지출대상별로 대상을 분류한다. 그리고 다시 구체적으로 인건비의 경우 급여·연금·여비·수용비·상여금 등으로 품목을 구체화하여 예산을 편성하는 것과 같은 제도를 말한다.

(2) 품목별 예산은 편성한 예산에 대하여 재정통제에 초점을 두는 제도로써, 현재 우리정부(경찰)에서 채택하고 있는 예산제도이다.

2) 장점

이 분류방식을 사용하면 예산집행자의 회계책임이 명확해지고, 행정부 통제가 용이하여 예산명확성의 원칙에 부합된다. 특히 인건비가 별도의 항목으로 구성되기 때문에 이를 통해 정원 및 현원에 대한 자료 확보가 가능하며, 인사행정에 도움이 된다.

3) 단점

예산의 신축성이 크게 제약받고, 작업량과 사업의 우선순위, 성과에 대한 측정이 어려워서 경찰업무에 대한 정확한 평가를 할 수 없다는 점이다.

3. 성과주의 예산(Performance budget)

1) 의의

(1) 성과주의 예산(PBS)은 정부가 무슨 일을 하느냐, 즉, 정부에 의해서 지출될 돈보다 수행될 목표에 관심을 두는 제도로써 품목별 예산제도를 보완하기 위한 제도이다. 성과주의 예산은 정부가 수행하는 기능·활동·사업 계획을 기초로 하여 편성하는 예산을 말하는데, 그 업무량과 단위원가로 계정된 비용을 합리적으로 표시함으로써 사업성과를 명백히 하는 관리지향적 예산이다. 예산 편성의 공식은 단위원가×업무량=예산액으로 표시된다.[4)]

(2) 경찰 성과주의 예산은 품목별로 지출된 품목이 마련되어 있지 않고, 경찰부서내의 사업계획별로 자금이 할당된다. 각 사업계획은 연구 및 개발비·운영감독·리더십·간접비 등이 포함되어 있다.[5)]

2) 장점

(1) 국민의 입장에서 경찰활동을 쉽게 이해할 수 있으며, 예산편성시 자원배분 합리화와 예산집행의 신축성을 기할 수가 있다.

(2) 정부정책의 수립이 용이하고, 해당부서의 업무능률을 측정하여 다음 연도의 예산에 반영할 수 있다.

3) 단점

성과주의는 (1) 업무측정단위의 선정이 용이하지 않고, 단위원가 계산이 곤란하고, (2) 인건비 등 경직성 경비에 대한 적용의 어려움이 있기 때문에, 성과주의 예산제도의 장점에도 불구하고 실제적인 적용에서는 한계가 있다.

4. 계획예산제도(Planning Programming Budgeting system)

계획예산제도는 1940년 미국의 루즈벨트 대통령이 국가방위위원회에 전시계획 수립을 지시하였다. 이에 따라 수립된 물자통제계획은 목표·대안·비용편익분석 등

---

4) 여기서 단위 원가는 업무측정 또는 성과단위 하나를 산출하는데 소요되는 경비를 말하며, 업무량이란 달성하고자 하는 업무를 업무측정단위로 표시한 양을 말한다.

5) 배철효 외 공저, 전게서, p. 619.

계획예산제도의 특징을 그대로 보여주고 있다. 1965년 존슨대통령에 의하여 연방정부에 계획예산제도가 도입되었다. 우리나라에서는 1970년대 초반 이 제도의 도입을 위한 연구가 시도되었고, 1980년경에 국방부에서 활용한 사례가 있다.

1) 의의

(1) 계획예산제도(PPBS)는 장기적인 계획수립과 단기적인 예산편성을 프로그램을 통하여 유기적으로 연계함으로써, 예산배분을 합리화하려는 것으로써 계획기능을 중시한 제도이다. 계획예산제도는 조직의 목적을 가능한 정확하게 설정하기 위하여 시작된 것으로, 최소의 비용으로 최대의 정책효과를 거둘 수 있는 사업에 재원을 할당하기 위한 것이다.

(2) 경찰측면에서 보면 계획예산은 경찰활동을 순찰·수사·청소년·교통 등의 프로그램으로 구분하여 각 프로그램에 대한 지출에 근거하여 예산을 책정하게 된다. 그리고 이에 근거하여 프로그램의 실행과 영향을 분석하여 그 결과를 금년도의 예산과 연결짓게 만든다.[6)]

2) 장점 및 단점

예산과 기획의 통합이 가능하고 자원배분의 합리화를 기할 수 있다. 그러나 예산편성의 집권화로 의회의 통제기능이 약화되고 계량화가 불가능한 경우에는 적용가치가 저하되고, 상황변화에 신속하게 적응하기 어렵다는 문제점이 있다.

5. 영기준예산(Zero-base budgeting system)

영기준(ZBB) 예산제도는 미국 카터 대통령에 의하여 1977년 연방정부에 도입되었으며, 우리나라에서도 1983년도 예산안 편성에서 영기준 제도를 도입하였다.

1) 의의

(1) 영기준예산제도(ZBB)는 예산을 편성·결정할 때 전년도의 예산에 구애됨이 없이 모든 사업을 처음 시작한다는 전제아래 필요성이나 우선순위가 낮은 사업은 축소내지 폐지하고, 우선순위가 높은 사업과 활동을 선택하고 예산과 자원을 집중하는 예산편성제도를 말한다.

---

6) 배철효 외 공저, 전게서, p. 619.

(2) 영기준 예산제도는 조직이 소비하는 자원의 양을 감축하고, 사업과 인력 및 조직규모를 줄이는 감축관리와 관련이 깊다. 이런 의미에서 '작은 정부시대' '자원난 시대'의 예산제도라고도 한다.

2) 장점

영기준예산은 모든 사업을 정밀하게 분석하여 예산을 편성하는 까닭에 예산의 팽창을 방지할 수 있고, 사업계획의 신축성을 기할 수 있다.

3) 단점

모든 사업을 분석하기 위하여 시간과 노력이 과다하게 투입되고, 사업축소나 폐지의 곤란성 등이 단점으로 지적되고 있다.

6. 감축관리(Cutback management)

감축관리는 중복되어 있거나 불필요한 인력·사업·기구·기능 및 정책 등을 의도적으로 정비함으로써, 절약논리에 의해 자원의 총 효율성을 극대화시키자는 제도이다.

1) 일몰법(Sunset Law)

특정의 행정기관이나 사업이 일정기간(3-7년) 경과하면 다시 승인하거나 폐지하느냐 둘 중의 어느 하나를 재조사하고 검토하여, 예산을 배정하는 제도이다. 일몰법은 영기준 예산제도와 유사하지만, 입법기관이 따로 조치를 취하지 않는 한[7] 정부의 사업 또는 조직은 미리 정한 기간이 지나면 폐지되도록 규정한다는 점에서 차이가 난다.

2) 자본예산(CBS)

자본예산은 정부예산을 경상지출과 자본지출로 구분하고 경상지출은 경상수입으로 충당시켜 균형을 이루도록 하지만, 자본지출은 적자재정과 국공채발행으로 그

7) 따로 조치를 취한다는 것은 기간경과 후에도 사업 또는 조직을 존속시키기로 결정한다는 뜻이다. 즉 이 뜻은 행정부가 아닌 입법부에서 법률을 제정한다는 것을 의미한다. 1970년대부터 미국의 여러 주정부가 일몰법을 채택했으나 그것이 예산절감에 별로 기여하지 못함으로 인해 1980년대 이래 이 제도를 폐지 또는 정지하는 주들이 늘어났다.

수입에 충당케 함으로써 불균형 예산을 편성하는 제도를 말한다.

제 2 절 경찰예산과정

예산과정은 통상 예산의 편성→예산의 심의 및 의결→예산의 배정 및 집행→회계감사의 4단계 과정으로 이루어진다.

Ⅰ. 경찰예산의 편성

경찰예산편성은 1) 신규 및 주요사업계획서 제출, 2) 예산편성지참시달, 3) 예산요구서 제출, 4) 정부안의 확정 및 국회제출 등 절차를 통해 이루어진다.

1) 신규 및 주요계속사업 계획서 제출

경찰청장은 신규 및 주요사업계획서를 매년 1월 31일까지 기획재정부장관에게 제출하여야 한다.

2) 예산편성지침의 시달

기획재정부장관은 경찰청장에 예산편성지침을 3월 31일까지 시달한다.

3) 예산요구서 제출

경찰청장은 다음 회계연도의 예산요구서를 5월 31일까지 기획재정부장관에게 제출해야 한다.

4) 정부안의 확정 및 국회제출

기획재정부장관은 중앙관서들로부터 제출된 예산요구서를 토대로 조정절차를 거쳐 예산안을 편성하여 국무회의 심의를 거쳐 대통령의 승인을 얻어야 하며, 정부는 이 예산안을 회계연도 개시 120일 전까지 국회에 제출하여야 한다.

Ⅱ. 예산의 심의

국회에 제출된 정부예산안은 국회상임위원회에 의한 예비심사 후, 특별히 구성된 예산결산특별위원회(예결위)에 의한 종합심사를 거쳐야 한다. 예결위의 종합심사를 거친 예산안은 국회 본회의 의결을 거쳐 최종예산안으로 확정된다. 본회의 의결은 회계연도 개시 30일 전까지 이루어져야 한다.

Ⅲ. 예산의 배정 및 집행

국회에서 의결·확정된 예산에 따라 재원을 조달하고 경비를 지출하는 재정활동을 말한다.

1. 예산의 배정

예산의 집행은 예산의 배정으로 시작된다. 예산이 성립되면 경찰청장은 기획재정부장관에게 예산배정요구서를 제출한다. 기획재정부 장관은 4분기별 예산배정계획과 월별 자금계획을 작성하고 국무회의의 심의를 거쳐 대통령의 승인을 받는다. 예산배정계획이 확정되면 기획재정부 장관은 회계연도 초에 매분기별 배정액을 명시하여 연간예산을 경찰청장에게 배정한다.

2. 예산의 재배정

재배정의 목적은 중앙관서의 장으로 하여금 각 기관의 예산집행 상황을 감독·통제하고 재정적 한도를 엄수하게 하려는데 있다. 재배정은 중앙관서의 장이 산하 각 기관에 대하여 분기별로 예산을 다시 배정해 주는 절차이다. 경찰청장은 배정된 예산을 산하기관에 재배정하고, 산하기관은 매분기 초일에 예산이 배정된 것으로 보아 예산을 집행한다.

Ⅳ. 지출원인 행위 및 지출과 그 특례

1. 지출원인행위

1) 각종 지출원인행위는 배정된 예산의 범위 내 에서 하도록 되어 있다. 따라서 국회를 통과하여 예산이 확정되었더라도 해당 예산이 배정되지 않으면 지출원인행위를 할 수가 없다.

2) 지출원인행위란 예산의 배정과 집행을 의미한다. 예산배정 후 경찰청은 예산의 범위 내에서 계약 등 지출원인행위를 하게 된다. 모든 예산은 지출원인행위를 할 때로부터 예산을 지출할 수 있는 근거가 생기게 된다. 따라서 경찰의 경우 경찰청장 또는 위임을 받은 자가 지출원인행위를 할 수 있다.

2. 지출행위

계약체결 등 지출원인행위를 한 후, 사업계획에 의한 공사나 사업시행 진도에 따라 자금 배정을 받은 범위 내에서 국고를 지출하게 되는데, 이를 지출행위라고 한다.[8)]

3. 지출의 특례

1) 지출은 원칙적으로 그 요건이 구비되어야 하지만, 경리운영상 번거로움을 피하기 위해 특례를 인정하고 있다. 지출의 특례로 관서운영경비제도가 있는데, 이는 종전의 일상경비 · 도급경비를 통 · 폐합한 경비를 말한다.

2) 관서운영경비는 그 성격상 경찰청 · 지방청 · 경찰서 · 지구대 · 파출소 등 각급 경찰관서에서 사용할 수 있고, 종래의 도급경비와 같이 일정한 소규모 관서에 한정되지 않는다.

1) 경찰관서운영경비의 범위

(1) 관서운영경비는 특정경비에 대하여 지출관[9)]이 관서운영경비출납공무원에게

8) 경찰대학, 전게서, p. 251.

9) 회계관계공무원의 유형을 보면 재무관, 지출관, 출납기관으로 나눌 수 있다. 1) 재무관(예컨대, 경찰서의 경무과장)은 지출원인행위권자로서 계약체결 등 채무부담을 결정한다. 2) 지출관(예

필요한 자금을 교부하면, 그 자금을 가지고 관서운영경비 출납공무원[10]이 그 책임과 계산 하에 사용하게 하는 경비이다. 즉, 관서운영경비는 지출관이나 지출업무를 담당하는 출납공무원을 두기 곤란한 관서 또는 재외관서의 경비를 그 관서의 장의 책임하에 사용하도록 지급되는 공금을 말한다.

(2) 관서운영경비의 범위는 관서운영비 · 업무추진비 · 특수활동비(수사활동비 제외) · 여비 · 비정규직 보수 · 특수지 근무수당 등이 해당된다. 경찰의 관서운영경비의 취급관서는 지구대 · 파출소 · 해외주재관 등이다.

2) 집행

경찰의 관서운영경비의 집행은 관서운영경비출납공무원이 교부된 자금의 범위 안에서 지급원인행위를 할 수 있다. 관서운영경비출납공무원이 관서운영경비를 지급하고자 하는 때에는 정부구매카드를 사용하여야 한다. 다만 경비의 성질상 정부구매카드를 사용할 수 없는 경우에는 현금지급 등의 방법으로 지급할 수 있다.

Ⅴ. 예산결산 및 회계관계 경찰공무원의 책임

1. 예산결산 및 회계검사

1) 결산

결산은 기획재정부장관 $\xrightarrow{\text{4월 10일}}$ 감사원 $\xrightarrow{\text{5월 20일}}$ 기획재정부장관 $\xrightarrow{\text{5월 31일}}$ 국회 결산 승인 순으로 진행된다.

(1) 의의

① 기획재정부장관은 결산보고서를 기준으로 총결산서를 작성하여 대통령의 승인을 받아야 한다. 감사원은 5월 20일까지 기획재정부장관에게 회계검사결과보고서를 송부해야 한다.

② 결산은 회계 연도내의 국가의 수입과 지출의 실적을 확정계수로 표시하는 행

컨대, 경찰서의 경리계장)은 계좌이체의 방법으로 지출행위를 담당한다. 3) 출납기관(예컨대, 한국은행의 출납공무원)은 현금의 수납을 담당한다.

10) 관서운영경비는 관서운영경비출납공무원이 아니면 지급할 수 없으며, 관서운영경비출납공무원은 관서운영경비를 금융기관에 예치하여 관리하여야 한다.

위이다. 정부가 회계검사를 마친 결산서류를 국회에 제출하고, 국회가 결산승인을 하게 되면, 정부의 예산집행 책임이 해제되고 당해 연도예산은 완결된다. 따라서 예산결산도 국회의 사후감독을 받는다.

(2) 기능

① 예산집행에 대한 정부의 정치적 책임을 명백히 하기 위하여 사후적 감독을 하는 기능을 갖는다.

② 입법부의 재정통제 이외에도 장래의 예산의 편성과 심의, 재정계획의 효율적인 운영을 위한 자료의 역할도 한다.

2) 회계검사

예산과정의 마지막 단계는 회계검사기관에 의한 회계검사이다. 회계검사는 행정부가 예산을 합법적으로 집행하였는가를 확인·검증하는 행위이다.

3) 결산은 회계검사기관인 감사원의 결산 확인과 국회의 심의·의결에 의하여 확정되며, 이러한 확정을 통하여 정부의 정치적 책임이 해제된다.

2. 회계관계경찰공무원의 책임

회계 관계직원 등의 책임에 관한 법률 등에 의해 1) 회계 관계경찰공무원은 고의·중과실로 의무위반행위를 함으로써 국가 등의 재산에 손해를 끼친 경우, 2) 현금 또는 물품의 출납·보관자가 그 보관에 속하는 현금 또는 물품을 망실·훼손하였는데, 선량한 관리자의 주의를 태만하지 않았다는 입증을 못하는 경우에는 변상책임이 있다. 3) 경찰공무원의 변상책임 유무의 판정과 배상액의 결정은 감사원이 행한다.

제 5 장

경찰장비관리와 보안관리

제 1 절 경찰장비관리

Ⅰ. 경찰장비관리의 의의

경찰장비 또는 물품관리란 치안업무수행을 위하여 필요로 하는 물품요소를 말한다. 따라서 경찰장비관리는 경찰 업무를 수행하는데 필요한 물품을 취득하여 효율적으로 보관·사용하고, 사용 후에 합리적으로 처분하는 과정을 말한다. 경찰장비관리는 정부물품관리의 기본법인 물품관리법의 적용을 받는다.

Ⅱ. 장비관리의 내용

1. 목적

경찰장비관리는 능률성·효과성, 그리고 경제성을 목적으로 하기 때문에 합리적 관리에 의하여 장비의 낭비를 예방하고, 경비의 절약을 하려는 데 있다.

2. 물품관리의 단계

일반적으로 경찰의 효율적 업무수행을 위한 필요한 장비는 취득(수급관리)→보관(재고관리)→사용(물품활용)→처분(불용품처분)의 4가지 과정을 거치게 된다.

Ⅲ. 주요경찰장비 관리

경찰장비에는 무기·경찰장구·최루탄·진압장비·통신장비·항공장비 등 여러 가지가 있다. 특히 경찰장비 중 국민의 생명·신체·재산에 위해를 미칠 우려가 있는 장비는 경찰목적 달성을 위하여 필요한 최소한도 내에서 적법하게 사용하여야 한다. 이하에서는 국민의 생명·신체·재산에 영향을 미치는 무기 및 탄약관리·진압장비관리 등에 대해서만 기술하였다.

1. 무기 및 탄약관리

1) 무기관리는 무기휴대와 무기사용을 할 권한을 가지고 있는 경찰공무원의 의무이기도 하다. 그러나 총기의 사용은 사람의 생명과 신체에 대한 중대한 침해를 야기하기 때문에, 관리 및 사용 시에는 반드시 법정 요건을 준수하고 안전수칙을 지켜야 한다. 총기 지급 및 회수 시에는 반드시 책임간부의 입회하에 출·입고 조치를 하여야 한다.

2) 무기탄약 관리규칙

무기탄약 관리는 규정에 의거 (1) 가능한 격리된 독립건물에 집중무기고시설을 갖춤과 동시에 출입문을 2중시정하여야 한다. (2) 간이무기고는 근무자가 24시간 상주하는 장소에 설치하여야 한다(상황실 등). (3) 무기 및 탄약 열쇠관리는 일과시간 중에는 관리책임자가, 일과 후에는 상황실장(지구대는 지구대장 등)이 철저하게 관리하여야 한다. (4) 지구대(파출소) 간이무기고 열쇠는 지역경찰관리자(지구대장·파출소장·순찰팀장)가 보관·관리한다. 단, 지역경찰관서장이 비번 또는 부재시에는 순찰팀장이 보관한다.

3) 부적격자 배제

부적격자에게는 총기휴대 및 총기사용을 금지시키는 등 세심한 주의가 필요하다.

(1) 무기 · 탄약을 즉시 회수하여야 하는 자(강제회수 대상자)

① 직무상 비위로 징계대상이 된 자, ② 형사사건으로 조사 대상이 된 자, ③ 사의를 표명한 자 등에 대해서는 무기탄약을 즉시 회수하거나 보관하여야 한다.

(2) 무기 · 탄약을 회수 또는 보관할 수 있는 자(임의회수 대상자)

① 평소 불평이 심하고 염세비관자, ② 주벽이 심한 자, ③ 변태성격이 있는 자, ④ 가정불화가 있는 자, ⑤ 기타 경찰관서장이 부적합하다고 판단한 자는 무기휴대를 금지하거나 회수하여 보관하여야 한다.

2. 진압장비관리

경찰의 업무 중 종종 사회적 이슈가 되는 것이 다중범죄 진압을 위한 최루탄 사용문제이다. 최루탄 사용의 경우에는 경찰책임자 뿐만 아니라, 이와는 무관한 시민에게도 영향을 미친다. 따라서 최루탄 사용 시 안전성과 피해의 최소화, 그리고 남용하지 않도록 법적인 통제를 가하고 있다(경찰관직무집행법 제10조의 2).

Ⅳ. 장비관리의 효율화 수단

1. 장비의 표준화

장비의 표준화는 장비의 규격을 정함에 있어서 관리능률을 향상시키고, 활용도를 증진하기 위하여 통일성과 호환성을 확보하고자 하는 행위를 말한다.[1] 이런 맥락에서 경찰장비의 표준화는 작업능률의 향상과 관리경비의 절감, 호환성 및 활용성의 증대, 품질의 향상, 구매의 공정성 및 예산절감에 중점을 두고 있다.

---

1) 김충남, 전게서, p. 327.

2. 재물조사(在物調査)

1) 재물조사의 의의

재물조사는 장비관리 장부상의 재고와 현품을 품목별로 그 수량·상태·위치 등을 정확히 조사하여 보유 장비를 정리하고, 장부상의 재고와 현품을 대조하여 발견된 과부족에 대한 재고조정이나 기타 필요한 조치를 취함으로써, 효율적인 장비관리를 도모하는 관리행위이다. 이러한 재물조사는 수요 장비를 적기에 공급하는 한편, 과다보관으로 인한 재고투자 비용을 극소화시키는 데 그 목적이 있다.[2)]

2) 재물조사의 방법

재물조사의 방법에는 정기재물조사·수시재물조사·특별 재물조사 등이 있다.

(1) 정기재물조사

매년 특정한 기간에 정기적으로 실시되는 재물조사를 말하며, 우리나라의 경우 매년 12월 31일을 기준으로 연 1회 정기재물조사를 실시하고 있다.

(2) 수시재물조사

수시재물조사는 해당 장비를 관리하는 공무원 또는 출납하는 공무원이 교체된 경우, 그리고 재고장비의 수량·상태·위치에 이상이 발생하였을 경우 등에 재물조사를 실시한다.

(3) 특별재물조사

특별히 재물조사가 필요하다고 인정되는 경우에 실시하는 것을 말한다.

2) 이종익, 『재무행정론』, 서울:박영사, 1992, pp. 328-329.

제 2 절 보안관리

Ⅰ. 보안의 의의

보안은 크게 소극적 보안활동과 적극적 보안활동으로 나눌 수 있다. 적극적 보안활동은 국가안전보장을 해치고 국가를 위태롭게 하는 불순분자에 대하여 첩보수집·조사·체포하는 등의 활동을 말한다. 반면 소극적 보안활동은 국가의 안전보장을 위하여 국가가 보호를 필요로 하는 비밀·인원·문서·자재·시설 및 지역 등을 보호하는 활동을 말한다. 여기서 말하는 보안이란 소극적 활동만을 말한다.

Ⅱ. 보안업무의 원칙

보안업무의 원칙은 비밀보호를 효과적으로 하기 위하여 보안대상에 대한 최소한의 접근만을 허용하는 원칙을 말한다. 이에는 1) 알 사람만이 알아야 하는 원칙, 2) 부분화의 원칙, 3) 보안과 업무효율의 조화의 원칙 등이 있다.

1) 알 사람만이 알아야 하는 원칙

보안에서 가장 기본이며 중요한 원칙이다. 즉, 보안 대상이 되는 사실을 전파할 때 전파의 필요성 유무 또는 피전파자가 반드시 전달받아야 될 이유 등을 검토하여야 한다는 원칙이다.

2) 부분화의 원칙

부분화의 원칙이란 알 사람만 알게 하고, 한 번에 다량의 비밀이나 정보가 유출되지 않도록 하는 원칙을 말한다. 예컨대, 문서의 내용과 가치의 정도에 따라서 다른 비밀과 관련되지 않게 독립시키거나 부분화시켜야 한다.

3) 보안과 업무효율의 조화의 원칙

지나친 비밀주의는 꼭 알 필요가 있는 사람이 알지 못하게 하는 단점이 있기 때문에, 보안과 업무효율의 적절한 조화가 필요하다는 원칙을 말한다. 지나친 보안은 꼭 알 필요가 있는 사람의 범위를 제한하므로, 업무의 효율을 저하시킨다.

Ⅲ. 보안의 대상 및 방법

1. 비밀의 구분

경찰이 보유하는 문서·음어자재·정보자료 등이 외부로 유출되었을 때, 국가안보나 사회 안전 또는 개인의 비밀을 침해하는 경우에는 비밀로 구분하고 유출을 막는 보호조치를 하여야 한다.[3]

2. 비밀의 분류

비밀의 구분은 비밀을 작성하거나 생산하는 자가 그 비밀내용의 중요성과 가치의 정도에 따라 Ⅰ급·Ⅱ급·Ⅲ급·대외비로 분류한다.[4] 비밀을 취급하고자 하는 자는 비밀취급인가증을 발급받아야 하나, 경찰공무원은 특별인가의 대상이기 때문에, 비밀취급인가증을 별도로 발급할 필요가 없다.

(1) 1급 비밀

누설되는 경우 대한민국과 외교가 단절되고 전쟁을 유발하며, 국가의 방어계획 및 국가방위상 필요불가결한 과학과 기술의 개발을 위태롭게 하는 등의 우려가 있는 비밀을 말한다. 경찰의 경우에는 1급비밀 취급인가권자는 없다.

(2) 2급 비밀

누설되는 경우 국가안전보장에 막대한 지장을 초래할 우려가 있는 비밀을 말한다. 통신·항공경과·경비·경호·작전담당부서·정보·보안·외사 등의 경찰근무자는 그 보직발령과 동시에 Ⅱ급 비밀 취급권자이다. Ⅱ급 이상의 비밀은 통신보안

3) 경찰대학, 전게서, p. 258.
4) 경찰공제회, 『경찰실무Ⅰ』, 서울: 경성문화사, 2007, p. 199.

을 위하여 통신문의 내용은 문자·숫자·기호 등의 암호로 만들어지며, 이를 암호 자재라고 한다.

(3) 3급 비밀

누설되는 경우 국가안전 보장에 손해를 끼칠 우려가 있는 비밀을 말한다. 경찰공무원은 임용과 동시에 3급 비밀 취급권을 갖는다.

(4) 대외비

비밀은 아니지만 직무상 특별히 보호를 요하는 사항으로, 비밀에 보호기간을 명시하고 비밀에 준하여 취급 및 관리하는 것을 말한다.

3. 보안의 대상

보안의 대상에는 인원보안·문서보안·자재보안·시설보안·지역보안 등이 있고, 국가는 보안의 주체이며 보안의 대상이 된다.[5)]

1) 인원보안

(1) 인원보안업무의 취급

인원보안에 관한 사무는 각급 경찰기관의 인사업무 취급부서에서 분장한다.

(2) 비밀 취급자

비밀의 취급이란 비밀을 수집·관리·분류·재분류 및 수발하는 등 일체의 비밀관리 행위를 말한다. 비밀취급권자란 권한 있는 행정청으로부터 해당 등급의 비밀취급인가를 받은 자를 말한다. 경찰의 경우에는 경찰청장·경찰대학장·경찰교육원장·중앙경찰학교장·각 시도 지방경찰청장·운전면허관리단장 등이 Ⅱ·Ⅲ급 비밀취급인가권을 가지고 있다.

(3) 인원보안의 대상

경찰공무원을 포함하여 국가공무원·지방공무원·정부·공기업의 임직원·해외출입자(여행자, 선원, 항공종사원 등)·국가보안목표시설 등 중요시설 및 장비관리자·기타 국가보안에 관련된 사람 등을 그 대상으로 한다.

---

5) 경찰공제회, 전게서, pp. 199-201.

(4) 인원보안의 수단

인원보안의 수단에는 신원조사 · 보안교육 · 보안서약 등이 있다.

① 신원조사는 어떤 개인의 출생에서부터 현재까지의 행적 · 인적 · 배경 등을 조사하는 것으로, 개인에 대한 참고자료에 지나지 않는다.

② 보안교육은 신규임용자 · 비밀취급인가 예정자 · 해외여행자 등을 대상으로 인원보안 담당기관에서 실시하는 교육을 말한다.

③ 보안조치(보안서약)는 신규임용자 · 비밀 또는 중요업무종사자 · 비밀사항청취자 · 퇴직자에게 보안의 중요성을 강조하고 보안사고의 위험성을 인식시키며, 만일 보안사고가 있으면 처벌을 감수해야 한다는 서약을 받는 절차를 말한다.

2) 문서보안

문서보안은 국가기밀을 담고 있는 문서를 각종 위험으로부터 보호하는 것을 의미한다. 문서보안의 대상이 되는 문서는 일반문서와 비밀문서를 모두 포함한다. 따라서 Ⅰ · Ⅱ · Ⅲ급 등의 비밀 표지가 없더라도, 국가기밀에 해당하는 문서는 보안의 대상이 된다. 비밀문서의 조회기록은 3년간 보관한다.

3) 자재보안

(1) 통신보안을 위하여 통신문의 내용을 보호할 목적으로 문자 · 숫자 · 기호 등의 암호로 만들어진 문서나 기구를 말한다. 암호자재는 Ⅱ급비밀 이상으로 분류하여야 하며, 음어자재는 Ⅲ급 비밀, 약호자재는 대외비 이상으로 분류하여야 한다.

(2) 음어자재의 보관은 Ⅱ급 비밀의 보관방법에 준하여 비밀보관용기에 보관음어자재보관함을 별도로 비치해야하며, 그 함에는 음어자재 이외의 다른 물건을 보관하지 못한다.

4) 시설보안

(1) 개설

국가중요시설로서 특별히 보호를 요하는 시설이 시설보안의 대상이 된다. 보안책임자(각급 기관의 장과 국가중요시설 · 장비 및 자재를 관리하는 자)는 국가중요시설 장비 및 자재의 보호를 위하여 필요한 장소에 일정한 범위를 정하여 제한지역 · 제한구역 · 통제구역 등의 보호구역을 설정할 수 있다. 보호구역설정자는 불필요한 인원의 접근 또는 출입을 제한하거나 금지시킬 수 있다.

(2) 보안구역의 구분

① 제한지역

제한지역은 비밀 또는 정부재산의 보호를 위하여 울타리 또는 경호원에 의하여 일반인의 출입감시가 요구되는 지역을 말한다(예컨대, 경찰관서 전역).

② 제한구역

제한구역은 비밀 또는 주요시설 및 자재에 대한 비인가자의 접근방지를 위하여 출입에 안내가 요구되는 지역을 말한다. 예컨대, 경찰교환실 및 기계실, 발간실, 송신 및 중계소, 작전, 경호, 정보, 보안 등 업무 담당부서 전역, 과학수사부서, 종합조회실(음어자재 없을 시), 경찰청 항공대 및 지방경찰청 항공대 등이 있다.

③ 통제구역

비인가자의 출입이 일체 금지된 보안상 극히 주요한 구역으로서 출입자 통제대장을 비치하여 운영해야 한다. 예컨대, 무기고 및 탄약고, 정보 · 보안기록실, 암호취급소, 치안종합상황실, 정보상황실, 비밀발간실, 종합조회실(음어자재 있을 시)[6], 암호장비 및 정보보호장비관리실 등이 있다.

4. 보안감사

보안감사란 보안의 대상인 인원 · 문서 · 자재 · 시설 · 지역 및 장비 등의 보안관리 상태에 대한 적정여부를 조사하는 것을 말하며, 이에는 정기 감사와 수시감사가 있다.[7]

---

6) 단말기가 미설치된 부서에서 의뢰한 조회 및 입력 자료를 종합적으로 처리하는 부서를 말한다.
7) 경찰대학, 전게서, pp. 225-226.

제 6 장

경찰홍보

제 1 절 경찰홍보의 의의 및 목적

1. 경찰홍보의 의의

경찰홍보라 함은 협의로는 경찰의 활동이나 업무와 관련된 사항을 외부에 알려서 경찰목적 달성에 유리한 환경을 조성하는 행위를 말한다(예컨대, 유인물이나 팜플렛 및 각종 언론매체를 통한 간접적인 홍보수단 등). 광의로는 지역주민의 경찰활동에 대한 참여를 확대하고, 각종 기관·단체 및 언론 등과 상호협조 체제를 강화하여 이를 경찰이 수행하는 모든 업무에 연계시키는 것을 포함한다(예컨대, 지역공동체관계·언론관계·대중매체관계·기업이미지식 홍보 등).[1]

---

1) 광의의 개념으로서 경찰홍보는 지역공동체 관계(CR), 언론관계(PR), 대중매체관계(MR), 기업이미지식 경찰홍보를 들 수 있다. CR, PR, MR, 기업이미지식 경찰홍보의 공통점은 모든 국민의 지지를 얻기 위한 대외적 홍보활동이라는 점이다.
① 지역공동체 관계(Community Relations)
지역사회 각계각층의 요구에 부응하는 경찰활동을 하는 동시에 경찰활동의 긍정적인 측면을 지역사회에 널리 알리는 종합적인 지역사회 홍보체계를 말하고, 가장 효율적인 수단은 특정다수인 대상으로 주민과의 대화를 통한 직접적인 홍보이다(예컨대, 지역경찰관의 활동 등) CR은 넓게는 PR의 개념에 포함된다고 볼 수 있다.
② 언론관계(Press Relations)
신문이나 잡지·TV·라디오 등의 보도나 뉴스에 대응하여 사건·사고에 대한 기자들의 질의에 답하는 대응적이고 소극적인 홍보활동으로 불특정다수인을 대상으로 한 간접 수단적 성격을 띠고 있다.

2. 경찰홍보의 목적 및 중요성

1) 경찰홍보의 목적

(1) 경찰홍보의 목적은 경찰활동에 대한 국민의 이해와 협력을 구하는 동시에 경찰의 시책이나 활동사항을 국민에게 전달하고, 국민의 경찰에 대한 의견이나 요망을 경찰활동에 반영시키는 데에 있다.

(2) 경찰홍보는 국민의 신뢰와 협조를 확보할 수 있는 효과적인 수단이며, 국민의 요구를 정책에 반영할 수 있게 한다. 아울러 경찰홍보는 국민의 알 권리를 충족시키고 경찰정책의 공공성·객관성·대응성을 촉진시키는 중요한 역할을 한다.

2) 경찰홍보의 중요성

(1) 중요성

오늘날은 지식정보화 시대로서 국민들은 대중매체에 의해 전파된 정보를 그대로 신뢰하는 경향이 높아지고 있다. 따라서 대중매체에 의한 경찰홍보는 경찰에 유리한 여론을 형성하고, 경찰정책결정자들의 관심을 확보하기 위한 주요수단이 되고 있다.

(2) 경찰과 대중매체와의 관계

경찰과 대중매체와의 관계는 일반적으로 동반자적 협력관계로 규정하고 있다.

① 로버트 마크경(Sir Robert Mark)

1970년대 영국의 수도경찰청장으로서 영국경찰의 주도적 역할을 한 로버트 마크경은 경찰과 대중매체와의 관계를 "단란하고 행복스럽지는 않더라도 오래 지속되는 결혼생활"이라고 비유하면서, 적극적인 대 언론정책을 수행하였다.

---

③ 대중매체관계(Media Relations)
각종의 대중매체 제작자(예컨대, 신문, TV, 라디오 등의 영상물)와 긴밀한 협조관계를 구축·유지하는 것으로 대중매체의 필요를 충족시켜 줌과 동시에 경찰의 긍정적인 측면을 알리는 활동이다.

④ 기업이미지식 경찰홍보
주민을 소비자로 보는 관점에서 발달한 개념으로, 친근한 상징물을 이용하는 등 조직 이미지를 고양하여 높아진 주민 지지도를 바탕으로 예산획득, 형사사법 환경하의 협력확보 등의 목적을 달성하는 종합적이고 계획적인 홍보활동이다.

② 라이너(Robert Reiner)와 크랜더(Garth Crandom)

라이너와 크랜더는 "경찰과 대중매체는 서로를 필요로 하는 공생관계"에 있다는 점을 강조하였다.[2)]

③ 에릭슨(Richard V. Erickson)

에릭슨은 "경찰과 대중매체는 서로 연합하여 그 사회의 일탈에 대한 개념을 규정하며, 도덕성과 정의를 규정짓는 사회적 엘리트 집단을 구성한다"고 하였다. 즉, 경찰과 대중매체는 서로 얽혀서 범죄와 정의, 사회질서의 현실을 해석하고 규정짓는 사회기구의 역할을 수행한다고 보았다.[3)]

3. 경찰홍보의 특성

경찰홍보는 다음과 같은 특성을 갖고 있다.

1) 경찰홍보는 경찰과 국민이 상하관계가 아닌 수평적 관계로 인식되어야 홍보자체가 가능하다. 즉, 수평적 지위에 있을 것을 전제로 한다.

2) 경찰홍보는 국민의 입장에서는 경찰이 현재 및 장래에 대해 어떠한 계획을 수립하고 있는지(경찰정책), 업무수행결과는 어떠한지에 대헤 알 권리가 있고, 경찰은 이를 국민에게 알려줄 의무성을 갖는다.

3) 경찰홍보는 국민에 대한 일방적·명령적이어서는 안 되며, 국민의 의견을 수렴하여 정책이나 각종 계획에 반영하도록 하는 상호교류가 있어야 한다. 즉, 쌍방교류적 성격을 가져야 한다.

4) 경찰홍보는 경찰정책이나 업무수행활동에 대하여 국민을 진실하고 객관성 있게 설득하여, 국민으로 하여금 경찰조직을 지지하는 방향으로 유도하는 계몽적·교육적 성격을 가지고 있다.

5) 경찰홍보는 경찰조직에 유리한 정보나 불리한 정보를 모두 알리고 국민의 판단을 기다리는 진실성이 있어야 한다. 이러한 의미에서 경찰홍보는 유리한 정보만을 일방적으로 제공하고 진실을 숨기고 사실을 왜곡하여 감정에 호소하는 선전

2) Robert Reiner, *The Politics of the Police*, Harvester Wheatsheaf, 1992, p. 173; Garth Crandon, *The Media View of the Police*, Policing, Vol. 6, No. e, Autumn 1990, p. 575.

3) Richard V. Erickson, Mass Media, Crime, Law, and Justice-An Institutional Approach, *Birth Journal of Criminology*, Vol. 31, No. e, Summer 1991, p. 223.

(propaganda)과는 차이가 있다.

제 2 절 경찰홍보전략 및 언론에 의한 피해 구제방안

1. 경찰홍보전략의 유형

1) 소극적 홍보전략

경찰청과 지방경찰청의 언론에 대한 소극적 홍보전략으로는[4] 공보실과 기자실 운영, 비밀주의와 공개최소화의 원칙, 언론접촉규제, 홍보와 다른 기능과의 분리 등을 들 수 있다.

2) 적극적 홍보전략

영미의 선진경찰에서는 적극적인 홍보전략을 구사하고 있는데, 그 대표적인 예가 대중매체의 적극이용(예컨대, 전직 언론이나 전문가를 채용하여 홍보업무 수행 등), 공개주의와 비밀최소화의 원칙(예컨대, 영국경찰은 필요최소한을 제외하고는 모두 공개하는 공개정책을 채택하고 있음), 모든 경찰관의 홍보요원화[5], 홍보와 다른 기능의 연계를 통한 총체적 홍보전략(예컨대, 영미 등 선진경찰은 전 기능의 업무처리에 대하여 언론홍보실이 대 언론관계의 창구역할을 담당함)을 수행하고 있다.

---

4) 소극적 홍보전략
① 현행 공보실과 기자실의 운영-공보실에서 보도자료를 기자실에 배포하고 출입기자의 취재에 협조하는 방식이다.
② 비밀주의와 공개최소화의 원칙-기자들에게 경찰의 각종 정보 · 기록 · 자료와 의견에 대한 공개는 최소화하고 가능한 범위에서 비밀을 유지하는 것을 원칙으로 한다.
③ 언론접촉규제-청장이나 서장의 허락없이 경찰관의 개별적인 언론접촉은 금지되어야 하며, 이는 조직문화를 통하여 수행되고 있다.
④ 홍보와 다른 기능의 분리-경찰공보기능과 타기능의 유기적인 협조체제가 구축되지 않아 공보기능이 실질적인 언론관계를 수행하지 못하는 공보기능의 고립화를 초래하고 있다.

5) 우리나라 경찰은 사적으로 언론을 접촉하는 것이 금지되어 있다. 그러나 영 · 미 등 선진경찰에서는 모든 경찰관들에게 특정사안(내부비리 · 경호 등)을 제외한 모든 경우에 자유로이 언론을 접촉하도록 허용함으로써 전 경찰의 홍보요원화를 시도하고 있다(표창원, *The Police and CrimeWatch* U.K.: A Study of Use of Crime Reconstruction and Witness Appeal Programmes in Britain, 한국문화사 학위논문, 1998, pp. 95-96 참조).

2. 경찰홍보와 법적 · 사회적 문제

경찰홍보는 '개인의 비밀의 자유'와 '국민의 알 권리'의 충돌 가능성이 크기 때문에, 양자의 적절한 조화가 필요하다. 이를 위해서는 법적 · 사회적으로 준수해야 할 원칙들이 있다.

1) 범죄사실이라도 공공의 이익을 위한 것이 아닌 때에는 발표해서는 안 되며, 이를 사생활과 인권보호 우선 원칙이라고 한다.

그러나 연예인이나 정치인은 사생활 보호의 필요성보다 국민의 알 권리의 충족이 더 중요하다고 볼 수 있다. 따라서 공개의 필요성이 일반인보다 더 크다는 공적 인물론이 적용된다.

2) 발표내용은 범죄사실 및 밀접하게 관련된 사실에 국한되어야 하고, 진실의 증명이 불가능한 사실 등은 발표되어서는 안 된다.

3) 청소년 범죄의 소년범이나 성범죄자는 실명으로 발표할 수 없다. 그러나 「아동 · 청소년성보호에관한법률」에 의해 일정한 자는 판결확정 후, 일정한 절차를 거쳐 신상을 공개할 수 있다.

4) 발표담당자는 발표할 수 있는 책임있는 지위에 있는 자가 하여야 하며, 이를 「책임있는 지위에 있는 자의 발표원칙」이라고 한다. 따라서 보도자료 발표 등은 경찰서장이나 형 · 수사과장 등 책임있는 간부가 해야 하고, 지방청장이나 경찰청장은 극히 중대한 사안일 경우를 제외하고는 직접 나서서 발표하는 것은 바람직하지 않다.

3. 언론에 의한 피해 구제방안

국민이나 경찰관이 언론사의 언론 보도로 인하여 명예나 권리 그 밖의 법익에 관하여 침해를 받았을 때 어떻게 구제받느냐 하는 방안에 관한 문제이다. 이에는 행정상 구제 · 민사상 구제 · 형사상 구제 등으로 나누어 볼 수 있다.

1) 행정상 구제

행정상 구제는 '언론중재및피해구제등에관한법률'상의 정정보도청구권 · 반론보도청구권 · 추후보도청구권 등이 있다.

(1) 정정보도청구권[6]

정정보도청구권은 사실적 주장에 관한 언론보도가 진실하지 아니함으로 인하여 피해를 입은 자가 그 보도에 관한 정정보도를 언론사에 청구하는 것을 말한다.

① 법적 근거

「언론중재및피해구제등에관한법률」과 「공직선거법」 등이 있다.

② 요건

당해 언론보도가 있음을 안 날부터 3월 이내에 또는 언론보도가 있은 후 6월 이내에 그 보도 내용에 관한 정정보도를 언론사에 청구할 수 있다. 정정보도청구는 언론사의 대표자에게 서면으로 신청하여야 하며, 정정보도의 청구에는 언론사의 고의·과실이나 위법성을 요하지 아니한다.

(2) 반론보도 청구권

사실적 주장에 관한 언론보도로 인하여 피해를 입은 자는 그 보도내용에 관한 반론보도를 언론에 청구할 수 있다. 이 때 보도의 청구에는 언론사의 고의·과실이나 위법함을 요하지 아니하며, 보도내용의 진실 여부를 불문한다. 반론보도청구에 관하여는 정정보도에 관한 규정을 준용한다.[7]

(3) 추후보도 청구권

언론에 의하여 범죄 혐의가 있거나 형사상의 조치를 받았다고 보도 또는 공표된 자는 그에 대한 형사절차가 무죄판결 또는 이와 동등한 형태로 종결된 때에는 그 사실을 안 날부터 3월 이내에 언론사에 이 사실에 관한 추후 보도의 게재를 청구할 수 있다.

(4) 조정[8]

언론중재법에 따른 정정보도청구·반론보도청구·추후보도청구와 관련하여 분쟁이 있는 경우, 피해자 또는 언론사는 중재위원회에 조정을 신청할 수 있다. 조정은 관할 중재부에서 하며, 조정은 신청 접수일부터 14일 이내에 하여야 한다. 중재부의 장은 조정신청을 접수한 때에는 지체없이 조정기일을 정하여 당사자에게 출석을 요

6) 언론중재 및 피해구제 등에 관한 법률 제14조 참조.
7) 언론중재 및 피해구제등에관한 법률 제16조 참조.
8) 언론중재 및 피해구제등에 관한 법률 제18조·제19조 참조.

구하여야 한다.

① 기간과 방법

정정보도청구 등과 손해배상의 조정신청은 당해 언론보도가 있음을 안 날부터 3월(있은 날부터 6월)의 기간 이내에 구술이나 서면 등의 방법으로 한다. 피해자가 언론사에 정정보도 등을 청구한 때에는 피해자와 언론사 간의 협의가 불성립된 날부터 14일 이내에 하여야 한다.

② 조정에 의한 합의 등에 효력

조정 결과 당사자간에 합의가 성립하거나 합의가 이루어진 것으로 간주되는 경우 및 직권조정 결정에 이의 신청이 없는 때에는 재판상 화해와 동일한 효력이 있다.[9)]

(5) 중재

당사자 쌍방은 정정보도청구 또는 손해배상의 분쟁에 관하여 중재부[10)]의 종국적 결정에 따르기로 합의하고, 언론중재위에 중재를 신청할 수 있다. 중재 결정은 확정 판결과 동일한 효력이 있다.[11)]

(6) 소송

피해자는 당해 언론보도가 있음을 안 날부터 3월(있던 날부터 6월)의 기간 이내에 법원에 정정보도청구 등의 소(訴)를 제기할 수 있을 뿐만 아니라, 사전에 중재위의 중재를 거치지 아니하고 정정보도청구 등의 소를 제기할 수 있다. 법원은 언론보도 등에 의하여 피해를 받았음을 이유로 하는 재판은 다른 재판에 우선하여 신속히 하여야 하며, 정정보도 등의 접수 후 3월 이내에 판결을 선고하여야 한다.[12)]

(7) 언론중재위원회

언론등의 보도 또는 매개로 인한 분쟁 조정·중재 및 침해사항을 심의하기 위하여 언론중재위를 두고 있으며, 중재위원은 문화체육관광부 장관이 위촉한다.

---

9) 언론중재 및 피해구제등에관한 법률 제23조 참조
10) 중재는 5인 이내의 중재위원으로 구성된 중재부에서 하되, 중재부의 장은 법관 또는 변호사의 자격이 있는 중재위원 중에서 언론중재위원회 위원장이 지명한다. 중재부는 중재부의 장을 포함한 과반수의 출석과 출석위원 과반수의 찬성으로 의결한다(언론중재및피해구제등에관한법률 제9조 참조).
11) 언론중재및피해구제등에관한법률 제25조 참조.
12) 언론중재및피해구제등에관한법률 제27조·제29조 참조.

언론중재위원회는 40인 이상 90인 이내의 중재위원으로 구성하며, 재적위원 과반수의 출석과 출석위원 과반수의 찬성으로 의결한다.

(8) 언론보도관련 용어

경찰홍보와 관련된 언론보도관련 용어들을 살펴보면 다음과 같다.

① 엠바고(embargo)

엠바고는 어느 시한까지 보도하지 않을 것을 전제로 자료제공이 이루어지는 보도유예를 말한다(예컨대, 미성년자 납치사건 발생 등).

② 보도용설명(on the record)

제공하는 정보를 즉시 가시화할 수 있는 경우를 말하며, 취재원의 이름과 직책이 기사에 이용될 수 있고, 대부분의 보도자료 제공에는 이 방법을 사용한다.

③ 오프더 레코드(off the record)

오프더 레코드는 기록에 남기지 않는 비공식발언을 말한다. 즉, 자료나 정보를 제공하는 사람이 보도하지 않을 것을 조건으로 오프더 레코드를 요구하는 경우, 기자는 그것을 공표하지 않겠다고 약속하거나 취재를 유보하는 경우를 말한다.

④ 이슈(issue)

일정시점에서의 중요한 사안으로 토론이나 논쟁, 갈등이 되는 사회·문화·경제·정치적 관심이나 사고(思考)를 말한다.

⑤ 데드 라인(deadline)

기사 마감시간, 즉 취재된 기사를 편집부에 넘겨야 하는 한계시간을 말한다. 이 시간을 넘기면 그 날은 보도할 수 없으므로, 그 날 취재한 기사를 편집자에게 넘기기 위해서 각 신문사·방송국간에 격렬한 경쟁을 벌이게 되는 것도 이 때문이다.

⑥ 리드(lead)

기사 내용을 요약해서 1~2줄 정도로 간략하게 쓴 글을 말한다.

⑦ 가십(gossip)

"모든 역사는 가십이다(All history gossip)"[13]라는 용어는 미국의 존.F 케네디

13) 김상운, 천재이야기, 이가서, 2005, 책표지 뒷면에 기록되어 있음.

전 대통령이 한 말이다. 가십이란 신문 · 잡지 등에서 개인의 사생활에 대하여 소문이나 험담 따위를 흥미본위로 다룬 기사를 말하며, 신문 · 잡지 등에 이러한 기사를 싣는 지면을 가십난이라 한다.

제 7 장 경찰에 대한 통제

제 1 절 경찰통제의 과정과 그 유형

Ⅰ. 개설

1. 경찰통제의 개념

경찰통제는 경찰의 기본임무(경찰법 제3조) 수행이라는 경찰조직의 목표를 성취하기 위하여 사전에 설정된 기준으로부터 일탈된 행위를 적발하여 시정조치하거나 또는 법적인 제재를 가함으로써, 경찰활동의 합목적성과 합법성을 확보하기 위한 제도적 장치 또는 활동을 총칭하는 말이라고 정의할 수 있다. 따라서 경찰통제는 경찰기본임무를 전제로 그 수행을 확보하기 위한 하나의 수단으로 설명되어질 수 있다.

2. 경찰통제의 필요성

경찰통제는 경찰에게 부여된 책임이행을 확보하기 위하여 어느 행정기관보다 다음과 같은 이유로 통제의 필요성이 더 강조되고 있다.

1) 국민의 인권보호

경찰작용은 사회공공의 안녕과 질서를 유지하기 위하여 국민의 권리와 자유를 침해하는 전형적인 권력적·명령작용이기 때문에, 필연적으로 인권문제가 수반된다. 따라서 이러한 인권침해문제가 없도록 적절한 경찰통제가 이루어져야 한다.

2) 법치주의 도모

법치주의 원칙상 경찰권의 발동에는 반드시 법률의 근거가 있어야 하나, 경찰작용은 목전의 급박한 위험방지나 장해제거 등의 경찰업무 특성상 상당 부분 경찰에게 재량권을 부여하고 있다. 따라서 과대한 재량권 일탈남용으로 인하여 법적 안정성이 흔들릴 수 있으므로, 이를 방지하기 위하여 적절한 경찰통제가 이루어져야 한다.

3) 민주적 운영의 확보

경찰의 민주적 운영은 경찰법이 정하는 기본 이념이다(경찰법 제1조). 민주주의를 기본이념으로 하는 경찰은 민주주의를 수호하기 위한 조직으로서 민주적으로 조직되고 운영·관리되어야 한다. 따라서 경찰의 특성상 경찰의 민주적 운영은 반드시 준수되어야 하고, 이를 달성하기 위해서는 경찰통제가 우선시 되어야 한다.

4) 정치적 중립확보

경찰의 공정한 법집행을 위해서는 정파적 이해로부터 독립적이어야 한다. 경찰은 정부수립 이후 정권의 시녀라는 오명을 벗고, 공정한 법집행이라는 본래의 기능을 확보하기 위해서는 경찰통제의 강화가 필수적이다.

5) 조직의 건전성 유지

경찰통제는 조직 자체의 부패를 방지하고 건전성을 유지하기 위한 하나의 수단이다. 경찰은 전국망을 갖고 있는 경찰조직이다. 따라서 대규모 경찰인력, 막대한 예산 및 장비 등의 운영에 있어 낭비나 방만한 요소, 그리고 부조리가 없는지를 점검하여 조직의 건전성을 유지시켜야 한다.

Ⅱ. 경찰통제의 유형

경찰통제방법은 다양하게 분류되나 그 주체와 영향력 행사 방향에 따라 민주적 통제와 법적 통제, 외부통제와 내부통제, 그리고 사전통제와 사후통제로 구분하는 것이 일반적이다.

1. 민주적 통제와 사법적 통제

민주적 통제와 사법적 통제의 구분은 영미법계적와 대륙법계적의 경찰전통과 깊은 관계가 있다. 영미법계 국가에서는 주로 민주적 통제에 의존하는 반면, 대륙법계 국가에서는 법원에 의한 통제방식을 채택하고 있다.

1) 민주적 통제

민주적 통제는 경찰의 민주성 확보를 위한 제도적 장치의 마련에 중점을 두는 절차적·사전통제 중심의 제도이다. 즉 '적정절차의 원칙(Due Process of law)'에 중점을 두어, 시민이 직접 혹은 그 대표기관을 통해 경찰행정에 참여하고 경찰조직을 감시하는 시스템을 구축하고 있다. 예컨대, 「경찰위원회 제도」·「경찰책임자의 주민선거」·「자치경찰제도」 등을 들 수 있다.

2) 사법적 통제

(1) 사법적 통제는 경찰행정에 대한 법적 통제(사법제도)에 중점을 두는 실체적·사후통제 중심의 제도이다. 즉 '실체적 권리보장'에 중점을 두어 법원이 행정부의 행위를 심사함으로써, 행정부를 통제하는 시스템을 구축하고 있다. 예컨대, 「국가배상제도」·「행정소송제도」 등을 들 수 있다.

(2) 대륙법계에 속하는 우리나라는 1991년 경찰위원회제도를 도입하고 있으나, 행정자치부장관의 제의요구권 때문에 명실상부한 민주적 통제로 보기는 어렵다. 주로 「행정소송법」과 「국가배상법」에 따르는 「행정소송제도와 국가배상제도」에 크게 의존하고 있다.

2. 외부통제

경찰통제는 내부적 통제의 확보가 가장 바람직하나, 현실적 여건상 외부적 통제의 필요성이 증가하고 있다. 경찰에 대한 외부통제는 주로 경찰의 민주성을 확보하기 위한 것에 그 목적을 두고 있다. 외부통제는 어느 기관이 통제하느냐에 따라 경찰위원회통제 · 입법통제 · 사법통제 · 행정통제 · 시민에 의한 통제(민중통제) · 옴브즈만 제도 등으로 나눌 수가 있다.

1) 경찰위원회 통제

(1) 경찰위원회는 경찰조직이 아니라 행정자치부장관 소속하에 되어 있기 때문에, 외부적 경찰통제 장치로 분류된다. 경찰위원회 통제는 다른 외부통제와는 달리 경찰만을 대상으로 하는 통제방법이다.

(2) 경찰위원회는 1991년 경찰법의 제정과 더불어 행정자치부에 설치된 민간인으로 구성된 합의체 기관이다. 그러나 동위원회는 형식적 수준에 머물러 있어 외부적 통제기능을 제대로 수행하지 못한다는 비판도 있다. 그럼에도 불구하고 동위원회는 경찰의 주요정책과 업무전반을 심의 및 의결한다는 점에서 그 의의가 매우 크다고 보아야 한다.

2) 입법부 통제

입법부 통제는 가장 오래된 경찰통제방법 중의 하나로써, 경찰조직에 대한 강력하고 실질적인 통제력을 행사한다. 입법부에 의한 경찰통제는 경찰관련 법률제정시 입법심의 · 치안정책이나 경찰행정에 대한 국정조사 및 감사 · 경찰예산 심의 · 경찰청장 임명동의 및 해임건의 · 경찰조직 신설과 폐지 · 불신임결의 등을 통하여 경찰을 통제한다.

3) 사법부 통제

사법부가 국민이 경찰에 의하여 위법 또는 부당하게 권익을 침해당한 경우 이를 구제하거나 또는 행정명령의 위헌 · 위법여부를 심사함으로써, 경찰행정에 대한 통제권을 행사하는 사후적 통제이다.

사법부 통제에는 여러 방법이 있다.

(1) 위법한 경찰처분 등의 행위에 대하여 취소나 손해배상 등의 책임을 묻는 형식으로 이루어진다. 이에 따라 국민은 경찰관청의 위법한 처분이나 그 밖의 공권력의 행사 또는 불행사로 인하여 권리 또는 이익의 침해를 받은 경우에는 항고소송 등의 행정소송을 통하여 구제받을 수 있다. 또한 경찰공무원의 위법한 행위로 손해를 입은 국민은 국가를 상대로 손해배상을 청구할 수 있다.

(2) 경찰공무원이 개인의 위법한 행위에 대하여 민·형사상 책임을 물을 수 있다는 측면에서 가장 실효성이 큰 통제로 볼 수 있다.

(3) 경찰권 수사권 발동과 관련하여 영장실질심사제도·체포 및 구속의 적부심사제도·위법하게 수집된 증거의 배제·미란다 원칙고지 등도 사법부 통제에 해당된다고 볼 수 있다.

(4) 법원의 판결은 판례법의 형성을 통하여, 경찰이 법원의 판결내용에 반하는 행위를 하지 못하도록 하는 효과가 있다.

4) 행정부에 의한 통제

행정부에 의한 통제는 다시 다양한 기관에 의한 통제로 세분될 수 있다.

(1) 행정부의 수반인 대통령은 경찰청장의 임명권·경찰위원회 위원의 임명 등을 통하여 경찰조직을 통제할 수 있다. 그 이외에도 청와대 사정반을 통해 경찰공무원에 대한 사정활동, 공·사생활 감찰 실시, 그리고 행정수반으로서 경찰의 주요정책 결정을 통하여 경찰을 통제하기도 한다.

(2) 행정자치부장관에 의한 통제

경찰청은 행정자치부장관 소속하에 두게 되어 있다. 따라서 행정자치부장관은 경찰청장과 경찰위원회 위원의 임명제청권을 통하여 경찰을 통제할 수 있다.

(3) 국가인권위원회에 의한 통제

국가인권위원회는 경찰서 유치장이나 사법경찰관리가 그 직무수행을 위해 사람을 조사·유치하거나, 또는 수용하는 시설에 대한 방문조사권을 행사하여 경찰통제를 할 수 있다.

(4) 국민권익위원회에 의한 통제

국민권익위원회는 과거 국민고충처리위원회와 국가청렴위원회, 그리고 국무총리 산하의 행정심판위원회가 해왔던 기능 등을 통합하여 수행하고 있다.

국민권익위원회는

① 고충민원의 처리와 이와 관련된 불합리한 행정제도 개선

② 공적사회 부패 예방, 부패행위 규제를 통한 청렴한 공직 및 사회풍토 확립

③ 행정쟁송을 통하여 행정청의 위법·부당한 처분으로부터 국민의 권리 보호를 수행함으로 그러한 범위 내에서 경찰에 대한 통제기능을 수행한다.

(5) 기타 기관에 의한 통제

경찰은 정보·보안 업무와 관련하여 국가정보원의 조정과 통제를 받으며, 대간첩작전은 국방부의 통제를, 그리고 수사업무에 대해서는 검사에 의한 수사지휘권·경찰서 구속장소감찰권 등을 통하여 통제받고 있다.

(6) 시민에 의한 통제(민중통제)

① 시민에 의한 통제는 국민이 직접 경찰을 통제하는 방법으로 최근에 그 중요도가 부각되고 있는 실정이다. 시민에 의한 통제는 입법통제 및 사법통제가 가진 일정한 한계를 보완하기 위한 수단으로 등장하게 되었다. 시민에 의한 경찰통제는 여론·이익집단·언론기관·정당·비정부기구(NGO)[1] 등에 의해 이루어진다.

② 여론은 통상 정당·매스컴·언론기관 그리고 지식인 등에 의해 형성된다. 이러한 여론은 언론보도를 통해서 정책수립 등에 영향력을 행사하게 됨으로, 오늘날 여론의 역할이 경찰통제방법으로 매우 중시되고 있다.

3. 내부통제

내부통제는 경찰행정의 능률성을 확보하는데 주된 목적이 있다. 이에는 청문감사관제도·징계제도·훈령권·직무명령권·행정심판의 재결권 등이 있다.

1) 청문감사관 제도

(1) 경찰청 내에는 감사관(경무관), 지방경찰청에는 시도별로 감사관을 두고 있다. 경찰청 감사관은 그 밑에 사정, 비위조사 등의 처리를 하는 감찰담당관과 감사

1) 비정부기구(NGO, NON-Governmental Organization)는 어떠한 정부의 간섭도 받지 않고 시민 개개인 또는 민간단체들에 의해 조직된 단체를 말한다. NGO는 국제연합헌장에 따라 국제연합 경제이사회의의 자문기관으로 인정받고 있다. 비정부기구는 정치, 경제, 교통, 환경, 의료사업 등 모든 분야에 걸쳐 활동하고 있다. 국제적으로 인지도 있는 비정부기구로는 〈국제사면위원회〉, 〈국경없는 의사회〉, 〈그린피스〉 등을 들 수 있다. 경찰은 NGO의 협력을 강화하여 사회 각계각층의 경찰지원 세력을 확보할 수 있다.

일반, 그리고 다른 기관에 의한 감사결과를 처리하는 감사담당관을 두고 있다.

(2) 1999년에 신설된 경찰서의 청문감사관제도는 경찰서의 감찰·감사 업무도 관장하면서 민원인의 고충 등을 상담·해소해 주고, 경찰서 내의 인권보호 상황을 확인 점검하는 임무를 수행하는 등 내부적 통제기구로서의 역할을 수행하고 있다.

2) 징계제도

경찰의 내부통제를 위한 또 다른 방법은 징계제도의 활용이다. 경찰공무원에 대한 징계는 경무관 이상은 국무총리소속하의 징계위원회에서, 총경이하에 대해서는 경찰공무원 중앙징계위원회와 경찰공무원 보통징계위원회에서 심의·결정한다.

3) 훈령권, 직무명령권

경찰의 내부통제는 감사제도와 징계제도 이외에 상급기관이 하급기관에 대하여 훈령권을 행사하거나, 상급자가 하급경찰공무원에 대하여 직무명령을 발함으로써 그 행위를 통제할 수 있다.

4) 행정심판의 재결권

행정심판법은 행정청의 처분이나 부작위에 대해서 당해 행정청의 직근 상급행정기관에게 재결권(裁決權)을 허용하고 있다. 따라서 경찰관청이 부당, 위법한 처분이나 부작위를 범했을 경우, 경찰관청의 직근 상급경찰관청이 행정심판의 재결권을 행사함으로써 위법과 부작위를 통제할 수 있다.

4. 사전통제와 사후통제

사전통제와 사후통제의 구별은 경찰조직에 대한 개입시점을 기준으로 한 것이다. 과거에는 사후통제가 중심이 되었으나, 오늘날에는 사전통제적 제도를 중시하는 것이 세계적 경향이다. 그 이유는 사후구제는 시간과 비용이 많이 들 뿐만 아니라 이미 침해된 권리나 이익의 원상복구가 불가능한 경우도 있다. 따라서 사전적 구제절차를 통한 보완이 필수적이라 하겠다.

1) 사전통제

(1) 사전통제는 바람직하지 않은 경찰의 행위가 발생하기 이전에 개입하는 것을

말한다. 우리나라에서 행정에 대한 사전통제를 규정하고 있는 법은 행정절차법이다. 행정절차법은 「입법예고제」와 「행정예고제」 등을 통하여 특정한 입법이나 행정계획·정책이 수립되는 과정에 이해관계인이 참여할 기회를 제도적으로 보장해 주고 있다. 다만 경찰과 관련하여 수사상황이나 징계처분 등에 대해서는 행정절차법에 의한 사전절차가 적용되지 아니한다.

(2) 그 밖의 사전적 통제수단으로서 입법기관인 국회가 입법권에 근거하여 경찰관계법령을 제정하거나, 「예산심의권」을 활용하여 경찰예산의 편성과정에서 통제를 가할 수 있다.

2) 사후통제

사후통제는 국민의 자기의 권리나 이익을 침해받은 후에, 사법부의 「사법심사」에 의한 통제(행정소송)로 구제받을 수 있다. 이외에도 입법부의 「국정감사와 조사권」·「예산결산권」·경찰내부의 「징계책임·감사권」·「행정심판」에 의한 통제 등이 있다.

제 2 절 경찰통제의 향상 방안(경찰통제의 기본요소)

경찰통제를 효율적으로 하기 위하여는 통제에 필요한 기본요소가 적절하게 갖추어져야 한다. 경찰통제의 기본요소로 권한의 분산·정보공개·절차적 참여보장·경찰책임·환류 등을 들 수 있다.

Ⅰ. 권한의 분산

경찰조직은 조직의 상층부에 집중되어 있는 집권적인 조직이기 때문에, 민주적 운영을 어렵게 한다. 따라서 경찰통제의 기본요소 중 권한의 분산이 가장 먼저 이루어져야 한다. 구체적으로 중앙조직과 지방조직간의 권한의 분산과 상위계급자와 하위계급자간의 권한의 분산방법이 연구되어야 한다.

Ⅱ. 정보공개제도의 활성화(정보공개)

1. 행정정보공개제도

1) 의의

행정정보공개제도는 국민이 국가가 보유한 정보에 접근하여 그것을 이용할 수 있게 하기 위하여 국민에게 정보보유정보에 대한 공개를 청구할 수 있는 권리를 보장하고, 국가에 대하여 정보공개의무를 지게 하는 제도이다. 그러나 행정절차의 투명성 등을 담보하기 위한 제도적 모색이 행정정보의 공개라면, 이러한 정보공유와 맞물려 제기되는 것이 개인정보 보호의 필요성과의 충돌문제이다.

2) 정보공개청구권과 개인의 프라이버시권

정보공개청구권과 개인의 프라이버시권은 우열의 관계가 아니라 상호 조화되어야 할 관계에 있다고 볼 수 있다. 따라서 정보공개의 필요성과 개인정보보호의 필요성이 충돌한 경우에는 비교형량을 통해 공개여부를 결정하여야 한다.[2)]

3) 정보공개의 장점

행정정보공개는 경찰행정기관의 부패와 독선에 대한 가장 효과적인 통제수단의 하나가 된다. 정보공개는 경찰행정의 투명성을 높일 뿐만 아니라, 행정책임의 확보와 함께 통제비용의 상당한 부분을 감축할 수 있다는 장점을 가지고 있다.

2. 공공기관의 정보공개에 관한 법률 제정 · 시행

1998년 1월 1일부터 "공공기관의 정보공개에 관한 법률[3)]"을 제정하여 시행하고 있다. 따라서 경찰기관의 정보도 공개에 예외일 수는 없다.

---

2) 김형중, 『경찰행정법』, 경찰공제회, 2007, pp. 322-324.

3) 이 법은 "공공기관이 보유하는 정보는 공개하여야 한다"고 정보공개의 원칙을 채택하고 있다. 따라서 비공개대상정보는 제한적으로 해석을 하여야 할 것이다. 정보공개의 청구권자는 모든 국민이며, 공공기관은 정보공개의 청구를 받은 날부터 10일 이내에 공개여부를 결정하여야 한다. 다만 정보공개를 청구한 날부터 20일 이내에 공개여부를 결정하지 아니한 때에는 비공개의 결정이 있는 것으로 본다(김형중, 상게서 pp. 325-326).

Ⅲ. 의사결정 과정에서의 참여(절차적 참여보장)

1. 의의

정보의 공개와 함께 오늘날 경찰행정을 크게 변화시켜 나갈 또 하나의 축으로서, 절차적 참여의 보장이 요구된다.

절차적 참여란 경찰행정과 그 결정에 참여할 수 있는 기회를 국민에게 부여하는 것을 말한다. 우리나라는 1996년에 행정절차법을 제정하고 1998년 1월부터 시행하여 국민의 행정에 대한 참여의 폭을 넓히고 있다. 종전에는 행정행위의 사후적 결과로 인한 국민의 권리침해에만 중점을 두어 왔다.

2. 절차적 참여의 보장

오늘날은 절차적 참여의 보장을 통해 국민의 행정결정의 단계에서 사전적으로 참여케 함으로써, 자기권리를 보호할 수 있도록 보장하고 있다.

Ⅳ. 발전을 위한 책임의 추궁(경찰책임)

1. 의의

책임추궁은 일종의 사후적 통제방식이라 할 수 있다. 제도적으로 권한의 분산 공개·절차적 참여보장과 같은 제도적 장치에 기초하면서, 경찰행정의 잘못이 드러날 경우 책임을 져야 한다. 이에는 구성원 개인책임과 조직책임이 있다.

2. 개인의 책임과 조직책임

개인의 책임은 경찰개개인의 위법행위나 비위에 대해서 민·형사상책임이나 징계책임 등을 지는 것이다. 반면, 조직책임은 경찰기관이 행정에 대해서 조직으로서의 지는 책임을 말한다. 그러나 일반적으로 경찰은 조직의 구조적인 정책결정의 과오나 구조적인 문제 등에 대한 책임을 경찰공무원의 개인책임보다 경시하는 경우가 많다.

Ⅴ. 환류(feedback)를 통한 발전(환류)

경찰통제는 평가결과에 따라 목표나 기준에 미치지 못할 경우 책임을 추궁하고, 동일한 실수나 구조가 반복되지 않도록 환류를 통하여 발전적으로 유도하여야 한다.

Ⅵ. 내부고발인(Whistle-blower) 보호제도 활성화

1. 의의

내부고발인이란 조직구성원으로서 언론이나 국회 등의 외부인에게 조직 내부의 불법적인 행위를 알리는 사람을 말한다. 내부고발인 제도는 때에 따라서는 조직의 사기를 저하시키는 요인으로 작용하는 까닭에 이의 도입에 신중한 고려가 필요하다는 의견도 있다.

2. 내부고발인 보호제도의 활성

미국의 경우 1978년에 이미 내부고발인 보호를 위한 행정개혁법을 제정하여 통제의 내실화를 기하고 있다. 그러나 우리나라는 아직까지 유교적인 동양사상이 상존하고 있는 까닭에, 내부고발인을 보호하기 위한 구체적인 제도의 마련과 이를 통한 내부감시기능이 미비하다. 따라서 내부고발인을 통한 내부감시기능을 활성화시켜 경찰통제를 강화할 필요가 있다.

〈참고문헌〉

〈국내문헌〉

단행본

강용길 외,『경찰학개론』, 경찰공제회, 2009.
綱川政吉, 第一加除法令出版社 譯,『초기수사의 실제』, 1984.
강현호,『행정법총론』, 박영사, 2005.
경찰대학,『경찰대공론』, 범신사, 1991.
_______,『경찰수사론』, 2008.
_______,『경찰실무Ⅰ』, 경찰공제회, 2007
_______,『경찰실무전서』, 1998.
_______,『경찰외사론』, 1998.
_______,『경찰윤리학』, 경찰대학, 1998.
_______,『경찰정보론』, 1998.
_______,『경찰학개론』, 1998.
_______,『경찰학개론』, 2006.
_______,『경찰학개론』, 경찰대학, 1998.
_______,『경찰학개론』, 광문당, 2006.
_______,『과학수사론』, 2007.
_______,『범죄예방론』, 2006.
_______,『비교경찰론』, 1998.
_______,『비교경찰론』, 경찰대학, 1988.
_______,『한국경찰사』, 경찰대학, 2006.
경찰대학교재편찬위원회, 경찰보안론, 경찰대학, 1998.
경찰수사보안연구소, 보안실무과정 연수교재, 2002.
경찰청, 교통사고매뉴얼: 교통사고 구성요건(범위)과 처리.
_____, 보안외근과정, 2002.
구당서(舊唐書), 경인문화사, 1975.
김남진,『행정법Ⅰ·Ⅱ』, 박영사, 2002.
김대웅,『도시종합교통계획』, 형설출판사, 1994.
김동희,『행정법연습』, 박영사, 2002.

______, 『행정법특강』, 박영사, 2004.
김명기, 『국제법원론(상)』, 박영사, 1996.
김상균, 『범죄심리학』, 청목출판사, 2008.
김상호 외 공저, 『경찰학개론』, 법문사, 2006.
김성수, 『비교경찰론』, 경찰공제회, 2000.
김용준, 『범죄학』, 교학사, 2005.
김윤덕, 『국가정보학』, 박영사, 2001.
김재민 외, 『경찰수사론』, 경찰대학, 2007.
김지훈 외 편저, 『교정학』, 박문각, 2006.
김철현, 「일본의 경찰제도」, 치안문제 제13권, 치안연구소, 1980
김충남, 『경찰수사론』, 박영사, 2008.
______, 『경찰학개론』, 박영사, 2002.
김태길, 『윤리학』, 박영사, 2002.
김형만, 『형사소송법 강의』, 청목출판사, 2008.
김형만 외 역, 『범죄학개론』, 청목출판사, 2008.
김형중, 『경찰학개론』, 청목출판사, 2008.
______, 『경찰행정법』, 2008.
______, 『경찰행정법』, 경찰공제회, 2007.
______, 『경찰행정법』, 경성문화사, 2007.
______, 『경찰행정법』, 수사연구사, 2005.
______, 『한국고대경찰사』, 수서원, 1992.
______, 『한국중세경찰사』, 수서원, 1998.
김형청, 『경찰수사론』, 진명문화사, 1986.
동양사학회, 『삼국지위지동이전』, 대한공륜사, 1996.
문정인 편저, 「남창희, 일본의 정보·보안체계」, 박영사, 2002.
__________, 「송문훈, 미국의 국가정보체계」, 2002.
__________, 「최진우, 유럽의 국가정보체계-영국, 독일, 프랑스」, 2002.
__________, 『국가정보론』, 박영사, 2002.
박균성, 『행정법』, 박영사, 2002.
박기남, 『경찰사론』, 경찰공제회, 2000.
박기태 외, 『경찰방범론』, 경찰대학, 2000.
박연호, 『행정학신론』, 박영사, 1994.
박영일, 『강대국의 정보기구』, 현대문예사, 1994.
박응격 외 공저, 『독일연방정부론』, 세창출판사, 2001.
박종문, 『경찰보안론』, 경찰대학, 2003.

반고(班固), 『한서지리지』, 경인문화사, 1975.
배철호 외 공저, 『경찰학개론』, 광문당, 2006.
배철효 외, 『경찰학개론』, 대영문화사, 2007.
백완기, 『행정학』, 박영사, 1997.
법무부, 『법무자료 제8집』, 1987.
사법연수원, 『수사절차론』, 2003.
서정범 역, 『독일경찰법론』, 세창출판사, 2001.
손봉선 외, 『경찰교통론』, 21세기사, 2008.
_______, 『경찰학개론』, 백산출판사, 2006.
손원일, 정보이야기 하이테크 정보, 1992.
신당서(新唐書), 경인문화사, 1969.
양문승 역, 『지역사회 경찰활동론』, 대영문화사, 2001.
연정대, 『한국법제사』, 학문사, 1996.
옥필훈, 『경찰형법각론』, 21세기사, 2006.
_____, 『형사소송법』, 청목출판사, 2008.
유 훈, 『재무행정론』, 법문사, 1983.
유종해, 『현대행정학』, 박영사, 1984.
이관희, 『수사연구』, 1998.
이만종, 『경찰수사총론』, 청목출판사, 2007.
이병곤, 『정보개론』, 경찰청, 1994.
이상백, 『한국사근세전기편』, 을유문화사, 1963.
이상안, 『현대경찰학』, 형설출판사, 1986.
이상현, 『경찰학개론』, 청목출판사, 2008.
이용규, 『행정정보체계론』, 박영사, 1996.
이운주, 『경찰학개론』, 경찰공제회, 2000.
_____, 『경찰학개론』, 경찰대학, 1999.
이윤근, 『민간경비원론』, 엑스퍼트, 2003.
이윤호, 『교정학』, 박영사, 2005.
_____, 『범죄학』, 박영사, 2007.
이재상, 『형사소송법』, 박영사, 2001.
이종수 · 윤영진 외 공저, 『새행정학』, 대영문화사, 2008.
이종익, 『재무행정론』, 박영사, 1981.
이종화 외, 『경찰학개론』, 법문사, 2006.
이화우, 『경찰행정학』, 법문사, 2002.
이황우, 『일본경찰제도의 특성』, 경찰고시 204권, 1981.

임재강 외, 『경찰학원론』, 21세기사, 2008.
임준태, 『법과학과 범죄수사』, 21세기사, 2007.
재단법인 북한이탈주민후원회, 마음에서 마음으로.
전돈수, 『범죄학개론』, 21세기사, 2008.
정균환, 경찰개혁, 조은세상, 1998.
_____, 『경찰행정론』, 대영문화사, 2006.
_____, 『비교경찰제도』, 책사랑, 2003.
조철옥, 『경찰윤리학』, 대영문화사, 2005.
_____, 『경찰학개론』, 대영문화사, 2008.
_____, 『경찰행정론』, 대영문화사, 2007.
진 수, 『삼국지』, 경인문화사, 1975.
최진태, 알카에다와 국제조직.
_____, 『테러리즘의 이론과 실제』, 대영문화사, 2006.
치안본부, 『미국경찰』, 치안본부, 1988.
_______, 『서구경찰』, 치안본부, 1989.
_______, 『서구경찰』, 정양사, 1989.
_______, 『한국경찰사』, 치안본부, 1972.
허경미, 『경찰정보론』, 경찰공제회, 2002.
허남오, 『한국경찰제도사』, 동도원, 1998.
홍봉한 외 편저, 『증보문헌비고』, 명문당, 1977.
홍정선, 『경찰행정법』, 박영사, 2007.
_____, 『행정법上·下』, 박영사, 2002.
훈장 편저, 『우리수사』, 웅비출판사, 2007.

논문

김학배, "검·경수사권 조정에 관한 공청회(합리적인 수사권 조정방향)", 수사권조정자문위원회, 2005.
김형중, "행정경찰기능에 관한 법·제도사적 연구", 동의대학교 대학원 법학박사논문, 2004.
_____, 「고려시대 경찰관료제에 관한 연구, 행정학박사논문」, 1996.
_____, 「행정경찰기능에 관한 법·제도적 연구, 법학박사논문」, 2004.
노호래 외, "뉴테러리즘의 특징과 예방대책에 관한 연구", 한국민간경비학회보 제1호, 2002.
비상기획위원회, "전평시 국가 안보기구 운영개선방안연구", 1987.
신동운, "독일의 수사구조 및 사법경찰제도", 치안연구소 연구보고서, 96-11.
이상원, "적극적 대테러 활동을 위한 경찰업무의 전문화 방향에 관한 연구", 한국공안행정학회보 제34호, 2009.

_____, "형사사법체계상에서 경찰수사권 현실화 방안", 치안연구소 연구보고서, 2000.
황희철, "인권과 수사권의 통제", 한국형사법학회 발표자료, 1998.

〈외국문헌〉

Albert Cohen, Delinquent Boys, New York: Free Press, 1955.
Allen E. Liska, Perspectives on Deviance, Englewood, NJ: Prentice-Hall, Inc. 1981.
Arthur J. Bilek & Deter P. Lijins, Private Security, Anderson Publishing Co. 1997.
Brantingham, P. J. & F. L. Faust, A Conceptual model of crime prevention, Crime and Delinquency 22, 1976.
Bruce D. Berkowitz, "Technology and Intelligence Reform", orbis (winter, 1996-97).
Central Intelligence Agency, Foreign Intelligence and Security Service: Israel, Washiton D.C. 1977.
Charles C. Thomas and John Hepburn, Crime Criminal Law, and Criminology, Dubuque, IW: WM. C. Brown Company Publishers, 1983.
Charles R. Swanson and Leonard Territo, *Police Administration : Structures*, Processes and Behavior, Macmillan Publishing co. Inc. 1983.
Clifford D. Shearing and Phillip C. Stenning, "Modern Private Security: Its Grawth and Implication", Crime and Justice: An Annual Review of Research, Vol.3, Chicaco: University of Chicago Press, 1981.
Conkin, J. E. The Impact of Crime, Macmillan Pub, 1975.
Cornish, D. B. & R. V. Clarke, Understanding crime desplacement: An application of rational choice theory, Criminology 25.
Critchley, T. A., *A History of police in England Wales* (Montclair New Jersey : 1972)
David Horovitz, "How Syrian Tie with Terrorism was Exposed", Jerusalem Post International Edition November 8. 1986.
David L. Berger, Industrial Security, Boston: Butterworth publishers Inc. 1979.
Donald J. Shoemaker, Theories of Delinquency, Newyork: Oxford University Press, 1984.
Edwin H. Sutherland, The professional Thief in classics of Criminology edited by Joseph E. Jacoby, prospect Heights, IL: Waveland press, 1988.
Edwin J. Delattre, *character and cops : Ethics in policing*, 3rd, The AEl press, 1996.
Ernest Kretschmer, Physique and Character, trans. W. J. H. Spart, London: Keegan, Paul, Trench, Trubner, 1927.
Francis Edward Devine, "Ceasare Beccaria and the theoretical foundation of modern penal jurisprudence", New England Journal on Prison Law 7. 1982.

Frank Tannenbaum, Crime and the Community, New York: Columbia University Press, 1938.

Frederick Herzberg, *The Motivation : Hygiene Concept and Problems of Manpower* (1964) in Shafritz and A.C. Hyde(ed), *Classics of Public Administration*, Oak Park : Moore, 1978.

Hale, C. D. Police Patrol: Operations & Management, Prentice Hall, 1994.

Henry W. Mannle and J. David Hirschel, Fundamentals of Criminology 2nd ed, Englewood Cliffs, NJ: Prentice Hall, 1988.

Howard Becker, outsiders: Studies in the Sociology of Deviance, New York: Free press, 1963.

James B. Wilson and R. Hernstein, Crime and Human Nature, Newyork: Simon & Schuster, 1985.

James S. Kakalik & Sorrel Wildhorn, The Private Police, New York: Crane Russak and Company, Inc. 1977.

Jeffery, C. Ray, Crime Prevention Through Environment Design, Beverly Hills and London: Sage Publications Inc. 1977.

Jeffreys, A. J. & V. Wilson and S. L. Thein; Hypervariable minisatellite regions in human DNA. Nature, 314, 1985.

John Kleinig, *The Ethics of policing*, Cambridge Univ. press. 1996.

John Wade, *A Treatise on the police and crimes of the Metropolis*, 1829 : Philip John Stead, The police of Britain, Macmillan, 1983.

Journal of Research in Crime and Delinquency, 1967.

Kelling, G. L. The Kansas City Preventive Patrol Experiment: A Summary Report, Police Foundation, Washington, D. C. October 1974.

Lab, S. P. Crime Prevention: Approaches, Pratices and Evaluations 3rd(ed.), Cincinati: Anderson Publishing co. 1977.

Larry J. Siegel, Criminology 2nd(ed.), st, Paul, MN: West Publishing Company, 1986.

Larry J. Siegel, Criminology, Wadsworth, a division of Thompson Learning, Inc. 8th(ed.), 2003.

Lawrence Cohen and Marcus Felson, Social Change Crime Rate Trends: A Routine Activities Approach, American Sociological Review 44, 1979.

Mark M. Lowental, Intelligence: From Secrets to Policy, Washington D.C.: C & Press, 2000.

Maslow, A.H. *Motivation and Personality*. N.Y. : Harpe and Row, 1954.

Merle Miller, Plain Speaking: An Oral Biography of Harry S. Truman New York: G. P. putnam's Sons, 1973.

Michael D. Lyman, Criminal Investigation: The Art and the Science 2nd(ed.), Upper Saddle River, New Jersey: Prentice Hall, 1999.

Michael Felderberg, "Gratuities, Oorruption, and Democratic Ethos of Policing : The Case of the Free Cup of coffee." in Frederick A. Elliston and Michael Feldberg eds., *Moral Issue in Police Work*, Rowman and Allanheld. 1985.

Oscar Newman, Defensible Space: People and Design in the Violent city, London: The Architectural press, 1976.

Palmer, T. "The Youth Authority's Community Treatment Project," Federal probation, 1974.

Piers Beirne & James Messerschmidt, Criminology 3rd(ed.), Boulder Co: Westview press, 2000.

Randy Martin, Robert J. Mutchnick & W. Timothy Austin, op. cit.

Richard E. Kania, "Should we tell police to say Yes to Gratuities?", in *Criminal Justice Ethics*, Summer/Fall, 1988.

Richelson and Bell, The Tise That Bind.

Robert R. Ogle, *Crime Scene Investigation and Reconstruction*, Prentice Hall, 2004.

Robert Trojanowicz, An Evaluation of the Neighborhood Foot Patrol Program in Flint, Michigan, East Lansing MI: Michigan State University, 1982.

Samuel Walker and Charles M. katz, *Police in America*, Fourth Edition, New York : McGraw-Hill co. Inc. 2002.

Stefani, G. & G. Lavasseur, Procedure Panale, B. Bouloc, Dalloz, 17(ed.), 2000.

Waldo, CT. D. & S. Dinitz, "Personality Attributes of the Criminal: An Analysis of Research Stuides", 1950-65.

Walker, S. The Police in America: An Introduction McGraw Hill Book co. 1992.

Walter Miller, "Lower Class Culture as a Generating Milieu of Gang Delinquency", *Journal of Social Issues*, 14. 1958.

Warren, M. Q. "The Case for Differential Treatment of Delinquents" in Harwin L. Voss(ed.), Society, Delinquency and Delinquent Behavior, Boston, MA: Little Brown, 1970.

William C. Cunningham & Todd H. Taylor, *Private Security and Police in America*, Portland: Chancellor Press, 1985.

Wilson, O. W. Police Administration 2nd(ed.), Mcctraw Hill Series in Political Science, 1963.

찾아보기

(ㅈ)

(ㅊ)

(ㅋ)

(ㅌ)

[저자 약력]

• 김형중(金亨中)
경북대학교 졸업
건국대학교 행정학석사
부산 경성대학교 대학원 행정학박사(1996)
부산 동의대학교 대학원 법학박사(2004)
전 부산지방경찰청 사하서 · 부산진서 · 연산서장 · 남부경찰서장
(전)부산외국어대학교 법 · 경찰학부 교수

〈저서 및 연구실적〉
· 『한국고대경찰사』(수서원, 1991), 『한국중세경찰사』(수서원, 1998), 『경찰행정법』(수사연구사, 2005), 『객관식 경찰행정법』(경찰공제회, 2007), 『경찰학총론』(청목출판사, 2008), 『범죄수사총론』(청목출판사, 2010), 『경찰학각론』 (청목출판사, 2010), 『범죄학』(그린, 2013), 『새로쓴 경찰행정법』(박영사, 2014), 『경찰행정학』(박영사, 2015), 『한국경찰사』(박영사, 2016).
· 조선시대 다모의 실체에 관한 소고(小考), 한국공안행정학회보 제59호(2015.06) 외 20여편.

• 김순석(金舜石)
한국경찰학회 상임이사
한국공안행정학회 상임이사
한국피해자지원협회 부산지부장
(현)신라대학교 공공인재학부 경찰학전공 교수

〈저서 및 연구실적〉
· 『경찰행정학』, 『경찰행정법』, 『산업보안론』, 『피해자학』 등 다수
· 경찰 재난관리의 실효성 확보방안에 관한 연구(20169), 한국공안행정학회보 외 다수

• 김양현
동국대학교 대학원 경찰행정학과 경찰학 박사
(현)신라대학교 공공인재학부 경찰학전공 교수

〈저서 및 연구실적〉
· 『새로쓴 경찰행정학』 (박영사, 2015)
· 『경찰학』 (박영사, 2014)
· 드론의 민간경비 활용과 문제점 검토, 한국민간경비학회, 2016
· 민간조사업의 도입에 관한 입법정책 연구, 한국민간경비학회, 2016.
· 범죄로서의 인터넷 '신상털기'에 관한 연구, 한국범죄심리학회, 2013
· 군사법경찰관(헌병)의 직무집행 관련 법규 정비에 관한 연구, 한국경찰학회, 2013

• 정의롬
동국대학교 대학원 경찰행정학과 범죄학 박사(2014)
부산지방경찰청 시민감찰위원회 위원
(현)부산외국어대학교 법 · 경찰학부 교수

〈저서〉
『범죄학』(도서출판 그린, 2015)
『경비업법』(백산출판사, 2015)

• 조상현
동국대학교 대학원 경찰행정학과 범죄학 박사
동국대, 신라대, 울산대, 부산외대 일반경비원교육 강사
(현) 동서대학교 경찰사법학부 조교수

〈저서〉
『경찰학개론 기출문제』, 『경비지도사』
『민간경비론』 외

경찰학총론(개정2판)

2022년 2월 20일 개정2중판 인쇄
2022년 2월 25일 개정2중판 발행

저 자 김형중 · 김순석 · 김양현
정의롬 · 조상현

발행인 유 성 열
발행처 청목출판사
서울특별시 영등포구 신길로 40길 20
전화 (02) 849-6157(代) · 2820 / 833-6091
FAX (02) 849-0817
등록 제318-1994-000090호

파본은 바꾸어 드립니다. 값 30,000원

http://www.chongmok.co.kr

ISBN 978-89-5565-783-8